21世纪政治学系列教材

Textbooks of Politics in the 21st Century

比较地方政府与制度

任进 ◎ 著

A Comparison of Local Government and System

北京大学出版社
PEKING UNIVERSITY PRESS

图书在版编目(CIP)数据

比较地方政府与制度/任进著. —北京:北京大学出版社,2008.10
(21 世纪政治学系列教材)
ISBN 978-7-301-12405-5

Ⅰ.比… Ⅱ.任… Ⅲ.地方政府-政治制度-研究-国外-高等学校-教材 Ⅳ.D521

中国版本图书馆 CIP 数据核字(2007)第 083363 号

书　　名: 比较地方政府与制度
著作责任者: 任　进　著
责 任 编 辑: 倪宇洁
标 准 书 号: ISBN 978-7-301-12405-5/D·1791
出 版 发 行: 北京大学出版社
地　　址: 北京市海淀区成府路 205 号　100871
网　　址: http://www.pup.cn
电　　话: 邮购部 62752015　发行部 62750672　编辑部 62753121
　　　　　出版部 62754962
电 子 邮 箱: ss@pup.pku.edu.cn
印　刷　者: 北京飞达印刷有限责任公司
经　销　者: 新华书店
　　　　　730 毫米×980 毫米　16 开本　23.5 印张　451 千字
　　　　　2008 年 10 月第 1 版　2015 年 12 月第 3 次印刷
定　　价: 39.00 元

立宪政府政治结构理论的重要组成部分，必须是关于地方政府的设计。

——〔美〕斯蒂芬·L. 埃尔金：《新宪政论》

序

一

地方政府和地方制度是一国宪政体制的重要组成部分。各国地方政府和地方制度虽有其共性,但因各国经济、政治、文化和历史传统的不同,其差别性更为明显。因此,用比较方法研究地方政府和地方制度是非常必要的。

毛泽东十分强调地方制度研究的重要性。他在1956年4月25日中共中央政治局扩大会议上所作的《论十大关系》的讲话中指出:"处理好中央地方的关系,这对于我们这样的大国大党是一个十分重要的问题。这个问题,有些资本主义国家也是很注意的。它们的制度和我们的制度根本不同,但是它们发展的经验,还是值得我们研究。"①从建设社会主义法治国家和社会主义政治文明的目标看,对地方政府和地方制度的比较研究具有深远的理论意义和重要的实践价值。

(一)有助于推动对地方政府和地方制度的深入研究,促进政治学和法学的繁荣和发展

邓小平曾经指出:"我并不认为政治方面已经没有问题需要研究,政治学、法学、社会学以及世界政治的研究,我国过去多年忽视了,现在也需要赶快补课。"②虽然邓小平是在近三十年前说这段话的,但他的论述对我国社会科学研究仍具有十分重大的现实意义。

比较地方政府和地方制度是政治学的重要分支学科,也是法学的重要研究内容。加强地方政府和地方制度的比较研究,全面、客观和准确地介绍中外地方政府基本理论和基本制度,学习和吸收西方国家地方政府和地方制度的研究成果,将有助于推动我国对地方政府和地方制度的理论研究,促进政治学和法学的繁荣和发展,也有利于地方政府和地方制度研究的国际学术交流。

---

① 《毛泽东著作选读》(下册),人民出版社1986年版,第730页。

② 《邓小平文选》(1975—1982年),人民出版社1983年版,第167页。

（二）有助于借鉴国外地方政府和地方制度的有益经验，推进我国的政治体制改革和地方机构改革

适应经济体制改革的需要，我国已经进行过多次机构改革，包括地方机构改革，但对机构，包括地方机构怎样改革，仍然是一个需要继续深入思考、不断探索的时代命题。我们不仅需要从改革的实践中进行经验总结，也需要从国外的制度安排和改革中学习和借鉴有益的成分。

尽管由于经济制度、历史传统、文化背景等的不同，西方国家的地方政府改革与我国有较大的差别，但作为人类文明的产物和人类对社会政治架构的共同探索，各国地方政府和地方制度及其改革毕竟有一些共同的规律性东西和可以普遍适用的规则。因此，对地方政府和地方制度进行比较研究，分析不同国家地方政府和地方制度及其改革的特点、共性、表现形式和一般规律，有助于正确了解我国在地方政权建设方面与西方发达国家的不同特点，并借鉴国外地方制度和地方政府改革的有益经验，推进我国的政治体制改革和地方机构改革。

（三）有助于加强我国的地方政权法制建设

地方政府是许多西方国家宪法和法律确认的制度安排，也是我国宪法和法律规定的重要内容。

党的十七大把统筹中央与地方关系列为需要正确认识和妥善处理的中国特色社会主义事业中的重大关系之一。按照政治建设和政治体制改革的总体部署，我国在加强地方政权的法制建设方面，迈开了坚实的步伐，但在总体上，地方政权法制建设仍不够健全和完善。加强对中外地方政府和地方制度的比较研究，为建设中国特色地方政府和地方制度提供理论依据、决策参考和实践方案，将有助于进一步完善我国的宪法和地方组织法，加强我国的地方政权法制建设。

（四）有助于人们增长知识、开阔视野，提高发展社会主义民主政治的能力

列宁说过："只有那些懂得不向托拉斯的组织者学习就不能创造或实施社会主义的人，才配称为共产主义者。……我们无产阶级政党，如果不去向资本主义的第一流专家学习组织托拉斯式的即像托拉斯一样的大生产的本领，那就无从获得这种本领"。[①]

现代化的国家管理需要现代化的视野开阔的高素质人才。这种现代化的人才，不仅需要通晓各种现代科学和文化知识，而且更需要了解现代政治制度和法律知识。对于广大地方政权机关人员和人民群众而言，需要了解有关地方

① 《列宁选集》第3卷，人民出版社1995年版，第536页。

政府和地方制度的基本理论和知识。从这个意义上说,开展地方政府和地方制度比较研究,介绍和研究中外地方政府和地方制度的基本理论、基本知识和改革经验,将有助于我国地方各级国家机关工作人员和人民群众增长知识,拓展视野,提高发展社会主义民主政治的能力,从而积极参与和推动地方制度和机构改革,促进地方政权民主建设。

二

地方政府和地方制度研究在国外有多年的历史。早在1851年,英国学者乔舒亚·托尔敏·史密斯(Joshua Toulmin Smith)就写过《地方自治与中央集权》(*Local Self-Government and Centralisation*)一书。其后,欧美各国研究地方政府的著述和刊物大量涌现,数量颇为可观。

运用比较方法对地方政府和地方制度进行研究,则是从20世纪开始的。1948年,英国学者G. M. 哈里斯(G. M. Harris)在其原著《各国地方政府》(*Local Government in Many Lands*)基础上改编的《比较地方政府》(*Comparative Local Government*),可以认为是早期这方面的代表作。以后,地方政府的比较研究一直没有中断,有关著述不时出现。这些著述概括起来,大致有以下几类:

其一,对各国地方政府作全面的综合比较,如塞缪尔·休姆斯(Samual Humes)1991年所著的《地方治理与国家权力:地方政府传统和变革的世界性比较》(*Local Governance and National Power: A Worldwide Comparison of Tradition and Change in Local Government*);

其二,对各国地方政府某一要素作概要比较,如亚瑟·B. 冈里克斯(A. B. Gunlinks)1981年所编《地方政府改革与重组:一种国际比较的视角》(*Local Government Reform and Reorganization: An International Perspective*);

其三,对某一范围国家的地方政府进行比较,如欧洲理事会近年来编辑的《欧盟各国地方和地区民主的结构和运行》(*Structure and Operation of Local and Regional Democracy*);

其四,对一国范围内的地方政府进行比较,如美国安·褒曼、里查德(Ann O'm. Bowman, Richard C. Kearneg)2000年合著的《州与地方政府:基本原理》(*State and Local Government: Essentials*)。

新中国成立以来,地方政府和地方制度这一政治学和法学中的重要学科,一直没有受到足够重视。直到20世纪80年代,对地方政府和地方制度比较研究几乎是一片空白。党的十一届三中全会以后,对地方政府和地方制度的研究才开始受到关注。

为了适应政治体制改革和机构改革的需要，一些大专院校和科研院所开展了地方政府和地方制度的研究，并取得了一定成果。如湖北省社会科学院政治学研究所刁田丁主编的《中国地方国家机构概要》（法律出版社 1989 年版）、陈嘉陵主编的《各国地方政府比较研究》（武汉出版社 1991 年版）；中国人民大学法学院许崇德主编的《各国地方制度》（中国检察出版社 1993 年版）、中国社会科学院政治学研究所董礼胜著《欧盟成员国中央与地方关系比较研究》（中国政法大学出版社 2000 年版）、首都师范大学郑贤君著《地方制度论》（首都师范大学出版社 2000 年版）和中央民族大学熊文钊著《大国地方：中央与地方关系宪政研究》（北京大学出版社 2005 年版）等。

同一时期，境外和我国台港澳地区出版的地方政府和地方制度中文版著述还有：吴国光、郑永年的《中央-地方关系：中国制度转型中的一个轴心问题》（牛津大学出版社 1995 年版）、德国福兰克·荷夫编著的《德国的国家结构与行政组织》（联邦德国内政部联邦行政研究院 2000 年版）、日本财团法人自治体国际化协会编著的《日本的地方制度》（2006 年版）、法国国家行政学院编著的《法国与法国的行政制度》（法国国家行政学院出版社 2000 年版）等。

三

马克思、恩格斯把归纳、分析、比较看作是理论概括的主要条件和手段。[①] 比较研究已成为社会科学的一种基本研究方法。与其他社会科学研究一样，对地方政府和地方制度进行比较研究，不仅构成政治学和宪法学的一门重要的分支学科——比较地方政府学或比较地方制度学，而且还是一种重要的方法。

学者吕育诚认为，对地方政府的研究方法大致可以分为三类：(1) 法律研究途径。即研究地方政府设立、运作过程中各有关法制规范。(2) 政治研究途径。即从权力运作角度，探讨地方不同利益关系人之相互关系。至于具体研究焦点，则包括了权力分配、地方民意与选举、地方政治生态以及有关地方政治问题之研究。(3) 管理研究途径。即主要从组织与管理的层面，广泛探讨地方政治组织、民众、企业、社团、社区等团体或个人间的互动关系及其可能产生的问题或影响。[②]

从西方学者的研究看，比较地方政府和地方制度常用的方法主要有：

① 参见《马克思恩格斯全集》第 2 卷，人民出版社 2005 年版，第 163 页。

② 吕育诚：《地方政府管理：结构与功能的分析》，元照出版有限公司 2001 年版，第 21 页。

（一）综合研究法（the compendious approach）

即对地方制度某一方面，如地方政府的结构、职能、财政、中央与地方关系等所进行的比较。如 S. 休姆斯和 E. 马丁 1969 年所著的《八十一国地方政府结构比较》（S. Humes and E. Martin, *The Structure of Local Government*: *A Comparative Survey of 81 Countries*, Hague: International Union of Local Authorities, 1969）。

（二）个案研究法（the case-study approach）

即对某一特定国家或某一国家地方政府和地方制度的特定方面进行较深入研究，并通常把其他国家地方制度的情况加以对比。如 M. 凯斯尔曼的《法国地方政府研究：模糊的共识》（M. Kesselman, *The Ambiguous Consensus*: *A Study of Local Government in France*, New York: Alfred A. Knopf, 1967）。

（三）问题集中法（the problem focus approach）

即选择有关地方政府的某一个特定问题（如城市化问题）进行研究，比较这一问题得以解决的各种方式。这种方法通常不直接给地方政府的某些概念下定义，重点研究主要问题，以减少研究中的困难。如肯尼思·戴维 1996 年所著的《城市管理：增长的挑战》（Kenneth Davey, *Urban Management*: *The Challenge of Growth*, London: Ashgate Publishing Company, 1996）。

比较各国地方制度，除了采用正确的方法外，还应注意以下几点：

第一，把地方制度放到一定的具体的社会、历史和文化条件下加以比较。

地方制度在国家生活、社会生活和文化生活中呈现出复杂、综合的现象，这些现象与社会的、历史的、文化传统的各个方面有着密切的联系。比较研究地方制度，应把地方制度与其所处的社会背景和诸多条件联系起来分析和考察，才能得出正确的认识、全面的评价。各国不同的历史发展和文化传统，对地方政府的产生、组织以及运行过程会有直接或潜移默化的影响，使地方政府的原则和具体制度表现出一定的差异性和多样性。比较研究地方制度，不能仅仅以区分不同类型为满足，还要注意分析各国的国情，考察地方制度在不同社会、文化背景下运行的特殊性和趋同性。

第二，在整个国家政治制度中把握地方政府和地方制度的全貌。

地方制度是一国宪政制度的重要组成部分，与国家政治制度的其他方面有不可分割的紧密联系。

因此，比较研究地方政府和地方制度，不仅要研究地方政府组织，也要研究中央或联邦政府组织；不仅要研究作为国家结构组成部分的地方区域，还要研究整个国家的结构形式；不仅要研究作为正式组织的地方政府，还要研究政党制度以及政党组织或其他非政府组织对地方制度实际运作的影响。

第三，借鉴相关学科的研究成果，开展跨学科研究。

地方政府和地方制度不仅是政治学的问题，而且也是法学等相关学科的问题。借鉴相关学科的成果，开展跨学科研究，有助于把地方制度比较研究引向深入。此外，进行地方制度比较研究，除了应当分析地方制度的一般原则和法律规定外，更要注意地方制度实际运作中的状况及发展变化的特点、演进规律以及可以预见的发展趋势。

任进教授的《比较地方政府与制度》是我国学界近年来这一领域研究的一部力作，值得一读，特借此序向读者推荐。

北京大学　姜明安

2007年9月

目　录

下篇 地方政府制度综合比较

绪 论

地方政府与地方制度概说

一、地方制度、地方政府与地方自治

（一）地方制度

地方制度是一国宪法体系的重要组成部分。地方制度反映了一个国家地方政权的组织状况及其与公民的关系，与一国公民的日常生活有着密切的关系，公民往往是通过地方制度来了解一国的宪政制度的。各个地方政府或地方国家机关是国家政权的细胞，直接影响着一国的宪政制度建设。

根据《中华法学大辞典》（宪法学卷）的解释，地方制度是指特定国家的统治者为了管理自己的国家，根据有利于统治的原则，划分行政区域，建立地方机关，并确定中央机关和地方机关的权限划分、地方各级机关的组织和活动，以及他们同辖区居民之间关系等制度的总称。①

有学者认为，地方制度是地方政府行政的法则，含义较广，诸如行政组织、行政区划，以及各种行政制度，如教育制度、警察制度、选举制度，无不一一包括在内。②

一般认为，从内容上看，地方制度是关于地方政府结构和职权、中央与地方关系以及地方政府与当地居民关系等方面的制度，尤其是中央与地方关系在地方制度中占重要地位。或者简单地说，“地方制度，即处理一个国家的中央与地方关系的制度”③。

在西方国家，特别是英美国家，地方制度是“地方政府制度”（system of local government）的简称，即有关地方政府的制度。

按照马克思主义的国家学说，任何机关都是“国家”的，因此用“地方国家机

---

① 许崇德主编：《中华法学大词典》（宪法学卷），中国检察出版社 1995 年版，第 118 页。

② 巨克毅、吕宗麟：《当代宪法原理与制度——孙中山学说与我国宪法》，三民书局 1995 年版，第 215 页。

③ 陈嘉陵主编：《各国地方政府比较研究》，武汉出版社 1991 年版，第 22 页。

构”表述“地方政府”似乎更为合适,也更符合我国宪法的规定精神。但为了便于比较研究,本书使用“地方政府”泛指一般的地方机关。

（二）地方政府

“地方政府”一词源于英国。早在1799年,就有“地方政府”的称谓了。1856年,英《泰晤士报》(The Times)的一篇社论,正式使用“地方政府”术语以后,这一名词便日益流行起来,成为政治学和法学的常用语。

“地方”相对于“中央”而言。一个国家为了便于治理,将其领土划分为不同层次、不同范围的行政区域,这个大小不等的行政区域,即为“地方”。

顾名思义,所谓“地方政府”,即设置在“地方”的各级“政府”。但由于各国政治结构、法律背景和历史文化的不同,在不同国家,对“地方”或“地方政府”的理解也有所不同。

《剑桥百科全书》认为:“地方政府是在宪法上属于全国性政府、区域性政府或联邦制政府下的一整套政治机构,它有权在国家有限的领土范围内履行某种职能。”①

《国际社会科学百科全书》这样表述地方政府:“地方政府一般可以说是一种公共组织,它有权决定和管理一个较小地域内的有限公共政治,这一地域是某个区域性政府或全国性政府之下的区域。地方政府在政府机构体系中位于底层,全国政府位于最高层,中间部分则为中间政府(州、地区、省)。”②

由于美国是典型的联邦制国家,因此美国人对地方政府的诠释,较多体现联邦制的特点。

《美国百科全书》的作者认为:“地方政府是全国性政府(national government)之下的政治机构;在联邦制国家,则是区域性政府(regional government)之下的政治机构。”③

按照上述解释,地方政府,是设置于一个较小区域内的国家或州、省、地区之下的政治机构;在联邦制国家,则是指州(省、地区等)以下的县、市等政府。州(省、地区等)作为中间政府,本身不是地方政府。因此,美国学者在有关著述中,一般将州和地方分别列出,称为“州与地方政府”,以示区别。

与英美等国不同,法国长期实行中央集权,因此法国人的地方自治观念相对较为淡薄。对法国人而言,尤其是在过去,“地方”更多是指国家的行政单位,而非自治的区域。尽管宪法规定地方通过设立民选的议会自由地进行管理,且

---

① *Cambridge Encyclopedia* (London: Cambridge University Press, 2000), p.658.

② *International Encyclopedia of the Social Science*, Volume 9 ~ 10 (London: Macmillan, 1968), p.451.

③ *Encyclopedia Americana*, Volume 17 (New York: Grolier, 1997), p.637.

二十多年来，法国进行了地方分权的改革，扩大了地方的自治权，2003 年修改宪法，进一步扩大了地方自治权，但传统的中央集权的影响仍未从根本上改变。

在德国，联邦与邦并不是国家行政的唯一主体，与之同时分担管理任务的还有所谓的“间接国家行政机构”：其一为公共法人；其二为乡镇及乡镇联合体。即地方既是自治单位，又是（间接的）国家行政单位。

在日本，则一般用“地方公共团体”或“地方自治体”表述地方自治机关。

中国地方政府源远流长，其间经历了复杂的发展变化。新中国成立以后，我国建立了新型的地方制度。按照宪法的规定，“政府”一词专指国家行政机关，只有地方国家行政机关，即地方各级人民政府，才是地方政府。与此相适应，我国学术界通常把地方政府理解为地方国家行政机关，而不包括其他地方国家机关。

《法学词典》对“地方政府”的解释具有代表性：“‘中央政府’的对称。设置于地方各级行政区域内负责行政工作的机关”。[①]

《辞海》对“地方政府”的解释是：“‘中央政府’的对称。设置于地方各级行政区域内负责行政工作的国家机关”。[②]

上述解释主要是针对我国的地方政府来讲的，显然不包括西方国家地方政府的情形。西方学者大都从广义上使用“地方政府”的概念，按西方学者的理解，地方政府并不专指地方执行机关，也指地方议事机关。

在中国，人们一般从单一制国家中央与地方关系的角度，把“地方政府”表述为“中央政府”的对称。对联邦制国家，多数人认为联邦制国家的组成单位，如州（共和国、省、地区）政府不称“地方政府”，只有州（共和国、省、地区）以下的政府，才叫“地方政府”。但也有人把联邦制国家的成员政府也称为地方政府。[③]

在世界的范围内，应从广义上并按联邦制或单一制有所区别地认识地方政府的概念。有的中国学者认为，地方政府（即地方国家机关），通常有三种不同的含义。它可以是相对于“地区政府”（regional government）而言的国家的最低级的政府单位，即基层政府；也可以是中央政府在地方设立的各级管理机关，即地方行政管理机构；还可以是地方居民实行自我管理的各级地方自治机关，即地方自治政府（local self-government），这是当代最为普遍的用法。[④]

---

① 《法学词典》（增订版），上海辞书出版社 1984 年版，第 280 页。

② 夏征农主编：《辞海》（上）（普及本），上海辞书出版社 1999 年版，第 1503 页。

③ 张千帆：《宪法学导论》，法律出版社 2004 年版，第 229 页。

④ 张庆福主编：《宪法学基本理论》，社会科学文献出版社 1994 年版，第 609 页。

(三) 地方自治

1. 地方自治的两种含义

对什么是地方自治,在不同国家、不同的政治结构、不同的社会文化以及不同的时代背景下,有着不同的认识,但基本上是两种:一种认为地方自治主要是指地方公共团体的自治;另一种认为地方自治不仅为地方公共团体的自治,还包括居民的自治。

按照《中国大百科全书》(政治学卷)的解释,地方自治是指"在一定的领土单位之内,全体居民组成法人团体(地方自治团体),在宪法和法律规定的范围内,并在国家监督之下,按照自己的意志组织地方自治机关,利用本地区的财力,处理本区域内公共事务的一种地方政治制度"①。

政治学教授董翔飞也认为:"一群生活在某一特定地区的居民,基于生活上的共同需要,在国家宪法和法律的监督之下,透过选举的形态,推举议员组成议会或政府,依据居民自己的意思,运用地方上的财力与资源,谋求地方发展,增进地方福利,改善地方环境以及处理地方上的公共事务等,即谓之地方自治。"②

以上的观点,即认为地方自治主要是指地方公共团体的自治。基于上述认识,有学者认为,地方自治由三个不可缺少的要素组成:自治机关、自治事务和自治权(包括自治财力)。③

而在有的国家,地方自治并不限于地方公共团体的自治,如日本的地方自治,是指以国家领土内一定地区为基础的团体及居民,有相对独立于国家的人格,以自己的意志和责任处理地域内的各种事务。日本的地方自治制度在第二次世界大战以前就已产生,主要是由地方自治团体的概念发展而来。二战后,居民自治的概念得到拓展。地方自治制度是建立在两个主要原则基础上的:其一,某一地理区域有权建立自治性质的地方公共团体,它可以在一定程度上独立于中央政府;其二,这些地理区域的居民在一定程度上直接或参与处理当地的事务。因此,日本地方自治制度的基本内容,包括团体自治和居民自治。

同样,在俄罗斯,地方自治,是指在俄罗斯联邦各联邦主体的一定行政区域单位内居住的居民,直接地或通过其选举产生的地方自治机关,自主地解决地方性事务的居民自治形式。④

有关地方自治的国际公约或宣言明确规定地方自治包括地方公共团体自

① 《中国大百科全书》(政治学卷),中国大百科全书出版社 1992 年版,第 56 页。

② 董翔飞:《地方自治与政府》,五南图书出版公司 1982 年版,第 1 页。

③ 参见魏红英:《宪政架构下的地方政府模式研究》,中国社会科学出版社 2004 年版,第 19—20 页。

④ 参见刘向文:《俄国政府与政治》,五南图书出版股份有限公司 2002 年版,第 59 页。

治和居民自治。

根据1985年《欧洲地方自治宪章》第三条，地方自治是指"地方政府在法律规定的范围内，确定并管理属于其各自职责内的、以本区域内居民的利益为目的的重要公共事务的权利和能力"；"这种权利应通过以直接、平等、普遍选举权基础上实行的秘密投票方式自由选出的议员组成的地方议会来行使，且地方议会包括对其负责的地方执行机关。但上述条款在任何情况下，均不得影响采用法律允许的地方居民大会、公民投票或其他任何形式的公民直接参与。"可见，宪章规定的地方自治是指地方公共团体自治和居民自治。

1993年《世界地方自治宣言》第二条规定："地方自治是指地方政府决定并管理属于其各自职责内的、以本区域内居民的利益为目的的公共事务的权利和责任。"同时规定："这项权利由居民个人和在平等、普遍选举权基础上自由选出的有任期的代议机构来行使，且地方主要行政长官应由居民根据上述原则选举产生或由代议机构参与任命。"也明确了地方自治是指地方公共团体自治和居民自治。

2. 地方自治在我国的提出

在我国，"地方自治"一词最早出现于清末光绪三十四年十二月二十七日(1908年1月18日)颁布的《城镇乡地方自治章程》、宣统元年十二月二十日(1910年2月3日)颁布的《府厅州县地方自治章程》和宣统元年十二月二十七日(1910年2月6日)颁布的《京师地方自治章程》。依照章程的规定，城、镇、乡的自治事务以教育、卫生、道路工程、实业、慈善、公共营业等为限，城、镇、乡议事会及选民会为议决机关，董事会为执行机关。府、厅、州、县自治范围是：地方公益事务；国家或地方行政以法律或命令委任自治机关办理的事务。议事会及参事会为自治议决机关，府、厅、州、县长官为执行机关。但上述章程未及实施，清廷覆灭。

北洋政府时期，1923年10月，颁布《中华民国宪法》，规定"中华民国之国权，依本宪法之规定行使之；属于地方事项，依本宪法及各省自治法之规定行使之"，并专章对"地方制度"作了详尽规定，并曾颁布《市自治制》、《乡自治制》、《县自治制》、《地方自治试行条例》等法规。湖南、广东、浙江、四川、贵州等省并起草、颁布了各自的省宪法，开展自治运动。

孙中山先生力主实行地方自治，在《建国大纲》中，孙中山将政权建设分为军政、训政、宪政三个时期，提出训政时期由各县人民筹备自治，待条件成熟，便可由人民选举县官执行一县政事，选举议员议立一县的法律，县民行使选举、罢免、创制、复决四权，实行完全的自治；凡一省之内，全部县都达到完全自治时，便是宪政开始之日。在1920年孙中山先生手订的《地方自治开始实行法》中，他认为县为地方自治之充分区域；如不得一县，则联合数村而附有纵横二三十里之田野者，亦可为一试办区域。他主张地方自治以实行民权、民生两主义为目的，故其地能否试办自治，当视该人民思想知识以为断，若必要条件已具备，则先就下列六事试办，待有成效，再推及其他：清户口；立机关；定地价；修道路；垦荒地；设学校。孙中山认为地方自治团体不止为一种政治组织，亦并为一种经济组织，由一县而推行各县，民国基础便得以巩固和确立。遵照孙中山上述思想，国民党统治时期先后颁布了《确立地方自治之方略及程序以立政治之基础案》、《完成县自治案》、《改进地方自治原则》等指导性文件。

1931 年 5 月，国民会议通过《中华民国训政时期约法》，规定中央与地方之权限，依《建国大纲》第十七条之规定，采均权制度，并对中央与地方之权限和地方制度分别专章作了规定。1936 年 5 月 5 日，国民大会通过《中华民国宪法草案》，设地方制度专章，规定省设省政府，执行中央法令，监察地方自治；县为地方自治单位。

1946 年 12 月，国民大会通过《中华民国宪法》，设第十章"中央与地方之权限"，对中央立法并执行事项，中央立法并执行事项或交由省、县执行事项，省立法并执行事项或交由县执行事项，县立法并执行事项，分别作出规定，并规定除上述列举事项外，"如有未列举事项发生时，其事务有全国一致之性质者属于中央，有全省一致之性质者属于省，有一县之性质者属于县。遇有争议时，由立法院解决之"；设第十一章"地方制度"，规定省、县得依据省县自治通则制定自治法。

但在旧中国专制制度下，地方自治制度并未真正实行。

（四）地方政府与地方自治

一般而言，地方政府代表一种组织，而地方自治代表一种制度；而地方政府的存在未必都是以实行地方自治为目的的，地方政府也不完全是实行地方自治的政府，或属于地方自己的政府。

有中国学者根据中央与地方政府的关系，将地方政府分为三大类：(1) 行政体地方政府：地方政府是中央或上级政府的下级组织，不存在代表当地公民利益和意愿的代议机关。地方行政首长及其所属官员，由中央或上级政府任命，是中央或上级政府在地方的代表，依据中央或上级政府意志和指令行事，并办理中央或上级政府交办事项，维护其统治。(2) 自治体地方政府：国家对地方事务，不由自己任命的长官负责管理，而是由当地居民选举产生的地方政府自主管理。这种地方政府是一个自治团体，具有独立法人的地位。(3) 民主集中制地方政府：在当地存在由当地居民选举产生的、代表当地居民意愿的代议机构，并由代议机构（通常称为国家权力机关）选出执行机关即行政机关；与此同时，地方行政机关是中央或上级机关在当地的代表，是它们的下级机关。在各级国家权力机关之间不存在上下隶属关系，只存在法律监督和指导关系。行政机关为权力机关的执行机关，在接受上级行政机关领导的同时，又对产生它的地方权力机关负责，并接受其领导。[①] 根据这一分类，地方自治只是各种地方制度中的一种形态或类型。

但是，在现代大多数西方国家，地方政府普遍是在“地方自治”的含义上使用的，即地方政府是指国家以下自行处理其地方事务的地方公共团体。

以英国为例，英国学者多认为，“地方政府”即“地方自治”(local self-government)。换言之，“地方政府”即由“地方”(local)和“政府”(government)两字结合，并在其中加入“自己的”(self)而构成。地方政府意味着地方自治。在英国人的观念中，地方政府与地方自治的含义是相互通用的：地方政府即以地方自治为目的，只是，地方政府多代表一种机关，而地方自治则侧重于一种制度。

《不列颠百科全书》认为：“地方政府乃是一种机关，以决定和执行国内较小地区的事务，所谓地方，系指一个特定的区域。其变体的文字则为地方自治，其命意所在，乃着重于地方团体决策与行动的自由。”[②]

行政体的地方政府在封建社会普遍存在，在现代社会，纯粹采用这种体制的比较少见。在西方国家，依地方政府与中央的关系的紧密程度的不同，地方政府在政治上往往有两种意义，一是分权(decentralization)，二是分治(deconcentralization)。[③]

分权，又称“分割性的地方分权”，是指中央与地方权力之划分，各有其独立的范围，地方在权限范围内，享有较充分的自治权、较大的裁量权和相当的自主权。根据《不列颠百科全书》的解释，可以认为英国的地方政府就是这种意义上的地方政府，属于是一种自治体的地方政府。

分治，又称“分工性的地方分权”，是指中央政府将其部分权力交与地方政府代为行使，中央仍保留最后的决定权，地方政府作为中央的代理人，根据中央意旨执行国家政策。严格地说，这种形态的地方政府不能称之为“地方政府”，而是“中央的地方行政单位”或“地方国家机关”。欧洲国家的传统地方政府既有“分割性的地方分权”形态，也有“分工性的地方分权”形态，如法国长期实行中央集权制，传统的法国地方政府，可以认为是一种行政体的地方政府。可见，地方自治与地方政府并不是互通的，而是存在相当的区别和差异。

---

① 参见陈嘉陵主编：《各国地方政府比较研究》，武汉出版社 1991 年版，第 25—26 页。

② *Encyclopedia Britannica*, Volume 14(1964), p.262.

③ 董翔飞：《地方自治与政府》，五南图书出版公司 1982 年版，第 6 页。

新中国成立后，我国在民族自治地方实行民族区域自治，并在特别行政区成立后实行高度的自治，但对一般地方，实行中央统一领导下发挥地方的积极性和主动性的原则。根据中国宪法，我国地方各级人民代表大会由选民或选举单位选举产生的代表组成，是地方国家权力机关；地方各级人民政府由同级人民代表大会产生，是地方各级国家行政机关，同时又是地方各级国家权力机关的执行机关；地方各级人民政府对本级人大及其常委会负责并报告工作，同时，对上一级国家行政机关负责并报告工作，并服从国务院统一领导；地方各级人民政府工作部门受本级人民政府领导，并且依法受国务院主管部门或上级人民政府主管部门的领导或业务指导，具有双重从属性的特点。此即民主集中制的地方政府（地方国家机关）。

二、地方政府的特征和分类

（一）地方政府的特征

关于地方政府，《世界图书百科全书》认为有下列特征：(1) 每一地方政府负有某种重要责任，为其辖区的居民提供福利和某些服务；(2) 大多数地方政府由选举产生的官员进行管理；(3) 有征收地方税的权力。[①]

《布莱克韦尔政治学百科全书》指出：地方政府“具有如下特点：长期的历史发展，在一国政治结构中处于隶属地位，具有地方参与权、税收权和诸多职责”[②]。

戴维·威尔逊和克里斯·盖恩在2006年合著的《联合王国地方政府》中，根据英国的情况对地方政府的基本特征作了较全面的概括：

(1) 地方政府是地域性的自治组织。地方政府是地方自治机构，有权自主决定地方事务，地方政府不是地方行政机关。

(2) 地方政府是法律的产物。在大多数国家特别如英国等单一制国家，由中央政府通过立法决定地方政府的产生，规定地方政府的区域、职责、权限、成员资格和运行方式。中央政府可以创建地方政府，也可以废止或撤销某一地方政府。

(3) 地方政府享有自治权。有的国家由于有宪法的确认和保障，地方政府享有较完全的自治权，有的国家如英国的宪法是不成文的，地方政府不受宪法保障，不享有完全的自治权。地方政府的自由裁量权也是有限的。

(4) 地方政府由当地居民直接选举产生。地方政府由居民直接选举的成

---

① *The World Book Encyclopedia*, Volume 12 (London: World Book, 1992), p. 346a.

② 〔英〕戴维·米勒、韦农·波格丹诺编：《布莱克韦尔政治学百科全书》，中国政法大学出版社1992年版，第421页。

员组成，更接近选民，能更好地反映和代表选民的意志。

（5）地方政府提供全方位的服务。地方政府为当地居民提供从摇篮到坟墓（或从 A 到 Z）的服务。地方政府不仅应让当地居民知道他们可以获得什么服务，而且应让他们知道地方政府在什么地方提供服务，与谁联系。

（6）地方政府是具有多重职能的组织。与传统的地方政府的职能不同，现代地方政府提供服务的方式可以是直接的，但更多是间接的，它们不仅直接提供某些传统的服务，而且可对其他组织或机构提供的服务进行调节、监督或加以促进。

（7）地方政府有征税权。地方政府有权向居民征税，地方税是地方政府开支的来源之一，这是区别地方政府与一般行政组织的基本特征，尽管近年来有的地方政府的征税权受到一定限制。①

综合上述各种观点，西方学者对地方政府特征的理解尽管不完全一致，但也有共同之处。他们都认为地方政府存在于一个国家的有限区域内，具有一定从属性；地方政府由选举产生，拥有一定权限，包括征收地方税或决定预算的权力。

对地方政府的特征，我国学者也有一些论述，主要分两种情况。

一是把地方政府理解成地方国家行政机关和执行机关，并由此解释地方政府的特征：（1）职能的双重性，即执行职能和领导职能。前者指执行中央政府的政令，推进中央政府政策；后者指对所管辖区域内的行政事务进行领导和管理，促进地方事业发展。（2）双重隶属性，即地方政府既隶属于同级立法机关，又隶属于上级行政机关。（3）权力的有限性，即在对内对外关系上，地方政府的权力无论有多大，都不享有真正的主权。（4）体制上的相似性。同时认为，以上特征在某些国家情况有所不同。②

二是侧重从中央与地方关系的角度谈论地方政府的特征：（1）没有独立的主权；（2）行政地位和职能的特殊性；（3）地方分权与中央集权的矛盾统一。③

（二）地方政府的分类

《布莱克韦尔政治学百科全书》的作者认为，地方政府按享有的职权、地位，可分为有充分自主权、地位和独立的合法性的地方政府（在这种情况下，地方政府能够与上级政府进行讨价还价）和没有实质性的自主权、相应的地位和独立

---

① David Wilson and Chris Game, *Local Government in the United Kingdom* (London: Macmillan, 2006), pp. 26—33.

② 参见薄贵利：《近现代地方政府比较》，光明日报出版社 1987 年版，第 10—13 页。

③ 参见陈嘉陵主编：《各国地方政府比较研究》，武汉出版社 1991 年版，第 3—5 页。

合法性的地方政府(这种体制下的地方政府没有有效的讨价还价的权力)。[①]这是从地方政府与中央或上级政府的关系的角度所作的分类。

塞缪尔·休姆斯认为,地方政府根据其是否具有代议性,可分为非代议的地方政府、半代议的地方政府和代议性的地方政府。在非代议地方政府中,没有一个代议性的机构;半代议地方政府也有一个代议性的机构,但其主要人员是官员或任命的指定人员,或者代议机构没有实际政治权力,仅起咨询或协商作用;代议性地方政府不仅存在一个代议性机构,而且这一机构几乎全部由选举的成员组成,拥有实际政治权力。[②] 这是从地方政府与当地居民关系的角度所作的分类。

在我国学术界,对地方政府分类的研究较少。有学者认为,对地方政府的分类,可以按不同方法进行:(1) 按地方政府设置的目的,地方政府可分为一般地域型地方政府、市镇型地方政府、民族区域型地方政府、特殊型地方政府;(2) 以地方制度为标准,地方政府可分为行政体地方政府、自治体地方政府、民主集中制地方政府;(3) 按行政层级,地方政府可分为:基层地方政府、中间层地方政府和最高层地方政府。[③]

此外,还可以采用以下方法对地方政府加以分类:

(1) 根据地方政府的职能,将地方政府分为具有单一职能的地方政府和具有多重职能的地方政府。

具有单一职能的地方政府,只负责本行政区域内某一方面特定的事务,如教育、卫生、救济贫民、消防、警务、供水、污水处理等。这一类型的地方政府,19世纪中叶在英国曾经十分普遍,如当时的济贫局、卫生局等。现在许多国家也有这种单一职能地方机构,如美国的学校区和像芝加哥运输局这样的特别区机构。

具有多重职能的地方政府,负责本行政区域内许多方面的事务。现在,这两种类型的地方政府仍同时存在于许多国家。其中大多数国家的地方政府具有多重职能。

(2) 根据地方政府的层级,将地方政府分为多级制的地方政府与一级制的地方政府。

多级制地方政府中,各级地方政府负责各辖区的事务,不同层级之间通常

---

① 〔英〕戴维·米勒、韦农·波格丹诺编:《布莱克韦尔政治学百科全书》,中国政法大学出版社1992年版,第421页。

② Samual Humes, *Local Governance and National Power: A Worldwide Comparison of Tradition and Change in Local Government* (Harvester Wheatsheaf, 1991), p. 203.

③ 参见陈嘉陵主编:《各国地方政府比较研究》,武汉出版社1991年版,第22—27页。

互无等级关系。它们可能负责互不相同的事务，也可能共同负责同一事务的不同方面。

在一级制地方政府中，仅有一级地方政府负责本行政区域内的全部事务。在这种情况下，地方政府就有可能负责联邦制国家中联邦主体负责的那些事务。多级制地方政府与一级制地方政府的划分，有助于认识不同层级地方政府之间的职责划分，也有助于了解地方政府的不同层级对地方政府与上级政府的关系和公民政治参与所可能造成的影响。

目前属于一级制的地方政府，如英国苏格兰的三个岛区政府和北爱尔兰原来就是一级制的地方政府；在英国英格兰、苏格兰和威尔士，原两级制的地方政府中，在 1996 年 4 月 1 日后，分别成立了 115 个、32 个和 22 个新的一级制或单一的地方政府。①

（3）根据地方政府与地方其他组织的关系程度，将地方政府分为简单型的地方政府与复杂型的地方政府。

在简单型地方政府中，地方政府独立负责某些职能，在地方政治和决策过程中，不受其他机构，包括中央政府或联邦主体在地方的机构，以及非政府机构或组织的干预，它们多与中央政府或联邦主体和当地选民发生联系。

在复杂型地方政府中，地方政府的政治和决策过程，通常不仅与中央政府或联邦主体和当地选民发生联系，还要受地方政党组织、非政府机构、公民团体、工商界利益集团的影响。

尽管纯粹简单型的地方政府在当今地方政治中几乎很少，但是这种区分有助于从横向方面认识地方政治过程中政党组织、公民团体、利益集团和非政府机构的作用和影响，进而了解地方政府的本质。

（4）根据地方制度，将地方政府分为联邦制国家内的地方政府和单一制国家内的地方政府。

地方制度“反映着存在于单一制国家内的作为局部的地方同作为整体的中央之间的关系，而在联邦制国家里，各邦（或各州）对联邦来说虽也是局部同整体的关系，但不是中央和地方的关系”②。

在联邦制国家内部，地方政府一般是联邦主体（州、共和国、省、地区等）之下的单位，因此地方政府处于政府体系中的第三等级即最低层次，与联邦政府直接联系较少。

---

① 欧洲理事会编：《地方与地区民主的结构和运行——英国》（1999 年），法国斯特拉斯堡：欧洲理事会出版社 2000 年英文版。

② 许崇德主编：《中国宪法》（修订本），中国人民大学出版社 1996 年版，第 237 页。

在单一制国家内部，各级地方政府与中央政府通常有较多的直接或间接联系。根据所属国家的结构形式来划分地方政府，有助于了解地方政府所属国家的结构形式对地方政府与中央政府的关系，地方政府之间职责的划分，以及地方财政来源等方面的影响。

三、地方政府的宪法地位和作用

（一）地方政府的宪法或法律地位

地方政府是一国宪法体系的重要组成部分，具有重要的宪法或法律地位。正如斯蒂芬·L. 埃尔金所言："关于立宪政府政治结构理论的重要组成部分，必须是关于地方政府的设计。"①

由于各国法律制度和政治制度不完全相同，其地方政府的宪法或法律地位也不尽相同。

在英国，地方政府是由议会制定的法律创立的机构。除了《地方政府法》以外，宪法没有对地方政府制度作专门的规定和保障。但是，英国签署并批准了《欧洲地方自治宪章》，因此，政府要遵循《欧洲地方自治宪章》规定的地方民主的基本原则。此外，有关地方政府的法律，还有 1998 年《苏格兰法》，1998 年《威尔士政府法》和 1998 年《北爱尔兰法》等。

根据《美利坚合众国宪法》，联邦政府对地方政府没有管辖权，但宪法规定联邦应保证各州实行共和政体。在此前提下，各州有权制定自己的州宪法，有权选择和组织任何形式的政府。各州宪法多明确规定了地方政府的产生、结构和职能以及民选官员的产生和职权，并授予地方政府专门的甚至在许多情况下是排他的管辖权，从而使地方政府受到州宪法的保障。

根据 2003 年 3 月 28 日对法国宪法进行修改的《关于法国国家结构改革的宪法修正案》(2003 年第 276 号宪法性法律)，修改后的《法兰西第五共和国宪法》第七十二条第五款规定："共和国的领土单位为市镇、省、大区、具有特殊地位的地方行政区和本宪法第七十四条规定的海外领地。其他领土单位均由法律建立。这些领土单位由选举产生的议会按照法律规定的条件自由地进行管理"；"国家和政府在共和国地方领土单位的代表负责维护国家的利益、监督行政并使法律得到遵守。"另外，1958 年《法兰西第五共和国宪法》第七十四条确定了海外领地的性质和地位，明确海外领地是为在共和国的总利益中照顾领地特有利益而设立的特别组织。根据《法兰西第五共和国宪法》第三十四条的规定，有关地方领土单位议会选举制度的事项，由法律规定；法律还规定有关地方

① 〔美〕斯蒂芬·L. 埃尔金等编：《新宪政论》，生活·读书·新知三联书店 1997 年版，第 165 页。

领土单位的行政自主权、它们的权限和财源的原则。这些规定也为法国地方制度提供了宪法基础。除了宪法规定外,地方制度的有关法律,还有与市镇有关的法律、与省有关的法律和与大区有关的法律等。

根据《德意志联邦共和国基本法》第二十八条,在州、县和乡(镇)中,必须设立经由普遍、直接、自由、平等和秘密选举产生的国民代表机关。各乡(镇)在法律规定的限度内自己负责处理一切地方公共事务的权利,必须得到保障。这种代表机构,在乡(镇)一级可由乡(镇)民大会替代之。联合乡(镇)也应按照法律并在法律赋予它们的职能限度内拥有自治的权利。对地方自治的保障也为地方政府的财政责任奠定了基础。地方自治原则还得到州宪法的保障,不仅各州根据基本法制定的宪法确定了地方自治原则,而且各地方以宪章的形式规定地方自治的基础。此外,还有地方的选举法、地方税收法等,也规定了对地方自治的制度保障。地方自治还得到司法机关的保障。

在日本,1947年《日本国宪法》对地方制度作了原则规定,确定地方公共团体的职权是管理财产、处理事务和执行行政,并可以在法律范围内制定条例。日本国会根据宪法确定的原则制定了以《地方自治法》为首的一系列法律。日本《地方自治法》中载明了日本关于地方自治的基本原则,并赋予地方自治原则以特殊的合法性,并具体规定了地方公共团体的形式、组织和活动原则以及地方公共团体与中央政府的关系,从而形成了富有特色的地方自治制度。

在俄罗斯,地方自治是联邦宪政制度的基础之一。1993年《俄罗斯联邦宪法》不仅确立了地方自治的基本原则,而且还规定了地方自治的法律保障。《俄罗斯联邦宪法》第一章"国家宪政基础"规定了地方自治的原则和基础:(1)人民直接地并通过国家权力机关和地方机关行使自己的权力(第三条)。(2)在俄罗斯联邦,承认并保障地方自治。地方自治在其权限范围内是独立的。地方自治机关不属于国家权力机关体系(第十二条)。《俄罗斯联邦宪法》第八章"地方自治机关"则规定了地方自治机关的基本制度。俄罗斯联邦立法机关制定了一系列法律规定地方自治的组织和运行,如《俄罗斯联邦地方自治一般组织原则法》、《俄罗斯联邦公民选举权利基本保障法》、《俄罗斯联邦地方自治财政基础法》和《俄罗斯联邦地方自治一般组织原则法的修改补充法》。此外,各联邦主体结合各自的具体情况和实际需要,制定了自己的宪章和其他规范性文件,包括地方自治章程,使联邦宪法和法律的有关规定得到具体实施,并确保地方制度改革的顺利进行。

除了宪法和其他国内法的规定外,地方自治也得到国际公约的承认和保护。《世界地方自治宣言》第一条"地方自治的宪法基础",要求"地方自治原则应在本国宪法或有关国家政府结构的基本立法中得到承认。”第四条规定,如果宪法或法律允许中止或解散地方议会或地方执行机关,应符合正当法律程序;地方政府应尽早地依法恢复履行职责。第十一条规定:“地方政府有权获得司法救济,以确保其自治权和符合确认其职能和保护其利益的法律的要求”。《欧洲地方自治宪章》第二条“地方自治的宪法和法律基础”,也要求“地方自治原则应在本国立法中得到承认,且在宪法中得到实施。”

(二)地方政府的作用

由于地方政府只局限于一定的区域,地方事务本身不如全国性事务引人注目,因此对地方政府的关注程度远不如中央政府,但是,这并不意味着地方政府的作用不大,更没有否定地方政府的价值。

地方政府的作用和价值主要体现在民主和效率两方面,具体而言:

1. 地方政府的存在有利于促进自由

英国学者威廉·布莱克斯通曾说过:英国人所享有的自由应归功于其自由的地方制度。早在盎格鲁-萨克森时代,英国人就已在自己的家乡学得公民的义务和责任,从而奠定了英国人民政治自由的基础。法国托克维尔则断言,在没有地方自治的条件下,一个国家虽可建立一个自由的政府,但它没有自由的精神。①

2. 地方政府有利于发扬民主,增进平等

地方政府不仅仅是人民自由的保障,也是对人民进行教育的学校。地方政府由选举产生,这使选民获得了民主政治的教育和训练机会,同时也使被选出的人员在地方政府中得以学习政务。

英国政治学家W.J.M.麦肯齐指出:“设置地方政府的理由,在于地方政府是提供某些服务的有效和便利的方式;在于人们倾向于认为,中央政府需要一种品质,这样的品质可以通过地方自治的形式很好地得到培养。”②

英国政治思想家J.S.密尔在《代议制政府》中,认为地方政府为在全国政府之外的参与活动和政治活动所提供的机会,加深了人们对自由政治制度的理解。他指出:“地方代表权的目的本身就是为了使那些具有和一般同胞的利益不同的共同利益的人们可以自行安排共同的利益。”③

---

① 〔法〕托克维尔:《论美国的民主》(上卷),商务印书馆1997年版,第67页。

② L. J. Sharpe, “Theories and Value of Local Government”, *Political Studies*, Vol. XVIII, No. (1970), p. 154.

③ 〔英〕J.S.密尔,《代议制政府》,商务印书馆1982年版,第211页。

3. 地方政府不仅可以促进自由、民主和平等，还有利于公民参与，提高效率和增加福利

汤尼·伯恩从英国的情况具体列举了地方政府的作用：(1) 地方政府能够更有效地处理某些重要事务；(2) 地方政府具有相对独立性，可以发挥创造性和进行试验；(3) 地方政府的存在有助于对公民的政治教育和对公民政治能力的培养，有助于推进民主政治；(4) 地方政府的存在有利于防止或对抗中央过分集权和滥用权力；(5) 地方政府的存在，是尊重英国人民生活方式和历史传统的表现。①

戴维·威尔逊和克里斯·盖恩在2006年合著的《联合王国地方政府》中认为，地方政府的作用和价值，一是地方政府可以代表和反映当地居民的意志和需要；二是强调了不同地方的差异性；三是鼓励创新和互相学习；四是较迅速有效地回应当地居民需要，提高行政效率；五是可以增强公民意识和参与意识；六是为公民的政治教育和训练提供场所；七是有利于分散权力。②

对地方政府作用和价值，也有一些人士表示怀疑或提出异议。如有的西方人士批评说，地方政府的存在，带来了各地公务执行的不同标准，造成了各地的不平等现象；一些地方政府管辖区域过小，不能有效运用现代技术和提供现代化服务；地方政府固然有利于在一些领域中发挥创造性和进行试验，但地方政府也有可能固守狭隘观念和本地利益，不求变革甚至妨碍改革；地方居民对地方事务的兴趣有时不很高，对地方政府的作用不应夸大。③

还有的学者指出，地方政府还有可能加大财政负担，造成效率低下、惰性和不求变革，以及导致不平等甚至腐败等问题。④

近二十多年来，西方各国地方政府经历了深刻的变化和发展，如英国中央政府将过去由地方政府提供的一些服务交由联合委员会或联合机构等准政府机构、私人公司或民间自愿组织管理，地方政府对公共事业的管理职能减少等，这些都使地方政府的作用也随之变化：由原来的公共服务的唯一或主要的提供者，变成地方上各种准政府机构、私人公司或民间自愿组织等复杂网络的策略指导者。

因此，地方政府在政治、社会、经济和文化生活中起很重要的作用，这些作用今后还将不断加强。但地方政府的作用，也像其他政治制度一样，必须放到具体的、历史的环境中去考察、去比较，地方政府的作用还将随着经济的发展、

---

① Anthony Byrne, *Local Government in Britain* (London: Penguin Books Ltd, 2000), pp. 5—8.

② David Wilson and Chris Game, *Local Government in the United Kingdom* (London: Macmillan, 2006), pp. 37—48.

③ Anthony Byrne, *Local Government in Britain* (London: Penguin Books Ltd, 2000), pp. 8—9.

④ David Wilson and Chris Game, *Local Government in the United Kingdom* (London: Macmillan, 2006), pp. 35—37.

时代的进步、社会的变迁而发生变化。

四、地方政府制度的传统模式

世界上几乎所有的国家,都在自己的领土范围内划分行政区域,建立地方政府。各国的地方政府,发展到今天,存在着几十万个。这些地方政府在制度形态上各有什么异同和特征?形成地方政府不同制度形态和特征的条件是什么?这些都是在地方制度比较研究中需要探讨的问题。

1964年,美国宾夕法尼亚大学政治系主任奥德福教授,较早提出了地方政府的四种模式:英国型地方政府、法国型地方政府、苏联型地方政府和传统型地方政府。奥德福认为,英国地方政府对于以立法形式的中央控制是相对独立的,一个地方政府机构几乎不受其他地方机构组织的监督;法国地方政府的特点是大量的中央监督,这种监督通过行政控制和统治集团的一系列命令予以实现;苏联体制的主要特征,是存在着一种更为严格的等级制度,这种制度既是通过正式组织,也是通过共产党的控制,以民主集中制及单一候选人选举制度来实现的;传统型地方政府,则是一种土生土长的村政府的形式。①

继奥德福后,许多中外人士提出了自己的地方政府制度模式。

政治学教授董翔飞认为,奥德福的分类似不能涵盖所有国家的地方政府。他根据中央与地方关系,将地方政府的自治形态分为联邦国家的地方政府、单一国家的地方政府、都督式的地方政府、共产党执政国家的地方政府以及传统式的地方政府等五种。②

《国际社会科学百科全书》将世界各国地方政府也分为五种类型:(1) 联邦分权型地方政府;(2) 单一分权型地方政府;(3) 拿破仑行政长官型地方政府;(4) 共产党执政国家型地方政府;(5) 后殖民主义型地方政府。③

《美国百科全书》作者提出的地方政府模式是:(1) 英国型地方政府;(2) 美国型地方政府;(3) 法国型地方政府;(4) 苏联型地方政府。④

《地方治理与国家权力:地方政府传统与变革的世界性比较》的作者塞缪尔·休姆斯,提出的地方政府模式是:(1) 法国型地方政府;(2) 英国型地方政

① 〔英〕戴维·米勒、韦农·波格丹诺编:《布莱克韦尔政治学百科全书》,中国政法大学出版社1992年版,第421页。

② 参见董翔飞:《地方自治与政府》,五南图书出版公司1982年版,第19页。

③ *International Encyclopedia of the Social Science* (Volume 9 ~ 10) (London: Macmillan, 1968), p. 451.

④ *Encyclopedia Americana* (Volume17) (Grolier, 1997), p. 637.

府;(3) 德国型地方政府;(4) 苏联型地方政府。①

日本学者村松岐夫提出的地方政府模式是:(1) 单一国家型地方政府(发达国家);(2) 联邦国家型地方政府(发达国家);(3) 社会主义国家型地方政府;(4) 发展中国家型地方政府。②

还有西方学者提出了地方政府新的模式理论,如迈克·戈德史密斯(Micheal Goldsmith)认为,不同国家的地方政府可分为三种模式:(1) 委托或授权型的地方政府(the clientelistic/patronage model)。这种地方政府的主要作用是对特定的个人或个人团体提供福利。(2) 经济开发型的地方政府(the economic-development model)。这种地方政府的主要作用是增进地方经济的发展,为建立一种相对宽松的市场运行机制创造必要条件。(3) 福利国家型的地方政府(the welfare-state model)。这种地方政府的主要作用是提供范围广泛的集体消费物品。③

近年来,对欧洲各国国家结构的一种新的分类是,按照立法权和行政权的分配和组织形式,将国家分为三种不同类型:(1) 单一制国家;(2) 联邦制国家;(3) 地区制国家。相应的,欧洲主要国家的地方政府制度,可分为单一制地方政府、地区制地方政府和联邦制地方政府。④

借鉴西方学者对地方政府模式分类的合理形式,考虑各国已经和正在发生的政治变革,可以将各主要国家传统的地方制度,分为以下四种模式:

(一) 英国型地方政府制度

英国型地方政府制度是一种以地方议会为中心的分权制地方制度模式。

英国地方政府制度的特点是:(1) 地方自治制度历史悠久,其间经历了复杂的发展变化,但地方自治的观念由来已久、深入人心。(2) 地方政府具有独立的法律地位和法人资格,它能以自己的名义享受权利、承担义务,在法律范围内负责广泛的地方事务。(3) 地方政府以地方议会为核心的代表机关,地方议会由民选的议员组成,但地方议会中的各种委员会是实际处理议会事务的机构,并由议会任命各种常任官员,组成执行部门,处理日常行政事务;但2000年《地方政府法》加强了地方议会的执行机关。(4) 在中央,没有单独设立统一负责地方政府事务的部门,而是按地区分别设立主管部门;由于历史和现实的原

---

① Samual Humes, *Local Governance and National Power: A Worldwide Comparison of Tradition and Change in Local Government* (Harvester Wheatsheaf, 1991), pp. 7—10.

② 〔日〕村松岐夫:《地方自治》,经济日报出版社1989年版,第4页。

③ Michael Goldsmith, "Local Autonomy: Theory and Practice", in King and Pierre, ed., *Challenges to Local Government* (SAGE Publications, Inc., 1990), pp. 21—28.

④ 弗朗兹·肖斯伯格:《欧洲治理的地区与地方维度》,载《社会治理创新——第二届中欧政府管理高层论坛论文集》,国家行政学院出版社2006年版,第334页。

因,在英格兰、苏格兰、威尔士和北爱尔兰实行的地方制度和自治程度不尽相同。(5) 在中央与地方之间,还设有苏格兰议会、威尔士国民议会等地区性政府。

英国的地方自治观念和地方制度对其他国家产生了广泛的影响,尤其是原先英国早期殖民地或占领区和英联邦国家的地方政府,很多就承袭了英国地方制度的特点。

(二) 法国型地方政府制度

法国型地方政府制度是一种中央监督与地方自由管理相结合的分权单一制地方制度模式。

法国地方政府是古代政治制度遗留的产物。最初,法国中央政府为适应统治的需要,在各地设立分治区,并安排一名中央代表,对地方事务的处理进行监督。如果必要,中央代表可撤销地方政府的命令,中止或代替地方政府的工作。法国统治者们试图以此把国内存在的封建割据、小城市和教会领地统一起来,建立一个中央集权的国家。1800 年,拿破仑改革地方制度,采行省长制。

法国地方政府制度的特点是:(1) 地方政府体制大致相同,所辖行政区划整齐划一,除少数区域外,大多数地方政府的法律地位一致、性质相同;(2) 在大区、省,不仅有民选的议会作为地方政府机构,而且设有国家代表,负责维护国家利益、监督行政并使法律得到遵守,另外还设有中央政府和政府部门派驻地方的机构;(3) 市镇议会既是权力机构,又是政府组织,其市镇长既是市镇议会的执政官,又是市镇行政首长,担任市镇议会主席,并且是国家代表;(4) 中央政府设立内政部(后称"内政、国内安全和地方自由部",现为"内政、海外事务与领土单位部"),负责省长的提请任命以及省长主要助理官员的直接任命,负责各地方当局的选举、公民保护等事项;(5) 虽然从传统到法律都赋予地方议会很大的自主权力,但长期以来中央政府在地方的代表,对地方议会具有很强的监督或控制职能,中央各部门派驻机构,对地方议会也有较强的影响;(6) 近二十多年来,法国中央政府进行权力下放和地方分权的改革,加强了大区议会和省议会作为地方自治单位的作用,扩大了地方自治的范围。特别是,2003 年 3 月 28 日对法国宪法进行修改的《关于法国国家结构改革的宪法修正案》,明确法国是一个"分权单一制"国家。

法国地方制度对其他国家特别是南欧国家影响较大。作为前殖民列强,法国把这种地方制度推行于在亚洲和非洲的殖民地中。一战、二战以后,法国地方政府制度还影响到战后的托管地或法占区。

(三) 德国型地方政府制度

德国型地方政府制度是一种突出以"地区整体从属"为主要特征的地方制

度模式。

德国是一个联邦制国家，联邦由各州组成。联邦政府制定基本的政策框架、法律或规章，但这些政策、法律和规章的大部分由州政府负责执行。州以下的县（县级市）、乡镇作为德国行政管理的较低层级，负责大量的地方政府行政职能和联邦与州委托处理的国家行政职能。在德国，联邦和邦并不是国家行政的唯一主体，与它们同时分担管理国家任务的还有所谓的“间接国家行政机构”，其一是公法法人；其二是县、乡及乡镇组合。后者自古至今一直担负着与公民相关的大部分工作，只要这些任务没有明确规定须由特设的基层机构或高一级的行政部门负责，则属于它们的职务。[①]

德国地方政府制度在形成过程中受到康德、黑格尔等人思想的影响，经过冯·史泰因行政改革、俾斯麦统一战争、魏玛共和国时期、纳粹时期、盟军占领、东西分立到两德统一，形成了自己的独特之处：(1) 德国各级地方政府是建立在“地区整体从属性”基础上的效率型地方政府体制；按照德国公共行政的从属性原则，上级政府仅履行那些“不能由下级公共机构有效履行的职责”。因此，联邦政府负责制定全国性的总政策和法律，但除某些特殊领域如国防、外交、铁路、邮政等事务外，其他大多数事务不由联邦各部直接管理，而是委托给州政府负责；州政府可再把这些国家行政职能分配给州和各级地方政府执行。(2) 各级地方政府不仅处理地方政府事务，还负责处理联邦与州委托处理的国家行政事务，具有作为地方自治单位和国家行政单位的双重属性。(3) 在联邦与州，以及州与地方关系上，不存在上下等级关系，而是一种合作关系，联邦、州、地方政府具有明确的法律地位，受联邦基本法、州宪法和地方宪章法的保障。(4) 德国地方政府历史上受到法国的影响，经过一战、二战和多次改革，加上各州法律不尽相同，使德国地方政府制度呈多样性的特点，尤其是地方政府结构不尽一致，其中又以乡、镇不同的体制为突出。(5) 与其他国家相比，德国地方政府传统上具有较强的综合职能，处理范围广泛的事务，专门职能部门较少；联邦和州政府各部也较少设立派驻地方的机构。

德国地方制度影响到与德国邻近的一些欧洲国家和俄罗斯、匈牙利，尤其对形成于明治时期的日本地方制度产生过较大影响。

（四）中国地方制度

中国地方制度是在民主集中制基础上建立起来的地方制度。

中国的地方国家机构是在改革旧中国地方制度，并总结革命根据地政权建

① 〔德〕福兰克·霍夫编：《德国的国家结构与行政组织》，德国巴伐利亚行政学校、联邦内政部联邦行政研究院 2000 年版，第 39 页。

设经验基础上形成和发展起来的新型国家机关。新中国的地方制度,坚持马克思主义关于国家机构的一般原理,同时,吸收了苏联地方政权建设的一些原则和旧中国地方行政建制的有益形式。

中国地方制度的特点是:(1) 地方国家机构是国家机构体系的组成部分。地方各级人民代表大会由选民或选举单位选举产生,是地方各级国家权力机关;地方各级人民政府由同级人民代表大会产生,是地方各级国家行政机关,同时又是地方各级国家权力机关的执行机关。(2) 全国人民代表大会与地方各级人民代表大会之间,没有领导和被领导的关系,但有法律上的监督关系和工作上的指导关系;地方各级人民政府对本级人大及其常委会负责并报告工作,同时,对上一级国家行政机关负责并报告工作,并服从国务院统一领导;地方各级人民政府工作部门受本级人民政府领导,并且依法受国务院主管部门或上级人民政府主管部门的领导或业务指导,具有双重从属性的特点。(3) 在少数民族聚居区,建立民族自治地方,设立人民代表大会和人民政府作为自治机关;设立特别行政区,直辖于中央人民政府,但享有高度自治权,体现了地方制度的灵活多样性。(4) 中国领土辽阔、人口众多,因此多层次地建立了地方机构:主要有三级制(直辖市—县〈市辖区〉—乡,省—地级市〈县、县级市〉—市辖区〈乡〉)、四级制(省—地级市—县〈县级市〉—乡)等地方机构,体现多层次的特点。(5) 在中央与地方关系上,遵循在中央的统一领导下,充分发挥地方的主动性、积极性的原则,地方政府职能比较广泛,涉及政治、经济、教育、科技、文化、卫生、财政、民族、民政等方面,上下级行政机关之间承担职能基本一致,在职能上分工不明显,但权限上有差异。(6) 中国地方制度与政党制度关系十分密切。地方各级国家机构要接受中国共产党的领导,中国共产党在地方设立的各级组织,对地方国家机构实行政治领导、组织领导。

应该特别指出的是,随着各国经济、政治、文化等方面的发展,各国的地方制度不断经历着变革。特别是在欧洲,随着欧洲一体化进程加快和《欧洲地方自治宪章》在40多个国家的签署和批准,欧盟成员国的地方制度表现出某种共同的发展趋势,如强化地方自治、实行从属性原则、鼓励多样性、非官僚化、服务提供的变化、对民众的负责性、公民参与、减少调控和强调中央与地方的合作等等。地方政府制度的传统模式或将发生新的变化。

五、地方政府与地方治理理论简述

对地方权力进行研究一直是西方国家地方政府学者关注的热点领域,但真正以地方政府权力结构为研究中心却是从20世纪50年代兴起的。

根据地方政府理论论述问题的侧重点,地方政府理论可以分为两种类型。

一类地方政府理论,主要审视了地方政府在广泛的地方政治制度框架内的运行方式,且主要研究在欧美的大城市的情形。这类理论起源于美国的政治学传统。以美国的F. 亨特(Floyd Hunter)对亚特兰大市的研究和罗伯特 · A. 达尔(R. A. Dahl)对纽黑文市的研究为先导,这类理论试图对日益影响地方政治过程的经济利益给予关注,另一方面,也试图说明地方政府结构变化和全球化对地方政治过程的影响。

另一类地方政府理论,主要是讨论地方政府与其他政府间的关系。这类理论主要以英国的经验为依据,且对中央与地方关系的构建方式给予特别的关注,其主要兴趣,在于地方政府多大程度上有不受中央政府控制而实行自治。但近年来,理论关注的焦点也扩大到其他方面,特别是欧盟政策过程的作用、新的大区机构和单一职能地方政府等的研究。①

(一) 地方政府理论

概括而言,关于地方政府的研究,主要有以下三种理论。

1. 多元论(pluralism)

多元论是国家机构主要理论的渊源之一,被认为是西方民主最重要的学说之一,为将政治学从狭隘的宪法假设中解脱出来作出了贡献。

多元论的代表人物是美国的达尔。1961年,达尔出版了《谁统治:美国城市中的民主和权力》,该书以纽黑文市为研究对象,选择了地方政府三个最主要的政策问题——城市重建、公共教育政策和政治任命——的政治过程,进行分析。他发现,当时有各种团体、个人参与了这三个方面的决策,政治权力很分散,每个个人或团体都拥有各种资源,有其在特定专属领域的影响力,但没有任何个人或团体足以垄断地方政府的决策过程。例如,工商业团体对城市重建较有发言权,但是对教育的影响较小。政治决策总是倾向于反映大多数人的意见,并经过"在多元民主中领导人与公民间形成的关系复杂的共生和变化过程"而产生。据此,他指出,纽黑文市的地方政治是以"分散的非对称性"(dispersed unequalities)为主要特征的多元性政治。

2. 精英论(elite theory)

有关地方政府的另一种学说是精英论。这一理论认为,政治控制是少数精英的专利,地方政府的政治权力掌握在少数社会名流手中,地方重大的政治方案通常是由这些精英起决定作用,而地方各级官员予以配合来实现少数人的意志。实际上,精英论的提出在时间上要早于达尔提出的多元论。

---

① Hugh Atkinson and Stuart Wilks-Heeg, *Local Government from Thatcher to Blair* (London: Polity Press and Blackwell Publishers, Ltd.), 2000, pp. 34—35.

亨特是精英论的代表。他曾以美国佐治亚州的亚特兰大市作为研究对象，分析其决策层的层级和权力运行的过程，并于 1953 年出版了《社区权力结构：决策者研究》一书。亨特认为，地方权力通常由不超过 40 人的集团行使，其中实业界的利益在起决定性的作用。他通过调查得到了一个中选率最高的 12 人名单，他发现这 12 人是 40 人权力精英的核心。他得出结论：少数实业界代表对决策后果有决定性的影响，“在决策集团中，经济利益起决定性的作用”。

3. 西方马克思主义（Marxism）

20 世纪 70 年代，对地方政府理论的研究，出现了一支新的学派，并迅速产生广泛的影响，这就是西方马克思主义。

马克思主义认为，经济因素是社会历史发展的动力。马克思 1859 年在《〈政治经济学批判〉导言》中指出，物质生活的生产方式制约着社会的经济结构，“即有法律和政治的上层建筑竖立其上并有一定的社会意识形态与之相适应的现实基础。……随着经济基础的变更，全部庞大的上层建筑也或慢或快地发生变革”[①]。

但关于国家的作用，马克思除了在《共产党宣言》中，提到“现代国家的行政机关不过是全部资产阶级管理公共事务的委员会罢了”之外，所述不多，也许这是造成后来西方学者对马克思主义国家学说理解不一的原因之一。

西方马克思主义者比较一致的看法是，国家履行着对维持资本主义制度至关重要的两种主要的职能：一是国家提供市场不能供给、但对资本主义制度十分重要的广泛的一般必要条件，包括法律制度、交通运输设施和为确保训练有素的劳动者所必要的教育培训制度；二是国家维持社会秩序，调节阶级矛盾。西方学者并将国家这两种职能概括为国家的“资本积累职能”和“维护职能”。

由于对国家与统治阶级关系程度的理解的不同，存在着西方马克思主义的两种流派：工具主义流派和结构主义流派。前者重述马克思在《共产党宣言》中的主张，认为国家纯粹是统治阶级的一个工具；后者则认为，尽管国家维护资本主义的普遍、长远的利益，但资产阶级内部结构中各阶层和利益集团的存在，要求国家机构有一定程度的自主权，以协调阶级矛盾。另外，结构主义者还认为，国家不仅是统治阶级结构中不同派别利益冲突的裁判人，同时要对付劳动人民的反抗，因此，国家是阶级斗争的中心舞台。

（二）地方治理理论

近几十年来，西方各国地方政府经历了深刻的变化和发展，传统的地方政府理论不能完全适应发展的需要。除了“地方政府”的概念外，“地方治理”的

---

① 参见《马克思恩格斯选集》第 2 卷，人民出版社 1995 年版，第 82—83 页。

概念也越来越为大多数学者和政治家所接受。①

1998 年,英国学者格里 · 斯托克(Gerry Stoker)对流行的各种治理概念作了一番梳理后指出,到目前为止,各国学者对作为一种理论的治理已经提出了五种主要的观点。这五种观点分别是:(1) 治理是指一系列来自政府,但又不限于政府的社会公共机构和行为者的复杂体系;(2) 治理意味着在为社会和经济问题寻求解决方案的过程中,存在着界线和责任方面的模糊性;(3) 治理明确肯定了在涉及集体行为的各个社会公共机构之间存在着权力依赖;(4) 治理意味着参与者最终将形成一个自主的网络;(5) 治理意味着,办好事情的能力并不限于政府的权力、政府的发号施令或运用权威。在公共事务的管理中,还存在着其他的管理方法和技术,政府有责任使用这些新的方法和技术来更好地对公共事务进行控制和引导。②

"地方治理"(local governance)与"地方政府统治"(local government)从字面上看似乎差别不大,但其实际含义却不同。

我国学者俞可平认为,与"政府统治"一样,"治理"作为一种政治过程,也是为了维持正常的社会秩序。但"治理"与"政府统治"至少有两个区别:(1)"治理"与"政府统治"的最基本的或是本质性的区别是:"治理"虽然需要权威,但这个权威并不一定是政府机关,而"政府统治"的权威则必定是政府;"政府统治"的主体一定是社会的公共机构,而"治理"的主体既可以是公共机构,也可以是私人机构,还可以是公共机构和私人机构的合作。(2) 管理过程中权力运行的向度不一样:"政府统治"的权力运行方向总是自上而下的,而"治理"则是一个上下互动的管理过程。③

概括而言,有关地方治理的理论,主要有以下三种。

1. 实力-依赖关系论(power-dependence in central-local relations)

实力-依赖关系论的代表人物是英国的罗兹(Rhodes)。实力-依赖关系论试图对英国中央与地方关系进行理论阐释,被作为地方治理的理论之一。

实力-依赖关系论假定,中央与地方都有办法对付另一方及其他组织。但这里的办法是指宪法、法律、组织、财政以外的各种对策,如政治、信息、执行任

---

① 在关于治理的各种定义中,全球治理委员会的定义具有代表性和权威性。该委员会于 1995 年发表了一份题为《我们的全球伙伴关系》的研究报告,在该报告中对治理作出了如下界定:"治理是各种公共的或私人的机构管理其共同事务的诸多方式的总和。它是使相互冲突的或不同的利益得以调和并且采取联合行动的持续的过程"。

② Gerry Stoker, "Governance as Theory: Five Propositions", *International Social Science Journal*, No 155, March 1998。

③ 参见俞可平:《中国公民社会的兴起及其对治理的意义》,载《中国公民社会的兴起与治理的变迁》,社会科学文献出版社 2002 年版。

务等方面的对策。无论是中央还是地方,都试图调动其所掌握的资源使其影响最大化,并将对对方的依赖降到最小,但没有一方能够完全掌握实现其目标所需的宪法、法律、组织、财政、政治、信息资源。因此,尽管有个别的政府可能按科层结构组织,但大多数的政府组织都是以相互依赖为特征的,资源交换是相互依赖的结果。

罗兹试图将中央与地方关系从宏观、中观和微观三个层面进行分析,并特别指出,随着社会复杂性的加强,对社会政治的治理,已由一个自我管理、自我组织的互动系统所主导,它既非市场,也非国家,但与以上两者存在着互补的关系,这个互动系统就是"政策网络"。政策网络依政策领域的不同而有所不同。

罗兹认为,权力可能会在某些集合体中集中,但国家的变异结构产生了相互依赖,其潜在的权力并不能总是被动员。这种分析模式暗示,中央政府受到比过去更复杂的限制。这些限制有内在和外在两方面:在内部,中央受到自身部门化和协调其他组织能力的限制;在外部,中央要依赖其他组织实施其政策。因此,中央政府不能直接对其他组织发号施令,或将自身的意志强加于下级政府。为取得政策目标,中央政府必须通过广泛的政策网络起作用,其中包括地方政府的作用,否则将不可避免产生政策混乱。

2. 政权论(regime theory)

美国学者斯通(Stone)1989 年从他对美国亚特兰大所作的研究中,提出"都市政权"的概念。斯通指出:"都市政权是一种非正式但相对稳定的、易于获得体制内资源的集合体,这一资源使之在决策中保持持久的作用"。"政权论"的观念较倾向于新多元论,强调了经济力量的重要性,并注意到成长机器(growth machine)未能关注的其他冲突和妥协的政治过程。

与美国城市政治学的传统一样,"政权论"也关注权力问题,但与"多元论"和"精英论"不同,斯通将对于都市政治辩论的设问由〔谁统治〕转向〔如何统治〕。"政权论"认为地方政治具有多样化和复杂性的特征,要受相互依赖关系而非简单的、科层权力关系的制约。地方政治制度呈现出控制的分散性,都市权力在政府组织与非政府组织间,被分解成复杂的关系网络,都市政府的回应常常造成政策的偏离和意外的后果。因此,关键的问题是,都市政府组织与非政府组织在多大程度上能进行合作以取得共同的经济和社会目标。

"政权论"者更关注都市政府和非政府的行动者在复杂情况下有效进行地方治理是如何结盟的,而不太关注由谁控制这些结盟。斯通认为,权力的概念应该是"power to"而非"power over";同时承认权力的"不对称性",特别是商业利益通常在都市地方政治制度中所占据的优越地位,但都市的政治家和公众并非是无权的。不仅都市政府拥有强大的资源,而且它们还承担着保护广大公众利益的角色。尽管都市政府不具有控制地方经济的能力或充当竞争社会组织仲裁者的地位,但它“更有可能成为社会资源的动员者和协调者”。

“政权论”强调应改变都市政府角色,以适应从地方政府到地方治理的转变。斯通认为,政府和非政府力量之间的权力划分,并“不有助于建立对领域广泛的活动的直接和有力的控制”。为了实行有效治理,地方政治家应承认都市地方政府独立行动是有限的:“都市政府应将自己的职能与各种非政府的职能结合起来”。尽管这里含蓄地表明都市政府并非事事要听从居民意愿且政策选择也不一定非要有利于大多数人利益的意思,但地方政府毕竟是民意机关。因此,“政权论”暗含了地方民主与政策效率的交替使用。

3. 调节论(regulation theory)

由于“政权论”比较关注城市发展的经济层面,并采取地方性的取向,忽视更广泛的社会经济过程以及地方政治与外来力量的联结,而受到批评,在20世纪80年代末,一些学者开始从经济领域的讨论中将“调节论”带入城市政治的范畴,引入社会调节的观点,试图找到经济、政治与社会转型之间的关系。

调节论起源于马克思主义,认为资本积累是一个矛盾冲突的过程,必须要建立一个政治、社会、文化的调节机制,即所谓的社会调解机制(mode of social regulation),才能支持资本积累的再生产。

1989年,斯托克首次将“调节论”应用于英国地方政府的研究。斯托克总结出地方政府在英国20世纪当中所扮演的三种角色,并认为每一种角色都与资本发展的特定阶段有关:(1) 在20世纪上半叶,地方政府主要是提供和管理基础设施,为工业生产提供必要的条件;(2) 在战后进入福特主义时期,地方政府的角色发生了变化,更多地履行诸如供气、供电和供水、住房和教育等社会福利的职能,地方政府日益成为福利国家的工具;(3) 70年代,开始从福特主义转型进入后福特主义时期,地方政府角色也随之转换,主要表现在地方政府服务的签约外包、在民选的地方议会控制之外设立地方准政府公共机构、私人部门对地方政府影响增大和对地方政府作为服务提供者的观念的全面挑战;同样,公共服务提供方式的变化,如出现了更分散的公共服务消费方式、以消费者为本的服务理念增强等,也改变着地方政府的传统角色。此外,地方政府管理方式也出现了变化,使用了更灵活的劳动管理方法,弱化了等级结构,并引进了新公共管理技术等。

上　篇

地方政府典型国别比较

第一章
英国地方政府

第一节　英国的国家结构

一、英国国家结构概述

(一) 英国国家概况

英国全称“大不列颠及北爱尔兰联合王国”(The United Kingdom of Great Britain and Northern Ireland),简称“联合王国”。位于欧洲西部,由大不列颠岛(包括英格兰、苏格兰、威尔士)、爱尔兰岛东北部和一些小岛组成,面积24.48万平方公里(包括内陆水域)。人口约6 094万(2008年7月)①。官方语言为英语,威尔士北部还使用威尔士语,苏格兰西北高地及北爱尔兰部分地区仍使用盖尔语。首都伦敦。

联合王国实行君主立宪制,其不成文宪法由不同时期形成的制定法、普通法和惯例组成。有关政府结构、机构、职权和运行原则等的规则,主要散见于各种宪法性法律之中,这种宪法传统主要来自于英格兰,属于单一制宪法性质;联合王国在伦敦威斯敏斯特设有议会,在伦敦还有其他政府机构,而在威尔士、苏格兰等地区,现在也有了自己的地区性议会和执行机关。但是它们并不独立于联合王国之外,两者不是一种联邦的关系。也有学者认为,英国既不是单一制也不是联邦制,而是地区制国家。②

目前,在联合王国,有三个层次的政府:中央政府;地方政府;在苏格兰和威尔士的地区性政府以及北爱尔兰的地区性政府(北爱尔兰议会曾于2002年10月14日被停止运作,2003年4月28日被解散);而英格兰仍由中央政府直接治理。

---

① 资料来源:《世界概况》(英国篇)(The World Factbook: United Kingdom,2008)。

② 弗朗兹·肖斯伯格(Franz Schausberger):《欧洲治理的地区与地方维度》,载《社会治理创新——第二届中欧政府管理高层论坛论文集》,国家行政学院出版社2005年版,第334页。

(二) 地方制度的法律基础

在英国,地方政府是由联合王国议会制定的法律创立的机构。除了《地方政府法》以外,宪法性法律没有对地方政府制度作专门的规定和保障。但是,英国签署并批准了《欧洲地方自治宪章》,因此,政府要遵循《欧洲地方自治宪章》规定的地方民主的基本原则。

英国有关地方政府制度的立法主要有:1963 年《伦敦政府法》;1972 年《地方政府法》;1972 年《(北爱尔兰)地方政府法》;1989 年《地方政府和住宅法》;1994 年《(威尔士)地方政府法》;1985 年和 1992 年《地方政府法》;1973 年、1975 年和 1994 年《(苏格兰)地方政府法》;1999 年《地方政府(最优价值和财政)法》;1999 年《大伦敦政府法》;2000 年和 2003 年《地方政府法》;2003 年《地区议会(筹备)法》。

此外,还有 1998 年《苏格兰法》、1998 年《威尔士政府法》和 1998 年《北爱尔兰法》。

二、地区政府和地方政府的结构

(一) 地区政府的结构

联合王国由历史上的英格兰王国、威尔士公国、苏格兰王国和北爱尔兰地区结合而成。近年来,因为欧盟的影响,联合王国之下的行政区划分为 12 个地区。这些地区比郡的面积要大,其中,英格兰有 9 个地区,威尔士、苏格兰和北爱尔兰各有 1 个地区。

1. 英格兰

英格兰王国是联合王国中最大的组成单位。目前,英格兰王国在议会下院 646 个议席中占有 529 名。联合王国中央政府中没有设立类似北爱尔兰事务部那样的专门机构负责英格兰事务,也没有负责英格兰事务的专责大臣,而主要由社区与地方政府部负责有关英格兰地方政府的全国性政策。目前,在英格兰设有 9 个地区发展署。①

2. 威尔士

威尔士约占联合王国领土 1/12。目前,威尔士在议会下院 646 个议席中占有

① 公元前五六百年前,赛尔德人(Celts)首先进驻英格兰,其后有不列颠人进入。公元 43 年,克劳狄斯大帝(Emperar Claudius)率兵入侵,将英格兰作为罗马帝国的一个省(Province Britainnia)。公元 407 年罗马人退出后,先后有盎格鲁人(Anglos)、撒克逊人(Saxons)等渡海入英,以后逐渐形成割据局面。公元 9 世纪时,终于统一成为英格兰王国。

40名。根据1986年《议会选区法》的规定,威尔士在议会下院的议席不少于35个。①

根据1998年《威尔士政府法》,1999年5月举行了议会选举,产生了威尔士国民议会(National Assembly for Wales)。

3. 苏格兰

苏格兰约占联合王国领土1/3。根据1986年《议会选区法》的规定,苏格兰在议会下院的议席不少于71个。但由于苏格兰议会下院代表的比例偏高,1998年11月19日联合王国议会通过的《苏格兰法》(Scotland Act)已规定取消苏格兰在议会下院的议席不少于71个的规定。依据2004年联合王国议会通过的《苏格兰议会(选区)法》,由于选区减少,目前,苏格兰在议会下院的议席是59个。②

根据《苏格兰法》,1999年5月6日选举产生了苏格兰议会(Scottish Parliament)。苏格兰议会由129名议员组成,为一院制,并成立了苏格兰执行机关。

4. 北爱尔兰

1998年4月10日全面政治解决北爱尔兰问题的协议签署后,同年6月25日北爱尔兰地区举行议会选举,从18个选区选举产生了108名议员,成立了北爱尔兰议会(Northern Ireland Assembly),并组成了有12名成员的内阁。③ 1999年12月2日,联合王国政府已正式向北爱尔兰地区移交管理权,结束了长达27年的直接治理。目前,北爱尔兰在议会下院646个议席中占有18名。但北爱尔兰议会曾于2002年10月14日被联合王国政府停止运作,并在2003年4月

---

① 威尔士原为赛尔德族诸王统治之地。1284年,威尔士统治者格里菲斯(Llewelyn ap Griffith)被爱德华一世(Edward I,1272—1307)征服后,英格兰议会制定了《威尔士法令》(Statute of Wales),威尔士据此并入英格兰。1536年的《威尔士英格兰合并法》(Union of Wales and England Act),将英格兰的法律和行政体制适用于威尔士,并规定威尔士得向英格兰议会派遣自己的议员。1851年后,联合王国从资深大臣(主要是内务大臣)中任命一名威尔士事务部长(Minister for Welsh Affairs)。1964年威尔士事务部长改称威尔士事务大臣(Secretary of State for Wales)。作为内阁成员,威尔士事务大臣分别管理威尔士工业发展、农业和渔业、地方政府、住宅等有关事务,并监督国家政策在威尔士的执行。

② 苏格兰与英格兰于1603年结合为君合国(Union of Crowns),但两国保留各自的教会、议会、法院系统和法律体系。1706年两国分别通过《合并法》(Acts of Union),1707年两国签订合并条约,结合为大不列颠联合王国(United Kingdom of Britain),苏格兰行政事务归入大不列颠王国管辖。1885年联合王国任命一名苏格兰大臣(Secretary for Scotland)作为苏格兰事务部的主要官员。1926年苏格兰大臣改称苏格兰事务大臣(Secretary of State for Scotland)。作为内阁成员,苏格兰事务大臣分别管理苏格兰工业发展、农业和渔业、教育、地方政府、住宅、家庭和卫生等有关事务,并监督国家政策在苏格兰的执行。

③ 北爱尔兰原为爱尔兰的一部分。从1169年开始,英国人入侵爱尔兰;到1801年,英国正式把爱尔兰并入自己的版图,组成“大不列颠及爱尔兰联合王国”。1921年,英政府允许爱尔兰南部26个郡成立自由邦,享有自治权,但北部阿尔斯特地区的6个郡没有参加,仍留在英国版图内,构成现在的北爱尔兰地区。1937年,爱尔兰“自由邦”宣告独立,但仍留在英国版图内。1948年,爱尔兰议会决定脱离英联邦,成立爱尔兰共和国。根据1920年的法律,北爱尔兰议会由英王任命的总督、参议院和众议院组成;并设北爱尔兰内阁,由首相和各部大臣组成。自1972年北爱尔兰由中央政府直接治理后,原先由北爱尔兰政府和北爱尔兰议会行使的执行权和立法权分别转由北爱尔兰事务大臣和联合王国议会行使。

28日被解散。但2007年5月8日北爱尔兰自治政府恢复。

(二) 地方政府的结构

1. 英格兰

在英格兰,地方政府可以分为三类:

(1) 非单一地方政府(non-unitary authorities):在具有"二级制地方政府"结构的行政郡,包括一个郡议会和若干个区议会。两级政府各有不同的职责范围,如郡级负责教育,而区级负责城镇规划。

(2) 单一地方政府(unitary authorities):是同时具有郡和区议会职能的"一级制地方政府",是英格兰一级制地方政府的一种(另外,还有都市区议会、伦敦自治市和伦敦城议会也是一级制地方政府)。它们是由一个没有设立郡议会的郡之下一个单独的区或是若干个区组成的行政郡(如伯克郡或都市郡);但怀特岛郡是个例外,它有郡议会但没有区的建制。

(3) 伦敦自治市议会(London borough):伦敦自治市共有32个,其中12个自治市在内伦敦,20个自治市在外伦敦。

截至2008年5月,在英格兰,计有伦敦自治市议会32个,伦敦城议会(City of London)1个;非都市区议会(district council) 238个;郡议会(county council) 34个;都市区议会(metropolitan district council)①36个;单一地方议会(unitary council)46个。

其中,一级制地方政府(single tier authorities)包括伦敦自治市、伦敦城议会、都市区议会和单一地方政府。一级制地方政府,即在本区域内只有一级政府机构,它们负责提供在英格兰其他地区由郡和区两级地方政府提供的服务。

2. 威尔士

在威尔士,计有22个单一地方政府(unitary council),其中包括:9个单一郡议会(unitary county council)、10个单一郡自治市议会(unitary county borough council)、3个市议会(即具有城市地位的单一制政府),由一级地方政府提供主要的地方服务。它们统称为"主要的行政区划"(principal areas),是根据1994年《(威尔士)地方政府法》、并于该法1996年4月1日生效后建立的。

3. 苏格兰

在苏格兰,计有单一的议会32个,其中,29个议会在苏格兰本土,3个议会在岛区(奥克尼、设得兰和西部群岛)。它们是根据1994年《(苏格兰)地方政府等法》、并于该法1996年4月1日生效后建立的。

---

① 都市区议会分布在伦敦以外的6个都市郡内(默西赛德、大曼彻斯特、西米德兰兹、西约克郡、南约克郡、泰恩·威尔,均在英格兰)。这些都市郡1986年后只有郡的区划,而不再设置议会。

4. 北爱尔兰

在北爱尔兰,计有区议会 26 个,是单一的地方政府,直接提供有限的地方服务。

除上述主要的地方政府单位外,在英格兰还有堂区(也译"教区",下同)议会(parish council)和镇议会(town council),在苏格兰和威尔士,有社区议会(community council),他们主要起咨询作用,只有有限的法定职能。①

第二节 英国地方政府的建立和发展

一、英国早期的地方政府

英国的地方政府制度,可以追溯到诺曼征服(Norman Conquest)前的盎格鲁-撒克逊时期(公元五六世纪至 1066 年)。当时英格兰分为郡(shire);郡下又划分为百家邑(hundred),百家邑下又分为镇(towns)或堂区(parish)。郡、百家邑和镇各级分别设立负责司法行政的官员。

1066 年,诺曼底族的威廉一世征服英格兰后,企图建立强有力的中央政府,于是削弱地方的职权。威廉一世并将郡的名称由"shire"改为"county"。

都铎王朝时期(1485—1603),是英国地方制度由古代向近代转变的重要时期。1327 年设立的治安法官(Justices of the Peace)最初只负责起草起诉书,逮捕、拘捕、拘禁或审判被告及嫌疑犯,到此时职权已扩大,兼有司法和行政的职能。1555 年的法律规定,治安法官负有在公路及桥梁管理方面监督教区的职责。

在萨克森时期,除了郡、百家邑、镇以外,还存在着一些镇或镇的分区(ward)。它们最初具有自治性质,随后取得了自治市(borough)的地位。这些自治市从国王或贵族那里取得特许状(Charter),享有较广泛的自治权,但各自治市的权限并不完全一致。12、13 世纪时,自治市获得很大发展。从亨利三世起,自治城市的代表被召集参加国王会议。16 世纪中叶后,一些自治市按特许状的授权设立了自己的法庭或季审法庭(Court of Quarter Session)。当时的堂区和自治市都处于枢密院和星室法庭(the Court of Star Chamber)的控制之下。

英国内战期间(1642—1651 年),地方的许多机构因战争而停止活动。由枢密院进行的中央控制 1660 年后不再有作用。地方上主要由堂区管理,受治安法官监督;在自治市,则组成自治市法人,以法人资格从事活动。

---

① 根据 1994 年《(苏格兰)地方政府法》和 1994 年《(威尔士)地方政府法》,1996 年 4 月 1 日开始分别在苏格兰和威尔士实施单一的地方政府制度;而 1972 年《(北爱尔兰)地方政府法》(Local Government (Northern Ireland) Act),则较早地规定了在北爱尔兰实行单一的地方政府制度。

二、英国近代的地方政府

进入近代以后,英国地方制度发生了重大的变化。

城市地方政府方面,产业革命后,随着工商业的迅速发展,大量农村人口涌入城市;在工商业发达的地区,形成许多新的城市中心,如曼彻斯特、利兹、伯明翰等。在城市中,诸如警务、治安、供水、卫生、照明、养路等方面,都出现了新的问题。原有的市政机关不能适应新的发展和需要,1835 年英国议会通过了《城市法人法》(Municipal Corporations Act,1835)。该法规定,在城市设"自治法人",法人机关为纳税人以平等直接投票方法选出的任期三年的议员所组成的议会,由市议会管理地方事务,代替了原有的市政机关。根据该法设立了 78 个由选举产生的多重职能的市政府。《城市法人法》对英国城市地方制度的确立产生了很大影响。

农村地方政府方面,直到 19 世纪中叶,仍无大的变化,主要由治安法官负责治理。1834 年,议会通过《济贫法修正案》(Poor Law Amendment Act,1834),规定在地方合并若干地区,结合为济贫联合区,并设立济贫委员会(1847 年改为济贫局)。

1848 年,议会通过《公共卫生法》,规定在"公共卫生区"或依纳税人请愿或在死亡率占总人口 2.3% 以上的地区,设立卫生局,负责管理卫生事宜。

上述立法,加上其他方面如教育、公路、安葬等立法,规定设立了各种管理机构和管理区域,使地方政府的体制和区域很不统一,影响了地方政府工作的效率。

为调整地方政府,议会通过一系列立法措施。如 1871 年将济贫局改组为地方政府委员会,把有关公共卫生、救济贫民及监督地方政府的事务集中由该委员会管理。尤其是 1888 年《地方政府法》和 1894 年《地方政府法》,统一了英国的地方政府体制,为英国的近代地方制度奠定了基础。

1888 年《地方政府法》将 1882 年《市自治法人统一法》和 1884 年《人民代表法》规定的原则适用于郡。该法在沿用原有行政区划的基础上,规定在英格兰和威尔士设立由居民选出的郡议会(county council)。季审法庭治安法官的许多职权,如公路、食品卫生、收容等转由郡议会行使,但警备仍受郡议会和治安法官组成的联合委员会管理。除郡以外,在郡境内居民人口超过 5 万的自治城市,设郡市(county borough)。它们与郡独立,享有与郡同样的职权,并设有选举产生的市议会。

1894 年《地方政府法》规定:(1) 每个郡划分为城区(urban district)和乡区(rural district),作为郡的一般行政区划;(2) 乡区划分为堂区(parish);(3) 区及拥有300以上居民的堂区应设立由选民选出的议会,人口稀少的堂区则设堂区大会(parish meeting),由当地居民组成。这种19世纪的英国地方政府结构,经过1929年和1933年《地方政府法》的调整,一直持续到1974年。

苏格兰地区地方政府的发展与英格兰和威尔士地区大致相同。1833年《自治市改革法》规定苏格兰地区中较大的自治市(burgh),设立市议会,由选举产生。1889年《〈苏格兰〉地方政府法》规定由选举产生的郡议会代替治安法官和专门机构的权力。1900年《〈苏格兰〉市镇议会法》规定苏格兰地区的一切自治市,不论大小,必须设立由选举产生的市议会。作为下一级政府的民选的堂区议会设立于1894年,承担济贫的职责。1929年《〈苏格兰〉地方政府法》,把以前的各项法律加以综合,直到1973年才得以重大修改。

依1888年《地方政府法》,伦敦地区单独组成一个郡,由选举产生的郡议会(London County Council)管理。1899年《伦敦政府法》规定,在伦敦郡内设立28个都市自治市(metropolitan borough),由选举产生的市议会管理,作为伦敦郡议会之下的第二级地方政府。此外还有伦敦城(City of London)。这一制度一直延续到1963年。

三、20世纪60年代和70年代的地方政府改革

英国上述地方政府的传统模式,到20世纪中叶以后,遇到了挑战。由于人口向伦敦及其他大城市高度集中,大城市在行政区划上孤立于周围地区,难以有效规划和管理,地方区划过小,机构过多,职责不明确,不便于中央进行管理和控制。

基于以上原因,英国政府从1945年以来曾根据人口变动情况调整了一些地方区域,并于1958年成立了一个地方政府委员会,还成立了一些联合机构从事共同的事务。但由于城乡之间的对立情绪和各地方政府之间的本位主义,这些应变计划难以实施。地方政府委员会于1967年解散。1966年,英国政府成立了两个专门的皇家委员会(Royal Commission on Local Government)。负责调查英格兰地方政府的雷德克利夫-莫德(Lord Redcliffe-Maud)委员会,于1969年提出报告,建议废除两级制,在全国大多数地区设立58个一级制的地方政府,仅在3个大城市(伯明翰、利物浦和曼彻斯特)保留两级制;负责调查苏格兰地方政府的惠特利委员会(Lord Wheatley)于1969年提出报告,建议实行两级制。

莫德委员会的建议基本上为工党政府所接受,但1970年上台的保守党政府否定了一级制的设想,主张把英格兰和威尔士的地方政府分为两大级。1972年10月,议会通过新的《地方政府法》。该法于1974年4月正式施行。

1972年《地方政府法》废除了英格兰和威尔士的所有郡市,并把58个郡议

会缩减为47个。在各郡之下,原先的1 250个郡属市、城区、乡区的议会被调整为333个区议会(non-metropolitan district council)。同时,在6个大城市地区组成6个都市郡(metropolitan county):利物浦(默西赛德)、大曼彻斯特、伯明翰(西米德兰兹)、利兹·布拉德福德(西约克郡)、设菲尔德(南约克郡)、纽卡斯尔·森德兰(泰恩·威尔)。此6个都市郡共有36个辖区(metropolitan district)。堂区议会在英格兰作为第三级组织保留了下来,约有10 000多个,其中近8 000个设有议会(有的又称镇议会);在威尔士,1974年后还成立了一些社区议会或社区大会。

惠特利委员会主张设立两级制地方政府的建议基本上为保守党政府采纳。1973年《〈苏格兰〉地方政府法》规定,设立9个地区议会(regional council)、53个区议会(district council)和一级制的3个岛区(奥克尼、设得兰和西部诸岛)议会,取代了1929年以来存在的431个郡、市、自治市和区。该法于1975年5月起实行。此外,设立了约1 350个社区议会,作为第三级区域,但没有法定权力,地位较低。

此外,1957年,英国政府任命了一个大伦敦市皇家委员会,调查和建议对伦敦地方政府的改革,委员会于1960年提出报告。英国政府根据此报告,于1963年制定了《伦敦政府法》,规定设立大伦敦议会(Greater London Council)取代了原伦敦郡议会,并设32个伦敦自治市(London Borough)。在大伦敦地区的32个自治市中,12个自治市为内伦敦自治市,其余为外伦敦市。并设内伦敦教育局(Inner London Education Authority),作为统一管理内伦敦12个自治市教育工作的机构。它由大伦敦议会的一个特别委员会管理,成员包括由各伦敦自治市议会选派的议员。《伦敦政府法》于1965年施行。

除了地方政府结构的重大变化外,地方政府机构也经历了一些变化。主要表现在对地方政府委员会制的改革方面。

在英国的地方议会中,虽然涉及地方政府的决定由议会全体会议作出,但大量的工作由议会各委员会承担。这种委员会制在英国实行了一百多年。实行委员会制便于议员们分门别类地审议问题,易于讨论细节问题,也便于监督执行。但1967年莫德委员会的报告认为,在这种传统的委员会制下,议员把关注的重点放在细节而不是战略的问题上,因此建议地方议会建立一个由5—9名资深议员组成的管理委员会(management board),该委员会拥有广泛的授权;精简委员会和部门;并将部门主要官员改由议会任命。1972年白恩斯委员会(Bains Committee)和1973年帕特森委员会(Paterson Committee)的报告,则建议地方议会:任命一名首席执行官(chief executive)作为议会官员的领导和议会一般政策问题的主要顾问;设立一个政策与资源委员会(policy and resources committee)，协助议会确定工作计划、目标和工作的优先顺序；建立一个由主要官员组成的资深管理团队(senior management team)，在首席执行官领导下，负责这些计划的一般协调和实施。

多数议会采纳了这些建议，设立了首席执行官和政策与资源委员会，同时有的地方议会减少了委员会和分委员会的数目。

四、20世纪80年代和90年代的地方政府改革

1972年至1974年间，英国政府的地方政府结构发生了重大变化，行政单位大大减少，中央对地方的控制有所加强。但改革地方政府结构的工作仍在进行。保守党1983年发表声明说，六个都市郡议会和大伦敦议会"被证明是造成浪费的一级多余组织"，应当废除这些组织，"把他们的大部分职责交回自治市和区，涉及地区较广的工作——如伦敦地区的治安、消防和教育工作——将由自治市或区派代表组成联合委员会负责"。1983年10月，英国政府发表白皮书，建议废除大伦敦议会和都市郡议会，把它的职权交给区议会或新的联合委员会。

1985年，英国议会通过《地方政府法》。根据该法的规定，大伦敦地区和都市郡只保留一级制的伦敦自治市议会和都市区议会，废除大伦敦议会和都市郡议会。大伦敦议会和都市郡议会的大部分职权由伦敦自治市的议会和各都市区议会行使。但部分职权转由联合机构、联合委员会、专门机构和中央政府部门承担，如在大伦敦地区，中央政府主管的伦敦地区交通局(London Regional Transport)、范围涉及全伦敦的伦敦消防和民防局(London Fire and Civil Defence Authority)以及范围仅涉及伦敦部分区域的南伦敦废物处理委员会(South London Waste Disposal Committee)等都承担了各自的管理职责。在伦敦以外的都市区域，有些职权也转由非政府机构承担。1985年的《地方政府法》于1986年4月实施。

1986年威迪坎伯委员会(Widdicombe Committee)的报告，建议应更多地从政党政治的角度考察地方议员的行为。1989年《地方政府和住宅法》，要求议会委员会应反映议会的政党势力，不得由一个政党组成议会委员会或小组委员会。

1988年，英国议会通过《教育改革法》，废除了内伦敦教育局。该法于1990年4月实施。

进入90年代以后，保守党政府推行一系列涉及地方政府的改革措施，如用居民税代替原来的财产税、进行教育和卫生保健的改革以及实行强制性竞争招标(compulsory competitive tendering)等。特别是，中央政府通过实施强制性的

竞争招标,将过去由地方政府提供的一些服务(如公共交通、供水、垃圾处理)交由联合委员会或联合机构、私人公司或非政府组织管理,使地方政府对公共事业的管理职能有较大的减少。同时,继续推进地方政府机构改革,全国的地方政府结构和地方政府机构发生了重大变化。

1991 年初,环境事务大臣公布一系列"咨询报告",提出对地方政府机构改革的建议。1992 年保守党的一份声明中,提出将设立一个委员会审查现行的英格兰地方政府制度,以确定单一地方机构是否具有更强的责任性和更高的效率。该委员会最后确定采取一种混合式地方政府机构的方案:在英格兰部分郡的大城镇中,设立单一的地方政府(unitary authority)。1992 年《地方政府法》对此作了规定。新的单一地方政府于 1995 年后陆续建立,它们与英格兰其他地区的两级制地方政府同时存在。

在威尔士,1991 年威尔士事务大臣提出"咨询报告",建议对地方政府结构进行改革,并设计了在威尔士设立 13 个、20 个和 24 个单一制地方政府的三种方案。经与威尔士的地方政府协会反复协商后,确定设立 22 个单一的地方政府,1996 年 4 月,新的单一的地方政府开始运行。

在苏格兰,1991 年苏格兰事务部提出"咨询报告",建议在苏格兰实行一级制。1993 年的白皮书提议设立 25 个一级制的议会,并保留三个岛区议会。在法案经议会委员会审议时,又增加了 4 个。结果在苏格兰共有 32 个单一制议会(含岛区议会),其中 29 个议会是新设的。在经 1995 年地方选举后,新的单一地方议会于 1996 年 4 月开始运行。

此外,1986 年废除大伦敦议会和都市郡议会后,在英格兰特别是都市郡还设立了许多联合部门和联合委员会,承担警务、消防和公共交通职责。90 年代,在苏格兰、威尔士和英格兰的非都市郡两级制结构废除后,也产生了大量的类似机构。这些机构一般可分为三种:一是联合部门;二是联合委员会;三是各级议会通过合同互相提供某种服务。

第三节　英国中央政府及有关部门

一、英国中央政府

依照英国宪法性法律的规定和议会至上的原则,中央政府对地方政府拥有很大的权力。地方政府没有宪法规定的一般权能(power of general competence),它们根据议会制定的法律而存在,地方政府的组织、职权、活动原则和运行方式也由法律加以规定;涉及地方政府的许多重大问题都由内阁研究决定,包括提出立法的最终决定和诸如决定总开支预算等重要问题。但内阁讨论决定的事务的数量是有限的,更多是批准各种建议,许多决定是内阁委员会作出的。但英国内阁有关部门与法国中央政府有关部门有所不同,英国内阁中没有类似法国内政、海外事务与领土单位部那种综合协调地方政府政策的部。

自1950年以来,英国政府先后合并了18个部,组成5个超级大部:外交部、国防部、卫生和社会保障部、环境部、工业和贸易部。这5个部中,除了外交部和国防部外,其他各部都与地方活动直接有关。以后中央各部不断变化。

截止到2008年5月,英国中央政府内阁各部,除内阁办公厅外,有:儿童、学校与家庭部,财政部,内政部,外交与联邦事务部,国防部,交通部,司法部,创新、大学与技能部,卫生部,环境、食品和乡村事务部,国际发展部,北爱尔兰事务部,工作与养老金部,商业、企业与行政改革部,文化、传媒与体育部,苏格兰事务部,威尔士事务部。

二、英国中央政府有关部门

长期以来,一直是由内阁中的原环境部(先后改为环境、交通和地区部,交通、地方政府和地区部,副首相府,社区与地方政府部)负责地方政府的总体政策,但主要限于英格兰地区的全国性政策。监督各地方政府具体职能的责任由相关的各部承担,如创新、大学和技能部处理有关地方学校的事务;内政部负责地方治安。中央政府并设立苏格兰事务部、威尔士事务部、北爱尔兰事务部,分别负责各自地区的政策。但从理论上说,负责为履行这些具体职能提供经费的是主管地方政府政策的部,其他有关部门对地方政府没有一般责任。主管地方政府事务的大臣是内阁重要成员,在内阁中的地位仅次于财政大臣、外交大臣和内政大臣。现任主管大臣是社区与地方政府事务大臣。但中央政府负责地方政府政策的主管部门,并不具备对地方政府与其他部的派驻机构的一般协调职能,也没有对地方政府活动的一般审查权。特别是在苏格兰议会及执行机关和威尔士国民议会及执行机关成立后,苏格兰事务部、威尔士事务部的部分职权已经下放。

但在威尔士议会、苏格兰议会和北爱尔兰议会成立以后,内阁中仍设有这三个地区的专责大臣,在内阁和内阁委员会中代表这些地区,参与联合王国与分权有关的政策、立法和资源分配的决定。根据各个地区分权的程度,这些大臣还保留一定的地方职责。

目前,中央政府各部中,与影响英格兰地方政府的一般事务和某些专门事务(如规划)有关的部,是社区与地方政府部;该部负责包括地方政府等有关的政策。其他部门也负有与其他的专门地方政府职能相关的政策,如大学、创新与技能部与地方政府的教育职能有关;卫生部与地方政府的个人社会服务职能有关;内政部与地方政府的警务和消防职能有关。

对英格兰以外的其他地区,由苏格兰执行机关和威尔士议会中的财政和中央事务部(Finance and Central Service Department)分别负责苏格兰和威尔士的地方政府有关政策。

第四节　英国的地区性政府

一、苏格兰地区性政府

根据1998年《苏格兰法》的规定,在苏格兰实行的新体制于1999年7月1日实施。新体制包括苏格兰议会(The Scottish Parliament)和苏格兰议会的执行机关(Scottish Executive)。苏格兰议会由129名议员组成:其中,73名议员按最多票当选的小选区制选出;另外56名议员按比例代表制选出。苏格兰议会的执行机关由首席部长(通常是苏格兰议会中占多数席位的政党的领袖)领导,对议会负责。2003年5月,苏格兰议会举行第二次议会选举。

苏格兰议会现已接管了先前由联合王国特别是苏格兰事务大臣负责的许多方面的职责,并拥有基本立法权(primary legislation),包括卫生、教育、地方政府、经济发展、交通(铁路受到一定限制)、法律和秩序、环境和农村事务等;但有一些属于联合王国保留的权力,包括联合王国宪法问题(如有关公职、联合王国议会、选举法等事项)、外交政策(如缔结欧洲联盟条约的能力等)、国防、养老金、国内税收、经济和金融政策等。联合王国与苏格兰议会共享的权力主要在交通、科学技术和矿业开发等领域。

苏格兰事务大臣和联合王国议会中的苏格兰议员分别在联合王国政府和联合王国议会中继续代表苏格兰的利益。

根据1998年《苏格兰法》的规定,苏格兰议会对影响地方政府的事务,包括地方政府的权限、范围、职能和地方财政、税收问题,拥有一般的立法权。

二、威尔士地区性政府

根据1998年《威尔士政府法》(Government of Wales Act)的规定,在威尔士实行的新体制于1999年7月1日实施。新体制包括威尔士国民议会(National Assembly for Wales)。威尔士国民议会由8名议员组成的内阁领导,由60名议员组成:其中,40名议员按最多票当选的小选区制(the first past the post system)选出;另外20名议员按比例代表制选出。威尔士国民议会和内阁由国民议会首席秘书(通常是国民议会中占多数席位的政党的领袖)领导。

威尔士国民议会现已接管了先前由联合王国特别是威尔士事务大臣负责的许多方面的职责，并有权在广泛的政策领域进行次级立法(secondary legislation)，而无须经过联合王国议会批准，包括经济发展、卫生和社会事务、地方政府、教育和培训、住宅、交通和旅游等。

威尔士国民议会对影响地方政府的事务，包括地方政府的权限、范围、职能和地方财政、税收问题，拥有次级立法权。

与苏格兰事务大臣一样，威尔士事务大臣和联合王国议会中的威尔士议员分别在联合王国政府和联合王国议会中继续代表威尔士的利益。

三、北爱尔兰地区性政府

根据1998年《北爱尔兰(选举)法》(Northern Ireland (Elections) Act)，在北爱尔兰依法成立了北爱尔兰议会(Northern Ireland Assembly)。北爱尔兰议会由按比例代表制选出的108名议员组成。1998年《北爱尔兰法》(Northern Ireland Act)规定，在适当时由北爱尔兰议会全面负责立法和执行职权，如农业、卫生和社会事务、经济发展、财政和人事、教育和环境。

根据权力下放安排，由首席部长、副首席部长和10名部长组成的具有部门职责的执行委员会(executive committee)，代表北爱尔兰议会行使执行权。目前，由若干负责地区事务的地区理事会(area boards)对有关北爱尔兰的部门负责。这些地区理事会提供的服务包括教育、图书馆、卫生和个人社会服务。根据权力下放安排，地区理事会将对北爱尔兰议会负责。

地区理事会包括从北爱尔兰26个单一的地方政府中提名、经直接选举产生的地方议会议员。这些地方政府机构与英国其他地区的地方政府相比，直接执行的责任较少。这些责任包括：街道清扫；垃圾收集和处理；娱乐、社会和文化设施；促进经济发展；旅游开发；公墓和火葬场。此外，他们还承担一些规制职能，如卫生检查、建筑规章、影院和舞厅许可等。

北爱尔兰议会曾于2002年10月14日被联合王国政府停止运作，并在2003年4月28日被解散。但2007年5月8日北爱尔兰自治政府恢复。

四、大伦敦政府

大伦敦政府(Greater London Authority)是根据1999年《大伦敦政府法》，在伦敦建立的一个新的跨伦敦地区的政府机构，由直接选举产生的伦敦市长和独立于市长的选举选出的伦敦议会(London Assembly)组成。议会共有25名议员，其中，14名议员按简单多数制选出，代表选区的选民；11名议员按比例代表制选出，不代表具体的地方，称为全伦敦议员(London-wide members)。大伦敦政府下辖 32 个伦敦自治市和伦敦城。但现有的伦敦自治市和伦敦城议会继续负责当地的服务,并与大伦敦政府共同管理广泛的事务,如交通和环境。

市长的主要责任是通过一系列的职能机构和开发全伦敦的战略性政策得到实施的。职能机构包括:伦敦交通局(Transport for London)、伦敦开发署(London Development Agency)、新的都市警察署(Metropolitan Police Authority)、新的消防和紧急计划署(Fire and Emergency Planning Authority)等;市长负责的政策性战略包括:与伦敦自治市等共同改善伦敦的环境;制定伦敦总的计划;发展和促进伦敦的旅游、文化和体育;发展并实施一体化的交通战略等。

议会可以对市长的活动提出质询,批准市长提出的预算和计划或对它们提出修改的建议,批准市长筹集财政收入的方案;议会并可以对交通和经济发展机构、警务和消防机构的绩效进行审查,并调查其认为对伦敦居民具有重要性的问题。

五、拟议中的英格兰地区性政府

中央政府各部中,与影响英格兰地方政府的一般事务和某些专门事务(如交通)有关的部,是社区与地方政府部。其他部门也负有与其他的专门地方政府职能相关的责任,如大学、创新与技能部与地方政府的教育职能有关;卫生部与地方政府的个人社会服务职能有关;内政部与地方政府的警务和消防职能有关。

作为中央政府促进英格兰发展和向地区下放权力政策的重要部分,1999 年在伦敦以外的英格兰地区,设立了 8 个地区发展署(Regional Development Agencies),2000 年在伦敦设立了 1 个地区发展署。地区发展署由环境、交通和地区事务大臣(后改为交通、地方政府与地区事务大臣、副首相、社区与地方政府事务大臣)任命的理事会(boards)管理。来自工商业、地方政府、教育、雇员组织、农业、环境和自愿组织的代表参与理事会的工作。

地区发展署有五项宗旨:促进经济的进一步发展和振兴;提高工商业的效率、投资和竞争力;促进就业;促进技能和培训的发展和应用;推进可持续发展。

地区发展署的核心职能是:制定地区经济战略;实施地区振兴和土地开垦计划;吸引内外投资;担任欧盟结构基金的主要合作者;就与地区发展署相关的其他项目向中央政府提出建议。

根据 1998 年《地区发展署法》(Regional Development Agencies Act),中央政府在伦敦以外的英格兰地区指定了一些"代表地区声音"的地区民意机构。这些由地方议会议员和各界代表组成的组织,对地区经济、社会、环境和福利问题拥有发言权。这有助于地区发展署回应地区居民的意见,在制定经济发展战略时考虑民意机构的要求，并接受民意机构的监督。

2003 年《地区议会(筹备)法》和 2003 年《地方政府法》规定，如经英格兰的公民投票批准可设立英格兰地区议会。

2004 年 11 月 4 日，一项关于在英格兰建立民选地区性议会的提议在东北郡的全民公决中被否决。在近 48% 的参加公决投票的居民中，赞成者占 22%；反对者占 78%。为此，英国政府决定延期或暂不举行在英格兰其他地方的全民公决。但英国政府表示，将继续推进权力下放进程，并通过改革地方政府和加强英格兰地区，提高工作绩效。

第五节 地方政府的组织机构

一、地方议会

传统的英国地方政府采权力一元制(union of powers)，而非权力分立制(separation of powers)。地方政府的核心就是选举产生的地方议会，具有法人资格，郡议会和区议会称为主要的地方政府(principal local authorities)；在人口稀少不设议会的堂区由堂区大会主席和区议会指定的官员组成堂区管理人(parish trustees)作为堂区代表并具有法人资格。

根据英国法律的规定，地方政府是由普遍、秘密投票选举产生的议员组成的机构法人。地方政府作为机构法人的权力包括议事和执行两方面的权力，由全体议员组成的议会或由某些议员组成的委员会或分委员会或其官员行使。

各级地方议会由选举产生的议员组成。在英国，除了在北爱尔兰按多名选区单记选票转让制(single transferable vote in multi-member constituencies)选举地方议会议员外，其他地方的议会议员，是按最多票当选的小选区制选出的。地方议会议员的任期四年。

根据法律规定，地方议会的议员候选人必须是年满 21 岁的联合王国公民或另一英联邦国家的公民，或是爱尔兰共和国的公民或其他欧盟成员国的公民。此外，地方议会议员候选人应是其希望当选的地方议会所在区域内的选民，或在选举 12 个月前拥有或租赁了地方议会所在区域内的土地或其他财产，或候选人居住或主要工作地在地方议会所在区域内。

在英格兰伦敦以外的都市区，3 名地方议会的议员代表一个选区；其他地方的议会中，每一个选区按选民人口数的不同，选出地方议会议员 1—3 人不等。

在苏格兰，每一选区产生 1 名议员；在威尔士，每一选区产生 3—5 名议员；在北爱尔兰，每一选区产生 5—7 名议员。

法律规定，各级地方议会每年应选出1人主持会议。此一被选出的人，在郡、区、堂区称主席，在具有城市地位的区称市长，在具有镇地位的堂区或社区称镇长。[①] 主席或市长由议会从议员中选出，通常是议会多数党的领袖。

二、地方议会委员会

在英国，郡议会一般每季度开会一次。区、都市区、堂区、伦敦市议会等每年开会一次，通常会期只有几天，议会议员人数很多，有的甚至于近百人，不便进行工作。这样，除了少数重要问题由议会讨论外，几乎所有的有关事务都交由议会内部的有关委员会去处理和决定，而议会会议上审议的事项也主要依据各委员会的报告和建议来确定。委员会的职能主要有：(1) 审议议会交由它审议事项的细节问题，必要时提出建议，并向议会报告；(2) 决定并执行议会授权的事项；(3) 代表议会监督各部门；(4) 为议员提供熟悉某些地方政府部门工作的机会。

委员会按设立的条件分法定必设（statutory）和自行选择（permissive）两大类。有的委员会根据法律规定是必须设立的，如教育、社会服务等委员会，但大多数的委员会由地方议会决定其是否设立、构成、职权等。每一个委员会设主席，主持委员会会议，代表委员会发言和行动，并负责与有关主要官员的联络。

目前，大多数地方议会都设立了中心管理委员会，即通常所称的"政策与资源委员会"。这类委员会通常由地方议会领导人主持，由议会最有经验的成员组成，目的在于协调各专业委员会的工作，对地方议会进行总的政策领导。其下的分委员会负责对工作人员、财政、竞争性招标等的日常监控并评价各个领域的绩效。

此外，一些较大的委员会根据需要并可在其委员会内部设立分委员会（subcommittee），处理某一方面的具体事务。

三、执行机关

由于地方议会议员通常是兼职的，需要大量常任的专家和职员从事行政的、技术的和日常的事务性工作。因此，在地方议会中，除设有各种委员会外，还有由议会根据专业分工设置的各种部门（department）。每个部门由某一领域的专家担任的首席执行官或主任领导，聘用各种通用人才和专门官员。这些部

---

① 在英国，经区议会出席议员2/3多数通过，可作出决议，请求英王颁发特许状，如获批准，则该区取得市的地位，区议会成为市议会；经堂区或社区简单多数通过决议，可取得镇的地位，则该堂区或社区成为镇，堂区或社区议会成为镇议会。

门有的是直接为公众提供服务的,如教育、社会事务、休闲、消费者保护等部门;有的是为其他部门提供服务的,如执行主管、财务、人事、建筑设计等部门。与委员会一样,地方议会对其部门的设置和官员的任命有相当大的裁量权。根据1972年《地方政府法》,地方议会可以任命"他们认为为适当履行其职能所必需的官员",但1972年《地方政府法》和有关法律也规定了地方议会应当任命的某些主要官员(chief officer),主要有:主任消防员、社会事务主任、主任教育官等。根据1972年白恩斯委员会报告的建议,有的地方议会设立了一名首席执行官,作为议会官员的领导和议会一般政策问题的主要顾问;有的还建立了一个由主要官员组成的资深管理小组,在首席执行官领导下,负责计划的协调和实施。

议会每一部门有一个主要官员,负责与其各自部门有关的议会政策的实施。主要官员对议会委员会及其主席负责。这些主要官员训练有素,有任职资格,薪酬较高。他们是议会的雇员。

大多数地方议会设有首席执行官(chief executive),担任议会雇员的领导,并负责议会的运行和政策的协调。1989年《地方政府和住宅法》要求所有的地方议会都要设立一个监督官(monitor officer),负责检查议会执行法律的情况;首席执行官通常也担任监督官的这一角色。首席执行官通常每周或隔周召集一次由全体或大多数主要官员参加的会议,以确保议会各部门的有效联络和政策协调。

直到2000年,在英格兰和威尔士,地方议会都没有单独的执行机关。但2000年联合王国议会通过的《地方政府法》,修改了原1972年的《地方政府法》,对英格兰和威尔士的地方政府机构作了重大改革,加强了执行机关,目的在于提高地方政府决策的效率、透明度和工作责任心,并加强彼此间的监督和审查。根据该法第二十二章的规定,在英格兰和威尔士,地方政府应当依法施行有关建立和运作地方议会"执行机关的制度安排"(executive arrangements),并使地方议会的某些职能成为执行机关的职责。地方议会(包括英格兰的郡议会、区议会、伦敦自治市议会和威尔士的郡议会或郡自治市议会等)必须设立单独的执行机关。而且执行机关必须采取以下几种地方治理模式中的一种:

(1) 市长-内阁制(a directly elected mayor with a cabinet)。在这种体制下,地方议会的执行机关由市长和内阁组成:市长由选民直接选举产生,由市长从议会中任命的两名或两名以上的议员组成内阁。市长-内阁制执行机关的成员人数不得超过10人。这种体制下的地方议会应由直接选出的市长、议会主席和议员组成。

(2) 领导人-内阁制(an indirectly elected leader with a cabinet)。在这种体制下,地方议会的执行机关由执行机关领导人和内阁组成:执行机关领导人由议会从议员中选出，由执行机关领导人或议会任命两名或两名以上的议员组成内阁。领导人-内阁制执行机关的成员人数不得超过10人。

(3) 市长-议会管理人制(a directly elected mayor with council manager)(也译“市长-议会经理制”)。在这种体制下，地方议会的执行机关由市长和议会管理人组成：市长由选民直接选举产生，由议会任命一名议会的官员作为议会管理人，共同组成地方议会的执行机关。这种体制下的地方议会应由直接选出的市长、议会主席和议员组成。

(4) 由主管大臣发布的规章中规定的任何形式。主管大臣发布的规章可以专门规定执行机关的形式(如执行机关中一些成员或全部成员由选民选举到一定职位；或由选民选出但不确定一定职位)以及确定用于选举的投票方式。

法律规定，打算实行直接选举市长体制的地方议会需要征得公民投票的支持；公民可以就实行选举市长体制要求进行公民投票。法律要求，地方议会执行机关中，不得包括地方议会的主席或副主席。法律还要求，地方议会必须设立一个审查监督委员会(overview and scrutiny committee)，加强彼此间的监督和审查，其构成应当与政党格局相一致。

在苏格兰，地方政府属于苏格兰议会管辖的事务。但苏格兰没有采用直接选举市长的体制，而是从2007年开始采用比例代表制来确定地方议会及行政首长。

四、地方政府联合组织

地方政府可自由组成联合体。但英格兰和苏格兰的所有地方政府均从属于地方政府联合会(LGA)；威尔士地方政府联合会(WLGA)是地方政府联合会的一部分，但在处理威尔士事务方面有充分的自治权。

在苏格兰，设立了苏格兰地方政府会议(SoSLA)，但并非所有的苏格兰地方政府都是其成员，且苏格兰社区议会联合会代表了苏格兰将近一半的社区议会。在北爱尔兰，则由北爱尔兰地方政府联合会(NILGA)代表地方议会。

伦敦地方议会的联合组织是伦敦地方政府联合会(ALG)，代表32个伦敦自治市和伦敦城议会。

全国地方议会联合会(NALC)代表80%在英格兰和威尔士的社区、堂区和镇议会。全国地方议会联合会为地方政府提供专家咨询意见，并处理全国性问题，其下属的52个郡议会联合会则更多地提供一般性的服务。

地方政府联合会是地方政府国际联合会的成员。地方政府国际联合会在国际事务方面还代表北爱尔兰地方政府联合会。

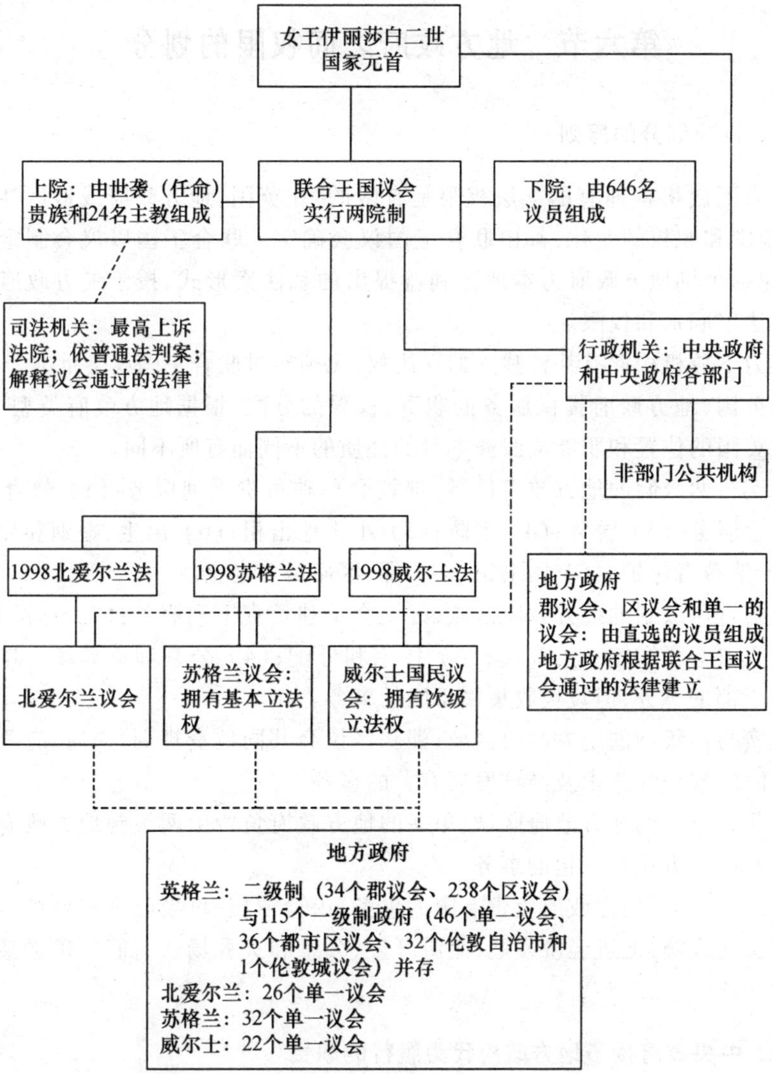

图 1.1　英国中央、地方政府和地区性政府机构

主要资料来源：欧洲理事会编：《地方与地区民主的结构和运行——英国》(1999 年)，法国斯特拉斯堡：欧洲理事会出版社 2000 年版，第 12 页；并根据近年来变化作了修改。

第六节　地方政府之间权限的划分

一、权限划分的原则

权力下放机构拥有的立法权限是有限的,在英国,地方政府或地区性政府机构、范围和职权的变化,都由联合王国议会确定。联合王国以议会制定法的形式,包括个别地方政府为本地区利益提出的私法案形式,授予地方政府和地区政府法定职责和权限。

权力下放机构拥有某种独立的立法权,无须经过联合王国议会批准。①

在英国,地方政府提供服务的职责、权限的分配,根据地方政府类型、地方政府在英国的位置和职能或服务本身的性质的不同而有所不同。

在实行两级制的地方政府区域,郡议会单独负责下列服务:(1) 教育;(2) 个人社会服务;(3) 警务;(4) 消防;(5) 小土地出租;(6) 出生、婚姻和死亡登记;(7) 消费者保护;(8) 图书馆;(9) 郡、区雇员养老金。

在实行两级制的地方政府区域,区议会单独负责下列服务:(1) 选民登记;(2) 征收议会税和统一工商税;(3) 住宅和分配;(4) 公墓和火葬场。垃圾处理是属于郡的事务,但垃圾收集属于区的事务。

在实行两级制的地方政府区域,郡和区议会共同负责规划、交通、应急处理预案、环境、娱乐和艺术及经济发展有关的事务。

在实行单一的地方政府区域,单一的地方政府负责由两级制地方政府下分别由郡和区地方议会承担的事务。

在北爱尔兰,地方政府负责有限的事务:街道清扫;垃圾收集和处理;娱乐、社会和文化设施;促进经济发展;旅游开发;公墓和火葬场。它们还负责某些调整性的职能。

二、中央政府授予地方政府代为履行的职责

联合王国议会授予地方政府、由地方政府自主负责的职责和权限十分广泛。一般而言,地方政府履行职务时,不是中央政府的代理人。但地方政府接受中央政府委托,代为负责支付私房租金补贴、地方政府自身提供住房的租金返还和地方税返还。地方教育当局还接受委托支付某些学生助学金。

---

① 权力下放机构的主要职能和权限详见第四节“英国的地区性政府”。

第七节 地方政府之间的合作

一、为履行共同关心职责而进行的机构组合

在英国,地方政府可以参与各种形式的强制或自愿的合作。

(一)设立合作组织

地方政府可以采取多种方式进行合作。如设立联合委员会(joint committees)、一个地方政府为其他地方政府提供服务等。地方政府也可以协商互相提供产品或服务,如共同购买用品或提供技术服务。联合机构或委员会(由参加联合的地方政府提名的代表组成)还负责某些事务,如大都市地区的废物处置。

地方政府通过参与各种形式的有利于其分享信息资源和开发共同关心领域的网络和活动,与其他机构进行自愿的合作。这样的网络和活动包括与地方政府联合会和地区改进和发展署(Improvement and Development Agency)的信息共享。与私人部门的联合和合作也得到鼓励。

中央政府希望加强地方政府与其他公私部门和自愿组织的合作,以提供更优质的服务,处理跨地区的问题和促进地方社会、经济和环境的发展。

新成立的地区权力下放机构已经或正在采取各自鼓励与其他机构合作的方式,如在苏格兰,根据一个独立的地方政府委员会和苏格兰议会的建议,在苏格兰议会、苏格兰议会的执行机关和直接选举产生的地方政府之间,建立了有效的联系。

在威尔士,1998 年《威尔士政府法》要求威尔士国民议会建立一个由国民议会和地方政府选派代表组成的合作理事会(Partnership Council),负责就职责范围内的问题向国民议会提供建议,听取地方政府的意见,并对地方政府进行指导。法律还要求国民议会编制地方政府规划以促进和支持地方政府的工作。

(二)建立地方政府联合体

随着为促进地方自治而进行的地方制度改革的深入,一些地方政府在自愿基础上建立了联合体。

如在英格兰,成立了地方政府联合会(Local Government Association),代表英格兰地方政府的利益。在英国其他地区也成立了类似组织,如在苏格兰成立的苏格兰地方政府联合会(Convention of Scottish Local Authorities)、在威尔士成立的威尔士地方政府联合会(Welsh Local Government Association)和在北爱尔兰成立的地方政府联合会(Association of Local Authorities)。

英格兰的所有地方政府均从属于地方政府联合会;威尔士地方政府联合会是地方政府联合会的一部分,但在处理威尔士事务方面有充分的自治权。

在苏格兰,并非所有的地方政府都是其成员,且苏格兰社区议会联合会代表了苏格兰将近一半的社区议会。

伦敦地方议会的联合组织是伦敦地方政府联合会(ALG),代表32个伦敦自治市和伦敦城议会。

全国地方议会联合会(NALC)代表80%在英格兰和威尔士的社区、堂区和镇议会。全国地方议会联合会为地方政府提供专家咨询意见,并处理全国性问题,其下属的52个郡议会联合会则更多地提供一般性的服务。

二、与其他国家地方政府之间的联合

在英国,对参加诸如欧洲城市与地区理事会(Council of European Municipalities and Regions)等自愿性国际联合组织的地方政府的成员资格,法律没有限制性的规定。

英国地方政府还参加一些正式的国际性机构,如欧洲理事会所属的欧洲地方和地区政权代表大会(Congress of Local and Regional Authorities of Europe)、欧盟的地区委员会(Committee of the Regions)。地方政府可以自愿参与与其他国家地方政府的各种形式的国际合作,如结成友好城市或进行技术交流,包括提供技术援助,但援助资金的数额要受1993年《地方政府〈海外援助〉法》的限制。

地方政府跨境合作项目主要在英国的北爱尔兰与爱尔兰共和国、沿英吉利海峡国家和西北欧内陆国家之间进行,包括土地规划、交通、通讯设施、环境、就业和经济开发方面的合作安排。①

① 参见欧洲理事会编:《地方与地区民主的结构和运行——英国》,法国斯特拉斯堡:欧洲理事会出版社2000年英文版,第21—22页。

第二章
美国地方政府

第一节　美国的国家结构与联邦制

一、美国国家结构概述

美国全称“美利坚合众国”(The United States of America),是世界上第一个也是典型的联邦制国家,全国领土由50个州[①]和哥伦比亚特区组成。位于北美洲中部,领土还包括北美洲西北部的阿拉斯加和太平洋中部的夏威夷群岛。联邦领地包括波多黎各和北马里亚纳;海外领地包括关岛、美属萨摩亚、美属维尔京群岛等。北与加拿大接壤,南靠墨西哥湾,西临太平洋,东濒大西洋。总面积982.6630万平方公里,人口3.038亿(2008年7月)。通用英语。首都华盛顿(Washington D. C.)。[②]

二、联邦制

北美大陆原为印第安人聚居地。15世纪末西班牙、荷兰、法、英等国开始向北美移民。美国独立以前,在北美大陆存在13个彼此分离的英属殖民地。1776年通过的《独立宣言》宣布它们脱离英国,成为13个“自由、独立”的国家。1777年11月第二届大陆会议通过的《邦联条例》,于1781年3月1日生效,13个国家组成“永久的同盟”,参加邦联的成员“保留其主权、自由和独立”。此时的邦联只是各成员组成的松散的国家联盟,还不是一个完全独立

---

① 各州名称:亚拉巴马、阿拉斯加、亚利桑那、阿肯色、加利福尼亚、科罗拉多、康涅狄格、特拉华、佛罗里达、佐治亚、夏威夷、爱达荷、伊利诺伊、印第安纳、艾奥瓦、堪萨斯、肯塔基、路易斯安那、缅因、马里兰、马萨诸塞、密歇根、明尼苏达、密西西比、密苏里、蒙大拿、内布拉斯加、内华达、新罕布什尔、新泽西、新墨西哥、纽约、北卡罗来纳、北达科他、俄亥俄、俄克拉荷马、俄勒冈、宾夕法尼亚、罗得岛、南卡罗来纳、南达科他、田纳西、得克萨斯、犹他、佛蒙特、弗吉尼亚、华盛顿、西弗吉尼亚、威斯康星、怀俄明。

② 资料来源:《世界概况》(美国篇)(The World Factbook: United States,2008)。

的国家。

1787 年 9 月,各国的代表在费城召开制宪会议,通过《美利坚合众国宪法》。新宪法于 1789 年生效,美国成为统一的联邦制国家,原先的 13 个独立国家成为组成联邦的各州。在 19 世纪和 20 世纪,37 个新的州并入原来的 13 个州中,使联邦包括 50 个州。

美国联邦制的原则,也即联邦主义,其内容主要包括:

(1) 联邦与州的地位。根据《美利坚合众国宪法》第六条的规定:"本宪法和依本宪法所制定的合众国法律以及根据合众国的权力已缔结和将缔结的一切条约,都是全国的最高法律。"此外,州无权与他州或外国缔约、结盟和进行战争,无权于和平时期保持军队,无权铸造货币和发行信用券,等等。

(2) 联邦与州实行分权。《美利坚合众国宪法》逐项列举了联邦政府的权力,并于 1804 年的宪法第十条修正案中规定:"本宪法未授予合众国、也未禁止各州行使的权力,由各州或人民保留。"

(3) 通过宪法审查制度,解决联邦与州之间关于权力划分的争议。即为防止联邦与州互相侵权,由联邦法院主要是联邦最高法院通过对具体案件的审理,裁决联邦和州的行为是否合宪。

(4) 联邦与州都不能单方面任意修改宪法。宪法的修改,须由国会两院 2/3 以上议员或 2/3 以上州议会的提议,并经 3/4 州的议会或制宪会议的批准。

(5) 各州地位平等。《美利坚合众国宪法》第四条规定:"每个州对他州的公共法令、案卷和司法程序应给予充分信任和尊重。"对他州的公民不得歧视,各州相互有义务引渡逃犯,等等。

此外,州在国会中有平等的代表权,每州各有两名参议员。

(6) 各州有权制定各自的宪法,有权选择自己的政府形式和地方制度。《美利坚合众国宪法》规定联邦应保证各州实行共和政体。在此前提下,各州有权制定自己的州宪法,有权选择和组织任何形式的政府。①

三、地方政府的行政区划

在美国,政府体系分为三级:联邦政府、州政府和地方政府。根据美国的联邦制原则,州不是联邦划分的次级行政单位,而是组成联邦的成员单位或成员政府;只有州政府以下的行政单位才被称为地方或地方政府,它们是州的分治区或自治单位。州以下的地方政府没有全国统一的建制,地方行政单位有县、市、乡、镇、市镇、村镇以及学校区或非学校区的特别区等。

---

① 参见许崇德主编:《各国地方制度》,中国检察出版社 1993 年版,第 56—57 页。

美国地方政府的特点是形式多样、差别巨大。[①] 在美国,联邦、州和地方政府的数目每五年统计一次。根据美国人口统计局(U. S. Census Bureau)2007 年 12 月的统计,美国有 3 033 个县,19 492 个市,16 519 个乡、镇, 13 051 个学校区, 37 381 个特别区。[②]

在上述行政区划上建立的各类地方行政单位又可分为两大类型:一类是综合职能地方政府,即县、市、乡、镇、市镇、村镇等政府,它们在本行政区域内行使一般和普通的行政管理职能;另一类是单一职能地方政府,即学校区和各种类型的特别区,它们仅管理本辖区某一特定方面的事务,如中小学教育、消防、供水等。

第二节 美国地方政府制度的建立和发展

一、美国地方政府的建立

按照美国学者文森特·奥斯特洛姆的阐释,美国地方政府可以定义为:为满足不同利益群体的共同需求而产生、履行各种不同类型的服务、为数众多的地方单位。[③]

在美国政府思想和政府制度的发展过程中,受卢梭、洛克和孟德斯鸠等人思想影响很大,他们所倡导的人民主权、有限政府和分权制衡观念,在美国的意识形态领域一直占统治地位。

这些观念体现在 1776 年《美国独立宣言》和 1787 年《美利坚合众国宪法》中,形成了美国的联邦制原则和政治结构。

美国的联邦制原则和政治结构充分体现了美国人的价值观和政治理想。通观美国历史,对政府(尤其是联邦政府)权力的怀疑或不信任感,在美国的政治文化中几乎是由来已久。这种对政府权力的怀疑和不信任,促使美国人不断推动政府进行民主改革,扩大公民的权利,使政府能更好地代表不同群体的利益和意志;同时也形成了不同的利益集团。结果,议会、政府、利益集团成为美国政治结构中的重要组成部分,不论在联邦、州,还是在地方一级,都起到了十分重要的作用。

---

① 〔美〕文森特·奥斯特洛姆、罗伯特·比什、艾莉诺·奥斯特罗姆:《美国地方政府》,北京大学出版社 2004 年版,第 1 页。

② 以上数据资料由美国人口统计局(U. S. Census Bureau)的罗伯特·迈克阿瑟先生 2007 年 12 月 18 日惠供。

③ 〔美〕文森特·奥斯特洛姆、罗伯特·比什、艾莉诺·奥斯特罗姆:《美国地方政府》,北京大学出版社 2004 年版,第 12 页。

英国近代的堂区、自治市和特区是美国殖民地时期地方政府的主要模式,尽管在美国的南部和中部大西洋沿岸各州和新英格兰地区可能存在不同的形式。在弗吉尼亚和其他南部殖民地,分布着分散的农场和种植园。县作为占统治地位的地方政府提供司法、选举、军事、公路和其他服务。县法院主要由州长任命的土地所有人组成,履行司法和行政职能。根据法院的推荐,州长任命一名验尸官、一名公路管理员、一名治安法官、一名县行政长官(主要负责征税和管理县资产)、一名负责军事的官员。当城市居民定居下来后,他们就按照英国的自治市的形式,合并或建立了政府机构。随着西部开发的进行,这种县或市的模式向西部扩展,被南部各州和几乎所有跨密西西比河的各州所采用。

在中部大西洋沿岸各州,如宾夕法尼亚州和纽约州,在城市和农村都建立了两级制的地方政府。县以下分为乡或镇。乡、镇的结构类似于英国的堂区,拥有书记官、警察、评税官、收税员、济贫监督、道路巡视等选举产生的官员。许多人口众多的城市合并起来,建立了类似自治市那样的城市政府体制,并被授权提供城市服务。在宾夕法尼亚州的县,采用的是一种委员会的政府形式,委员会由全县范围选举产生的3名专门委员组成,负责监督道路和其他非司法的事务;其他官员如司法行政长官、验尸官起初是由任命产生的。在纽约州和新泽西州,乡或镇相对较强,县政府由来自每一乡或镇的监督委员组成。随着西部开发的进行,这种县和乡(镇)或市的地方政府模式,在纽约州和宾夕法尼亚州的西部地区和美国中部地区推广开来。

在马萨诸塞州和其他新英格兰地区,原殖民地的州全部划分为镇,成为主要的地方政府单位,县仅作为州政府的司法分治区。镇主要由行政委员(selectmen)和其他官员(如书记官、司库、警察)进行管理,这些人在每年一次的镇民大会上由选民选举产生。正像法国人托克维尔说的那样,新英格兰地区的地方自治制度尤其发达。各个乡镇任命自己的行政官员,规定自己的税则,征收并分配自己的税款。凡是涉及全体居民利益的事务,也像在古雅典一样,均由在公众场所召开的公民大会讨论决定。各殖民地仍然承认英王的最高权力,但共和政体已在地方完全确立起来了。"在美国,乡镇成立于县之前,县又成立于州之前,而州又成立于联邦之前。"①这种历史背景为美国的地方自治制度奠定了坚实的基础。

在美国历史的大部分时期,地方政府的重大变化主要发生在城市。在城市中随着要求提供更多更好服务的呼声的日益高涨,城市政府被迫改革其政府结

① 〔法〕托克维尔著:《论美国的民主》,商务印书馆1991年版,第45页。

构以适应新的需要。因此,美国城市政府的发展也经历了复杂的过程,并呈现出不同的形式。

美国独立战争以前,只有5个地区的人口达到8 000人。殖民统治时期,这5个城市和另外15个城市被授予类似英国自治市的特许状。独立战争后,为适应选举权的扩大、选举议会并由议会选举市长和扩大地方自治的需要,这些特许状不断被修改。

各殖民地在组成州之前、在起草宪法时,即有自己的政府,这些政府来自更小的地方单位。1787年美国制定了宪法,即使宪法将(如宣战等)最高权力给了国会,但宪法对各级政府都予以了保留。实际上,除了具有全国一致之性质的事务由联邦管辖外,宪法赋予了各州几乎所有的权力。1787年联邦宪法制定后,各州和许多城市改变了政府结构,以便与新的国家结构形式保持一致。这个时期是美国城市政府发展的重要阶段,标志着城市政府从英国型旧体制向美国型新体制的转变。

在19世纪初,由于许多州政府成立不久,经验不足、效率不高,地方政府的重要性日益增长。县政府成为主要的行政管理机关。通常城市地方政府比农村地方政府重要,因为具有法人地位的市政府有更多的地方权力。

美国人对地方的观念,在某种程度上是伴随着对州而非更大实体的联邦作用认识的强化而增长的。有意思的是,仅仅在南北战争后不久,美国人即更多地使用"合众国"(the United States)的提法。

一般而言,美国地方政府属于英国传统的民选议会的地方制度模式,但区别在于,在美国,地方政府还设有较强的执行机构。美国的地方政府要么是一个区域性机关,要么是一个自治团体。前者如有的县政府和学区;后者是根据由州授予市、镇或村的自治章程建立的,这些自治章程不得与州法相抵触。

有的地方获得了某种形式的自治(home rule),依此自治权,这些地方政府可以改变自己的构成和地方性法规,州政府没有发言权。但在此种情况下,州法在效力上更高,不得与之相抵触。换言之,市可以设法使州法适合自己,但不得挑战州法。在授权方面,州与地方的关系比联邦与州的关系,更加具有等级性质。

二、美国地方政府的发展

从19世纪20年代开始,美国地方政府日益呈现出强调更普遍更直接民主的特点。到了40年代,许多城市的特许状规定了一种准自治性质的理事会(board)或委员会(commission)的形式,这种委员会或理事会作为管理部门不受议会或市长的干预。在有些州,这些委员会或理事会成员由选举产生,有的州则由州政府任命产生。19世纪60年代,这种准自治的理事会或委员会制成了城市政府的主要形式。当县政府建立起来的时候,县政府的许多职责也扩展由委员会和选举产生的官员行使。

到19世纪80年代,随着人们对城市管理、政党政治及市政府官员腐败现象的不满的日益增长,要求改革的呼声不断高涨。改革的结果,是加强了市长的职权,使之能像总统和州长那样行使足够的行政权,并足以任命各部门的首长。这时期采用的城市政府的新形式,是委员会制和市管理人制。委员会制的形式是:通过一个委员会,把议会和行政机关的职能结合起来。构成委员会的每个成员分别担任某一部门的首长,负责提供某一城市服务,以此加强行政机关。采用市管理人制的城市,设立一名隶属于议会的职业管理专家作为管理人,类似于公司董事会与经理的模式。这一改革在中等城市获得了很大发展。

随着联邦政府对下级政府事务干预的增强,有的全国性的联邦法律也适用于地方,如20世纪30年代的罗斯福新政就不限于州;由于实行新"合作联邦主义",有的联邦法律要求联邦政府对地方提供资助,如根据1972年的《一般收入分配法》(General Revenue Sharing Act,1972)的规定,联邦所得税不仅要分配给州,也要分配给地方政府一部分。许多地方政府,如布法罗市、纽约市和俄克拉荷马市,现在的主要财源来自联邦政府资助。但联邦政府为地方特定拨款确立的目标未必是地方政府认为必要或正确的目标。宪法修正案第十条关于"宪法未授予联邦、也未禁止各州行使的权力,保留给各州行使或给人民行使之"的规定,使地方政府和州政府独立性有所增强,如联邦政府不得要求地方警察履行不重要的行政任务。这样,在美国的地方与上级政府之间一度比较清晰的界限,现在变得更难准确确定。

从一战开始到二战结束,美国的城市地区不断扩展,要求提供服务的事务日益增多,从而也加强了市政府、城市县和郊区乡、镇的作用。为了满足日益增长的服务需要,采取了一些新的管理方法,包括加强政府间的合作、设置特别政府机构、增设单一职能的区域政府(如规划、供水和处理污水的特别区政府),将部分职能转由州政府、实行市县合并(如佛罗里达州的杰克逊维尔、田纳西州的纳什维尔-戴维逊、印第安纳州的印第安那波利斯)、创立区域性的政府委员会(如圣弗兰西斯科、华盛顿特区)。在600多个县、许多郊区的乡、镇和城市,加强了行政首长的作用,减少了自治机构的数量。

根据美国人口统计局(U. S. Census Bureau)1942年的统计,美国共有50个州政府,3 050个县,18 919个乡、镇, 108 527个学校区, 8 299个特别区。县几乎实行于50个州的48个州,16 220个市集中在全国的城市地区,而乡镇主要集中在东北部和中北部地区,中西部地区乡镇相对较少。在费城和巴尔的摩,地方政府的主要形式是县和市。而到了50年后的1992年,美国共有3 043个县,19 296个市,16 666个乡、镇,14 556个学校区,33 131个特别区。除了减少了学校区、增加特别区以外,其他地方单位的数目变化不大。

第三节　县　政　府

一、县政府的性质、地位和职能

全美的近3 000个县,大多数在郊区或农村。除了在弗吉尼亚州市是独立于县的地方外,大多数的地方既是县的组成部分也是州的组成部分。

县是美国各州最大的分治区。除康涅狄格州和罗德岛州外,县设有职能广泛的县政府。康涅狄格州和罗德岛州也有县的区域,但没有组织县政府。受法国地方制度的影响,在路易斯安那州,相当于县的地区称"堂区"(parish),在阿拉斯加州,相当于县的地方称"自治市"(borough)。与其他地方行政区域相比,县的数目变化不大。

县通常是州为了行政管理的便利而设置的行政分治区。县的传统职能包括估定纳税人财产价值和征集税款、执行法律、组织选举、档案或公文保存(如出生、死亡登记,土地交易记录)和道路维修等。随着人口增长和现代化的发展,要求县提供的服务越来越多,县的职能随之扩大。目前,县的职能包括卫生保健和医院、污染治理、公共交通运输、工业发展、社会服务和消费者保护等。随着经济建设和现代化的发展,州与县的关系也发生了一些变革,有的州通过自治宪章的形式授予县更大的灵活性和自治权。到20世纪末,已有37个州通过自治宪章授予一些县实行自治。

二、县政府的基本形式

县政府的基本形式有下列三种:

(一) 委员会制(Commission Plan)

县政府的传统形式采用委员会制。县的主要管理机构是县委员会,这种委员会一般称为专员委员会(Board of Commissioners)、监督委员会(Board of Supervisors)或县公所(County Court),其成员一般被称为委员(commissioner)或监督委员(supervisor)。这种体制的显著特点是,由委员会集体行使制定县规章(ordiances)和通过县预算等立法权,同时有决定并执行决策和任命县其他官员(如公共工程部门主任、社会事务部主任等)等职权。他们一般由选民选举产生,通常由3—5人组成。

县通常不设行政首长，但有许多县设置行政官员，这些县行政官员多由选民选举，有的由县委员会、县司法官或其他行政官员任命。选举产生的县行政官员多独立于县委员会，这些委员主要有县行政司法官员（sheriff）、检察官（prosecutor）、评税官（tax assessor）、司库（treasurer）或审计官（auditor）、县秘书（clerk）、验尸官（coroner）等。目前，全美不到3/4的县采用委员会制。

由于传统县政府缺乏一名选举产生的行政首长，同时选举产生的行政官员又相互独立，造成权力分散，难以提高工作效率，因此，公众日益要求选举或任命一个行政首长，并减少选举的行政官员。

（二）议会-行政官制（Council-Administrator Plan）

任命行政官员成为实行最普遍和发展最快的形式。与传统的县政府形式不同，有的县采用的方式是保留由选民选举产生的委员会，同时由委员会挑选一名行政官（Administrator），由其负责各部门行政官员，协调各部门的工作，并有权编制预算。该行政首长受县委员会或监督委员会的指导。目前，全美约800个县采用此制。

（三）议会-执行官制（Council-Elected Executive Plan）

在采用这种形式的县，选民除选举委员会外，还选举一名行政管理专家作为县的执行官（Executive Officer），实行一种决策与执行相分离的体制。委员会仍有制定政策、通过预算和审计县财政等权力，而县执行官比行政首长拥有更多的权力，不随委员会任期届满离任，他或她负责执行县委员会的决策，有权提出每年的预算，并有权雇佣各部门首长（department heads）。目前，全美采用此制的县不到400个。

第四节 市 政 府

一、市政府的性质、地位和职能

市是一种规模较大的市政自治体。从法律地位看，市与县都是公法人团体，不同的是它们的创设方式和自治程度。

县是由州设立的行政分治区，是州为治理某些政务的需要而设置的，而市是当地居民为地方上的利益与便利和办理地方事业，经过州的特许或由州法规定而成立的。成立市要满足一定条件，如人口有一定规模或达到一定密度，且在大多数情况下要举行公民投票。如果满足了规定的条件，则由州授予特许状（Municipal Charters）。但并不是所有的市都有特许状，如大多数加利福尼亚州的市不是根据特许状而是根据州通用法设立的。

市与县都是综合职能地方政府，但通常市享有更多的决策权和自治权。几乎所有的州都为市制定了自治条款(home rule provisions)，而且市要比大多数县提供更广泛的居民服务，一般有公共安全、公共工程、公园、娱乐等，在有的市还提供维护公墓，维修市有住宅、码头、会议中心，收集垃圾或废弃物，清扫街道，检查餐饮卫生，维护交通标志和植树等服务。

二、市政府的基本形式

美国的市政府体制有三种基本形式：市长议会制、委员会制和议会管理人制。

(一) 市长-议会制(Mayor-Council Form)

这种体制历史上实行最普遍、最悠久。其创设的初衷是基于分权原则，其组织结构与联邦政府、州政府相似，分立法、行政、司法三部分。市长由选举产生，作为市的行政首长，下属有许多行政官员。市议会是市的立法或决策机关。市长议会制依市长与议会的关系程度，可分为弱市长议会制和强市长议会制，另外，还有一种带首席行政官员的强市长议会制。

1. 弱市长议会制(Weak-Mayor-Council Form)

弱市长议会制是杰克逊民主主义思想的产物，这种体制反映了两种价值观：(1) 行政机关的权限不能过于强大；(2) 公民依靠选举程序在政治事务中拥有强有力的力量。民主派认为，把行政首长的权力限制在一定程度内，并从多方面加以监督和钳制，才能防止他们可能造成的危害。

在弱市长议会制下，市长只是挂名的行政首长，真正的权力中心是选民选举产生的市议会。议会既是立法机关，又是行政机关。在小城市，组成市议会的议员人数一般为5—7人。除市长外，其他主要行政官员也都由选民选举产生。他们与市长共同分担责任。市长只有有限的行政权力，其活动更多在礼仪方面，如主持议会会议、作为市的代表等；市长对议会的决定只有很有限的否决权；市长的任命权很有限，即使由市长任命，也不能撤销被任命者的职务，这就是市长权限“弱”的表现。市议会除了立法、决策外，还有权直接负责行政管理，可以监督一切市政活动，任命一些重要部门的行政官员、编制预算等，市议会并通过议会或市长任命的或由选举产生的委员会或理事会开展工作。弱市长议会制盛行于美国19世纪的前几十年间；现在少数小城市中仍实行。

2. 强市长议会制(Strong-Mayor-Council Form)

强市长议会制是为克服弱市长议会制缺乏强有力的行政首长、效率低下的弊端而形成的市政府形式。在实行强市长议会制的城市中，市长由选民直接选举产生，负责指挥和协调市政活动，拥有几乎所有的行政权，有权任免部门首长和其他行政人员,而无需经市议会批准;市长负责监督执行市议会所制定的决策,负责编制和执行年度预算。市长拥有对市议会决定的否决权,并有权向市议会提出立法政策的建议。在强市长议会制下,市议会起有限的辅助作用,它不能像弱市长议会制那样与市长共享行政职权。市议会的职能限于制定规章、通过年度预算等。现在,美国的大多数城市采用此制。

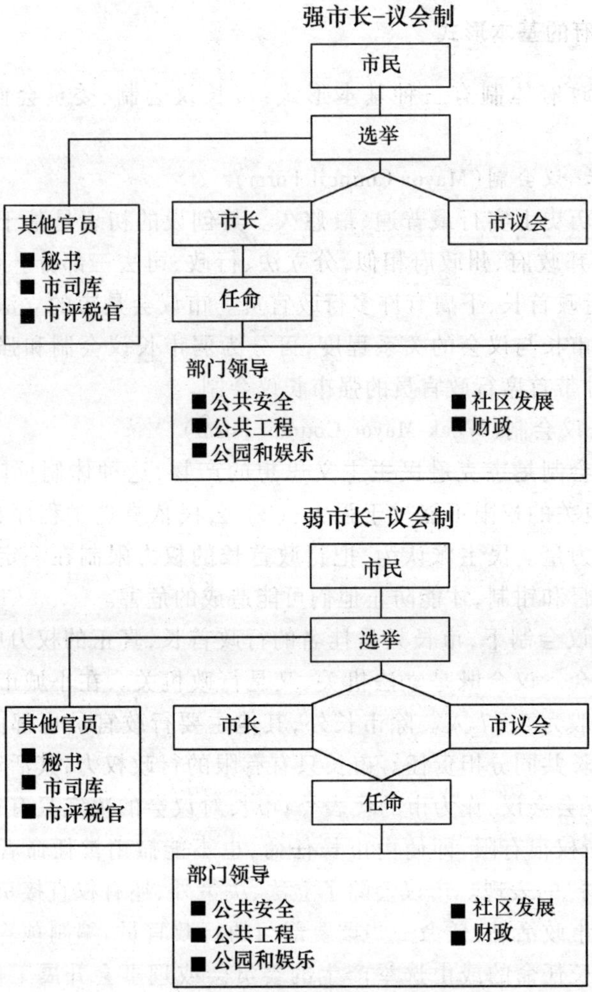

图 2.1　美国的市长-议会制

资料来源:〔美〕Ann O'M. Bowman, Richard C. Kearneg:《美国州与地方政府:基本原理》,纽约:Houghton Mifflin 出版社 2000 年英文版,第 254 页。

(二) 议会–管理人制(Council-Manager Form)

议会–管理人制(也译“议会–经理制”)是企业经营管理方式移用于政治领域的表现。市议会由选民选出一定名额的议员组成,在形式上选出 1 人为市长,但市长无实权,仅履行礼仪职能,主持议会会议,不负行政责任。市议会拥有立法权,其规模不大,一般 5—9 人,通常任期 4 年,也有的为 2 年。

按照议会–管理人制,要求议会任命或聘请本地或外地的一个市政管理专家,主持全部行政工作;市管理人对市议会负责并报告工作,作为市的行政首脑,执行市议会的决策,监督法律的执行,编制市预算,监督和领导行政部门,并有权任命和解聘各部门首长和其他官员。市管理人任期不定,市议会如对市管理人工作不满意,随时可以解雇;如工作能够胜任,就可不随议会任期届满而继续留任。议会–管理人制最初于 1908 年实行于弗吉尼亚州的斯汤顿市,1914 年为俄亥俄州的戴顿市的自治宪章采用,其后推广到许多城市及县、镇、乡。现在,全美约有 1/3 的城市实行这一体制;其中中等规模的城市实行此制的占一半以上。

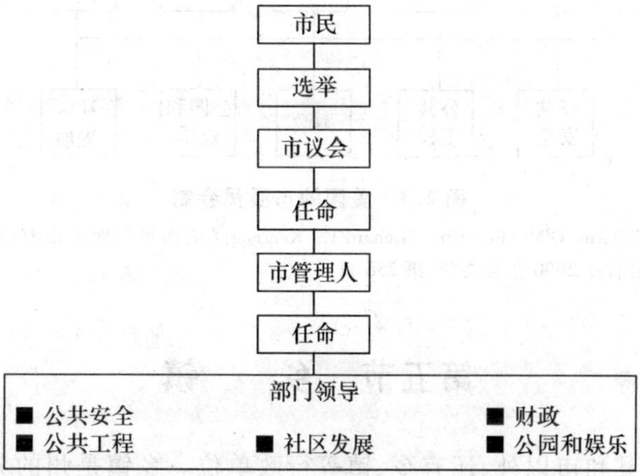

图 2.2 美国的市议会–管理人制

资料来源:〔美〕Ann O'M. Bowman, Richard C. Kearneg:《美国州与地方政府:基本原理》,纽约:Houghton Mifflin 出版社 2000 年英文版,第 255 页。

(三) 市委员会制(City Commission Form)

委员会制的特点是实行“权力合一”,而不是实行“权力分立”。即由一个委员会同时行使立法(决策)权和行政权。委员会由选民直接选举产生,一般由 3—7 名委员组成。这些委员具有双重作用,一方面每个委员都各担任城市一个重要行政部门的领导,另一方面又同时集体作为制定城市政策的机构。委员会实行集体领导分工负责制。市长通常由选举产生,或由得票最多的委员担任。

市长除了主持会议和履行礼仪职责外,权力和地位与其他委员平等,并兼管一个部门的工作。委员会制缩小了市议会的规模,避免了决策和行动迟缓的缺陷,但由于每一个委员同时是行政部门的领导,权力分散,而且"都想为本部门分配更多的预算资金",同时,这种体制"不能保证选出的委员就是管理专家",公众对它的热情减少了。

委员会制于1901年创设于得克萨斯州的加尔维斯顿市,曾在20世纪初风靡一时,近160多个城市采用此制,但自20年代后不再发展。据统计,现固守这一体制的城市很少,只有波特兰、俄勒冈等市。

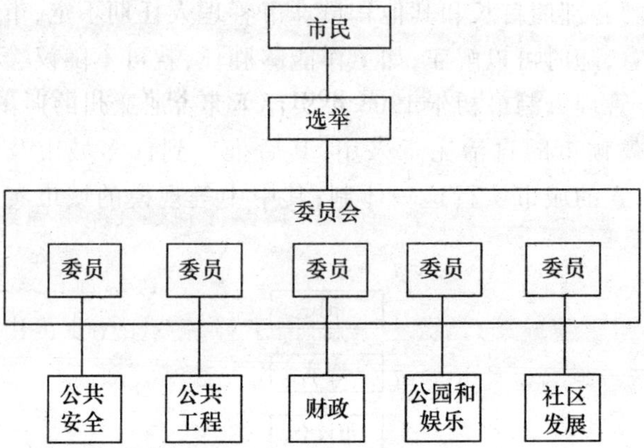

图2.3 美国的市委员会制

资料来源:〔美〕Ann O'M. Bowman, Richard C. Kearneg:《美国州与地方政府:基本原理》,纽约:Houghton Mifflin出版社2000年英文版,第256页。

第五节 乡 镇

美国除了县和市以外,还有乡、镇等行政单位。乡镇是州的分治区,由州政府创立。尽管它们位于县或市的地域,但不意味着它们在行政上隶属于某个县或市。乡、镇政府独立存在,分别执行各自的职能。

一、乡

乡(township)主要是农村地方的政府单位。乡广泛存在于东部大西洋沿岸的纽约、新泽西、华盛顿、宾夕法尼亚等州和中西部地区,乡的疆界多呈正方形,面积为36平方英里。这是历史上各州为便于丈量土地使用6×6英里(1英里等于1.609公里)的基本测量单位而形成的"国会乡"(congressional township)。此外,乡还存在于伊利诺伊、堪萨斯、密执安、明尼苏达、密苏里、北达科他、俄亥俄、南达科他和威斯康星等州。

许多州的乡政府是按类似于新英格兰地区的镇政府体制组织起来的。有的州设有一年一次的乡民大会作为乡的决策机关,但不及新英格兰地区普及。乡民大会由全体居民参加,但出席会议者很少,除非是遇有特别重要议程时才有众多居民参加。乡民大会的权力比新英格兰地区的镇民大会要小,但通常有权决定课征税收、批准预算、通过州法允许的乡规等。

每个乡还设有一个委员会,通常由3—5人组成,或直接选举产生,或由乡书记官、司库或治安法官担任当然委员。委员任期2或4年。约有一半的设乡的州规定,乡设一名首席行政官,由督察、理事等担任,通常是委员会委员,类似市委员会制下的市长。除委员会外,还有一些其他官员,如书记官、司库、评税官、警官等,但官员人数、职责、名称、产生办法,各州不尽一致。

二、镇

在新英格兰地区[①],县的地位较虚,主要作为司法管辖区而存在,作用较小;康涅狄格州和罗德岛州的县甚至已经取消,由镇(town)行使其他地方的县所执行的职能。因此,镇是新英格兰地区具有综合职能的地方政府的基本单位。

在新英格兰地区,镇的政府体制是:由所有镇民组成镇民大会(town meeting),负责选任官员和进行决策。镇民大会每年举行一次。同时设立管理委员会(board of selectmen),经镇民大会选任或普选的委员组成。委员会委员一般为3人,但有的地方多达9人,其中一名为首席委员。此外,镇还设立其他官员,如秘书、司库、评税官、济贫监督、警察、栅栏巡察和学校委员会等,由管理委员会任命或选举产生。

尽管镇民大会被视为直接民主的典范,但近十几年来由于镇向城市化发展,人口迅速增加,许多镇民大会的出席人数大大减少。因此,在新英格兰地区的许多镇,已实行镇代表大会制。按照这一体制,镇民选举一定数量的代表,参加代表大会。虽然所有镇民仍有权出席大会并发表意见,但不能直接表决。这一体制实行于像马萨诸塞州的布鲁克莱恩镇这样的大镇。

此外,有的镇还采取了类似于市长议会制的镇长议会制;一些镇采用了镇管理人制,由管理委员会选任一名管理人,并将行政管理事宜转由管理人负责。这种体制在缅因州和佛蒙特州,以及新英格兰各州都可见到。新英格兰有的州的立法机关还修改了镇政府的传统体制,并设立了新的职务和委员会,如规划

① 新英格兰地区,包括六个州:缅因州、新罕尔布什州、佛蒙特州、罗德岛州、马萨诸塞州和康涅狄格州。

委员会、公务员委员会、财政委员会、图书管理员等。

第六节　学校区和特别区

一、学校区

学校区(school district)是历史最悠久的一种特别区,是特别区中的一种独特的种类。

早在殖民地时期,就有学校区的设置,并逐渐形成社区办学、教育管理分权的传统。几十年来,为了使学校更易生存,能够提供更好的教学设施和较好的师资,一些学校区逐渐合并成较大的单位,使学校区的数目大为减少,如 1952 年全美的学校区是 67 355 个,而到了 2007 年减少到 13 051 个。但即使这样,学校区仍占特别区的近 1/3。在美国人口统计局的统计中,学校区是单列的,与其他特别区分开统计。

学校区的职能是负责公共教育,主要是中小学教育,负责实施联邦和州教育部门的规划和政策。在有些州,学校区是负责公立中小学教育的唯一机构;在有些州,这样的学校区只在某些地区提供公共教育,而在其他一些地区则由学区所在的地方政府负责。在有些州,中学学校区和小学学校区分开设置。

学校区通常设立选举产生的学校委员会(school board),负责管理学校区的工作。委员会人数不等,一般是 5—7 人,多数是义务任职。委员会在州法律和规章的范围内处理学校课程、校舍规格、证书、入学等问题,并聘用教师。大多数学校委员会雇用一名督学(superintendent),负责监督区内的学校行政,在工作人员协助下制订教学计划,决定一般人事,管理教学事务。

二、特别区

特别区(special district),即学校区以外的其他特别区,如卫生区、消防区等,是单一职能的地方政府,在地方政府中数目最多。特别区广泛存在于除阿拉斯加州和哥伦比亚特区以外所有的州,尤以伊利诺伊、加利福尼亚、宾夕法尼亚和得克萨斯等州为多。

特别区的一大特点,是其区划往往与普通行政区域不一致,也不属于所在的县、市、乡政府;有的特别区即使与乡、镇的区划一致,但管理分开,由独立的专门机关管理。

除学校区以外的特别区的数目有逐年增加的趋势,如 1952 年特别区有 12 340 个,到了 2007 年增加到 37 381 个。

设置特别区的目的,从技术上看,通常是考虑道路、河流等自然因素而需要打破现有行政区划的限制;从经济上看,是通过规避州宪法和法律规定的赋税和借债总额限制,满足地方管理的财政需要;从政治上看,也有出自摆脱普通地方政府政治斗争干扰的考虑。

特别区一般按三种方式设立:第一,州通过专门立法设立;第二,由综合职能地方政府通过决议设立;第三,公民通过请愿和公民投票设立。

有些特别区管理委员会有权征税;有的特别区依靠收费、拨款或私人债券。有权征税的特别区一般设一个管理委员会(governing board),由区内选民选举产生;不收税的特别区由州、县、市政府任命一个公共机构(public authority)进行管理。

92%的特别区履行单一职能,但各地很不一致,大多数是处理涉及自然资源管理、消防、住宅和社区开发、供水和排水等方面的事务。比较大的特别区如纽约和新泽西港务局(Port Authority)、芝加哥运输局(Chicago Transit Authority)和洛杉矶县卫生区(Los Angeles County Sanitation District)等。

第三章

法国地方政府

第一节 法国的国家结构

一、法国国家结构概述

法国全称“法兰西共和国”（La République Française），位于欧洲大陆西部，与比利时、卢森堡、德国、瑞士、意大利、西班牙、安道尔、摩纳哥接壤，西北隔拉芒什海峡与英国相望。濒临四大海域：北海、英吉利海峡、大西洋和地中海。本土面积54.70万平方公里，人口6 087.6万（2008年7月）。首都巴黎。①

一般认为，法国是一个单一制国家；也有国外学者称法国的国家形式为分权单一制。② 而根据现行法国宪法，法国就是一个分权单一制国家。

在法国，组成国家的结构单位，称为“领土单位”，既是一个自治行政的区域，同时又是国家行政的一个区域。

法国的地方政府即法国的地方团体，是一个以领土单位为基础的行政主体，具有独立的公法人资格，享有行政上的自治权力。法国的领土单位是：大区、省、市镇、海外领地和具有特殊地位的地方行政区。

根据法国内政、国内安全和地方自由部（2008年3月改为“内政、海外事务与领土单位部”）的统计，截至2004年1月1日，法国领土单位数目有：

（1）26个大区（Régions）：其中，本土21个、科西嘉1个、海外大区4个；

（2）100个省（Départements）：其中，本土96个、海外省4个；

（3）36 782个市镇（Communes）：其中本土36 568个、海外114个、其他110个。

---

① 资料来源：《世界概况》（法国篇）（The World Factbook：France，2008）。

② 转引自董礼胜：《欧盟成员国中央与地方关系比较研究》，中国政法大学出版社2000年版，第20页。

另外,还有2个海外领地(Territoires d'outre-mer)、4个具有特殊地位的地方行政区(Collectivités à statut particulier)。①

4个海外大区和4个海外省是:瓜德鲁普、马提尼克、法属圭亚那、留尼旺(它们既是大区也是省)。

2个海外领地是:瓦利斯群岛和富图纳群岛、法属南半球和南极领地。

4个具有特殊地位的地方行政区是:法属波利尼西亚群岛、新喀里多尼亚群岛、马约特岛、圣皮埃尔岛和密克隆岛。

二、地方制度的宪法和法律基础

(一)宪法有关地方制度的规定

根据1958年《法兰西第五共和国宪法》和2003年3月28日对法国宪法进行修改的《关于法国国家结构改革的宪法修正案》(2003年第276号宪法性法律),修改后的《法兰西第五共和国宪法》有关地方制度的内容,可以概括为以下方面:

一是明确法国是一个"分权单一制"国家,并确定了领土单位的组成和地位。依据修改后的宪法的规定,法国的领土单位是市镇、省、大区和本宪法第七十四条规定的具有特殊地位的地方行政区和海外领地。其他领土单位由法律建立。而过去,法国宪法规定的领土单位为市镇、省、海外领地和法律规定设立的其他领土单位。修改宪法后,大区的宪法地位得到明确。

二是肯定"从属性"原则。修改后的《法兰西第五共和国宪法》第七十二条第二款规定:"在其层级能得以最好实施的全部权限,由领土单位负责作出决定。"这一规定,将1992年《马斯特里赫特条约》中的"从属性"原则转化为共和国宪法的内容。②

三是明确将禁止对不同地方的监护作为处理领土单位关系的基本原则。修改后的《法兰西第五共和国宪法》第七十二条第五款明确规定:"任何一个领土单位都不得对另一领土单位实施监护。"

四是宪法进一步扩大地方自主权,充实地方自治。如:

---

① 资料来源:法国内政、国内安全和地方自由部(现为内政、海外事务与领土单位部)地方行政司编:《地方领土单位的数目》,法国文献局出版社(Documentation française)2004年版。

② 法国宪法肯定了"从属性原则"作为其处理中央与地方关系的基本准则,在理念上,已经转变了传统的"先中央后地方"的思维,而将地方置于中央之先,符合"从属性原则"中"决策应尽可能由最接近老百姓者作出"的理念,"实质上就是用来维护较低层次政府机构权力的一种根本性原则。其目的是严格限制公共政策和国家在社会生活中的地位和作用,保障公民最大限度地行使自己的权利,保障决策在最接近人民群众的下层政治机构作出,防止过度集权和滥用权力。"参见张丽娟:《法国修宪扩大地方分权》,载2005年3月24日《法制日报》。

(1) 修改后的《法兰西第五共和国宪法》第七十二条第三款沿用原有的"依照法律规定的条件,这些领土单位由选出的议会自主管理"的规定,并增加规定"为行使其职权,领土单位拥有条例制定权";

(2) 第七十二条第四款规定:"根据情况,当法律或者条例已有规定,领土单位或者其组合可以依照组织法规定的条件,为特定目的并在确定期限内,实验性地减损调整其权限行使的该立法性或者条例性条款,但涉及行使公共自由或者宪法所保障权利的实质条件的除外";

(3) 将领土单位的财政自治上升为宪法原则,分别规定:"领土单位享有可依法律规定条件自由支配的收入";"对于每一类领土单位,税收收入和其他自有收入代表其全部收入的决定性的一部分"。

五是进一步扩大直接民主形式。如构建了地方公民投票、公民的请求权等直接民主形式。

最后,规定了中央政府在地方领土单位的代表的职责,即维护国家的利益、监督行政并使法律得到遵守。具体而言,一是代表国家;二是领导本领土单位的国家行政管理,处理本领土单位内一切涉及国家利益的事务,维护国家利益;三是管辖本领土单位的中央机构,监督本领土单位内的行政管理;四是保障法律在本领土单位的遵守和执行。

另外,1958 年《法兰西第五共和国宪法》第七十四条确定了海外领地的性质和地位,明确海外领地是为在共和国的总利益中照顾领地特有利益而设立的特别组织。根据《法兰西第五共和国宪法》第三十四条的规定,有关地方领土单位议会选举制度的事项,由法律规定;法律还规定有关地方领土单位的行政自主权、它们的权限和财源的原则。这些规定也为法国地方制度提供了宪法基础。

(二) 地方制度的有关法律

除了宪法规定外,地方制度的有关法律主要有:

(1) 与市镇有关的法律:主要是 1884 年《市镇法典》(*code des communes*)及其修改,包括 1992 年 2 月 6 日法律的修改;

(2) 与省有关的法律:主要是 1871 年 8 月 10 日的法律以及 1982 年 3 月 2 日的法律、1983 年 1 月 7 日的法律、1983 年 7 月 22 日的法律和 1985 年 6 月 10 日的法律;

(3) 与大区有关的法律:主要是 1972 年 7 月 5 日的法律、1982 年 3 月 2 日的法律及 1983 年 1 月 7 日的法律、1983 年 7 月 22 日的法律和 1984 年 2 月 24 日的法律。

三、法国传统的中央集权制、权力下放与地方分权

法国是一个长期实行中央集权的国家,其传统政治制度的主旨是加强中央政府的权力,排斥地方自治。因此,很长时间法国人一般用“地方行政”而不大用“地方政府”来描述其地方制度。①

在法国人的传统政治理念中,“地方”的概念更多地是指执行国家行政的区域,而不是地方自治的区域。政府的主要职责就是行政,行政可分中央行政和地方行政,相应的,行政机关分为中央国家行政机关和地方国家行政机关。二者是一个不可分割的整体,地方行政是对中央行政的辅助和补充。

法国这种中央集权的政治传统,使得法国地方制度表现为一致性。地方政府的组织体制、职权,都由中央以法律规定,所辖行政区划整齐划一,除巴黎、科西嘉和海外省等少数区域外,大多数地方政府的法律地位一致、性质相同。

但是法国的中央集权制并不是一成不变的,实际上在法国,改革中央集权的尝试由来已久。

几个世纪以来,中央与地方的关系一直在经历着复杂的变革。特别是现代地方分权和权力下放的改革,使法国地方制度的传统格局发生了较大的变化。

因此,要准确地了解法国地方制度的基本格局,首先需要从“权力下放”(déconcentration)和“地方分权”(décentralisation)两个角度对其进行考察。

在法国,权力下放并不意味着地方自治,权力下放的基本含义,是指把中央政府的行政管理权分散一部分,授予其派驻机构(les services extérieurs)一定的权力,使它们能够就地处理某些事务,实地解决某些问题,中央政府或部门只在特殊情况下才予以干预,其目的在于减少中央集权带来的弊端,提高行政效率。1992 年 2 月 6 日的法律规定,除了具备全国性或法律规定不能放到地方一级执行的任务由中央机关执行外,其他事项都由国家派驻机构执行。因此,权力下放是并不意味着不实行中央集权。

而地方分权则意味着以法律形式授予领土单位或公共机构在一定范围内的自治权。在领土单位上建立的自治机关,多由选举产生,具有一定的独立性。因此,地方分权是取消中央政府的一部分权力,把这部分权力转移给地方领土单位。

可见,权力下放与地方分权虽然都是以中央行政机关的权力转移为主要特

---

① 罗孟浩编著:《各国地方政府》,政治大学出版委员会 1965 年版,第 449 页。

征,但两者有本质的不同:一是在权力下放情况下,授权机关和被授权机关属于同一法人(国家),而在地方分权情况下,两者分别属于不同的法人;二是在权力下放情况下,中央机关与其派驻机关之间存在着直接的行政等级关系,而在地方分权情况下,两者之间不是行政等级关系,而是行政监督关系。①

第二节 法国地方制度的建立和发展

法国地方制度,经历了从罗马帝国、波旁王朝到法国大革命、拿破仑一世改革、19 世纪自由主义时期,再到第二次世界大战和 1982 年以后的地方分权改革等几个时期。其中,法国大革命时期、拿破仑一世时期最为重要,对法国地方制度有十分重要的影响。大革命时期确定了行政区划的基本形式;拿破仑一世时期形成了地方行政组织的基本格局。以后的演变是在此基础上的改进和变革,主要是改变中央与地方的关系,以及逐步实行权力下放和地方分权制度。②

一、旧制度时期的地方制度

法国地方制度可以追溯到中世纪甚至更早。在罗马帝国时期,法国实行严格的等级制,形成了从政府首长到地方军事首脑,再到市镇长的控制体系(在教会则是从教皇到主教再到牧师的教会等级制)。尽管中世纪时期的君主,尤其是查里曼和菲力普四世等采取了扩大王权的措施,但封建主仍享有相当大的特权,有的甚至超过国王,取得特许权的市镇享有相当程度的自治。

从 16 世纪开始,波旁王朝逐步建立了中央集权的官僚制,加强了中央权威。同时,为加强中央对地方的控制,中央向各省派驻具有监督和协调作用的都督。到 17 世纪末路易十四和科尔伯特统治时期,总督成为省的主要行政首长。但在全国,地方制度不统一,行政区划不一致,范围大小相差较大,也没有完全消灭封建特权。

二、大革命和帝国时期的地方制度

法国大革命彻底摧毁了旧制度下的行政体制。1789 年,法国制宪会议通过一系列法律,废除了封建特权,改组了地方政府。1790 年 2 月,又正式决定将全国划分为 83 个省,建立了全国统一的行政区划。此外,各级地方政府由公民选举产生,实行自治管理。

---

① 潘小娟:《法国行政体制》,中国法制出版社 1997 年版,第 59 页。

② 参见王名扬:《法国行政法》,中国政法大学出版社 1989 年版,第 83—87 页。

共和八年(1799),拿破仑·波拿巴通过雾月18日政变夺取政权后,取消了大革命时期建立的民主制度,建立了中央集权的行政体制。在地方,省、专区、市镇的区划保留了下来,但地方官员民选制度被取消,代之以由政府任命的地方参议会和行政长官制。地方参议会是咨询机构,决定权集中在由中央任命的省长、副省长和市镇长等行政官员手中。省长主管省的行政,副省长主管专区的行政,市镇长主管市镇的行政。地方各级行政官员听命于上一级行政官员。

三、共和八年以后到二战结束

七月王朝以后,地方分权逐渐建立。1831年和1833年的法律确立了市镇议会和省议会的选举制度,省长和市镇长仍采用任命制,但市镇长须在市议员中任命。

1871年制定了省组织法,对省议会的组织和职权作了较全面的规定。1882年的法律规定市长由选举产生。1884年制定了关于市镇的组织法,对市镇作了全面的规定(该法1977年经改编成为《市镇法典》),地方分权制度有所发展。但到了维希政府时期,地方分权的发展暂时中止,直到法国解放才恢复。

四、二战以后至1982年

二战以后,地方分权又有较大发展。第四共和国宪法规定地方团体由普选产生的议会实行自治,地方议会的决定由议会主席执行,并规定制定法律扩大省和市镇议会的自治权。但由于国内政局不稳等原因,地方制度改革没有付诸实施,直到1958年第五共和国以后,地方制度改革才取得较大进展。

1958年《法兰西第五共和国宪法》确立了"领土单位由选举产生的议会按照法律规定的条件自由地进行管理"的基本原则。这一时期法国行政体制总的来说是朝着分权方向前进的,但直到1982年,中央集权体制才有根本性的改变。

第五共和国时期的地方制度改革,一是推进权力下放,使中央政府的许多权力下放到省长和大区行政长官;二是扩大地方分权,增强地方议会的自治权力。

第五共和国时期法国的地方分权,主要体现在以下几个方面:

一是增加大区作为新的一级地方领土单位,享有与省和市镇一样的法律地位和权利。

二是重新分配国家、省和市镇的职权,将许多中央政府职权移转于地方议会,增加了地方议会的行政权。

三是改变了国家对地方议会的监督方式,取消监管,代之以行政诉讼的方式,即国家代表如认为地方议会有违法或损害国家利益的行为时,可向行政法院起诉。

四是改变省长的传统地位和角色,使省长不再是地方行政首长和自治行政的执行官,而仅仅作为国家和中央政府在省的代表。

1982 年 3 月 2 日《市镇、省和大区的权利和自由法》,1983 年 1 月 7 日《市镇、省、大区和国家权限划分法》及以后陆续制定的一系列法律和法令的实施,使法国中央政府集权的程度有所降低,大区议会主席和省议会主席获得了更多的权力,从而加强了权力下放和地方分权。

五、1982 年至 2003 年

自 1982 年以来,权力下放实际上在法国一直在进行,从 1988 年到 1992 年在法国实行的以公开、团结和现代化为主题的立法中,有关法国中央政府权力下放和地方分权的立法没有停止。

以相关法律和宪法修正法的颁布为标志,法国 1982 年至 2003 年的中央地方关系改革大致可以分为两个阶段。

第一阶段以 1982 年 3 月 2 日《关于市镇、省和大区权利和自由法》的颁布为标志。

第二阶段以 1992 年 2 月《共和国地方领土单位行政管理法》和《地方行政指导法》的先后颁布为标志。

1982 年 12 月 31 日颁布的《巴黎、马赛和里昂的行政组织及市镇之间合作的公共机关法》,规定在这三个城市设立经直接选举产生的区议会;使市镇在城市社区中有更广泛的代表。

1983 年 1 月 7 日颁布的《市镇、省、大区和国家权限划分法》,同时赋予大区、省和市镇在各自的区划内对基础设施、经济、社会、保健、文化和科学的管理和发展的国家职能;赋予在这三级对于规划和住宅的某些职能,并对这些新移交的职能给予明确的财政支持。

1983 年 7 月 22 日颁布的《交通、公共教育、社会服务和保健权限转移法》,赋予大区、省和市镇在内陆水域、交通、教育设施的规划、建设和维护、环境和文化活动方面的职能;主要赋予省在社会福利、某些保健职能和图书馆及博物馆方面的职能,并规定了国家对移交职能的财政支持。

1984 年 1 月 26 日颁布的《地方政府服务法》致力于造就新的地方公务员队伍,使地方政府能招聘到与地方政府和大区新获得的权力和职能相称的合格公务员。

1992 年 2 月 3 日颁布的《地方行政指导法》,扩大了地方民主,加强了地方当选者的决策权和公民参与地方事务的权利。

1992年2月6日颁布的《共和国地方领土单位行政管理法》，明确大区长对省长实施国家和欧盟有关经济和社会发展及领土整治政策方面的领导权，省长必须按照大区长规定的方针进行决策并作报告，并明确大区长负责维护欧盟法律秩序。

1992年7月13日的法律规定中央政府为地方公共图书馆提供财政援助。

这些法律及以后陆续制定的一系列法律和法令的实施，使法国中央政府集权的程度有所降低，大区议会主席和省议会主席获得了更多的权力，从而加强了权力下放和地方分权。

顺应1982年以后地方制度的改革，法国2003年对宪法进行修改，对中央与地方关系作了重大调整，法国地方制度的发展进入了一个新阶段。

第三节 法国中央政府部门及派驻机构

一、法国中央政府部门

法国中央政府机构主要有总统府、总理府及总理直属机构、中央各部等。

中央政府各部是公共事务管理的职能部门，经过多次变化和改组，数目和职能不尽一致。最近的一次改组，是2008年3月18日组成的中央政府。

目前，由费龙任总理的法国中央政府，设有十五个部：生态、能源、可持续发展和城乡规划部，内政、海外事务和领土单位部，外交和欧洲事务部，经济、工业和就业部，移民、融入、国家认同与共同发展部，掌玺司法部，农业与渔业部，劳工、劳动关系、家庭及团结事务部，教育部，高等教育和研究部，国防部，卫生、青年、体育与自愿组织部，住房和城市事务部，文化与传媒部，预算、公共账簿与公职部。

此外，中央政府还设21名国务秘书或国务部长（对总理或部长负责），分别负责与议会关系，公共政策的规划、评估，交通，生态，大区发展，城乡规划，海外事务，内政与领土单位，欧洲事务，合作及法语国家事务，外交与人权，贸易、小型商业、中小企业、旅游和服务，消费者事务和政府新闻发言，经济、工业和就业，对外贸易，团结事务，家庭，国防与老战士事务，青年、体育与自愿组织，城市事务，公务员事务。并设一名团结救济消除贫困事务高级专员。①

① http://www.premier-ministre.gouv.fr/acturs/gouvernement/composition_gouvernement_34/.

二、中央政府派出机构及其与地方领土单位的关系

中央政府在地方领土单位有三个层次的派出机构(services déconcentrés):大区、省和专区(arrondissement)。

大区或省具有双重属性,既是地方领土单位,同时又是执行国家行政的区域。大区长或省长由总理提名,总统任命,是中央政府在大区或省的代表。

专区是省下的一级分治区域,目前有330多个专区。它作为省的派出机关所辖的区域,不是一级地方自治团体。各专区设区长,一般由副省长担任。

大区长或省长负责国家在所在大区或省的权力下放事务,如警务、农业、公共工程、卫生、国民团结、环境、就业等事务。但不属于行政性质的事务(如司法)或属于专门领域的事务(如教育、工厂视察)不是大区长或省长的职权。1992年2月6日颁布的《地方领土单位行政管理法》,规定了中央政府在各级地方领土单位的职权和资源分配的一般原则。这些原则适用于中央政府在地方领土单位的机构设置和服务提供。

1982年3月2日颁布的《市镇、省和大区权利和自由法》,规定了中央政府派驻代表与地方领土单位的关系。其中,由省长或副省长负责行使行政监督权,特别是对地方政府行为的合法性和预算方面的监督;中央政府的专业技术部门,特别是农业、交通等部门可以协助地方领土单位,尤其在实施基本建设计划方面协助市镇政府的工作。

在法国,中央政府在大区、省不仅依靠大区长、省长及其附属机构等(称为"一般权限驻外机构"〈les services extrieurs à compétence générale〉),而且依靠中央各部门的派驻机构。中央政府各部门在地方的派驻机构虽然在许多情况下与作为地方政府的议会所管辖的区域相同,但两者之间有本质区别:前者与中央部门属于同一行政主体,是中央国家行政机关为便于进行管理而设在地方的分支管理机构,是地方国家行政机关;而后者是国家以外的行政主体,其地方自治行政是国家以外的地方议会的行政活动。

中央政府各部门在地方的派驻机构与中央各部具有行政隶属关系,被派驻到地方行政区域内执行各部在地方的公务,且具有自己的特定的业务范围,它们在法国地方行政管理中起重要作用。中央政府各部门制定政策和标准,并通过派驻机构,实际上提供了许多地方服务。各派驻机构设于各大区首府或省会所在地,几乎涉及行政管理的每一方面。

中央政府部门设立在大区和省的派驻机构,一般称为"专门权限驻外机构"(les services extérieurs à competénce spéciale)。这些中央部门派驻机构隶属于不同的部,但接受双重领导:一方面在业务上接受所属部的领导和指挥;另一方

面，接受所在地区的大区长或省长的统一领导，协助其开展工作，并各司其职。

中央各部设在大区的派驻机关近30多个，如大区劳动和就业局、大区电信局、大区产业局、大区财政机构等。由于省是法国传统上国家在地方的主要行政区域和各部在地方上的专门区域，因此设在省的派驻机关更多更广，通常有省农林局、省税务局、省卫生与社会事务局等。

在省、大区设立派出机构较多的中央部门，主要有：高等教育和研究部，经济、工业和就业部，生态、能源、可持续发展和城乡规划部，农业与渔业部及内政、海外事务和领土单位部等。

第四节 大 区

一、大区的性质和地位

大区（Régions）是法国较新的地方领土单位和行政建制。大区作为行政区域，最初出现于20世纪40年代维希政府时期，当时全国分为20个大区。大区设大区长，其职权主要限于警察事务和军需供应，另设治安总监和经济总监辅佐大区长工作。1955年，大区首次被用于国土整治计划的目的。

1960年6月2日颁布的法令，确立了大区体制，规定指定大区内的一个省长担任大区行政首长，并要求中央政府各部因此调整各自的派驻机构。1964年3月14日颁布的法令，要求中央政府在每一大区设立一个协调机构，由大区内的主要中央部门官员组成；并设立一个咨询机构，由地方选举的官员中选派的人士和总理任命的代表社会与经济利益的其他人员组成。

1969年，戴高乐总统将分散集权与改革参议院的法案提交全民公决被否决，导致了他的辞职，但是促使法国计划和行政协调区域化的尝试仍在进行。1972年，法国政府再次推进大区化进程，对大区体制进行重大改革。1972年7月5日颁布的《大区设立和组织法》规定，大区属于地方公共机构，享有公共机构法人资格，拥有独立预算。大区设大区议会、大区经济和社会委员会及大区长。但作为公共机构的大区，其职权和作用很有限，主要涉及经济发展方面。

1982年3月2日颁布的《市镇、省和大区权利和自由法》，确定大区是一级地方政府，享有与市镇和省同等的法人地位和一切权利，扩大了大区的自治权。

根据2003年3月28日对法国宪法进行修改的《关于法国国家结构改革的宪法修正案》（2003年第276号宪法性法律），修改后的《法兰西第五共和国宪法》第七十二条，明确了大区的宪法地位。

目前,法国共设有26个大区,其中法国本土分21个大区。①

二、大区组织机构

(一) 大区议会

作为一级领土单位,大区设大区议会,是大区的审议机关。大区议会议员由大区内各省的居民按直接普选方式选出。

大区议会议员人数因省而异,规模从31席(法属圭亚那)到209席(巴黎大区)不等。

大区议会设主席、副主席,由大区议会议员选举产生。省议会主席、副主席和其他成员组成常设委员会。

大区议会议员的选举原采用一轮比例代表名单制。选举者不得进行混合圈选,也不搞优先选举。议会席位先按最大均数法则分配给各份名单,再按名单上排列的顺序分配给候选人;未获得5%以上选票的名单不得参加席位分配。

如果在最后的席位分配中,几份名单获得的均数相同,则席位分配给获得最多票数的那份名单;如果获得的票数相同,则席位分配给年长者。

1999年1月19日的法律实施后,大区议员在每个大区以二轮名单投票制选举产生。议员席位分配方式与市镇议员席位分配很接近,即多数制与比例制相结合:在第一轮投票中,获得绝对多数票的那份名单可得到所提供议员议席的半数。如果在第一轮投票中,没有一份名单获得绝对多数,则进行第二轮投票;在第二轮投票中,获得相对多数选票的名单,即获得最高票数的名单,可获得半数议员议席。剩余的席位在其他名单间按比例代表制的最大均数法则进行分配。

大区议会议员原任期六年,期满全部改选。1999年1月19日的法律实施后,大区议员任期改为五年。②

(二) 大区议会主席

大区议会主席是大区议会的执行机关。

在法国,大区议会不实行合议制,但大区议会主席可将其职权的一部分委托给副主席行使;在大区议会主席和副主席都缺位或无力行使职权时,可委托

---

① 21个大区是:阿尔萨斯、阿基坦、奥弗涅、下诺曼底、布列塔尼、勃艮第、中央、香槟-阿登、弗朗什-孔泰、上诺曼底、法兰西岛、朗格多克-鲁西水、利穆赞、洛林、南部-比利牛斯、北部-加莱海峡、卢瓦尔河地区、皮尔第、普瓦图-夏朗德、普罗旺斯-阿尔卑斯-蓝岸、罗讷-阿尔卑斯。

② 法国国家行政学院编:《法国与法国的行政制度》(la France & ses institutions),法国国家行政学院出版社2000年修订版,第24页。

大区议会其他议员行使。大区议会主席由大区议会议员按绝对多数制选举产生，任期三年。如果在两轮投票中候选人没有获得绝对多数，则在第三轮选举中，实行简单多数制，即获得最多选票者当选；如获得的选票相同，则年长者当选。

（三）大区的政治首长

大区议会主席是大区的政治首长，对大区的管理承担责任；同时，大区议会主席也是大区的地方行政首长。

与市镇长和省议会主席一样，大区议会主席由议会选举产生，在地方政治中起决定性作用。

大区议会主席既是大区议会的领导又是大区地方行政首长，因此他或她的职权很广泛，主要有：负责编制和执行大区议会通过的预算，除非法律专门规定，有权决定大区的开支，管理大区的公共财产和收入；担任大区所属部门的总首长，可以授权部门的领导代表其处理其职权范围内的事项；代表大区签署大区议会（或经授权由常设委员会）决定缔结的契约并负责执行；对提请大区议会审议的问题进行初步审查；在法律诉讼中代表大区议会进行活动等。

大区议会主席每年以专门报告的形式，向大区议会通报大区的总形势和各部门的活动和资金情况，并详细汇报大区议会决定的执行情况和大区的财政状况。

（四）大区组织机构之间职权的划分

根据 1982 年 3 月 2 日《市镇、省和大区权利和自由法》的规定，大区议会是大区的审议机构，对大区的事务有审议和决定的一般权力。除与预算的表决、强制性开支的决定和大区会计处理有关事项外，大区议会可将其职权授权给常设委员会行使。

第五节 省

一、省的性质和地位

省（département）是法国的一级地方领土单位和行政建制，始于 18 世纪末法国大革命时期的 1790 年。省长和省议会（le conseil général）均由中央委派，省只是作为中央政府的行政管理单位和一级行政区划而存在，还不是地方自治团体。1833 年的法律规定省议会由当地居民选举产生以后，省获得了双重性质，既是一级地方政府，同时又是中央政府在行政上的代表机构。1871 年 8 月 10 日的法律确定了省的组织结构，扩大了省议会的职权。该法规定，省包括省议会和省委员会、省长（le préfect）和省议会主席（le Président du Conseil Genéral）。但实际上省议会和议会主席的职权十分有限。1982年3月2日《市镇、省和大区权利和自由法》，对省的组织结构作了重大改革，将地方事务的管理权由中央代表手中转到地方代议机构，并加强了省议会主席的作用，从而大大扩展了省的自治权。

法国原有90个省，随着人口增长，1966年，巴黎大区建立5个省；1975年科西嘉一分为二。

目前，法国共有100个省，其中法国本土96个省，另有4个海外省。[①] 各省人口数量存在一定差异，多则200多万人，少则不足10万人。

二、省的组织机构

（一）省议会

作为一级领土单位，省设省议会（conseil général），是省的审议机关。省议会由省内各区居民按直接普选方式选出，每区无论人口多寡均选一名。

省议会议员人数因省而异（如在北部省，省议会有26名议员；而在贝尔福省，省议会只有15名议员）。

省议会设主席、副主席，由省议会议员选举产生。省议会主席、副主席和其他成员组成常设委员会。

省议会议员的选举采用二轮多数投票制。在第一轮选举中，获得绝对多数选票，并且所得票数至少占登记选民的1/4以上者当选。如果在第一轮选举中，没有人获得法定票数，则进行第二轮选举。在第二轮选举中，实行简单多数制，即获得相对多数选票者当选。如果获得的票数相同，则年长者当选。

省议员任期六年，每三年改选1/2。

（二）省议会主席

省议会主席是省议会的执行机关。

在法国，省议会不实行合议制，但省议会主席可将其职权的一部分委托给

---

① 96个省是：安、埃纳、阿列、上普罗旺斯阿尔卑斯、上阿尔卑斯、海滨阿尔卑斯、阿尔代什、阿登、阿列日、奥布、奥德、阿韦龙、罗讷河口、卡尔瓦多斯、康塔勒、夏朗德、海滨夏朗德、谢尔、科雷兹、上科西嘉、南科西嘉、科多尔、北海滨、克勒兹、多尔多涅、杜、德罗姆、厄尔、厄尔-卢瓦尔、菲尼斯泰尔、加尔、上加隆、热尔、纪龙德、埃罗、伊勒-维莱纳、安德尔、安德尔-卢瓦尔、伊泽尔、汝拉、朗德、卢瓦尔-谢尔、卢瓦尔、上卢瓦尔、卢瓦尔-大西洋、卢瓦德、洛特、洛特-加隆、洛泽尔、曼恩-卢瓦尔、芒什、马恩、上马恩、马耶纳、默尔特-摩泽尔、默兹、莫尔比昂、摩泽尔、涅夫勒、北部、瓦兹、奥恩、加来海峡、多姆山、大西洋-比利牛斯、上比利牛斯、东比利牛斯、下莱茵、上莱茵、罗讷、上索恩、索恩-卢瓦尔、萨尔特、萨瓦、上萨瓦、巴黎、海滨塞纳、塞纳-马恩、伊夫林、德塞夫勒、索姆、塔恩、塔恩-加隆、瓦尔、沃克吕兹、旺代、维埃纳、上维埃纳、孚日、约讷、贝尔福、埃索纳、上塞纳、塞纳-圣但尼、瓦勒德马恩、瓦勒德瓦兹。

副主席行使;在省议会主席和副主席都缺位或无力行使时,可委托省议会其他议员行使。

省议会主席由省议会议员按绝对多数制选举产生,任期三年。如果在两轮投票中候选人没有获得绝对多数,则在第三轮选举中,实行简单多数制,即获得最多选票者当选;如获得的选票相同,则年长者当选。

(三) 省的政治首长

省议会主席是省的政治首长,同时也是省的地方行政首长。

由于1982年3月2日《市镇、省和大区权利和自由法》将原先由省长行使的执行权转移给了省议会主席,因此,省议会主席既是省议会的领导又是省的地方行政首长,因此他或她的职权很广泛,主要有:负责编制和执行省议会通过的预算,除非法律专门规定,有权决定省的开支,管理省的公共财产和收入;担任省的部门的总首长,可以授权部门的领导代表其签署其职权范围内的文件;签署省议会(或常设委员会)决定缔结的契约并负责执行;指导省的工作;对提请省议会审议的问题进行初步审查;在法律诉讼中代表省议会进行活动等。

省议会主席每年以专门报告的形式,向省议会通报省的总形势和各部门的活动和资金情况,并详细汇报省议会决定的执行情况和省的财政状况。

(四) 省的组织机构之间职权的划分

根据1982年3月2日《市镇、省和大区权利和自由法》的规定,省议会是省的审议机构,对省的事务有审议和决定的权力。除与预算的表决、强制性开支的决定和省会计处理有关事项外,省议会可将其职权授权给常设委员会行使。

第六节 市　　镇

一、市镇的性质和地位

自1789年法国大革命以来,市镇(commune)一直是基本的一级地方政府。此前,大多数的市镇相当于天主教的教区。市镇具有双重作用:(1) 作为地方自治单位,反映地方民意,管理地方事务;(2) 作为地方机构,履行中央政府委托的某些职责。

市镇,无论规模大小和人口多寡,都由同一法律规定其权限和结构。1975年以前,巴黎具有特殊地位。此后这一首都与其他市镇法律地位基本相同。与其他市镇不同的是,巴黎的辖区面积相当于一个省的面积。

虽然所有的市镇具有相同的法律地位,但各市镇在人口和提供服务的能力上有很大的不同。截至1999年,37个市镇的人口超过10万人。

二、市镇的组织机构

(一) 市镇议会

在法国3.6万多个市镇中,依宪法规定,均设有市镇议会。市镇议会是市镇的审议机构,管理市镇事务。

根据1977年《市镇法典》的规定,市镇议会由市镇长、一名或多名副市镇长和市镇议员组成。市镇议会的规模不等,根据市镇人口数确定,一般有9名(人口少于100个居民的市镇)至69名(人口在30万以上的市镇)议员,依具体规定而定,但里昂73名,马赛101名,巴黎163名。

市镇议会由居民直接选举产生,市镇议员选举根据市镇人口的不同而采取不同的方法。

(1) 在少于3 500人的市镇,采用二轮多数投票制选举市镇议会议员。在第一轮投票中,获得相当于登记选民人数25%以上选票并取得有效选票绝对多数者当选。

如果在第一轮投票中,没有人获得法定票数,则进行第二轮投票。在第二轮投票中,获得相对多数选票者当选;如果获得的票数相同,则年长者当选。

(2) 在少于2 500人的市镇,采用单名候选人制,得票最多者当选;

(3) 在3 500人以上的市镇,采用二轮名单投票制。这是一种比较复杂的混合选举制度。[①] 法律要求,候选人名单人数要与应当选议会议员席位一样,不允许另选他人、删除候选人和变换候选人顺序。在第一轮投票中,获得绝对多数票的那份名单可得到所提供议员议席的半数。如果在第一轮投票中,没有一份名单获得绝对多数,则进行第二轮投票;在第二轮投票中,获得相对多数选票的名单,即获得最高票数的名单,可获得半数议员议席。

在以上两种情况下,剩余的席位在其他名单(含已经获得半数席位的名单)间按比例代表制的最大均数法则进行分配;未获得5%以上选票的名单不得参与分配席位。席位按名单上的排列顺序分配给符合条件的候选人。如果在最后的席位分配中,几份名单获得的均数相同,则席位分配给获得最多票数的那份名单。

市镇议会议员任期六年,期满全部改选。

(二) 市镇执行机关

根据1977年《市镇法典》的规定,市镇设市镇长,是市镇议会的执行机关。

在法国,市镇议会不实行合议制,但市镇长可将其职权的一部分委托给副

---

① 潘小娟:《法国行政体制》,中国法制出版社1997年版,第80页。

市镇长行使;在市镇长和副市镇长都缺位或无力行使时,可委托市镇议会议员行使。市镇长和副市镇长按绝对多数制选举产生;如果在两轮投票中候选人没有获得绝对多数,则在第三轮投票中,按简单多数制选出;如获得的选票相同,则年长者当选。

(三) 市镇政治首长

市镇长是市镇的政治首长,由市镇议会从议员中选举产生。市镇长具有双重身份,在地方政治活动中起重要作用。

一是作为国家在市镇的公务人员,代表国家履行某些职务,如担任民事登记官;担任司法警察官员;负责选民登记,组织选举;代表国家对公民签发身份证、护照、建筑许可、狩猎许可证等;负责统计服兵役名单;编制义务教育适龄儿童名单等。

二是作为市镇行政首长,市镇长是市镇议会的主要执行官,要对执行市镇议会的决定负责。市镇长负责编制和执行市镇议会通过的预算;签署议会决定缔结的契约并负责执行;管理市镇的财产和收入;管理市镇公职人员的编制和市镇会计;接受礼品和捐赠等。

此外,市镇长可以根据市镇议会授权代表市镇议会作出某些决定,如决定由市镇机关使用的市镇财产的用途;为市镇利益收取非财政性资金;对预算中规定的投资贷款不得超过议会规定的限额;保险合同;会计制度;公墓许可;支付律师费用;小学班级设置;修改市镇规划文件;优先购买权;在法律诉讼中代表市镇等。

在市镇议会的例会上,市镇长要就受委托职权的行使向市镇议会报告。

(四) 市镇组织机构之间职权的划分

1977 年《市镇法典》的规定,市镇议会是市镇的审议机构,对市镇的事务有审议和决定的权力。同时《市镇法典》也考虑到了市镇长作为议会执行机关所应有的权限。

市镇议会和市镇长各自的职权分配大致如下:市镇议会对市镇的服务有设置和一般组织权,但对市镇公务员,由市镇议会决定其一般地位,只有市镇长有权决定采取措施(如任命);对警务、垃圾处理授权,只有市镇长有权决定。

第七节 特别地方单位

一、巴黎

法国首都巴黎是一个特别地方单位。法律规定:“巴黎是具有双重地位的地方单位:巴黎市和巴黎省,其事务由巴黎议会斟酌处理”。

(一) 巴黎的组织机构

巴黎现有巴黎议会、市长及其助理、警察总监和巴黎省长。

巴黎议会由163名议员组成,任期六年,按二轮多数名单制选举产生。巴黎议会同时行使省议会和市镇议会的职权,有权对辖区范围内的一切重大问题进行讨论和审议,并作出决定。

巴黎市长主持巴黎议会会议,担任巴黎议会的主席。议会下设若干委员会,分管财政、交通、城市规划、教育、社会、经济和公共工程等方面的事务。

巴黎市长由巴黎议会选举产生,任期六年,没有薪俸,但领取津贴和补助。巴黎市长同时行使一般市镇长和省议会主席的职权,但不管治安。其主要职权是:负责公布和执行国家法律和法令,代表国家履行某些职能;召集和主持巴黎议会会议,准备巴黎议会的决议,并付诸实施;管理巴黎的财产;领导巴黎的行政工作,任免市政官员;有权处理巴黎的经济、教育、文化、城市规划等方面的问题。

市长助理由巴黎议会选举产生,人数最多不得超过43人。其主要职责是:协助市长工作,并受市长授权,分别掌管预算、总务、社会事务、城市规划、路政、交通运输、工商业、地方生活、环境保护、教育、体育和通讯等方面的问题。

巴黎设有警察总监,由中央政府委派。警察总监行使国家治安权和市镇治安权,有权应巴黎议会的要求,列席议会会议并发言,也可要求市长召集巴黎议会会议,审议其职权范围内的有关问题;负责执行巴黎议会通过的有关其职权范围的决议和警察局专门预算。

(二) 巴黎的区级组织机构

与马赛和里昂一样,巴黎市划分为20个区。区既是一级行政区划,又是选举单位。区设区议会和区长。有大约1/3的议员同时是市议会的议员。

区议会由区或区组选举产生的市议员和区议员组成。区议会职权很有限,主要是:就许多方面向巴黎市长和巴黎议会提出问题,表明愿望;对涉及本区的事务,必须事先征求其意见;审议公共设施的设立和定位等。区议会不具有法人资格,不具有决定权,只负责实施和管理,但可以接受巴黎议会委托行使某些职权。

区长由区议会于本区议员中选举产生,不得兼任市镇长。区长地位基本与市镇长相同,可委托区长助理或区秘书长行使某些职权。与市镇长一样,区长具有双重身份,一方面行使作为国家公职人员的各种职能,如负责户籍管理和选举事务等,另一方面担任区议会主席,主持区议会会议,执行区议会决议。区长的权力有限,其行为受巴黎市长和省长的监督。

区长助理由区议会从议会内部选举产生,地位与市镇长助理相同,主要行使区长授予的职权,并担任户籍主管官员。

二、科西嘉

科西嘉岛原为法国的一个大区。由于政治、历史、地理和文化等方面的原因,法国政府对科西嘉实行有别于其他大区的行政管理体制。1982 年 3 月 2 日,国民议会在通过《市镇、省和大区权利和自由法》的同日,通过了《科西嘉岛大区特别地位法》,对科西嘉岛大区的地位,作了明确规定。1991 年 5 月 13 日的法律对科西嘉岛的地位作了新的规定,科西嘉岛不再属于大区类别,而是一个新的领土单位类别。

科西嘉岛议会由 61 名议员组成,按比例代表制直接选举产生,任期六年。议会的选举、活动规则和权限与一般大区议会相同,但在以下几方面享有特别权力:(1) 科西嘉岛议会可主动或应总理的要求,就现行或正在起草的有关科西嘉岛领土单位的职权、组织和运行的法律或法规文本的修改或调整提出建议;(2) 可就科西嘉岛大区的国家公用事业向总理提出建议,总理应在 15 日内告知收到建议,并确定作出实质性答复的期限;(3) 有权对执行委员会投不信任票,迫使其辞职。

科西嘉岛的执行机构为执行委员会,由科西嘉岛议会选举产生的一名主席和 10 名成员组成,任期三年。执行委员会领导大区的行政管理工作;科西嘉岛议会有权对其行使监督权和弹劾权。此外,还有两个咨询性机构协助议会工作,即社会和经济委员会以及文化、教育和生活环境委员会。后合并为一个咨询机构——经济、社会和文化委员会。

三、海外地方单位

(一) 海外省

现在法国共有四个海外省:瓜德鲁普、马提尼克、法属圭亚那、留尼旺。

海外省受制于省的共同法,实行与法国本土省基本相同的制度,但根据 1958 年《法兰西第五共和国宪法》第七十三条的规定,“各海外省可以根据它们的特殊情况在立法制度和行政组织方面采取必要的适应性措施”。海外省同时也是大区,除设省议会外,还有大区议会共同治理相同的区域。

这四个海外省的省议会除了拥有与法国本土省议会相同的权力外,还有一些特殊的权力,如有关海外省立法和行政组织方面的法律和法令草案应事先听取海外省的意见;海外省在不抵触宪法前提下,可向中央政府提出旨在调整或修改由海外省的特殊情况导致的特别条款的建议;海外省在计划方面享有特别权,国家设有海外投资基金;海外省议会可要求不实行本土的关税,并可建立某些特别税。

海外省的省长作为中央政府代表,主要负责所在海外省的财政和行政监督,但与本土的省长相比,有较大的权力。

(二) 海外领地

海外领地是指由法国政府管辖的在其本土以外的区域。2个海外领地是:瓦利斯群岛和富图纳群岛、法属南半球和南极领地。

根据2003年修改后的1958年《法兰西第五共和国宪法》第七十四条的规定,海外领地是为在共和国的总利益中照顾领地特有利益而设立的组织。海外领地的组织和体制由征询有关领地议会的意见后制定的组织法确定。该组织法将确定法律、法规在何种条件下在该领土单位的适用、该领土单位的职权、组织规则和机构运行规则以及该领土单位为本地居民利益而采取的必要措施等内容。

第八节 地方领土单位的合作和其他关系

一、地方领土单位组合的形式

地方领土单位组合,或称地方领土单位联合,是为适应地方政府为共同执行某项任务进行合作的需要而成立的组织或进行的联合。地方领土单位组合的理由,主要是因为,"一项行政任务涉及若干个领土单位的共同利益;二是地方行政单位的人力、财力匮乏,难以维持必要的公共服务。"①为此,法国政府制定了一系列的法律法规,鼓励地方领土单位之间,特别是市镇之间,进行不同形式的联合。

根据地方领土单位的级别,可以将地方领土单位组合分为同一级别行政法人的组合与不同级别行政法人的组合。

(一) 同一级别行政法人的组合

同一级别行政法人的组合,是指在市镇之间、省之间和大区之间的联合。

1. 市镇联合组织主要有:

(1) 市镇联合体:分为单一职能市镇联合体和多重职能市镇联合体。单一职能市镇联合体,是为履行单一职能而成立的;多重职能市镇联合体,是为担负管理多项服务的任务而成立的。

(2) 联合区:由同一居民聚居地的多个市镇为合作而合成的公共机构,其成立条件和程序与市镇共同体基本相同,如需要得到市镇议会的同意等。

(3) 都市共同体:通常由一个主要城市和附近小市镇联合组成,是跨市镇的合作性公共机构。设立都市共同体的目的在于保证大城市居民聚居地的协调管理。

---

① 潘小娟:《法国行政体制》,中国法制出版社1997年版,第113页。

(4)新居民点联合体:是市镇中新形成的居民聚居地的合作形式。

(5)市镇共同体:是有利于乡村和小城镇合作的新的形式。

根据法国内政、国内安全和地方自由部(现为内政、海外事务与领土单位部)的统计,截至 2004 年 1 月 1 日,共有都市共同体(Communautés urbaines)14 个;居民点共同体(Communautés d'agglomération)155 个;新居民点联合体(Syndicats d'agglomération nouvelle)6 个;市镇共同体(和联合区)(Communautés de communes 〈et districts〉)2 286 个。

2. 省际组合:主要采用组建共同利益机构的形式,具有法人资格,实行独立核算,一般需要通过有关省议会决议通过,并设管理委员会进行管理。

3. 大区之间的联合:主要是签订区际协定或组建共同利益机构。区际协定,即在两个或两个以上大区之间通过签订协定,约定合作事项,包括将实施协定开支列入各大区预算,进行联合;共同利益机构,是指两个或两个以上大区为行使职权、实现公共利益依各大区议会决议而建立的具有公共性质的机构。共同利益机构由理事会管理。

(二)不同级别行政法人的组合

不同级别行政法人的组合,最主要的是混合联合体(syndicats mixtex)。

根据法国内政、国内安全和地方自由部(现为内政、海外事务与领土单位部)的统计,截至 1999 年 1 月 1 日,共有 18 504 个地方领土单位组合,其中,单一职能联合体(syndicats à vocation unique)14 885 个、多重职能联合体(syndicats à vocation multiple)2 165 个、混合联合体 1 454 个。①

以上所有地方领土单位组合组织,都具有法人资格,具有独立的法律地位和独立的财政地位,并受省长或大区长的监督。

二、地方领土单位组合的性质和职能

(一)地方领土单位组合的性质

除了波尔多、里尔、里昂和斯特拉斯堡四个都市共同体是根据 1966 年的法律强制设立的以外,法国其他的都市共同体是非强制设立的,由参加的市镇自由组合。1890 年首次设立市镇联合体。早期的市镇联合体都是单一职能的联合体,如农村电气化和建设某些公共设施;从 1959 年开始,市镇联合体被授权处理多项社会公共事务,不再限于处理单一的事务;其中有些事务还是必须履行的强制性

① 资料来源:法国内政、国内安全和地方自由部(现为内政、海外事务与领土单位部)地方行政司(Direction générale des collectivités locales, ministère de l'Intérieur)编:《地方领土单位资料(2005 年)》(Les collectivités locales en chiffres 2005),法国文献局出版社(Documentation française)2005 年版。

服务。其中,法律规定都市共同体必须履行的职能有11项;市镇共同体或城市共同体的职能分两类:必须履行的职能和自选的职能;其他地方领土单位组合自行决定负责履行职能的领域,可以是单一的职能,也可以是多重的职能。

(二) 地方领土单位组合的职能

地方领土单位组合的职能大致可以分为两类:必须履行的职能和自行选择履行的职能。

1. 都市共同体必须履行的职能有:跨市镇的发展和整治规划,城市规划;住宅区、工业区、手工业区和港口区等的建立和装备;校舍的建设和维修;中等教育;应急处理和消防服务;城市客运;供水、排水、生活垃圾处理;公墓的修建和扩建,火葬场;屠宰场,肉市;道路交通标识和信号指示;公园和停车场等。都市共同体可以为提供和维护共同体设施给予参加共同体的市镇以财政支持。

2. 市镇共同体或城市共同体的设立目的在于共同制定开发和治理规划,带动市镇的平衡发展和设施完善。市镇共同体或城市共同体的职能分为必须履行的职能和自行选择履行的职能两大类:必须履行的职能有土地利用和经济开发;此外,市镇共同体还必须在下列四项领域中任选一个提供服务:(1) 环境保护;(2) 住宅和生活环境;(3) 道路建设、维修和保养;(4) 文化、体育设施和学前、小学教育设施的建设、维修和管理。

3. 新居民点联合体负责的领域主要有城镇规划、住宅、交通、各种服务网络、道路建设、经济开发等;它们还按市镇议会的决议对公共设施进行管理。

4. 联合区必须履行的跨市镇的公共服务有两项:提供住宅服务和消防服务。

5. 单一职能联合体、多重职能联合体和混合联合体的职能,由各自自行决定。主要限于:(1) 提供道路、供水、排水、水利工程等方面的技术服务;(2) 负责对工业和商业公共服务的管理,如收集和处理垃圾、校车服务、管理学校或准学校事务(食堂、托儿所)、管理卫生和社会事务等。

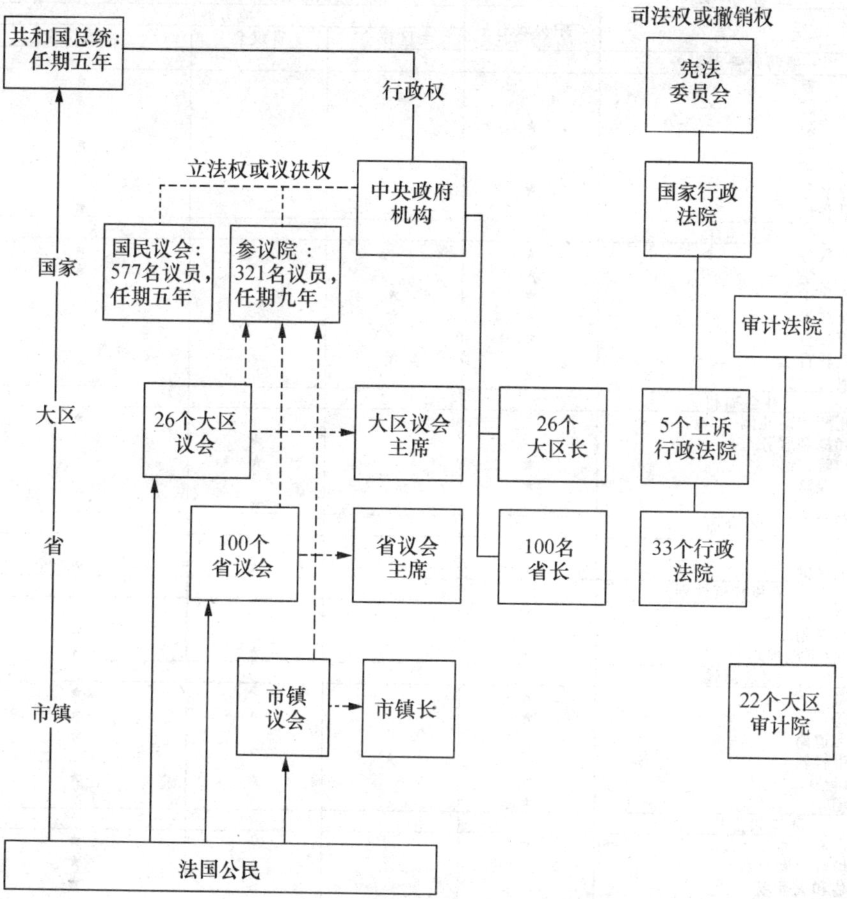

图 3.1　法国政府体制

资料来源：欧洲理事会编：《地方与地区民主的结构和运行——法国》（1997 年），法国斯特拉斯堡：欧洲理事会出版社 1998 年版，第 11 页；法兰西第五共和国宪法修正案。

服务事项	提供服务的机构			
	中央政府	地方政府		
		大区议会	省议会	市镇议会
一般行政管理服务				
警　务				★
消　防				★
民　防	★			
司　法	★			★
身份登记	★			
统计事务	★			
选民登记				★
教　育				
学前教育	★			★
小　学	★			★
初　中	★	★		
职业技术	★	★		
高等教育	★			
成人教育		★		
其他				
社会福利				
托儿所和幼儿园				★
家庭福利服务			★	
福利院	★		★	
社会保障	★			
其他			★	
公众健康				
医院	★			
卫生保健	★		★	★
住宅和城镇规划				
住宅	★			
城市规划				★
区域/土地规划	★		★	★
交通运输				
道路	★			★
交通	★		★	★
城市道路				★
城市轻轨		★		
港口	★		★	★
机场	★			
环境和公共卫生				
供水和污水	★			★
垃圾收集和处理				★
公墓和火葬场				★
屠宰场				
环境保护	★			★
消费者保护	★			
文化、娱乐和体育				
剧院和音乐厅	★		★	★
博物馆和图书馆	★		★	★
公园				★
运动和娱乐	★			★
经济性事务				
供气				★
区域采暖				★
供水				★
农业、林业和渔业				
供电	★	★	★	
经济促进	★			★
贸易和工业				
旅游	★			★
其他经济事务				

图 3.2　法国中央与地方政府职能的分配

资料来源：欧洲理事会编：《地方与地区民主的结构和运行——法国》（1997 年），法国斯特拉斯堡：欧洲理事会出版社 1998 年版，第 23—25 页。

第四章

德国地方政府

第一节　德国的国家结构

一、德国的联邦制和行政区划

（一）联邦制

德国全称“德意志联邦共和国”（Die Bundesrepublik Deutschland），简称“联邦德国”。位于欧洲中部。东邻波兰、捷克，南毗奥地利、瑞士，西界荷兰、比利时、卢森堡、法国，北接丹麦，濒临北海和波罗的海。面积35.7万平方公里，人口8236.9万（2008年7月）。通用德语。首都柏林（Berlin）。①

德意志联邦共和国经历了漫长的发展历史：公元962年就建立了德意志民族的神圣罗马帝国；1871年建立统一的德意志帝国；1919年建立魏玛共和国；二战后被美、英、法、苏四国占领；1949年5月23日颁布《基本法》，建立德意志联邦共和国；同年10月7日东部成立德意志民主共和国；1990年10月3日，民主德国正式加入联邦德国，德国实现统一。

根据1949年5月23日生效的《德意志联邦共和国基本法》（以下简称《联邦德国基本法》）第二十三条的规定，德意志民主共和国合并到德意志联邦共和国后仍适用该基本法，统一后的德国仍采用联邦制的国家结构形式。

在德国，各州（Länder）是具有相对独立主权的政治实体，都有各自的州宪法。《联邦德国基本法》第二十八条规定，各州宪法制度必须符合基本法规定的共和、民主和福利的法治国家的基本原则。除此之外，各州在制定宪法方面享有较广泛的自由。

德国联邦制有悠久的历史传统。从历史上看，德意志联邦国家最初是小国

---

① 资料来源：《世界概况》（德国篇）（The World Factbook：Germany，2008）。

君主之间的联盟，后来形成主权国家之间的一种联盟。1871—1918 年的德意志帝国以及 1919—1933 年的魏玛共和国均采用联邦制的国家结构形式，它只是在 1934—1945 年纳粹统治时期中断过。除了历史的原因，德国实行联邦制也是现实政治的需要。德国人认为，与集中的政府权力相比，联邦制不仅对外一致，而且能在很大程度上更好地顾及地区的特点和多样性。联邦与州的分权有利于确保自由，维护州的利益。同时，联邦制也有利于公民更好地参与政治生活，从而强化民主原则。另外，联邦制对于防止权力滥用，促进州与州之间、州与联邦之间的竞争和发展也有重要作用。

（二）州与地方政府

1. 州

统一前的联邦德国，共有 11 个州，即石勒苏益格-荷尔斯泰因州（Schleswig-Holstein）、汉堡州（Hamburg）、不来梅州（Bremen）、下萨克森州（Niedersachsen）、北莱茵-威斯特法伦州（Nordrhein-Westfalen）、黑森州（Hessen）、莱茵兰-普法尔茨州（Rheinland-Pfalz）、萨尔州（Saarland）、巴登-符腾堡州（Baden-Württemburg）、巴伐利亚州（Bavaria）和柏林州（Berlin）。

前德意志民主共和国实行单一制的国家结构形式。1990 年 7 月 23 日，由前德意志民主共和国自由选举产生的人民议院通过一系列法律恢复了联邦制。因此，前德意志民主共和国是以一个联邦制国家合并到统一的德意志联邦共和国的。前德意志民主共和国共有 5 个州，它们分别是梅克伦堡-前波莫瑞州（Mecklenburg-Vorpommern）、勃兰登堡州（Brandenburg）、萨克森-安哈尔特州（Sachsen-Anhalt）、图林根州（Thüringen）和萨克森州（Sachsen）。统一后的德国共有 16 个州，其中，汉堡、不来梅和柏林是城市州。

2. 地方政府

在德国，除柏林、不来梅和汉堡三个城市州外，各州地方政府的主要区域单位是乡镇（Gemeinden）和县（Kreise）。

（1）乡镇：在法律上，乡和镇只用一个词“Gemeinde”来表示。由于德国独特的地理环境，乡镇在德国不完全是指农村和城镇，大部分是指城市化的地区。作为乡镇一级的地方自治单位，是较之县更为独立的地方政府。因为在德国公法上，乡镇是一个独立的法人团体。作为德国各州中最基层的地方自治单位，乡镇不是州政府的下属单位，而是组成县的自治团体，但在组织和职权上又独立于县。乡镇在法律范围内享有完全的自治权。

乡镇是最基本的区域性地方公共团体，其在德国行政体系中的特殊地位可以用三个名词来概括：一是“全部管辖”，即乡镇政府可以在自己的辖区内依职权处理一切公共事务，只要按照法律规定，这些任务没有明文地分配给其他单位承担或属于保留性的任务;二是“规章制定权”,即乡镇政府对自己辖区范围内的事务,依据其规章或与法律类似的法规,来约束乡镇成员,可在不违反法律的前提下自行处理;三是“自治”,即允许乡镇政府在国家法律范围内,对自己的地方性事务自行处理,可不受上级命令的约束。[①]

(2) 县:县在德国公法中属于自治团体的社团法人,县主要存在于农村地区,人口一般不超过10万人;地位较为重要、且居民人数超过10万的县,被称为县市或城市县(*Kreisfreie Städte / Stadtkreise*),实际上就是一个独立的县级市。县市独立于县,不受县的管辖,往往具有县和市的双重地位。但在北莱茵-威斯特法伦州,有的县人口超过10万人,如雷克灵豪森、锡根和诺伊斯。在巴伐利亚、黑森、北莱茵-威斯特法伦等州,相当于县的区域称专区(Bezirke)。

(3) 联合体:在有的州,还有更高一级的联合体(Kommunalverbände)。在莱茵兰-法尔茨州,有专区联合体(Bezirksverbände);在巴登-符腾堡和黑森州有州福利联合组织;在北莱茵-威斯特法伦州有地方联合体(Landschaftsverbände)。这些联合组织代表其成员单位履行由更大的行政单位能更有效履行的职责;而在其他州,这些职责部分是在州一级履行的。

在柏林、不来梅和汉堡的市州中,其下级行政单位是专区(Bezirke);在不来梅州,有两个自治城市——不来梅市和不来梅霍芬市。这些机构有的不是一级政权机关,而是州的行政分治区。这些机构之上是州。

截至2004年12月31日,德国共有323个县,12 504个乡镇。[②]

此外,在巴伐利亚州和梅克伦堡-前波美拉尼亚州,各有一个岛区自治政府。在巴登-符腾堡州、黑森州、下萨克森州、北莱茵-威斯特法伦州、萨尔州,也有各自的特殊地方政府结构。

二、联邦制与地方自治的宪法基础

(一) 联邦与州的权限划分

《联邦德国基本法》第三十条规定了联邦与州权限划分的总原则,即剩余权力归各州行使。《联邦德国基本法》第三十条规定:“如基本法没有其他规定或特许,国家权力的行使和国家任务的完成,是各州的职责。”联邦基本法并具体规定了联邦与州的权限划分,包括立法权、行政权、司法权和财政权四个方面。

首先是立法权的划分。根据《联邦德国基本法》第七十三条的规定,联邦专

---

① 〔德〕福兰克·霍夫编:《德国的国家结构与行政组织》,德国巴伐利亚行政学校、联邦内政部联邦行政研究院2000年版,第41页。

② http://www.destatis.de

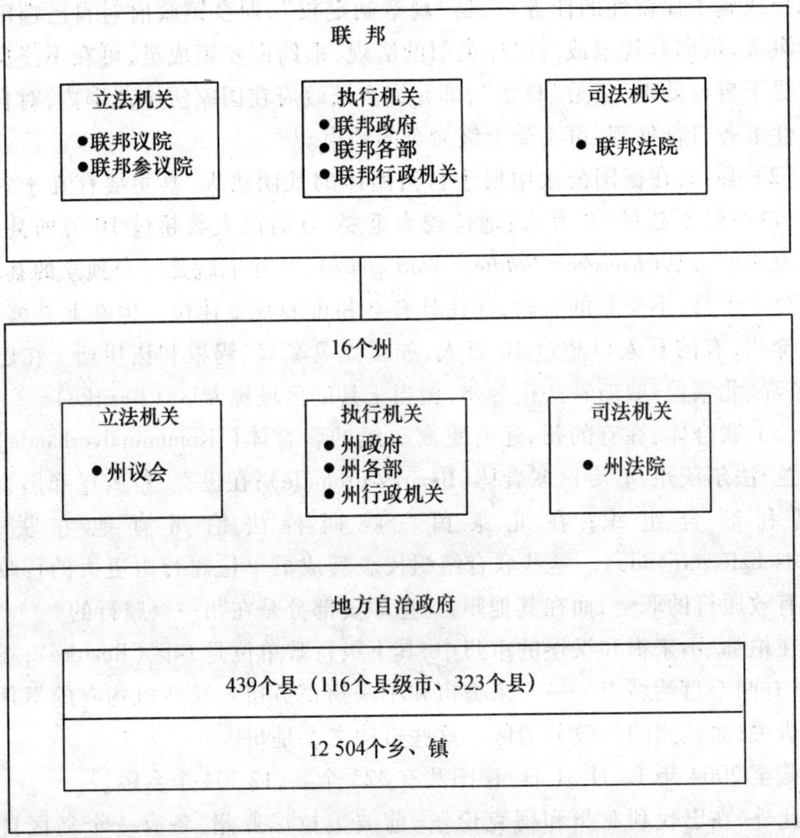

图 4.1 联邦德国的政治结构

资料来源：欧洲理事会编：《地方与地区民主的结构和运行——德国》（1998 年），法国斯特拉斯堡：欧洲理事会出版社 1999 年版，第 11 页；http://www.destatis.de

属立法的事项有外交、国防，国籍，迁徙、护照、出入境和引渡，货币、度量衡和历法，关税、外贸和航运，联邦铁路和航空运输，邮政和电信，联邦公法社团中任职人员的法律地位，工业产权和知识产权，联邦与州警察的合作和联邦刑事警察局的设置及对国际犯罪的取缔，联邦范围的统计。按《联邦德国基本法》第七十一条，在联邦专属立法范围内，各州只有在某项联邦法律明确授权的情况下才有立法权。

联邦并行立法（或译“竞合立法”）的事项，即联邦与州都可以立法的事项。根据《联邦德国基本法》第七十四条的规定，主要有民法刑法、法院组织、诉讼程序、律师、公证人和法律顾问，户籍法，结社和集会法，外国人的逗留和居住，难民和被驱逐出境者事务，社会救济，战争损害和重建，对阵亡者及其家属的赈济，阵亡者墓地、其他战争牺牲者和暴力受害者的坟墓，经济法规，征用法，公共经济，防止滥用经济权力，农林渔业，土地法与土地制度，传染病及瘟疫的防治，医务与药物管理，食品和种子保护，航海航运，公路交通，联邦铁路以外的铁路，环境保护，国家责任承担等。联邦行使并行立法权的条件是：某一事务不能经由各州立法切实地解决时；根据某一州法律解决某一事务，可能损害他州或集体的利益时；为维护司法或经济的统一，尤其是为了维护超越一州疆域的生活状况的一致而需要联邦立法的事项。各州对并行立法事项，按《联邦德国基本法》第七十二条的规定，在并行立法范围内，只有在联邦未使用立法权时，各州才拥有立法权。

按《联邦德国基本法》第七十五条，联邦原则立法的事项，即在州、乡（镇）和其他公法社团中任职人员的法律地位，新闻和电影的一般性法律地位，狩猎、自然地貌和风景名胜的保护，土地分配、地区规划和水利管理，户口登记和身份证制度，高等教育一般原则等。凡属联邦原则立法的事项，也必须遵守《联邦德国基本法》第七十二条规定的联邦行使并行立法权的条件。另外，联邦对上述事项只作原则性的规定，具体规定由各州作出。

其次是行政权的划分。在行政管理领域，直接归属联邦管辖的并不多，绝大部分的管理工作是由州独立进行的。因此一般认为，在德国，州的真正权力在于行政管理。①

根据《联邦德国基本法》的规定，联邦本身的管理工作基本上仅为外交、国防、联邦财政、联邦邮政、海关等，而各州的行政管理任务比较繁重，不仅要对整个州内的行政管理负责，而且州的行政机关还要负责执行联邦绝大部分法律和法令。具体地说，州的行政管理任务包括三部分：其一，执行州的立法范围内的任务，主要包括文化、教育、警察、乡镇管理和地区规划。其二，“受联邦委托执行联邦法律”，如建造联邦公路等。其三，“作为自己的事务执行联邦法律”，即将联邦的法律视为自己的事务并自己负责执行，如联邦制定环境法、工商业管理法、建筑规划法等，各州将此作为自己的行政管理任务予以执行。

再次是司法权的划分。《联邦德国基本法》第九十二条规定：“司法权赋予法官；它由联邦宪法法院、本基本法规定的各联邦法院和各州法院行使”。各州司法权有相对独立性。在联邦司法体制中，司法权事实上首先是由各州法院加以实施的。州和地方法院负责审理本地的、不涉及联邦和他州的案件。州还设有州宪法法院，负责裁决涉及州宪法的争执案件。联邦法院审理涉及联邦法律、同外国关系、各种联邦事务、联邦与州之间以及州与州之间争执的案件。

---

① 德国驻华大使馆：《德国概况：国家体制、宪法与法制——联邦制与自治》。

最后是财政权的划分。实行联邦制的关键之一,在于各州在多大程度上享有财政权,为此,《联邦德国基本法》第一百零九条规定:“联邦和州在预算方面是自主的和相互独立的”。联邦和各州在执行各自任务时,应分别负担各自的费用开支;州执行联邦委托任务时,联邦应负担完成任务的费用;联邦还向州和地方提供重大投资项目的财政支持。

(二) 地方自治的宪法和法律保障

县(包括县级市)、乡(镇)作为地方自治单位,其自治权的保障在《联邦德国基本法》中有专门的规定。地方自治的宪法和法律保障主要体现为制度上的保障和司法上的保障等。

1. 制度保障

根据《联邦德国基本法》第二十八条,在州、县和乡(镇)中,必须设立经由普遍、直接、自由、平等和秘密选举产生的国民代表机关。各乡(镇)在法律规定的限度内自己负责处理一切地方公共事务的权利,必须得到保障。在县和乡镇选举中,欧盟成员国公民也有选举权和被选举权。这种代表机构,在乡(镇)一级可由乡(镇)民大会替代之。联合乡(镇)也应按照法律并在法律赋予它们的职能限度内拥有自治的权利。对地方自治的保障也为地方政府的财政责任奠定了基础。

《联邦德国基本法》第二十八条的规定保障了地方政府独立负责处理地方性事务的权利,这是宪法对地方自治的一种制度上的保障。这种地方性事务实质上随时代的变迁而不断变化,但构成地方自治核心的基本要素始终得到基本法的制度保障。

地方自治原则还得到州宪法的保障。不仅各州根据基本法制定的宪法确定了地方自治原则,而且各地方以宪章的形式规定地方自治的基础[①]。此外,还有地方的选举法、地方税收法等,也规定了对地方自治的制度保障。

2. 司法保障

根据《联邦德国基本法》第九十三条,联邦宪法法院的职权,包括在裁决联邦最高机关或由联邦基本法和联邦最高机关通过的议事规程授予固有权利的其他关系人,就有关权利义务范围发生争议时,对基本法具有解释权。它还有权裁决联邦与各州之间、各州之间或一个州内部的其他属于公法范围内的争议案。另外,根据《联邦宪法法院法》,联邦宪法法院还有权裁决联邦或州的某项法律侵犯了《联邦德国基本法》二十八条规定的地方自治权的诉讼案件。因此,地方政府为防止上层行政机构对其自治核心领域的侵犯,除了《联邦德国基本

---

① 在萨尔州,主要是通过制定地方自治法确定地方自治原则。

法》第二十八条规定的制度保障外，还可以将争议诉诸联邦宪法法院。

地方自治司法保障还体现在州宪法的规定中，地方自治权当然得到州宪法的保障，特别是州宪法一般允许乡（镇）对州法律提出的宪法争议诉诸州的宪法法院。地方政府也可对其与州的监督机关之间的争议申诉到行政法院。

第二节　德国地方政府的建立和发展

一、德国地方制度的建立

德国地方自治的传统起源于日耳曼部落及其民意机构。在德国，许多城市有悠久的历史，如波恩在两千多年前就是城市，而且有了自己的组织形式。在中世纪，许多日耳曼城市取得了自治地位，产生了如参议会这样的准代议机构。在三十年战争时期（1618—1648），组成神圣罗马帝国的各王国、公国和诸侯国，统治着大小不等的城市和其他地方机构。

今天得到证实的是，在法律上规定地方自治，开始于1808年《普鲁士地方政府法典》。1806年，拿破仑征服日耳曼部分地区后，对其体制进行改造，合并了许多较小的机构，并将莱茵河西部地区并入法国，在这些地区采用了法国型的地方政府体制。此后，普鲁士的两位首相，即冯·史泰因男爵和冯·哈登堡亲王，发动了对其政体制度的改革，统一了普鲁士的城市政府制度。1831年修改的《史泰因地方政府法典》，规定市镇成立议会，由民选的地方长官作为地方行政首长。史泰因实行的地方政府改革，使乡镇不再被视为是国家的纯粹附属物，增强了居民意识，推动了居民的政治参与。

虽然《史泰因地方政府法典》被认为是确认了地方自治的原则，但法典规定只有拥有财产的男性公民才有权参与对地方事务的管理。

在俾斯麦任首相期间（1864—1890），普鲁士成功地发动了一系列战争，扩大了自己的版图。1867年，普鲁士纠合美因河北部23邦，组成北德意志联邦。当时美因河西南部四邦君主因传统关系，倾向于法国，未加入联邦。1870年普法战争爆发，普鲁士取得胜利，德国从此统一。1871年制定《德意志帝国宪法》，德国第二帝国形成。宪法保留了各邦统治者的权威，同时，确保普鲁士中央政府的支配地位，以此协调普鲁士霸权与原各大小邦主的利益关系。这些大小各邦，一直以实际上的地方政府形式存在，但《德意志帝国宪法》未严格区分州与地方政府的权限。

经过19世纪的漫长发展，公民管理地方事务的权利以及选举权，逐步得到承认并被宪法确认。到1919年魏玛共和国时期，德国的地方政府制度发展成为三种主要形式:(1) 原普鲁士地区实行的体制;(2) 受法国影响的莱茵河地区实行的体制;(3) 流行于巴伐利亚和德国南部其他地区的体制。1919 年 8 月 11 日的《魏玛宪法》确认了地方政府在法律范围内的自治权,尽管这一自治权被认为是州的一项组织原则,州在特殊情况下可以对地方自治进行直接干预。

纳粹时期,希特勒政府将德国由联邦制改为单一制。1935 年《地方政府法》结束了在德国实行多年的地方自治传统。纳粹党实施所谓的"元首制"(Führer),对地方自治原则进行限制,地方政府的职责主要是提供咨询,这使地方政府成为中央集权的辅助工具和州的政治分治机构。

二战结束后,德国(包括合并到波兰和前苏联的部分地区)被分为英、法、美、苏四个占领区。1949 年 5 月 23 日,在美占区的巴伐利亚、巴登-巴登符腾堡、黑森和不来梅,英占区的汉堡、石勒苏益格-荷尔斯泰因、下萨克森和北莱茵-威斯特法伦,法占区的莱茵兰-法尔茨、南巴登和符腾堡-霍亨索伦,建立了德意志联邦共和国。1949 年 10 月 7 日,在苏占区的萨克森、萨克森-安哈特、图林根、梅克伦堡和勃兰登堡,建立了德意志民主共和国。在联邦德国,地方政府于 1945 年恢复,州政府于 1946—1947 年恢复,联邦政府于 1949 年恢复。

二、德国地方制度的发展

第二次世界大战以后,各州颁布了州宪法,为制定地方政府法提供了新的基本原则。在各州宪法基础上制定的地方政府法由于受各占领者地方制度的影响而表现出不同的特点。

从 20 世纪 60 年代开始,原联邦德国的八个州,就已着手对地方政府实行改革,从而大大减少了地方政府的数量。在各州,对乡镇的改革则以不同的方式和步骤进行,北部各州地方政府的这种改革进行得较南部各州更快(尤其是南部的巴伐利亚州和巴登-符腾堡州),因为南部各州许多乡镇地方政府制度有悠久历史,传统观念强,不轻易接受变化。在黑森州,通过一系列法律规定和自愿的改革,地方政府的数量从 1967 年的 2 690 个减为 1980 年的 426 个。

在北莱茵-威斯特法伦州和萨尔州,一些较小的地方政府组合为更大的新的乡镇。在下萨克森州、巴伐利亚州、莱茵兰-普法尔茨州、石勒苏益格-荷尔斯泰因州、巴登-符腾堡州,大多数公共事务改由乡镇联合组织,如联合乡镇、联合管理机构等负责;同时保留了一些乡镇的政治上的自治权。这些新成立的地方实体,按一定标准建立,有一定的规模,足以提供较大规模的服务和雇请职业人员。

在这些乡镇联合机构中,一些建立时间较长的乡镇,仍保留了法律上的自治权和各自的议会,但其工作人员和行政责任改由一长制的行政首脑负责。

在乡镇改革以前，乡镇数目为24 440多个，其中70%以上的乡镇人口不足100人，改革后，3 417个乡镇中，大多数的乡镇人口超过1万人。近几十年的改革也合并了许多县，使县的数目从1965年的425个减少到1982年的237个。

与此同时，人口稀少的县级市到1982年减为87个。以往，大多数县人口不足7万人，而1982年平均人口达到7.1万人（大多数的县级市人口达到23万人）。

尽管改革的结果减少了对专门职能机构的需求，但仍存在几种这样类型的地方政府。十多个由地方管理的区域联合会仍对诸如特殊医院、特殊学校等社会事务负责。在大多数州，这些组织由各自的地方政府派代表组成，而在巴伐利亚州，则由选民选举的议员组成。几个大城市的专门机构负责区域规划；其余地方的专门机构负责诸如工业开发、运输、垃圾处理、娱乐等事务。大城市地区以外的地方，由联合当局提供诸如教育和文化设施、卫生、道路、消防、供水排水、垃圾处理和土地开发。这些事务的处理通常按州政府提供的法定方式进行。

1990年10月3日，东西德获得统一。原德意志民主共和国的5个州，并入新的联邦德国，其地方制度也随之改造。

第三节 地方政府的组织机构

一、概述

根据《联邦德国基本法》第二十条，主权属于人民，它由人民通过选举和公民投票方式以及通过有立法权、行政权和司法权的专门机构行使之。对乡镇及其联合体而言，这一基本原则更多地体现在《联邦德国基本法》第二十八条，尽管它们必须符合基本法规定的共和、民主、法治原则。

但各州有具体落实这一宪法原则的自由，这使得各州地方制度的法律形式和机构不尽相同，有的甚至相差悬殊。

地方政府的组织机构主要在《地方宪章法》中规定，如果《地方宪章法》未加以规定，则由地方议会通过制定规章规定。

在德国，地方政府机关主要有地方议会和执行机关。一般来说，由乡镇议会或县议会在法律规定范围内分别负责决定乡镇或县的地方性事务，除非法律或地方议会决议已经将这些事务委托给了乡镇长或县长负责。乡镇议会或县议会可以授权乡镇长或县长决定某些事务或某类事务，但地方议会可以随时撤销授权。

二、地方议会

（一）名称和组成

所有的《地方宪章法》均规定由选举产生的机构代表人民，这些机构可能有不同的名称，常用的包括：乡镇议会（Gemeinderat）、乡镇代表大会（Gemeindevertreterversammlung, Gemeindevertretung）、市代表大会（Stadtverordnetenversammlung）、地区代表大会（Bezirksversammlung）和市议会（Stadtrat）等。在县一级，相应名称是县议会（Kreistag）；在巴伐利亚州和莱茵兰-普法尔茨州，相当于县的地方叫专区（Bezirke），相应的机构称为专区议会（Bezirkstag），而其他更高的地方联合体还有联合议会。

地方议会是地方议事机关，有权决定本区域的重大事项。各级地方议会的组成取决于各《地方宪章法》，其成员数目由本区域人口数决定。议会成员通常由选民直接选举产生。但在有联合乡镇的联合议会的州不尽一致。这种情况下，议会成员由从属于联合议会的乡镇代表机构选举产生。乡镇长由选民直接选举产生，是乡镇议会的议员，通常还是乡镇议会的主席，但在有的州，乡镇长并不能决定所有事情。

（二）产生方式和任期

乡镇、县或其联合体的议会，通常由选民根据地方选举法，按照平等、秘密、直接和自由的方式选举产生。任期四年或五年。由于各州选举法的规定不尽一致，议员的产生方式也各有不同。

1. 比例选举制。即根据各政党所得票数在总票数中的比例分配地方议会议员的名额。如果只有一个有效选举提名或没有有效选举提名，则采用多数选举制。

2. 按比例平衡的多数代表制。这种选举制分两个部分：(1) 在选区实行多数选举制；(2) 根据预留名单按比例对选举进行平衡。

在巴登-符腾堡州、巴伐利亚州、梅克伦堡-前波美拉尼亚州、勃兰登堡州、萨克森-安哈尔特州、萨克森州、下萨克森州和图林根州，选民可以全部或部分将选票投给一个候选人，也可以将选票在几个候选人中分配。在此情况下，当地选民至少要投三次票。在巴登-符腾堡州、巴伐利亚州和莱茵兰-普法尔茨州，选民的投票次数取决于分配的地方议会议员的席位的多少。

三、执行机关

经过近几年的改革，几乎所有州的执行机关是乡镇长或县长（Landrat）。在黑森州、石勒苏益格-荷尔斯泰因州的一些城市以及不来梅霍芬市，执行机构是乡镇执行委员会或乡镇政府(Gemeindevorstand or Magistrat)。乡镇执行委员会由主席(乡镇长)和其他执行委员组成。

在柏林州,县(专区)办公室有执行职能。县(专区)办公室由县长和六名县执行委员组成。

在汉堡州的七个县,由县议会和县办公室履行执行职能,县议会议员从本县区域内的居民中选举产生,任期四年。县办公室是县行政机关,由县办公室首脑(县办公室主任)领导,由县议会按多数选举制选出。

乡镇长由选民按多数选举制直接选举产生。

四、地方或地区首长

在德国,地方首长是县议会主席、乡镇议会主席、乡镇长或县长。如果乡镇长或县长同时担任行政首长,他或她必须执行地方议会的决议,并且对其负责的领域具有很大的影响力(特别是在执行行政职能方面)。

当县行政机关或县办公室是州政府的下级执行机关时,县长同时也是该执行机关的首长。如果州的职责转移给了乡镇,则这些职责由乡镇长履行,这时,乡镇长也是行政机关首长。

此外,地方议会和执行机关之间有广泛联系,且有互相合作、监督和通知的责任。地方议会和执行机关之间职责区分有时不是十分严格;而且,地方议会和乡镇长或县长之间的职责允许灵活转让。但乡镇长或县长对外分别代表各自的乡镇或县。

五、地方政府行政首长

在19世纪,德国南部许多州实行与普鲁士《地方宪章法》相似的地方制度。另一方面,法国地方制度也影响了南部的一些地区,特别是巴登-符腾堡州,因此,一战以后,在德国南部逐步形成了这样的体制:乡镇长由居民直接选举产生,担任乡镇议会主席,同时是地方行政首长。而在德国北部的北莱茵-威斯特法伦州和下萨克森州,由于受英国地方制度影响较大,实行双头制(Doppelspitze)的地方体制:乡镇长办公室履行乡镇的代议职能,而由负责管理乡镇具体事务的乡镇总监担任行政首长。随着德国地方制度改革的进程,南部地区的地方政府体制得以推广,在北莱茵-威斯特法伦州和下萨克森州,乡镇长同时也是地方行政首长,乡镇长办公室已经被废止。

目前,大多数州的乡镇长由选民直接选举产生,其任期独立于乡镇议会的任期。但在北莱茵-威斯特法伦州和下萨克森州,乡镇长的任期是乡镇议会的两倍。

在巴伐利亚州、黑森州、北莱茵-威斯特法伦州、莱茵兰-普法尔茨州、萨尔州、萨克森州、萨克森-安哈尔特州和图林根州，县长由选民直接选举产生；而在巴登-符腾堡州、梅克伦堡-前波莫瑞州、勃兰登堡州、下萨克森州和石勒苏益格-荷尔斯泰因州，县长由县议会选举产生。

一般来说，全职的乡镇长和县长是有任期的公务员，而在少数较小的乡镇，乡镇长和县长是名誉职务或礼仪职务。①

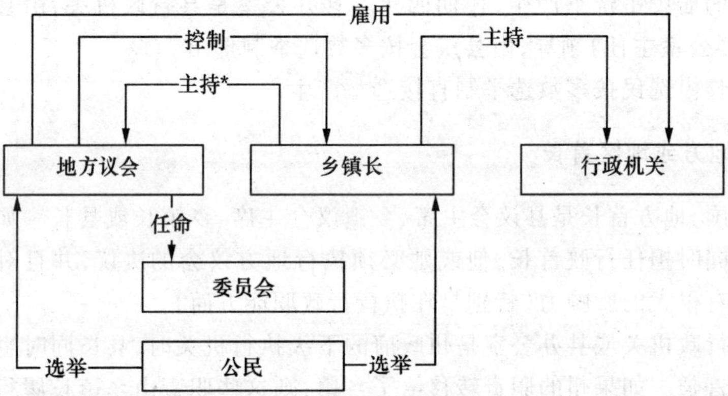

图 4.2　德国地方政府的结构

*不适于黑森州和下萨克森州；

在勃兰登堡州、梅克伦堡-前波莫瑞州、萨克森-安哈尔特州和石勒苏益格-荷尔斯泰因州，乡镇长仅为名誉和礼仪职务。

资料来源：欧洲理事会编：《地方与地区民主的结构和运行——德国》(1998 年)，法国斯特拉斯堡：欧洲理事会出版社 1999 年版，第 12 页。

第四节　地方政府之间权限的划分

一、权限划分的原则

按照德国地方自治的基本原则，所有的地方事务都由乡镇或县自主地进行管理。地方自治权主要体现在：(1) 乡镇的职权建立在对本行政区域公共事务负责的基础上（普遍性原则）；(2) 县具有城市地方之间的、互补的和不属于各州的、平衡的功能。在其区域内，除非法律另有规定，县承担所有超出乡镇职能以外的其他所有职能。县的职能限于整个县域地区，或整个县的居民，或至少与其大多数的标准化供给和援助有关的任务。

① 参见欧洲理事会编：《地方与地区民主的结构和运行——德国》(1998 年)，法国斯特拉斯堡：欧洲理事会出版社 1999 年版，第 13—16 页。

州可以制定法律要求乡镇和县承担某种职责(强制性职责),但乡镇和县只能在其权限范围内履行这些职责。必要时,州可以保留发布监督机关指令的权限(通过指令要求履行强制性职责),但发布指令的权限范围必须由法律确定。

目前,有许多的州将各自的权限转移给市和县。例如,在北莱茵-威斯特法伦州,州政府在地方没有设置普通的派出机关。而城市州则承担了州和市的职责,根据列举原则在州和县之间划分职权。

二、地方政府自治范围内的职责

在德国,地方政府的职能,部分因为各州规模不等而不尽相同。这里只能粗略介绍不同层级地方政府的职责分配。

从乡镇的职能看,它有权处理"一切地方公共事务",可以自由地决定如何履行那些体现地方自治原则的职责。乡镇可以自行执行职务,也可委托第三方,如私人服务提供商执行。

州和地方政府根据条例、准则、行政规章、部门规划、开发计划和投资计划,建立起有关职能和财政的复杂体系。但是,州和地方政府各自的职责界定得十分清楚。

一般而言,乡镇履行除法律规定由州与其他地方政府履行事务以外的其他全部事务。

州政府通过指令要求地方政府履行的职责(即地方政府代表州政府履行的职责),如:(1) 与公共安全和秩序有关的职责(如地方警务机构、登记制度和个人身份登记制度);(2) 主持选举。

地方政府必须履行的法定强制性职责(不是基于指令而是基于法律规定要求地方政府履行)主要有:(1) 与环境保护和公共卫生有关的职责(如供水、污水处理、垃圾处理和丧葬事务);(2) 消防;(3) 负责普通学校和职业学校。

地方政府自行处理的职责主要有:(1) 乡镇或县的一般行政管理;(2) 教育制度(不含义务教育);(3) 卫生制度;(4) 社会制度;(5) 住宅建筑和城市规划;(6) 交通管理;(7) 公共服务设施;(8) 文化、娱乐和体育。

地方政府还可以与州政府共同负责某些事务。如在普通教育方面,乡镇提供必要设施(特别是学校建筑),而州提供必要的教学人员。

如履行职责超出乡镇的能力,则乡镇可以或必须以法律规定的乡镇合作的形式(如特定目的联合体)与其他机构共同承担这种责任。

三、地方政府对全国性经济、区域规划的参与

地方政府有权参与区域性规划,尽管这种参与的方式在各州不尽相同。例如,在北莱茵-威斯特法伦州,组织地区性规划是州和地方政府的共同责任。根据《州规划法》,在县一级成立了县规划委员会(Bezirksplanungsräte),规划委员会成员由地方议会选出。这些县规划委员会有权就地区发展规划的编制作出实质性和程序性决定,并决定正式的规划。换言之,乡镇议会的代表可以根据本地方的地区发展计划决定州的规划目标。州的作用限于编制地区发展规划草稿、履行编制程序,并在规划经县规划委员会确定后,依法定程序批准。

四、联邦或州委托给地方政府履行的职责

联邦或州委托给地方政府、地方政府作为联邦或州的代理机构履行的职责有:身份登记,居民登记,护照和身份证发放以及为维护道路交通、工业和建筑法领域中的公共安全和秩序而执行的其他任务。乡镇协助提供州或联邦决策所需的各种统计数据。乡镇政府在州、联邦和欧盟议会选举,适龄儿童登记,征兵以及社会服务如支付住房补贴、教育津贴和生活补助和社会保险等方面,提供必要的合作。

由于县行政机关通常不仅是地方政府同时也是州政府机关,所以它没有委托任务;州可利用自己的机构提供服务。

第五节 地方政府联合组织

一、为履行共同关心事务而进行的机构组合

(一)联合机构的性质

在德国,法律(包括乡镇联合的法律、市镇法典和专门的法律)规定了地方政府的联合组织形式。地方政府组合的形式主要有下列几种。

1. 设立地方工作组合(Kommunale Arbeitsgemeinschaft)

即乡镇联合体、县联合体和其他公私法人。地方工作组合讨论各地方政府成员共同关心的事务,协调地方政府规划,并寻求活动方案,以提供在较大范围内实施更有效或更经济的联合行动;但地方工作组合不得通过对各地方政府成员有任何有约束力的协议;各白地方政府成员的责任范围仍不受影响。

服务事项	提供服务的机构		
	州政府	地方政府	
		县政府	乡镇政府
一般行政管理服务			
警　务	★	★	★
消　防			★
民　防	★		
司　法	★		
身份登记			★
统计事务	★		★
选民登记			★
教　育			
学前教育			★
小　学	★		★
初　中	★	★	★
职业技术	★	★	★
高等教育	★		
成人教育			★
其他			
社会福利			
托儿所和幼儿园			★
家庭福利服务		★	★
福利院		★	★
社会保障		★	
其他			★
公众健康			
医院	★	★	★
卫生保健	★		★
住宅和城镇规划			
住宅		★	★
城市规划		★	★
区域/土地规划	★		★
交通运输			
道路	★	★	★
交通	★	★	★
城市道路			★
城市轻轨			★
港口	★		★
机场	★		★
环境和公共卫生			
供水和污水			★
垃圾收集和处理			★
公墓和火葬场			★
屠宰场			★
环境保护	★		★
消费者保护			★
文化、娱乐和体育			
剧院和音乐厅	★	★	★
博物馆和图书馆	★	★	★
公园	★	★	★
运动和娱乐		★	★
宗教设施			
经济性事务			
供气			★
区域采暖			★
供水			★
农业、林业和渔业	★	★	★
供电		★	★
经济促进	★		★
贸易和工业			
旅游			★
其他经济事务			★

图 4.3　德国州政府与地方政府职能的分配

资料来源:欧洲理事会编:《地方与地区民主的结构和运行——德国》(1998 年),法国斯特拉斯堡:欧洲理事会出版社 1999 年版,第 26—28 页。

2. 签订公法协议(Öffentlich-rechtliche Vereinbarung)

即乡镇或县地方政府之间通过签订协议进行联合,在协议中明确协议一方执行另一方的特定的职责和/或代表另一方履行的职责。协议还可以规定协议双方设立联合机构执行应由双方共同履行的职责。

3. 组成特定目的联合体(Zweckverbände)

乡镇或县可以为履行某种特定目的而成立各种行政联合体。一般而言,组成这种行政联合体是为了某一特定的目的,但也可以为了执行某几个相关的任务而设立。通常这些行政联合体是自愿的,但法律也允许为了执行某种法定的任务而强制组成某种行政联合体。

在德国,行政联合体是公法法人。因此,当成立某一行政联合体时,乡镇地方政府或县政府的相关职责和权限就转移到了相应的新的行政联合体。

以上是地方政府之间合作的最普遍形式。根据有关法律,地方政府还可以组成地方政府组合的其他形式,如规划委员会、学校组合等。

随着各州为促进地方自治而进行的地方政府制度改革的深入,各州也设立了一些乡镇地方政府联合体,主要有:

1. 乡镇行政联合体(Verwaltungsgemeinschaften)

这种行政联合体根据自愿或法定的原则而成立,可以履行州委托乡镇地方政府履行的职责,也可以接受乡镇委托履行属于乡镇自治范围内的职责,如起草行政文件、执行乡镇地方议会的决议和负责行政事务等。

2. 联合机构(Ämter)

乡镇也可以自主设立联合机构,在联合机构这一级进行管理。尽管管理的职责本是属于各乡镇政府的自治范围,但是,某些乡镇地方政府职责可以转换成为联合体的职责。

在有的州,还成立了更高一级的乡镇联合会履行范围更广泛的任务。如巴登-符腾堡州的州福利联合会(Landeswohlfahrts-verbände),就是为履行社会福利和青年援助而成立的跨县和县级市的联合体。类似的机构还有:北莱茵-威特法伦州的地方联合会(Landschaftsverbände)、巴伐利亚州和莱茵兰-普法尔茨州的专区(Bezirk)等。

(二) 联合机构的职责范围和组织形式

1. 职责范围

地方政府联合体执行超出地方政府行政能力范围或在更大范围内执行更加经济、有效的事务。除了特定法律规定的事务以外,这些事务主要有:供水、污水处理、废物处置、道路建设和维修、娱乐区的开发和养护、成人夜校管理、消防和救助服务等。

2. 组织形式

在上述地方政府联合体中,除了法定设立的机构以外,只有特定目的联合体才设立具体的工作机构。这些特定目的的联合体的机构主要是联合体议会和联合体主任或主席。此外,如果法律有规定,可以设置联合体议会的常设行政委员会。

联合体议会是地方政府联合体的主要工作机构,由参加联合体的地方政府选派的代表组成。联合体议会相当于乡镇或县地方议会。

联合体主任或主席由联合体议会选举产生,是联合体的行政首长,也是特定目的的联合体的法定代表人。联合体主任或主席的职位相当于乡镇长或县长的职位。

联合体议会的常设行政委员会、联合体主任或主席的职责范围,由法律规定,或由联合体依法制定的联合体规章规定。

3. 运行方式

为满足财政目的,联合体议会可以决定从参与联合体的地方政府成员收取一定的费用,但条件是联合体没有自己的收入来源或其收入不足以满足财政需要。

作为在法律上有独立地位的公法法人,特定目的的联合体的权力来源于各自的县或乡镇。县或乡镇可以通过在联合体议会中行使投票权等方式,对联合体履行职责的行为加以影响,使之符合法律或联合体规章的规定。

二、与其他国家地方政府之间的组合

(一) 德国与其他国家之间的地方政府跨境合作协议

在德国,对地方自治的保障还包括地方政府基于自愿原则与国外地方政府联合的权利。但这种联合不得违反法律规定的地方政府的权限范围。

德国是 1980 年 5 月 21 日《欧洲地方政府跨境合作公约》的缔约国。根据该公约,德国政府承诺支持本国地方政府的跨国境合作。

德国政府根据该公约与邻国签署了一系列关于地方政府之间在公法基础上进行合作的协定。这些合作超出了地方政府的传统合作领域。主要有下列协定:(1) 1991 年 5 月 23 日德国联邦政府、德国下萨克森州、北莱茵-威斯特立法伦州与荷兰王国签署的协定;(2) 1996 年 1 月 23 日德国联邦政府、法国政府、卢森堡公国政府与瑞士联邦委员会签署的地方政府跨境合作协定;(3) 1996 年 3 月 8 日北莱茵-威斯特法伦州、莱茵兰-普法尔茨州、比利时瓦伦地区和比利时德语区签署的地方政府跨境合作协定。

(二) 德国地方政府跨境合作组织

德国地方政府跨境合作有久远的传统,但主要以私法为基础。地方政府跨境合作主要通过工作组合、联合体、合资和合伙等方式进行,这在德国边境较为普遍,如在德荷边境、德比边境建立的地方政府跨境联合体。1993 年 11 月 1 日设立的 Euregio Rhein-Waal 是欧洲第一个按公法建立的地方政府跨境合作组织。

德荷跨境地方政府联合组织都是根据自愿原则建立的,其合作的领域广泛,包括:与边境相关的日常事务;经济发展和就业;环境与农业;交通;学校与教育;旅游、救灾和救助。

跨境地方政府联合组织的机构,主要由参加联合的地方政府的代表组成,并主要由其工作组和秘书处负责日常工作。联合体的经费主要来源于捐助和少量项目资金。

有的德国地方政府还与其他国家地方政府结成友好城市,但法律没有规定友好城市的概念。

德国地方政府可以自由参加地方政府国际组织。许多地方政府是欧洲城市和地区理事会(CEMR)的成员和地方政府国际联合会(IULA)的成员。①

① 参见欧洲理事会编:《地方与地区民主的结构和运行——德国》(1998 年),法国斯特拉斯堡:欧洲理事会出版社 1999 年版,第 29—33 页。

第五章
日本地方政府

第一节 日本的国家结构

一、日本国家概况和行政区划

（一）国家概况

日本陆地面积37.78万平方公里，包括北海道、本州、四国、九州四个大岛和其他4000多个小岛屿。位于太平洋西岸，是一个由东北向西南延伸的弧形岛国。西隔东海、黄海、朝鲜海峡、日本海与中国、朝鲜、韩国、俄罗斯相望。人口1.2729亿(2008年7月)①。通用日语。首都东京。

日本在第二次世界大战中战败，1945年8月15日宣布无条件投降。战后初期，美军单独占领日本。1947年5月3日实施新宪法，由绝对天皇制国家变为以天皇为国家象征的议会内阁制国家。根据《日本国宪法》的规定，日本实行地方自治。

（二）行政区划

日本是单一制国家，全国领土由本州、四国、九州、北海道四个主要岛屿以及4000多个小岛组成。全国划分为都、道、府、县、市、町、村。日本的地方自治制度分为两部分：一个是大范围的地方自治单位——都、道、府、县，另一个是作为基层的地方自治单位市、町、村。标准的单一国家行政单位由国家——大范围地方自治单位——基层地方自治单位三个阶层构成。

日本全国分为47个都、道、府、县，每个都、道、府、县又分为市、町、村。都、道、府、县和市、町、村之间没有区域上的重复或空白地带。也就是说，日本国内所有的居民一定属于某个都、道、府、县，同时属于某个市、町、村。

---

① 资料来源：《世界概况》(日本篇)(The World Factbook: Japan, 2008)。

这些都、道、府、县和市、町、村不仅仅定义为国家的行政区划，它们还以各自的区域为基础，以当地的居民为成员，拥有该区域的行政职能，是与国家相对独立的法人。都、道、府、县和市、町、村作为地方自治团体在法律地位上是平等的，但因都、道、府、县包含了市、町、村，都、道、府、县行政地位实际上要高于市、町、村。

日本的都、道、府、县自明治时代中期引进地方自治制度以来一直没有变化。都、道、府、县的行政区域以八世纪开始的古代律令制下的地方行政单位为基础，它也是以开始于1603年的江户幕府与各藩的关系为根源的，这一行政划分符合日本人长期以来形成的区域观念，具有一定的稳定性。①

市、町、村的数量从二战后开始逐渐减少，主要是由于中央政府扩大地方财政规模并提高工作效率的政策取向所致。特别是从1953年至1961年，根据《町村合并促进法》等法律，在中央政府引导下实行了町、村合并，原有的约1万个市、町、村通过合并减少到约1/3。其结果，市、町、村的财政规模扩大了，地方自治得到发展，使地方政府工作较好地适应了经济高速增长出现的城市化潮流。以后，根据市、町、村发展的实际情况又进行市、町、村合并。

截至2008年4月1日，日本的地方政府数目如下：1都（东京）、1道（北海道）、2府（大阪和京都）、43个县、766个市、23个特别区、812个町、193个村。

按照有关法律的规定，町、村构成市必须具备一定的条件：(1) 人口5万以上；(2) 在街市居住的户数占全部户数的60%以上；(3) 从事工商业和其他城市工作者及与其共同生活者，占全部人口的60%以上；(4) 具备所在都、道、府、县条例中规定的城市设施及其他作为城市所必需的要件。

构成町必须具备所在都、道、府、县条例规定的条件。都、道、府、县的设置、分立、废止和合并及境界变更由法律规定。市、町、村的设置、分立、废止和合并及境界变更由有关市、町、村申请，都、道、府、县知事经都、道、府、县议会议决后报总务大臣。市的设置、分立、废止和合并，都、道、府、县知事须预先与总务大臣协商。

二、地方自治制度

（一）地方自治的概念

日本的地方自治制度是建立在两个主要原则基础上的：其一，某一地理区域有权建立自治性质的地方公共团体，它可以在一定程度上独立于中

① 战后，随着经济的发展，经济界有些人士认为都、道、府、县的划分与经济状况不相符而提出加以修正，但无果而终。

央政府；其二，这些地理区域的居民在一定程度上直接或参与处理当地的事务。

日本的地方自治制度在二战以前就已产生，主要是由地方自治团体的概念发展而来。二战结束后，居民自治的概念得到拓展。1947 年《日本国宪法》对地方制度作了原则规定，确定地方公共团体的职权是管理财产、处理事务和执行行政，并可以在法律范围内制定条例。日本国会根据宪法确定的原则制定了以《地方自治法》为首的一系列法律。日本《地方自治法》中载明了日本关于地方自治的基本原则，并赋予地方自治原则以特殊的合法性，并具体规定了地方公共团体的形式、组织和活动原则以及地方公共团体与中央政府的关系，从而形成了富有特色的地方自治制度。

日本的地方自治，是指以国家领土内一定地区为基础的团体及居民，有相对独立于国家的人格，以自己的意志和责任处理地域内的各种事务。

（二）地方自治的基本内容和特点

根据日本《地方自治法》，都、道、府、县、市、町、村都属于自治体的范围。日本地方自治制度的基本内容，包括团体自治和居民自治。自治权包括自治立法权、自治行政权和自治财政权等。

所谓团体自治，是指那些从国家获得独立地位的地方公共团体，根据自己的目的和意愿，通过自己的机关来处理其事务。

所谓居民自治，是指根据地方居民的意愿来推行地方政治，处理本地域的事务。各级地方均有民选的议会，同时赋予选民以创议、复决权、解职请求权、监查请求权、解散议会请求权等权利，突出直接民主和居民自治的特点。

日本现代所实行的地方自治制度，主要有以下四个特点：

1. 日本的地方公共团体包括议事机关和执行机关，在地方公共团体机关的设置和相互关系上有自己的特点。作为地方公共团体的议事机关的议会和作为地方公共团体执行机关的行政首长，都由选民直接选举产生，因此具有相似的地位。换言之，在地方公共团体的设置及其相互关系上实行首长主义（总统制原理）。地方公共团体为一院制的议会，执行机关主要为首长。为体现居民自治原理，作为调整首长与议会对立关系时的手段，又加进了议会内阁制的特色，即议会有权对首长表示不信任，相应的，首长有权解散议会。目的是为了通过地方议会与地方执行机关行政首长之间的相互制约，实现恰当的地方自治。

2. 在执行机关的设置上实行多元主义。为避免首长因过分集权而导致专制，除以都、道、府、县知事及市、町、村长为一般执行机关外，还设有各种行政委员会和委员。行政委员会及委员与首长共同构成地方自治团体的执行机关，相对独立,与首长一道分别执行特定的行政权。但为保证执行机关的综合性、统一性和行政效率,又承认首长的综合调整权。

3. 在中央与地方的关系上,既强调地方自治,又保证中央的统一调控机能。从理论上说,中央与地方自治团体及地方自治团体相互间在法律上是平等的。各地方自治团体在宪法和法律的范围内,除有权自主地处理本地区的自治事务外,还有权处理中央及地方自治团体的法定委托事务,其中包括在不抵触法令情况下,制定条例和规则。①

4. 地方政府的统一性。都、道、府、县和市、町、村是日本地方自治体的双重构造。日本各级地方自治体是根据其人口规模、经济实力、地理位置等多种因素形成的不同层次的行政管理机构,彼此之间不存在纵向的隶属关系。各地方自治体的行政首长由选民直接选举产生,对选民直接负责,只要在法律许可范围内活动,并无上一级长官之说,其行政决策和人事任免完全自主。都、道、府、县或是市、町、村,在各自的行政层级上,虽然人口和面积有很大的差别,但根据《地方自治法》,它们基本上都拥有相同的组织机构和职能,只有东京都的中心区域和政令指定市区域例外,因此,从制度方面看,日本的地方自治制度的规范程度较高。②

日本中央政府负责处理与地方公共团体有关事务的部门是自治省(2001 年 1 月与邮政省、总理府总务厅等合并为总务省),它负责地方公共团体与中央政府的联系和交流,也负责制定地方公共团体有关项目及税制。二战以后,按照宪法和《地方自治法》,地方政府的自治权获得广泛的认同,但它们的资金来源和政策方向受中央政府的调控。为了确保地方自治原则的实施,近年来一直进行地方分权的改革尝试。

此外,为了适应特大城市行政管理的特殊性,《地方自治法》为大城市规定了特别条款,使这些大城市有别于普通的市、町、村。

第二节 日本地方制度的建立和发展

一、日本近代的地方自治制度

日本地方制度以 1947 年《日本国宪法》为分界线,可以分为近代地方制度

① 许崇德主编:《各国地方制度》,中国检察出版社 1993 年版,第 139 页。

② 这种统一性的思想来源在于:在地方政府所提供的行政服务方面,全国任何地区都应确保与中央政府同样的内容和水准,并且,地方不应是为适应地方的具体情况设置的特殊机构,地方政府应尽可能以全国统一的制度措施来处理地方事务。参见〔日〕财团法人自治体国际化协会编:《日本的地方制度》,2006 年,第 6 页。

和现代地方制度两个时期。

近代地方自治制度通常指从 1868 年颁布政体书到 1947 年制定《日本国宪法》期间日本所实行的地方制度。又可以分为以下四个时期。

（一）初创时期

即大区小区时期，从颁布政体书到 1874 年三新法的制定。1868 年 4 月明治政府颁布政体书，规定幕藩体制改为府藩县三治之制。全国分为 9 府 20 县 273 藩。为确保中央政府的财政收入，伴随兵制改革，1871 年（明治四年）废藩置县，采府县二治之制。全国设东京、大阪、京都三府，余为 72 县，府知事和县令由中央政府任免。府县下设区。这个区后来又分为大区小区，府县也几度废置分合，但基本上确立了形式上大体一致的体制，行政上统一由政府管理。

（二）确立时期

即从三新法的制定到 1911 年新市制和町村制的制定。由于大区小区制度形式上不符合传统的习惯，1878 年（明治十一年）7 月制定了《郡区町村编成法》、《府县令规则》和《地方税规则》（合称“三新法”），确立了日本近代统一的地方制度。1881 年又制定了《区镇村会法》，恢复了府、县下面原来的郡、镇、村。三府（东京、京都、大阪）、五港（横滨、神户、长崎、新潟、函馆）之外其他人口集中的地方作为区。区町村是自治团体，选举议员组成府、县议会，以议决地方税的征收和开支。区町村议会也得到认可。市制和町村制于 1888 年 4 月通过，府县郡制于 1890 年通过。1889 年明治宪法对地方制度未作任何规定。1888 年（明治二十一年）公布市制町村制，1890 年公布府县制和郡制。根据市町村制，市、町、村是基层地方公共团体，市包含在府县之中，町、村包含在郡及府县之中；市受府、县知事及内务大臣的监督，町、村除受前者监督外，还受郡长监督。

（三）发展时期

即从新市制和町村制的制定到二战爆发。1911 年制定了新的市制和町村制，废除了旧的市制和町、村制。市制和町、村制的主要修改是：(1) 明确了市、町、村的法律人格；(2) 市的行政机关为独任制的市长；(3) 市、町、村任期与府县相同（四年），到期全部改选等。以后又经 1921 年、1926 年、1929 年三次修改，进一步扩大了市、町、村的自治权。府县制经 1889 年、1914 年、1922 年、1926 年和 1929 年五次修改，进一步扩大了府县的自治权。郡制于 1923 年废除，其事务上交府、县或下移市、町、村。

（四）衰退时期

即从二战爆发战时体制形成到 1947 年《日本国宪法》的制定。伴随军国主义的抬头，要求在中央与地方关系上适应战时体制的需要，强化中央集权，削弱乃至取消地方自治权。1943 年对市制和町村制、府县制的修改及制定东京都制(合并东京府和东京市),都体现了这一需要。

日本近代地方制度的特点,总的来说是强调中央集权,地方自治制度的自治机能在国家监督下受到约束。尤其是,府县是国家行政机关,知事由中央政府任命。在有限的地方自治中,重团体自治,轻居民自治,官治色彩较为浓厚。

二、日本现代的地方自治制度

日本现代地方自治制度大致经历了两个主要时期:

(一) 战后强化地方分权和推进地方行政民主化时期

1947 年(昭和二十二年),在《日本国宪法》实施的同时,《地方自治法》开始实施。根据地方分权制,加强了团体自治和居民自治。然而,最初的法律并不完善。以扩大和加强地方自治为目的,1947 年、1948 年和 1950 年,对地方自治法进行了重要的修改。占领时期的地方自治制的整顿大体结束。

(二) 地方自治制度重建时期

1952 年以《对日媾和条约》生效为契机,日本进入了地方自治制度重建的新时期。1952 年和 1956 年日本国会对《地方自治法》作了重大修改。1954 年修改《警察法》,对警察制度作了改革,1956 年改革教育委员会制度等,都显示了中央集权化的方针。1953 年市町村重新组合,1955 年制定了《促进地方财政重建特别措施法》,以国家援助为支柱,加强了财政统制,从这一方面也推进了中央集权化。与此同时,《地方自治法》又经过 30 多次修改,其核心是扩大地方自治权,提高效率和合理化,强化中央的监督指导。

第三节 中央省厅及有关机构

一、日本的中央省厅

(一) 中央省厅的变化

日本的中央政府即内阁。内阁领导下的行政机构,原由内阁直属机构(内阁官房、内阁法制局、人事院和安全保障会议)、总理府及所属机构(总理本府及公正交易委员会、国家公安委员会、公害调整委员会、金融再生委员会和宫内厅、总务厅、北海道开发厅、防卫厅、经济企划厅、科学技术厅、冲绳开发厅、国土厅和环境厅等)和 12 个行政省(外务省、大藏省、文部省、法务省、厚生省、农林水产省、运输省、邮政省、劳动省、建设省、自治省)组成。

2001 年 1 月,日本中央政府机构改革开始实施,中央省厅发生较大变动。

原总理府、经济企划厅、冲绳开发厅合并组建为内阁府;原邮政省、总理府总务厅、公正交易委员会、公害调整委员会、自治省合并组建为总务省;原文部省、科学技术厅合并组建为文部科学省;原运输省、建设省、国土厅和北海道开发厅合并组建为国土交通省;原厚生省、劳动省合并组建为厚生劳动省;原大藏省改为财务省;原通商产业省改为经济产业省;外务省、法务省、防卫厅、农林水产省、国家公安委员会不变,但内部机构进行了精简;原总理府下的环境厅升格为环境省;原总理府下的金融再生委员会与原大藏省内设的金融企划局合并组建为金融厅。

2007 年 1 月,成立防卫省。

(二) 现有的中央省厅

经过 2001 年 1 月和 2007 年 1 月的改革,日本的中央省厅计有:

1. 行政省:总务省、法务省、外务省、财务省、文部科学省、厚生劳动省、农林水产省、经济产业省、国土交通省、环境省和防卫省。

2. 内阁直属机构:内阁官房、内阁法制局和人事院。

3. 内阁府及所属机构:宫内厅、公正交易委员会、国家公安委员会和金融厅。[1]

二、日本的有关中央机构

在日本,根据法律和政令的规定,总务省是负责地方自治事务的中央政府主管部门。总务省有监督、指导地方政府的职能,同时,在中央政府决策有关地方事务方面,总务省代表地方公共团体;地方公共团体制定、修改或废止条例,必须报总务大臣批准;总务省可以要求地方公共团体就某项工作提出书面报告,检查地方公共团体的财务,对地方公共团体的组织和管理提出劝告;地方公共团体制定预算必须根据中央政府的预算比例进行,并受总务大臣的监督;总务省负责中央交付地方税的拨付,地方为投资、救灾、筹措公共设施建设资金等事项而发行地方公债时,须经总务大臣和财务大臣许可等等。

此外,其他与地方事务关系密切的中央省厅有:财务省(原大藏省)、文部科学省(原文部省、科学技术厅合并)、农林水产省、经济产业省(原通商产业省)、厚生劳动省(原厚生省、劳动省合并)、国土交通省(原运输省、建设省、国土厅、北海道开发厅合并)、内阁府(原总理府、经济企划厅、冲绳开发厅合并)和国家公安委员会等。地方政府在办理有关业务、执行有关职能时,要受上述中央省厅的指导和监督,如果主管大臣认为都、道、府、县知事违反法令、工作不善,可

---

① http://www.kantei.go.jp/jp/link/server_j.html

向知事发布命令;如果知事不执行,主管大臣可以上告法院要求处理。

为了处理有关部门在地方上的事务,中央各省厅在地方多设有本部门的分支机构,如法务省在全国若干城市设有8个法务局、42个地方法务局;财务省在地方设有9个财务局,财务省国税厅在11个城市设有国税局;经济产业省在地方设有9个经济产业局;国土交通省在地方设有8个地方整备局、2个地方航空局、4个航空交通管制部、北海道开发局、10个地方运输局等。

长期以来,中央政府各部门将大量机关事务委任给地方公共团体首长和执行机关,地方公共团体在执行机关委任事务时,要受中央部门的指示和监督。但1995年5月19日日本政府公布的《地方分权推进法》和1999年7月16日日本政府公布的《地方分权一览法》,对中央与地方公共团体的职权作了重新划分,取消了"机关委任事务",并重新审视了中央对地方的干预原则、程序和争端解决等问题。

日本国会根据《地方分权一览法》对《地方自治法》进行修订。根据修订后的《地方自治法》,在总务省内设立了一个新的机构——中央与地方争讼处理委员会。随着中央与地方公共团体之间新的关系的建立,当中央与地方公共团体之间发生争讼时,中央与地方争讼处理委员会站在公平、中立的立场上对争讼进行调查、调停等。[①]

第四节　地方公共团体

一、普通地方公共团体

地方公共团体,即"地方政府",也叫"地方自治体",是指以一定区域为基础,以该区域内的居民为成员,并有权由居民自治来处理当地事务的自治团体。

在地方自治法上,地方公共团体分为普通地方公共团体和特别地方公共团体两种。普通地方公共团体包括都、道、府、县和市、町、村,特别地方公共团体包括特别区、地方公共团体组合、财产区和地方开发事业团。

普通地方公共团体因其组织、事务、权力、职能等具有一般性,且普遍存在,因此,普通地方公共团体可以说是地方公共团体的典型,也因此而得其名。都、道、府、县和市、町、村即属于普通地方公共团体。

在现行制度上,日本整个国家划分成都、道、府、县,并且各都、道、府、县又划分成市、町、村,从而形成一个二级行政结构。都、道、府、县虽然包括市、町、

① 〔日〕财团法人自治体国际化协会编:《日本的地方制度》,2006年,第7页。

村，但与市、町、村处于同等的地位，一般而言，没有上下级关系。

（一）都、道、府、县

都、道、府、县是包括市、町、村在内的广域性地方公共团体。

“都”，即东京都，具有与特别区和道、府、县不同的制度。

“道”，即北海道；“府”有京都府和大阪府。除此之外全部为县。道、府、县及其称谓的不同仅仅是由于历史的沿革，实际上在道、府、县之间并无制度上的不同。

都、道、府、县的行政事务包括下列内容：(1) 超越市、町、村区域行政的广域性事务（如制定地方综合开发计划、治山治水事业计划等）；(2) 中央政府与市、町、村之间的联系事务及对市、町、村的行政工作的提议、指导（如对市、町、村的组织及其运营的合理化提供建议、劝告和指导等）；(3) 被认为不适于作为一般市、町、村行政事务的大规模项目（如高中、医院的设立和运营等）。

（二）市、町、村

市、町、村是履行与居民生活关系最密切的行政事务的基层地方公共团体。

在市、町、村中，人口必须在 5 万以上且具有城市形态才能成为“市”。

町、村地区通常属于被称为“郡”的区域，但“郡”只是单纯的地理性名称，不具备任何行政功能。

关于町和村，“町”只是比“村”具有城市性、从事工商业之类的城市工作的人较多而已，两者在事务范围上并无不同。

市、町、村作为地方公共团体从事着都、道、府、县行政事务以外的所有事务，其内容如下：(1) 与居民生活相关的基础性事务，如办理户籍、居民登记、地址标示、开具各种证明等；(2) 有关居民安全、保健和保护环境等的事务，如消防、垃圾和粪便处理以及上水道、下水道、公园等的整建等；(3) 有关街区建设的事务，如城市计划和道路、河川和其他公共设施的建设、管理；(4) 有关各种设施的建设、管理事务，如公民馆、市民会馆、保育所、中小学、图书馆的建设和管理等。

（三）都、道、府、县与市、町、村的关系

都、道、府、县与市、町、村是互相独立的地方公共团体。都、道、府、县与市、町、村虽无上下级关系，但市、町、村设于都、道、府、县区域内，是基层地方公共团体，因此市、町、村要受都、道、府、县的制约。

1. 法律监督：市、町、村处理内部事务时不得违反所在都道府县的条例，否则无效；为防止市、町、村在处理行政事务时各行其是，除法令另有规定外，都、道、府、县可以条例为市、町、村处理行政事务设定统一的基准或准则。

2. 行政指导：如作为国家与市、町、村联系的中介，都、道、府、县对市、町、村的组织及活动提出助言、劝告和指导，调停、裁定市町村之间的关系等。

同时，都、道、府、县与市、町、村之间在公务处理上存在协作关系，如设立协议会，互相委托事务并互派职员等。每年举行全国知事会议、市长会议、市议长会议及市、町、村长会议，就相互间的共同问题和要求进行讨论、协商。

（四）政令指定市

由政令指定的人口在50万以上的市，称为政令指定市。截至2008年4月，全国有17个政令指定市，它们是：大阪、名古屋、京都、横滨、埼玉、神户、北九州、札幌、川崎、福冈、广岛、仙台、千叶、静冈、堺市、浜松、新潟。

政令指定市在社会福利、公共卫生、城市规划等19个项目的事务分配上，具有与府、县同等的权限，同时，根据其他单项法律，它们在对国道的管理、义务教育等领域也具有与府、县同等的权限。

（五）核心市

政令指定人口必须在30万以上50万人以下、面积超过100平方公里的市为核心市。截至2008年4月，全国有39个市被指定为核心市。

核心市可以设立保健所，并执行政令指定市能够处理的行政事务，但涉及都、道、府、县区域范围并由都、道、府、县进行一体化处理更具有效率的事务除外。

（六）特例市

政令指定人口必须在20万以上的市为特例市。特例市制度从2000年4月1日开始实施。截至2008年4月，全国有43个市被指定为特例市。

权限下放给核心市的行政事务，也同样可以下放到特例市，如对根据《城市计划法》进行开发的有关项目的审核、批准等，但由都、道、府、县进行一体化处理比特例市处理更具效率的事务除外。①

二、特别地方公共团体

特别地方公共团体包括特别区、地方公共团体组合、财产区和地方开发事业团。

（一）特别区

特别区是指东京都下设的23个区（如千代田区、新宿区等）。特别区始设于1947年施行的《地方自治法》。其原则上行使市的权能，还行使法律和政令中不属于都和国家的事务。但鉴于其全体构成一个大都市，所以，很多本来属于市的事务，在法令上被视为例外，允许作为都的事务来处理，与普通的市有许多不同之处。如消防服务一般属于市的事务，而在东京，消防服务属于都的事

① 参见〔日〕财团法人自治体国际化协会编：《日本的地方制度》，2006年，第41—44页。

务范围。

特别区设特别区议会作为议事机关。特别区议会人数限于60名。议员的选举、议会的组织和权限等都准用市议会的规定。

区长由区议会经都知事同意后选任,从1975年开始改为由居民直接选出。区长管理和执行本特别区的事务及市长处理的事务,但法律及政令规定属于中央政府、其他地方公共团体、社会团体的事务除外。

都有权通过制定条例就特别区事务作必要的规定。为均衡都与特别区及特别区相互间的财源,并为确保特别区行政自主而有计划地进行,都必须根据政令就特别区处理事务所需经费的来源作必要的规定,并向总务大臣报告。总务大臣认为必要时,可提出助言或劝告。都知事对特别区就都与特别区及特别区相互间的关系、特别区对事务处理的基准,提出必要的助言或劝告。

为保持都与特别区及特别区相互间的联系,设立都区协议会。都议会或知事制定条例或规则时,必须听取都区协议会的意见。

(二)地方公共团体组合

地方公共团体组合是指两个以上地方公共团体为比某个地方公共团体单独处理更有效和更合理地处理某些事务而共同设立的组织,包括部分事务组合、全部事务组合、公所事务组合和广域联合。

1. 部分事务组合:如学校、医院之类的设施,由市、町、村共同开设和管理。

2. 广域联合:对涉及较广区域的事务,共同进行规划并综合地、有计划地实施。

3. 全部事务组合:共同处理町、村的全部事务。

4. 公所事务组合:共同处理所有的町、村机关事务(执行机关处理的事务)。

但现在,不存在公所事务组合和全部事务组合。

地方公共团体组合设议会及执行机关。议会及执行机关的组织、成员的产生办法,由组成地方公共团体组合的各地方公共团体商定后在规约中写明。组成地方公共团体组合的各地方各个团体的议会的议员及首长、职员可以兼任地方公共团体组合的议会、首长、职员等。

部分地方公共团体组合根据规约,设置由理事组成的理事会代替管理者。理事可以由组成地方公共团体组合的市、町、村长兼任或市町村长经本市、町、村议会同意从本市、町、村职员中选任。

(三)财产区

财产区是指除法律和政令特别规定者外,在市、町、村和特别区某一部分拥有财产或公共建筑(水渠、山林、文化馆、田地、温泉等)而划定的区域。财产区是为管理财产的目的而设立的地方政府。

都、道、府、县知事认为必要时，经议会议决，为市、町、村及特别区制定条例，设立财产区议会或总会，由其议决应由市、町、村或特别区议会议决的事项。财产区议会议员的人数、任期、选举权、被选举权及选举人名单等事项，必须在条例中写明；有关财产区总会的组织事项的规定也同。财产区议会或总会的其他事项准用有关市町村议会的规定。

市、町、村及特别区依照条例在财产区设置财产区管理会。财产区是因市、町、村及特别区废止、设置、分立或合并而依照协议设置时，可依照协议设置管理会。管理会由七名以内的委员组成，委员为非常任职，任期四年。

市、町、村长及特别区长管理、处分及废止条例及协议中规定的财产区重要财产或公共设施，必须经管理会的同意。管理会有权监督财产区事务的处理。都道府县知事有权对财产区事务的处理进行监督。

（四）地方开发事业团

地方开发事业团是指几个地方公共团体基于一定的综合开发计划，为综合实施属于本地方公共团体的事务，如用地的征用、设施的建造等，而与其他公共团体共同设置的专门组织。

地方开发事业团设理事长、理事及监事。理事长代表开发事业团，总理事业团事务。理事根据规约规定，辅佐理事长，掌握事业团事务，在理事长因故出缺时，代理其职务。理事长或理事可将其权限的部分事务委任给事业团职员，或者由职员临时代理。理事长和理事指挥监督事业团职员。监事监督事业团的事务。监事应设置团体首长的要求，必须就要求事项进行监督。设置团体的首长可兼任理事长或理事。

事业团设理事会，理事会由理事长和理事组成。以下事项必须经过理事会审议：事业团规划的制定；对事业计划的意见；每事业年度的预算和决算；住宅和土地的处分；以事业团规约规定的重要事项。

第五节　地方公共团体议事机关

一、地方议会的组织

根据《日本国宪法》第九十三条的规定，在地方公共团体中，应设置作为议事机关的议会。为此，《地方自治法》对地方议会的组织、权限等作了详细规定。依照规定，都、道、府、县、市、町、村应设置议会，但未设议会的町、村可设立有选举权者参加的居民大会。至于特别区的议会，依同法的规定，适用于市议会的规定;地方公共团体组合,由参加组合的地方公共团体商定后在规约中写明;对财产区议会,则由都、道、府、县知事认为必要时,经议会议决,为市、町、村及特别区制定有关财产区议会的条例加以规定。

地方议会由有选举权的居民选举的议员组成。地方议员由居民直接选举,任期四年。议员候选人资格为:日本国民;有选举权;年满 25 岁等。地方议员不得同时身为国会议员、其他地方公共团体的议员、地方公共团体行政首长、地方公共团体正式职员等,否则,将影响其对职权的行使,或造成不同职务之间的制度性矛盾。同时,为保证公正执行职务,作为地方议员不得插手与该地方公共团体有应回避关系的任何事务。

根据依《地方分权一览法》进行修订的《地方自治法》的规定,对议会议员的定数方法,从"法定定数制度"(依据地方公共团体管辖人口的比例对议员定数进行法律上的规定,根据具体条例也可以低于这个比例数),向"条例定数制度"过渡。从 2003 年 1 月 1 日开始实施的"条例定数制度"规定,在法律上对每一人口分类的最高限定数进行规定,地方公共团体在这一最高定数的范围内,根据各自有关条例决定议员定数。

根据《地方自治法》规定的议员法定人数,都、道、府、县议会议员 40 人至 120 人不等(其中东京都的议员人数是按特别地区人口除以 100 万决定的;议员数可以随地方法规而增加,但不得超过 130 名);市町村议会议员人数从 12 人到 96 人不等。①

地方议会设议长、副议长各 1 人,由议会从议员中选举产生,任期四年。议长对外代表议会,维持议会秩序,整理议事,综理议会事务。议长有事或缺席时,由副议长代行议长职权,但议会可将选任代议长之权委托议长行使。没有代议长时,可由最年长的议员代行议长职务。

议会根据需要设置常任委员会和特别委员会。常任委员会委员于会期开始时选任,除特别规定外,委员以议员任期为任期。常任委员会审查议案和居民陈情,调查地方公共团体执行机关与本委员会有关的事务;在审查预算案及其他重要议案、居民陈情时,可举行公听会,听取利害关系人和专家的意见。特别委员会依议会决议为处理特定事项而设立,于特定事项处理完毕即可撤销。

都、道、府、县议会为处理议会事务,设置事务局。市、町、村议会依条例也可设事务局。事务局由事务局长、秘书长及其他职员组成。所有上述人员都由议长任免。如东京都议会设有财务局、主税局、生活文化局、环境局、福祉局、卫生局、劳动经济局、都市计画局、住宅局、港湾局、建设局、水道局、交通局、选举

① 〔日〕财团法人自治体国际化协会编:《日本的地方制度》,2006 年,第 48 页。

管理委员会事务局、人事委员会事务局、地方劳动委员会事务局、监查委员会事务局、收用委员会事务局等。

二、地方议会的权能和活动规则

地方议会的权限广泛,主要有:(1) 议决权:如制定、修改、废除地方条例;决定地方公共团体的预算,审议地方公共团体的决算;课征地方税等捐税,取得和处分财产;缔结契约等。(2) 选举权:如进行正副议长、选举管理委员会等属于议会权限的选举。(3) 对执行机关的监督权:如就属于本地方公共团体的事务对执行机关进行调查;查阅涉及地方公共团体事务的文书及统计表;要求地方公共团体首长及行政委员会、委员提交报告;要求监查委员进行监查;通过对地方公共团体首长的不信任案;检查议会决议执行情况等。(4) 表明意见权:如对有关部门提出意见书,受理居民请愿并有选择地交付执行机关答复等。(5) 自律权:如议会组织活动权;议会规则制定权;决定投票效力、议员资格;维持会议纪律,惩处议员等。

地方议会由地方公共团体首长召集,一年召开四次例会,在必要时可以召集临时会议。议会必须有半数以上议员出席才能开会。议案原则上以出席议员的过半数通过才能生效。

地方议会议事,主要有三项规则:一是公开原则;二是会期不继续原则;三是一事不再议原则。

地方议会有权对地方公共团体首长表示不信任,而首长不于法定期内解散议会则应辞职;但首长对于议会制定的法案如有异议,可于法定期限内要求议会再议。

第六节 地方公共团体执行机关

一、地方公共团体行政首长

普通地方公共团体执行机关,由普通地方公共团体首长和行政委员及委员共同构成。

根据《地方自治法》的规定,普通地方公共团体行政首长在都、道、府、县称知事,在市、町、村称市长(町长、村长)。

地方公共团体行政首长,依《公职选举法》的规定,由选民于有被选举权者中选出,任期四年,为专任职,不得兼任国会两院议员、地方公共团体议会议员及常任职员。此外,还禁止兼任与该地方公共团体有应回避关系的有关工作。

行政首长作为都、道、府、县及市、町、村的执行机关，拥有广泛的职权，如统辖和代表本地方公共团体，管理和执行属于地方公共团体的事务，制定规则。地方公共团体首长综合调整和指挥监督着各种行政委员会等行政机构的工作领域。

行政首长所管辖的事务，主要有：提出本地方公共团体事务范围内的议案；编制并执行预算；任命教育委员会和公安委员会等行政委员会的委员、副知事、助理、出纳长、会计员及其他职员。此外，还执行除地方公共团体议会及行政委员会工作之外的所有地方公共团体事务。

为协助地方公共团体首长履行职权，另设有一定的辅助机关。典型的辅助机关在都、道、府、县为副知事、出纳长、公共企业主管等，由知事任免。市、町、村的辅助机关是市、町、村长助役（副市、町、村长）、收入役等，由市、町、村长任免。

在行政首长之下还设有内设组织。典型的都、道、府、县内设组织，有总务部、计划部、福利劳动部、健康卫生部、环境部、工业贸易部、农林业部、公共建设部、会计部和公共企业局等；典型的市、町、村内设组织有总务部、计划与财经部、社会保险与福利部、环境部、建设部、会计部和社会福利事务所等。

二、行政委员会及委员

普通地方公共团体的执行机关除首长外，还设有各种行政委员会及委员，以防止权力过分集中于首长。这些委员会通常具有调整利害关系、评议、裁决的职能，也有的是为保持政治中立，确保公平行政而设置的。

比较典型的委员会，都、道、府、县有：教育委员会、选举管理委员会、人事委员会、公安委员会、地方劳动关系委员会、监查委员等。市、町、村有：教育委员会、选举管理委员会、公平委员会、监查委员、固定资产评估审查委员会和农业委员会等。

教育委员会主要负责设立和管理除学校之外的其他教育机关，全权负责执行教育领域的有关事务（如教职员的任命等）以及学术、文化领域的事务。教育委员会下设教育长（主管教育工作的事务局长），以实际执行教育委员会的事务。教育长由教育委员会任命，在教育委员会的指挥、领导下执行该委员会的全部事务。

公安委员会：都、道、府、县设有公安委员会，但市、町、村不设。委员是由都、道、府、县知事经议会同意后任命，任期三年。道、府、县的公安委员会下设道、府、县警察本部，而东京都则下设警视厅，分别承担各自地区的警察工作。

选举管理委员会：都、道、府、县和市、町、村分别设有选举管理委员会，委员由议会在拥有选举权的人中选举产生，任期四年。选举管理委员会除管理、执行该地方公共团体首长和议会议员的选举之外，还执行众议院和参议院议员选举的有关事务。同时，市、町、村选举委员会还承担该市、町、村所属都、道、府、县知事或议会议员的选举事务。

此外，监查委员主要负责监查事务；地方劳动关系委员会主要负责不正当劳动争议事务和劳动行为的处理；人事委员会主要负责人事行政、规则等审查考试的实施和处分；固定资产评估审查委员会主要负责固定资产的评估审查；公平委员会主要负责审查不当处分；农业委员会主要负责调整耕地等事务。

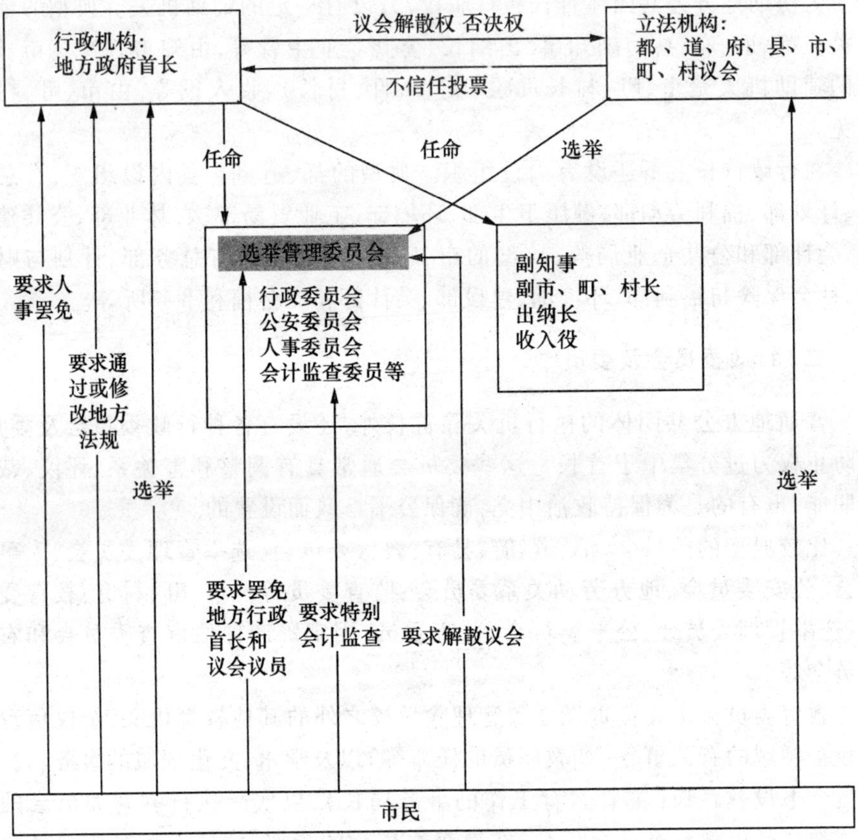

图 5.1 日本地方政府组织

资料来源：〔日〕财团法人自治体国际化协会编：《日本的地方制度》，2006 年，第 45 页。

第七节 地方公共团体首长与议会的关系

一、二元制下的地方公共团体首长与议会

在日本,地方自治制度采用“首长制”的形式,地方公共团体首长由居民直接选举产生;地方议会由有选举权的居民直接选举的议员组成。因此,地方公共团体的首长与议会在独立、对等的立场上相互牵制,由此形成一个保证民主化的地方行政的制度结构。

首长与议会的相互牵制,主要表现为:议会对地方公共团体首长的不信任和首长对议会的解散;地方公共团体首长的请求再议权和专决处分权。

二、议会对地方公共团体首长的不信任和首长对议会的解散

当对首长与议会持续对立并达到不可调解的地步时,地方公共团体议会可以表决对首长的不信任。

议会要表决对首长的不信任,需经2/3以上的议员出席会议并需经出席会议的3/4以上议员的同意。

如议会对首长的不信任案被通过,首长可以采用对抗手段解散议会。这是在首长与议会之间持续对立并无法调解时,最终通过根据居民选举得出的公正判断谋求事态解决的方法。

但如议会对首长的不信任案被通过,首长在经过一定期限(10日)后仍未解散议会,则地方公共团体首长的地位将自动消失。

此外,如首长解散议会,重新选举产生的议会再次表决通过对首长的不信任案时(2/3以上议员出席并经出席议员的过半数同意即可),则首长就不再有权以对抗手段解散议会,并在接到议会议长的不信任决议通知之日即失去职位。

三、地方公共团体首长的请求再议权和专决处分权

所谓请求再议权,是指如首长认为议会的议决不当、违法或无法执行时,退回议会请求重新审议;因请求再议权对议决具有停止的效果,又称否决权。根据法律,地方公共团体首长拥有否决议会议决、选举等事项并要求议会再次审议的权限。

所谓专决处分权,是指在议会因故未能作出本应由议会作出决定的事项时,由首长以处分或决定代替议会行使决定权。《地方自治法》规定了两种专决处分权。

一种是作为议会与首长之间关系的调节手段的专决处分权,又称"法定专决处分"。需要由首长以专决处分代替议会议决的情形,主要有:出席议会议员人数不足半数时;首长无暇召集议会时;议会未能议决应议决事项时。首长作出专决处分后,必须报告议会请求批准。首长有义务在下次议会会议上提出承认案,即使承认案被否决,也不影响专决处分的效力,但首长对此负有政治责任。

另一种是为提高地方公共团体行政事务的执行效率为目的,由议会委托首长行使的专决处分权,又称"委任专决处分"。议会根据议决将自身权限范围内的某些事项委任给首长,首长据此作出专决处分。通常属于议会自律方面和与首长关系方面的权限不在此列。首长作出专决处分时,必须向议会报告。

第八节　居民自治与居民权利

一、居民自治概述

日本的地方自治主要指居民自治。从自治的原理出发,团体自治不过是实现居民自治的一种手段。现行地方自治制度以间接民主制为原则,但作为对间接民主制的补充,直接要求等数项居民直接参政制度也得到认可。

《日本国宪法》和《地方自治法》有一些关于地方居民直接民主的规定,除由居民选举产生议会和首长(自治团体),通过他们管理本行政区域内的事务外,居民自身还有选举权与被选举权,监查请求权,解散议会请求权,对首长、议员和其他公务员的解职请求权,居民诉讼,请求制定、废改条例权,居民投票权等。

二、直接要求制

(一)要求制定、修订和废除条例

根据法律规定,1/50以上的选民可以联名提出重新制定条例或修订、废除现有条例的要求。地方政府首长必须在20日内召集议会,附上意见,并将被要求的条例草案提交议会。议会不受居民提出的条例草案的约束,最终决定权在于议会。为避免要求制度的滥用,有关地方税或使用费用等内容不能进行"直接要求"。

(二)要求监查行政事务

1/50以上的选民可以联名向监查委员要求监查地方政府的行政事务执行是否正确。当出现这种要求时,监查委员必须对被指出的行政事务进行检查,

并且公布其结果。

（三）要求解散议会

经1/3以上选民的签名，可以要求解散议会。当出现这种要求时，经居民投票并经半数以上选民同意，即可解散议会。

（四）要求免去议员和首长职务

经1/3以上选民签名，可以要求免去地方政府的议会议员或都、道、府、县知事或市、町、村长等的职务。当出现这种要求时，通过居民投票并经半数以上选民同意，议员或首长将被免去职务。对于副知事及助役（副市、町、村长）、出纳长、收入役、选举管理委员、监查委员、公安委员，也可提出免去其职务的要求。当出现这种要求时，由首长向议会征求意见，并根据议会的决议免去其职务。

三、直接要求以外的直接参政制度

除"直接要求"外，居民还可以通过以下形式直接参与地方政府的政治活动。

（一）居民投票

根据《日本国宪法》第九十五条，当地居民有权直接对那些仅适用于某一地方公共团体的特别法进行直接表决。如经过半数以上的人同意，则国会可制定该特别法。

（二）居民监查要求和居民诉讼

对地方政府职员在公共资金的支出、财产的获得、管理和处理以及契约签订等方面的违法或不正当的行为，居民可从纳税人的立场出发，向监查委员要求进行监查，并提请采取预防或纠正这些问题的必要措施，即提出"居民监查要求"。当居民对监查结果不服时，可以向法院提出诉讼，即提起"居民诉讼"。①

① 随着公民意识及政治环境的改变，许多地方政府通过地方法令允许居民对本地方的重大事件投票表示其赞成或反对意见。这一趋势的依据来自宪法所赋予地方政府的颁布地方法令的权力。目前，一些地方政府以上述方式制定了一些关于核电站兴建、废物处理设施的建设、填海计划以及在日本继续保留美军基地等方面的地方法令。有的地方（如川崎和神奈川县）建立了一项制度，雇用政府官员调查当地官员的舞弊情况，这些被雇用的官员有调查和解决投诉的必要权力。当他们认定居民的不满是由于体制的缺陷或行政上的缺点引起时，可将自己的观点公之于众，并建议地方行政首长纠正他们所调查的这些问题。

第六章

俄罗斯地方自治机关

第一节　俄罗斯的国家结构

一、俄罗斯国家概况

俄罗斯联邦，亦称俄罗斯（Российская Федерация, Россия），横跨欧亚大陆，东西最长9 000公里，南北最宽4 000公里。邻国西北面有挪威、芬兰，西面有爱沙尼亚、拉脱维亚、立陶宛、波兰、白俄罗斯，西南面是乌克兰，南面有格鲁吉亚、阿塞拜疆、哈萨克斯坦，东南面有中国、蒙古和朝鲜。东面与日本和美国隔海相望。面积1 707.52万平方公里，居世界第一位。人口1.4070亿（2008年7月），民族130多个，其中俄罗斯人占79.8%（2002年统计）。俄语是俄罗斯联邦全境内的官方语言，各共和国有权规定自己的国语，并在该共和国境内与俄语一起使用。首都莫斯科。①

俄罗斯自1917年十月革命胜利后，就是联邦制国家。从十月革命胜利后至今，俄罗斯的联邦制经历了三种形式：一是1918年俄罗斯联邦宪法确认的、各成员国建立在自治基础上的联邦制；二是苏联成立后由若干个苏维埃社会主义共和国签署条约成立的联邦制②；三是苏联解体后由俄罗斯联邦现行宪法确立的、由国家（共和国）和类国家组织（边疆区、州、联邦直辖市、自治州、自治专区）组成的联邦制。

二、俄罗斯联邦结构建立的原则

苏联1991年12月解体后，俄罗斯组成一个新的统一的多民族的联邦制国家。但俄罗斯与一般联邦制国家不同，它不是由若干个清一色的成员国组成

① 资料来源：《世界概况》（俄国篇）（The World Factbook: Russia, 2008）。

② 在苏联联邦制下，俄罗斯实行联邦制，其他加盟共和国实行单一制。

的,而是由若干联邦主体组成的联邦制国家。这些联邦主体包括俄罗斯联邦组成中的国家(共和国)、区域性国家组织(边疆区、州、联邦直辖市)和民族国家组织(自治州、自治专区)。

俄罗斯联邦结构建立的原则主要包括:

(一) 联邦主体多样性原则

与美国等联邦制国家不同,俄罗斯联邦的特点是联邦主体的多种多样。根据现行《俄罗斯联邦宪法》第五条的规定,俄罗斯联邦由共和国、边疆区、州、联邦直辖市和自治州、自治专区组成。

(二) 联邦国家完整原则

俄罗斯联邦不是各个联邦主体的简单总合,而是一个统一的、完整的联邦国家。作为一个统一国家,俄罗斯联邦保障其领土的完整和不受侵犯。从1991年底苏联解体、俄罗斯联邦成立以来,联邦国家政权为维护国家统一、主权和领土完整,进行了长期坚持不懈的斗争。

(三) 国家权力体系统一原则

作为一个统一国家,俄罗斯联邦的国家权力体系是统一的,其主要表现:一是俄罗斯联邦的国家主权适用于俄罗斯联邦全境;二是俄罗斯联邦议会实行两院制,其上院(联邦委员会)由各联邦主体立法权力机关和执行权力机关的代表组成。俄罗斯联邦宪法和由联邦议会下院(国家杜马)通过、上院赞成,并由俄罗斯联邦总统签署批准的联邦法律在联邦全境必须执行;三是联邦执行权力机关和联邦主体执行权力机关在俄罗斯联邦构成统一的执行权力机关体系。

(四) 联邦与联邦主体划分管辖对象和权限原则

根据现行《俄罗斯联邦宪法》的规定,联邦和联邦主体实行分权原则;现行宪法还逐项列举了联邦的管辖对象、联邦与联邦主体的共同管辖对象,并在第七十三条中专门规定了联邦主体的“剩余权力”。根据现行宪法的规定,俄罗斯联邦于1999年6月颁布了《俄罗斯联邦国家权力机关和联邦主体国家权力机关之间划分管辖对象和权限的原则和程序法》。

(五) 各民族人民平等和自决原则

与联邦与联邦主体实行分权原则相适应,俄罗斯联邦各族人民平等,并享有自决权。根据俄罗斯联邦现行宪法第七十三条的规定,在俄罗斯联邦的管辖范围之外,在俄罗斯联邦和联邦主体共同管辖对象中联邦一方的权限范围之外,联邦主体拥有全部国家权力。

(六) 各联邦主体地位平等原则

现行《俄罗斯联邦宪法》第五条规定:“各联邦主体平等”。这种平等主要表现在三个方面:一是各联邦主体的宪法、法律地位平等、职权相同;二是联邦主体都有权制定自己的法律和其他立法文件;三是在同联邦国家权力机关的相互关系方面,各联邦主体一律平等。

三、俄罗斯联邦的行政区划

(一) 俄罗斯联邦主体

根据现行《俄罗斯联邦宪法》第六十五条,截至2008年1月,俄罗斯联邦有84个联邦主体:21个共和国,8个边疆区,47个州,2个联邦直辖市,1个自治州,5个自治专区。

俄罗斯联邦84个联邦主体大致分为三类:

1. 共和国

计有21个,它们是俄罗斯联邦组成中的国家,在俄罗斯联邦的职权范围之外,享有立法、执行、司法等全部国家权力,有自己的宪法和法律体系。

2. 边疆区、州、联邦直辖市

计有边疆区8个、州47个、联邦直辖市2个,其法律地位由俄罗斯联邦宪法和相应的边疆区、州、联邦直辖市宪章规定。它们不是俄罗斯联邦组成中的国家,而是俄罗斯联邦组成中的区域性国家组织。边疆区、州、联邦直辖市有自己的宪章和法律体系。

3. 自治州和自治专区

计有自治州1个、自治专区5个,其法律地位由俄罗斯联邦宪法和自治州和自治专区的宪章规定。它们不是俄罗斯联邦组成中的国家,也不是俄罗斯联邦组成中的区域性国家组织,而是俄罗斯联邦组成中的民族国家组织。自治州和自治专区有自己的宪章和法律体系。但与边疆区、州、联邦直辖市不同。自治州和自治专区可以提请联邦通过关于自治州和自治专区的联邦法律。

(二) 各联邦主体的行政区划单位

苏联解体前,俄罗斯联邦的行政区划最为复杂,一般实行三级制(见图6.1)。俄罗斯联邦独立后,各联邦主体一般实行二级制,即区(行政专区、区级市、市辖区)——市、镇、村居民点(见图6.2)。

1. 区(县)

在俄罗斯联邦,除两个联邦直辖市(莫斯科、圣彼得堡)外,其他82个联邦主体(共和国、边疆区、州、自治州、自治专区)划分为区(县)和联邦主体直辖市。区下设农村居民点(镇、村居民点)和城市居民点(区辖市和镇)。

2. 市、镇、村居民点

市、镇、村居民点,是俄罗斯联邦这84个联邦主体中的基层行政区域。它

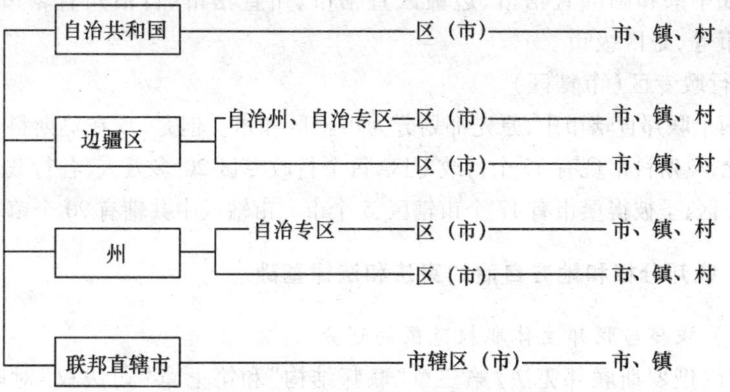

图 6.1　苏联解体前俄罗斯联邦行政区划

资料来源:刘向文:《俄国政府与政治》,五南图书出版股份有限公司 2002 年版,第 434 页。

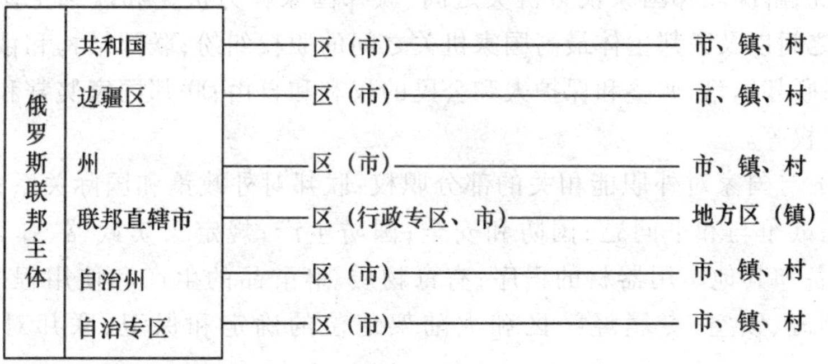

图 6.2　俄罗斯联邦独立后行政区划

资料来源:刘向文:《俄国政府与政治》,五南图书出版股份有限公司 2002 年版,第 434 页。

分为城市居民点和农村居民点两大类。

城市居民点,一般是指人口在 1.2 万人以上、其 85% 以上的人口为工人或职员的工业中心或手工业中心,即区辖市和市镇。市镇以其面积较小、人口较少而不同于区辖市。

农村居民点,主要是指绝大多数居民从事农业劳动(如打猎、采伐、捕鱼等)的居民点,即镇、村居民点。村居民点,即行政村,一般包括 2—3 个自然村。

3. 区级市

市是俄罗斯各联邦主体的一种行政区域单位。市以其隶属级别不同分为两类:一类是各联邦主体直辖市;一类是区辖市。各联邦主体直辖市,即俄罗斯联邦组成中共和国的直辖市、边疆区直辖市、州直辖市、自治州直辖市、自治专区直辖市等，是区级市。

4. 行政专区（市辖区）

在两个联邦直辖市中，原先都划分为市辖区和市。但是，现在莫斯科市的情况有所变化，莫斯科市现有35个行政专区，每个行政专区20多万人，各行政专区再划分为地方区；圣彼得堡市有17个市辖区、5个市。市辖区中共辖有20个镇。[①]

四、联邦分权和地方自治的宪法和法律基础

（一）联邦与联邦主体职权范围的划分

现行《俄罗斯联邦宪法》第三章“联邦结构”和第七章“司法权”对联邦和联邦主体的职权范围作了划分。

1. 联邦专有的职权

（1）解决跨联邦主体事务的职权：通过和修改联邦宪法和法律，并监督其执行情况；解决联邦国家权力机关之间、联邦国家权力机关和联邦主体国家权力机关之间以及联邦主体最高国家机关之间的职权纠纷；联邦结构和俄罗斯联邦领土；联邦国籍；调整和保护人和公民的权利和自由；联邦国家奖赏和荣誉称号；赦免权等。

（2）与国家对外职能相关的部分职权：联邦对外政策和国际关系；联邦国际条约；战争与和平问题；国防和安全；国防生产；规定买卖武器、弹药、军事技术装备和其他军用器材的程序；有毒物质、麻醉品的生产和使用程序；联邦国界、领海、领空、专属经济区和大陆架地位的确定和保卫；联邦对外经济关系。

（3）国家建设方面的职权：确定联邦在国家发展方面的联邦政策、计划的基本原则；确定联邦立法、执行和司法权力机关体系，并规定它们的组织和活动的程序；成立联邦国家权力机关；司法制度；检察机关；刑事、刑事诉讼和刑事执行立法；民事、民事诉讼和仲裁诉讼立法；知识产权的法律调节；联邦冲突法；联邦公务员制度。

（4）经济、社会文化建设方面的职权：联邦国家财产及其管理；确定联邦在经济、生态、社会、文化和民族发展方面联邦政策、计划的基本原则；规定统一市场的法律基础；金融、外汇、信贷和关税的调节；货币发行、价格政策原则；包括联邦银行在内的经济部门；联邦预算；联邦税收和收费；联邦区域发展基金；联邦动力系统、核动力、裂变材料；联邦运输、交通、信息和邮电；宇宙空间活动；气

---

① 参见刘向文：《俄国政府与政治》，五南图书出版股份有限公司2002年版，第433—436页。

象服务;标准化、精密仪器、公制、计时、大地测量和绘图;地名;官方统计和簿记核算。

2. 联邦和联邦主体的共有职权

(1) 经济、社会文化建设方面的职权:国家财产的划分;土地、矿藏、水流及其他自然资源的管理、使用和支配问题;确定联邦税收和收费的一般原则;保护环境和保障生态安全;专门自然保护区;保护历史文物;培养、教育、科学、文化、体育运动的一般问题;卫生保健问题的协调;家庭、母亲、父亲和子女的保护;包括社会保障在内的社会保护;采取措施同灾祸、自然灾害和流行病作斗争,并消除其后果。

(2) 国家建设方面的职权:保证共和国、其他联邦主体宪章和法律以及其他规范性文件符合联邦宪法和法律;规定国家权力机关和地方自治机关体系的一般组织原则;保护人和公民的权利和自由;保护少数民族的权利;保证法制和公民安全;边境地区制度;行政、行政诉讼、劳动、家庭、住宅、土地、水、森林立法;矿产、环境保护立法;司法和护法机关干部;律师、公证;保证少数民族世袭居住环境和传统生活方式。

(3) 与国家对外职能相关的职能:协调联邦主体的国际关系和对外经济关系,履行联邦签署的国际条约。

3. 联邦主体的"剩余职权"

现行《俄罗斯联邦宪法》第七十三条专门规定了联邦主体的"剩余权力",即"在俄罗斯联邦的管辖范围之外,在俄罗斯联邦和俄罗斯联邦主体共同管辖中俄罗斯联邦一方的权限范围之外,俄罗斯联邦主体拥有全部国家权力"。

此外,俄罗斯联邦现行宪法还规定了禁止联邦和联邦主体行使的权力。

(二) 地方自治的宪法和法律基础

俄罗斯联邦实行的地方自治,是指在俄罗斯联邦各联邦主体的一定行政区域单位内居住的居民,直接地或通过其选举产生的地方自治机关,自主地解决地方性事务的居民自治形式。[①] 地方自治不仅得到宪法的保障,而且俄罗斯联邦的有关法律中也有地方自治的明确规定。

1. 地方自治的宪法基础

地方自治是俄罗斯联邦宪政制度的基础之一。俄罗斯联邦宪法不仅确立了地方自治的基本原则,而且还规定了地方自治的法律保障。

《俄罗斯联邦宪法》第一章"国家宪政基础"规定了地方自治的原则和基础:(1) 人民直接地并通过国家权力机关和地方机关行使自己的权力(第三

① 参见刘向文:《俄国政府与政治》,五南图书出版股份有限公司2002年版,第59页。

条)。(2) 在俄罗斯联邦,承认并保障地方自治。地方自治在其权限范围内是独立的。地方自治机关不属于国家权力机关体系(第十二条)。

《俄罗斯联邦宪法》第八章“地方自治机关”则规定了地方自治机关的基本制度:

(1) 俄罗斯联邦的地方自治保证居民独立地处理地方性问题,占有、使用和处分市、镇财产。地方自治由公民通过公决、选举和直接表达意志的其他形式,并经过选举产生的地方自治机关和其他地方自治机关来实现(第一百三十条)。

(2) 考虑到历史和其他的地方传统,在城市、村镇和其他的地方领土,实行地方自治。地方自治机关的结构由居民独立确定。考虑到相应区域内的居民意见,允许改变实行地方自治的地区边界(第一百三十一条)。

(3) 地方自治机关有权自主地管理地方财产,有权编制、批准和执行地方预算,确定地方税收和收费,维护社会秩序并解决其他地方性问题。地方自治机关可以拥有部分国家权限,并获得行使这部分权限所必需的财政资金和物资。这部分权限的实施,受国家权力机关的监督(第一百三十二条)。

(4) 俄罗斯联邦的地方自治受司法保护;地方自治机关有权为因实施国家权力机关通过的决定造成的任何额外开支而获得补偿;不得对宪法和法律确定的地方自治权进行限制(第一百三十三条)。

2. 地方自治的法律及其规定

宪法有关规定为在俄罗斯联邦实行地方自治奠定了宪法基础,但宪法还不足以构建地方自治的法律制度,因此,俄罗斯联邦立法机关制定了一系列法律规定地方自治的组织和运行。

根据《俄罗斯联邦宪法》第七十二条,规定国家权力机关和地方自治机关体系的一般组织原则,属于俄罗斯联邦和联邦主体共有的职权。因此,在地方自治领域,俄罗斯各联邦主体立法机关可以针对俄罗斯联邦和联邦主体共同管辖对象,根据联邦法律通过各联邦主体的法律和其他规范性文件,并使联邦法律具体化。

俄罗斯联邦立法机关制定的与地方自治有关的主要法律有:

(1)《俄罗斯联邦地方自治一般组织原则法》:1995 年 8 月 12 日由俄罗斯联邦国家杜马通过、同年 9 月 1 日实施。该法确立了地方自治的法律基础、经济基础、国家对地方自治的实施保障,以及地方自治机关的一般组织原则,并对地方自治机关和联邦国家权力机关、联邦主体国家权力机关之间的关系,作了明确规定。如规定联邦和联邦主体国家权力机关分别通过地方自治一般组织原则法、地方自治法以及其他的规范性文件,为地方自治奠定法律基础,并监督其执行;联邦国家权力机关和联邦主体国家权力机关无权限制由联邦宪法和法律规定的地方自治权;地方自治机关有权要求补偿因国家权力机关通过决定造成的额外开支;等等。

(2)《俄罗斯联邦公民选举权利基本保障法》:1996 年 11 月由俄罗斯联邦国家杜马通过。该法规定,民主自由地选举国家权力机关和地方自治机关,是权力属于人民的最高的直接表现形式。公民根据普遍平等的选举权,以直接、无记名投票方式参加选举。

(3)《俄罗斯联邦地方自治财政基础法》:1997 年 9 月由俄罗斯联邦国家杜马通过。该法确定了关于市镇财源、地方财产使用的范围及保障市镇财权的基本原则。①

(4)《俄罗斯联邦地方自治一般组织原则法的修改补充法》:该法于 2000 年 7 月俄罗斯联邦国家杜马通过,同年 8 月 4 日实施。该法规定了对地方自治代表机关和地方组织长官违反联邦立法和联邦主体立法追究法律责任的程序等事项,如解散地方自治代表机关、以弹劾形式提前终止地方组织长官的权限等。②

此外,联邦主体结合各自的具体情况和实际需要,制定了自己的宪章和其他规范性文件,包括地方自治章程,使联邦宪法和法律的有关规定得到具体实施,并确保地方制度改革的顺利进行。

除了各联邦主体外,地方自治机关也制定了有关地方行政机关的组织,地方自治机关设置、合并转让和清算的程序,确定地方自治机关边界和公民投票等事项的法律文件。

第二节 俄罗斯地方自治制度的建立和发展

一、俄罗斯地方自治制度的建立

俄罗斯联邦地方实行的自治制度,是在苏联实行社会生活民主化的过程中产生的,并在苏联解体、俄罗斯联邦独立后得到进一步发展。

1990 年 4 月 9 日,苏联最高苏维埃通过了第一部《苏联地方自治和地方经济一般原则法》,该法的主要内容是:

(1)苏联的地方自治是人民社会主义自治的组成部分,其使命是保证公民

---

① 参见欧洲理事会编:《地方与地区民主的结构和运行——俄罗斯》(1999 年),法国斯特拉斯堡:欧洲理事会出版社 2000 年版,第 5—7 页。

② 刘向文:《俄国政府与政治》,五南图书出版股份有限公司 2002 年版,第 441 页。

权利和自由的行使,直接或通过他们选举产生的机关,自主地解决本地区的社会经济发展问题和环境保护问题。

(2) 地方自治制度的内容包括:地方人民代表苏维埃,区域性社会自治机关(生活小区、街道、街区、楼群、楼房委员会等),地方公决、地方公民大会、村会等直接民主形式。在地方自治制度中,作为代表权力机关的地方人民代表苏维埃是基本环节。它在本辖区内协调整个地方自治体系的活动。

(3) 地方自治均在各行政区域单位内实施。该法明确规定在市、镇、村苏维埃等基层行政区域单位内实行地方自治,并授权各加盟共和国和自治共和国对需要实行地方自治的其他行政区域单位自行作出规定。

1990 年 10 月 23 日,苏联最高苏维埃对《苏联地方自治和地方经济一般原则法》进行修改,规定在实行地方自治条件下,地方人民代表苏维埃及其执行和发布命令机关在自己权限范围内通过的决议,相应的下级人民代表苏维埃及其执行和发布命令机关必须执行。

1990 年 12 月 26 日,第四次苏联人民代表大会通过的《鉴于完善国家管理机关修改补充苏联宪法〈基本法〉法》将地方自治提到宪法原则的高度。

1991 年上半年,各加盟共和国根据苏联宪法确认的地方自治原则,对本共和国宪法进行了修改补充,并制定颁布了本共和国的地方自治法。例如,1991 年 5 月 24 日通过的《俄罗斯苏维埃联邦社会主义共和国宪法〈基本法〉的修改补充法》,确认了地方自治原则,并规定:在区、市、市辖区、镇、村苏维埃等行政区域单位内居住的居民,可以通过代表权力机关(地方人民代表苏维埃)和相应的管理机关(地方行政机关)、区域性社会自治机关以及地方公决、公民大会等直接民主形式,实行地方自治。1991 年 7 月 6 日,俄罗斯苏维埃联邦社会主义共和国颁布的《地方自治法》,进一步明确了俄罗斯联邦地方自治的原则和内容。

苏联解体前建立的俄罗斯联邦地方自治制度,具有以下特点:

(1) 区、市、市辖区、镇、村苏维埃等行政区域单位的人民代表苏维埃和相应的管理机关,既是当地的地方自治机关,又是当地的代表权力机关和地方执行机关;

(2) 地方人民代表苏维埃可以从其代表中选举组成各种常设委员会,以准备或提前审议相应人民代表苏维埃管辖的问题,协助贯彻执行苏维埃决议,监督国家机关、企业、机构、组织的活动;

(3) 地方行政机关向同级人民代表苏维埃和上级地方行政机关负责。地方人民代表苏维埃可以以通过不信任案为手段,追究同级地方行政长官和其他公职人员的责任;

(4) 区的自治机关和区辖市、镇、村苏维埃的地方自治机关之间的关系，设有市辖区的市的地方自治机关和市辖区地方自治机关之间的关系，均为领导与被领导的上下级关系。

二、俄罗斯地方自治制度的发展

1991年底，苏联解体、俄罗斯联邦独立。1992年6月的《俄罗斯联邦——俄罗斯宪法〈根本法〉》明确规定："人民政权、联邦制、共和政体和分权制是俄罗斯联邦宪法制度的牢固基础。"该宪法在俄罗斯联邦宪法史上第一次写上了"俄罗斯联邦地方自治"专篇。[①]

1993年10月26日，俄罗斯联邦总统叶利钦发布了关于地方自治改革的命令。该命令批准了《俄罗斯联邦在分阶段宪法改革时期的地方自治组织原则条例》。1993年10月29日，叶利钦又发布总统令，批准了《地方自治机关选举的基本条例》。1993年12月12日俄罗斯联邦以全民公决形式批准的新宪法，把地方自治原则提到宪法原则的高度。其第一百三十条规定："俄罗斯联邦的地方自治保障居民独立地解决地方性的问题和地方财产的拥有、使用和分配。"第一百三十二条规定："地方自治机关独立地管理地方财产，编制、批准和执行地方预算，确定地方税收和收费，维护社会治安以及解决地方上的其他问题。"

1995年8月28日通过、1995年9月18日生效的《俄罗斯联邦地方自治一般组织原则法》把地方自治宪法原则进一步具体化。1996年12月以前，大多数俄罗斯联邦主体颁布了自己的地方自治问题法；1996年至1997年11月期间，在大多数的联邦主体内，举行了地方自治机关的选举。

同苏联解体前的俄罗斯联邦地方自治制度相比，现行俄罗斯联邦的地方自治制度发生了重大变化：

(1) 在苏联解体前，俄罗斯联邦的地方自治制度，由根据苏联法律文件制定的俄罗斯联邦法律文件加以规定，而现行的俄罗斯联邦地方自治制度，由俄罗斯联邦法律文件和根据俄罗斯联邦法律文件制定的各联邦主体的法律文件加以规定。

(2) 代表大会(或杜马、呼拉尔、代表苏维埃等)和行政长官仅仅是地方自治机关，不再是国家权力机关；但地方自治机关可以拥有法律赋予的某些国家权限，并获得为行使这些权限所必需的财政资金和物资。这部分权限的行使受国家的监督。

---

① 许崇德主编：《各国地方制度》，中国检察出版社1993年版，第128页。

(3) 地方自治机关的名称、组织和活动原则多种多样。地方自治代表机关通常根据非常设原则工作,其会议由地方自治长官召集。地方行政长官(市长、市行政长官等)是该地的地方自治长官。

(4) 地方自治权限有所扩大,如地方自治区域的变更,须得到相应区域内居民的同意;地方自治机关的机构设置,由在该区域居住的居民自主决定;地方自治机关开始获得维护社会秩序权等。

(5) 区的地方自治机关和区辖市、镇、村居民点的地方自治机关之间的关系,设有市辖区的市的地方自治机关和市辖区地方自治机关之间的关系,不再是领导与被领导的关系。它们在原则上是平等的。①

为了加强对联邦主体和地方自治制度的监督,2000 年 7 月,俄罗斯联邦国家杜马通过《俄罗斯联邦主体一般组织原则法的修改补充法》和《俄罗斯联邦地方自治一般组织原则法修改补充法》,并于同年 8 月 4 日由俄罗斯总统签署生效。其中,《俄罗斯联邦地方自治一般组织原则法修改补充法》规定,地方自治代表机关、地方自治长官如通过被法院宣布为违反联邦宪法、宪法性法律和联邦主体宪法、宪章、法律和地方组织章程的规范性法律文件,必须在法院判决规定的期限内废除或使其部分失效。否则,联邦主体的立法(代表)权力机关可根据自己的动议或联邦主体最高公职人员的命令,向地方自治代表机关提出书面警告;如地方自治代表机关、地方自治长官自被警告之日起一个月不采取措施执行法院判决,则自法院判决生效六个月内,地方自治机关可被解散,地方自治长官可被弹劾。②

三、地方自治的基本原则

根据现行《俄罗斯联邦宪法》、《俄罗斯联邦地方自治一般组织原则法》和各联邦主体地方自治问题法的规定,俄罗斯联邦地方自治实行以下基本原则:

(一) 居民自主地解决地方性事务

在各联邦主体一定行政区域单位内居住的居民,有权直接地或者通过地方自治的选任机关和其他机关,自主地解决一切地方性事务。

(二) 地方自治机关组织上独立

在俄罗斯联邦,地方自治机关不是国家权力机关,不属于国家权力机关体系。地方自治机关的机构设置,由居民自主决定。

---

① 参见刘向文:《俄国政府与政治》,五南图书出版股份有限公司 2002 年版,第 427—432 页。
② 同上书,第 440—442 页。

（三）地方自治的组织形式多样

居民实行地方自治，可以通过直接民主形式，如居民就地方自治最重要的问题举行地方公决，直接选举地方自治代表机关和地方自治长官，举行居民大会（如村会）或代表会议，选举区域性社会自治机关，通过其章程和批准其工作计划，讨论地方自治机关的决议草案，个人或集体走访地方自治机关等；也可以通过间接民主形式，如居民通过地方自治机关、区域性社会自治机关、各种地方自治联合会等，自主地解决地方性事务。其中，居民通过地方自治机关解决地方性事务是最基本的形式。

（四）财政物质条件与地方自治权限相适应

地方自治机关应当拥有履行其职能所必需的财政资金和物资。地方自治机关在依法拥有部分国家权限时，应获得行使这部分权限所必需的财政资金和物资。①

第三节　俄罗斯联邦地方自治机关

一、市、镇、村居民点的地方自治机关

（一）5 000 人以下的市（镇、村）

在居民人口为5 000 人以下的市（镇、村）中，地方自治机关是经居民选举产生的地方自治代表机关（市杜马、村苏维埃）和地方自治长官（市长、镇长、村长）。地方自治代表机关的组成人员一般为4—15 人，每届任期两年；地方自治长官的每届任期与地方自治代表机关的每届任期相同，但连选得连任。地方自治长官之下不设专门的工作机构。地方自治长官应定期向居民大会或市（镇、村）杜马报告自己的工作。

上述市（镇、村）的地方自治，由居民直接地（举行地方公决）或通过选举产生的地方自治代表机关和地方自治长官实施。以市（镇、村）杜马为例，市（镇、村）杜马工作的基本形式是举行会议，会议分为例会和临时会议两种。市（镇、村）杜马的例会至少每三个月举行一次。根据 1/3 以上杜马代表、杜马主席、地方自治长官的提议，可以召开临时会议。市（镇、村）杜马会议一般公开举行，但杜马有权通过举行秘密会议的决定。市（镇、村）地方自治长官、区（市）检察长以及由该市（镇、村）选举产生的州立法会议的代表有权出席杜马的秘密会议。市（镇、村）杜马以公开投票方式或无记名方式通过决议。决议由市（镇、村）杜

① 参见刘向文：《俄国政府与政治》，五南图书出版股份有限公司 2002 年版，第 432—433 页。

马主席交地方自治长官签署,并在一个星期内通知居民。

（二）5000到50000人之间的市(镇、村)

在居民人口为5000到50000人之间的市(镇、村)中,地方自治机关也由地方自治代表机关和地方自治长官组成。地方自治代表机关的组成人员一般为5—15人,由居民直接选举产生,每届任期2—5年;地方自治长官由居民直接选举产生或由自治代表机关从其代表中选举产生,或根据合同聘任,其每届任期与地方自治代表机关的每届任期相同,但连选得连任。地方自治代表机关根据非常设原则进行工作,会议由地方自治长官召集,会议通过的决议也由地方自治长官签署。

上述市(镇、村)的地方自治,由居民直接地(举行地方公决)或通过地方自治代表机关和地方自治长官实施。

另外,在几个市、镇、村居民点所辖的区域内,经上述几个市、镇、村居民点的地方自治机关共同研究决定,可以成立该区域统一的地方自治机关。[①]

二、区(市)的地方自治机关

（一）区(县)

在俄罗斯联邦84个联邦主体中,有相当多的联邦主体仅在区(县)一级实行地方自治。区的地方自治机关由地方自治代表机关和地方自治长官及其领导的行政机关组成。

区的地方自治代表机关通常被称为区代表大会。区代表大会的代表名额通常为10—30人,由居民直接选举产生,每届任期通常为2—5年。区的地方自治长官(行政长官)通常由居民或区代表大会选举产生。1/3的区地方自治长官由区代表大会从其代表中选举产生,或由区代表大会主席兼任。地方自治长官组成由其领导的区行政机关。区行政机关的机构设置,由居民直接或通过其选举产生的区地方自治代表机关决定,但一般设农业、商业、财政、文化教育、卫生保健、内务等局、处。

如果在区下辖的市、镇、村居民点里已经实行了地方自治,区的地方自治机关也可以由各市、镇、村居民点的地方自治代表机关选举产生。

（二）区辖市

在5万人以上的城市中,地方自治机关是地方自治代表机关和地方自治长官。地方自治代表机关通常被称为市代表大会(或市杜马),一般为10—25人,由居民直接选举产生,每届任期2—5年;市的地方自治长官通常被称为市长(或市行政长官),由居民直接选举产生或由市代表大会从其代表中选举产生,

---

① 参见刘向文:《俄国政府与政治》,五南图书出版股份有限公司2002年版,第432—433页。

其每届任期与市代表大会的每届任期相同。市长可以组成由其领导的市行政机关(市政府)。市行政机关的机构设置,由居民直接或通过其选举产生的市代表大会决定,但一般设经济、财政、工业、商业、运输、电信、文化教育、卫生保健、内务等局、处。

在10万人以上的、设有市辖区或卫星城的城市中,地方自治机关是市代表大会和市长(市行政长官)。市代表大会一般为30人左右。根据联邦主体法律文件的规定,他们的产生办法与5万人以上的城市相同。市长(或市行政长官)可以组成由其领导的市行政机关(市政府)。市行政机关的机构设置,一般与5万人以上的城市相同,但在编人员较多。

在10万人以上城市的市辖区、卫星城等居民点里,成立与该市相类似的地方自治机关,以及区域性的社会自治机关(生活小区委员会、街区委员会、楼房委员会等)。

第四节　俄罗斯联邦地方自治机关的职权

一、地方自治的权限

地方自治的权限既可以由区(市),市、镇、村居民点的居民直接行使,也可以通过地方自治机关行使。但是,地方自治的绝大多数权限,是通过地方自治机关行使的。因此,在《俄罗斯联邦地方自治一般组织原则法》和联邦主体的法律文件中,一般用规定地方自治机关职权的形式来确认地方自治的权限。

根据《俄罗斯联邦地方自治一般组织原则法》的规定,地方自治机关一般具有以下八个方面的职权:

(一)财政预算方面的职权

地方自治机关有权编制、批准和执行地方预算,确定地方税收和收费;组织预算外基金,并确定其用途;设立专项规划贷款基金,其中包括社会保护基金和补助基金等。

(二)管理地方财产方面

地方自治机关有权自主地管理地方财产,批准地方财产客体名单;按照立法规定的程序任免地方企业、机构、组织的领导人;规定地方企业和地方财产非国有化和私有化的条件和程序;按照立法文件规定税收方面的优惠,以刺激市场经济的发展;按照立法规定,确定在地方自治机关辖区内设立非地方所有制企业的条件等。

（三）土地管理和自然环境保护方面

地方自治机关有权按照土地立法的规定，确定在地方自治机关辖区内支配地块、分配地块和收回地块的程序；按照立法规定，确定利用自然资源的规划；在地方自治机关辖区内违反生态、卫生、建筑规范时，作出中止建筑、中止客体经营的决定；根据卫生防疫机构、生态和自然资源利用机关的结论意见，禁止实施有可能引起恶性经济变化、损害居民身体健康等不良后果的活动等。

（四）建筑、交通、电信、公用事业方面

地方自治机关有权批准其辖区内的居民点建设计划和规划；按照现行立法确定向公民和组织出售、租赁住房的程序；解决出售、租赁住宅和使用非住宅房屋的问题；发放在一切生产客体辖区内实施建筑工程的许可证；中止违规建筑工程的建设；领导地方所有的运输企业，监督为居民服务的其他所有制运输企业的工作；批准地方运输企业的线路运行表，监督和组织机场、码头、车站为乘客服务的工作；组织电信企业的工作，保障广播电视的发展；组织地方住房基金和地方所有的旅游业、商业、公共饮食业、为居民服务业客体，按照规定程序经营等。

（五）对居民的文化服务方面

地方自治机关负责管理地方所有的一切国民教育、文化、卫生保健、社会保障机构和体育运动设施，并任免其领导人、保障其物资技术供应；领导为居民服务的电影录像机构；保护并组织其辖区内古迹、文物、自然珍品的利用等。

（六）对居民的社会保护方面

地方自治机关保障退休金和救济金立法的贯彻执行，并用自己的资金发放退休金和救济金的补贴；向市场经济过渡过程中失业的人员提供力所能及的帮助；采取措施，改善残疾人士、失去赡养者、老年人的住房和社会生活条件；利用地方预算资金确定居民医疗和疗养服务方面的优惠以及购买住房、公用事业服务、乘坐公共交通工具方面的优惠等。

（七）维持社会秩序和保护公民权利方面

地方自治机关负责保证法律、上级国家权力机关文件在其辖区内的执行，保护公民的权利和自由。执行权力机关、企业、机构和组织的文件若侵犯了公民的合法权益和地方自治机关的权利，地方自治机关有权要求法院或仲裁法院宣布上述文件无效。在发生自然灾害、大规模骚乱等情况下，地方自治机关可以采取法定措施，以抢救和保护人们的生命，保护人们的健康和权利，保护财产，维持秩序。地方自治机关负责登记其辖区内居民的社会联合组织、区域性社会自治机关，登记以其辖区内居民为宣传对象的大众新闻媒体；领导地方内务机关，并用自己的资金设立保安机构；监督位于其辖区内的劳改机构的工作；

协助法院、检察机关、司法行政机关工作；领导民防工作。地方自治机关还可以在自己的权限范围内对实施行政违法行为的人给予行政处分等。

（八）拥有部分国家权限及行使该权限所必需的资金和物资

除上述七类权限外，地方自治机关按照《俄罗斯联邦宪法》的规定，还可以拥有部分国家权限，并获得行使这部分权限所必需的财政资金和物资。这部分权限的实施，受国家权力机关的监督。

二、地方自治代表机关与地方自治长官的分权

俄罗斯联邦各联邦主体内的地方自治机关，一般包括地方自治代表机关和地方自治长官。

地方自治代表机关和地方自治长官在上述地方自治权限内实行分权原则。地方自治代表机关和地方自治长官按照地方自治章程的规定，独立地行使自己的权力，并在行使权力的过程中相互制约。

例如，地方自治长官直接地或者通过其组成的行政机关，拟订本地区的发展规划，编制地方预算并保证地方预算的执行，提交税收和收费的方案；而地方自治代表机关负责批准本地区的发展规划、地方预算和地方预算的执行情况的报告，确定地方税收和收费。地方自治代表机关在行使批准预算、确定或废除地方税收和收费、支出财政资金的权限时，要受地方自治长官的制约。地方自治代表机关要根据地方自治长官的呈文，并同地方自治长官协商后才能作出上述决议。

又如，地方自治长官直接地或通过其组成的行政机关管理地方经济、财政、工业、农业、运输、电信、内务、文化教育、卫生保健、环境保护等工作，管理地方所有制的财产和客体，维护社会秩序以及履行其他的执行和发布命令职能；但是，规定行政机关机构设置的地方自治条例或地方自治机关章程，管理和支配地方财产的程序，都由地方自治代表机关通过或批准。地方自治代表机关还有权对地方自治长官及其领导的行政机关的执行和发布命令活动实施监督。[①]

① 参见刘向文：《俄国政府与政治》，五南图书出版股份有限公司 2002 年版，第 444—447 页。

第七章
中国地方国家机构

第一节　中国的国家结构

一、中国国家概况

中国,全称“中华人民共和国”。位于北半球,地处亚洲东部,太平洋西岸,疆域范围南起曾母暗沙,北至漠河附近黑龙江主航道的中心线;东自黑龙江与乌苏里江汇流出处,西到帕米尔高原。国土面积约960万平方公里,陆上疆界长达两万多公里。与朝鲜、俄罗斯、蒙古、哈萨克斯坦、吉尔吉斯斯坦、塔吉克斯坦、阿富汗、巴基斯坦、印度、尼泊尔、不丹、缅甸、老挝、越南接壤。在东、南部濒临渤海、黄海、东海和南海,并隔海同韩国、日本、菲律宾、马来西亚、印度尼西亚及文莱等国相望。人口为130 756万人(2005年),是世界上人口最多的国家。有汉、蒙古、回、藏、维吾尔、壮、高山等56个民族。首都北京。

二、中国地方制度的基本内容

中国是统一的多民族国家,在国家结构上采取在单一制国家中建立民族区域自治制度和特别行政区制度的形式。它不同于联邦制国家,没有联邦制国家中的邦、州、共和国等组成部分,也不同于一般单一制国家。在中国,在中央政府领导下既有一般地方行政区域,又有民族自治地方和特别行政区。中国这一国家结构形式的特点使中国的地方分权也有自己的特点。①

中国地方制度的基本内容是:

(1) 根据1982年《宪法》和现行《地方各级人民代表大会和地方各级人民政府组织法》的规定,中国地方各级人民代表大会和地方各级人民政府作为国

① 参见张友渔在国际宪法学协会圆桌会议上的发言——《关于中国的地方分权问题》,载《张友渔文选》(下卷),法律出版社1997年版,第459—465页。

家机构体系的重要组成部分，实行民主集中制原则。地方各级人民代表大会由选民或选举单位选举产生的人大代表组成，是地方国家权力机关，享有制定地方性法规（限于省级和较大的市）、决定重大事项、监督同级"一府两院"和组织同级"一府两院"等权限。地方各级人民政府由同级人民代表大会产生，是地方国家行政机关，同时又是地方各级国家权力机关的执行机关，负责本行政区域内的经济、教育、科学、文化、卫生、体育等职能，实行首长负责制。

（2）全国人民代表大会与地方各级人民代表大会之间，没有领导和被领导的关系。地方各级人民政府对本级人大及其常委会负责并报告工作，同时，对上一级国家行政机关负责并报告工作，并服从国务院统一领导；地方各级人民政府工作部门受本级人民政府领导，并且依照法律或行政法规的规定受国务院主管部门或上级人民政府主管部门的业务指导或领导，从两个方面体现"双重从属性"的特点。

（3）为解决民族问题，在少数民族聚居区，建立民族自治地方，设立人民代表大会和人民政府作为自治机关，民族自治地方自治机关行使宪法规定的地方国家机关的职权，同时依照宪法、民族区域自治法和其他法律规定的权限行使自治权，根据本地方的实际情况贯彻执行国家的法律、政策。为了维护国家的统一和领土完整，保持香港和澳门的繁荣和稳定，并考虑到香港和澳门的历史和现实情况，国家设立特别行政区；特别行政区是我国的一个享有高度自治权的地方行政区域，直辖于中央人民政府，但享有高度自治权。这些都体现了地方制度的灵活多样性。

（4）在城市和农村按居民居住地区设立居民委员会和村民委员会，作为居民和村民自我管理、自我教育和自我服务的基层群众性自治组织，体现直接民主的特点。

（5）中国领土辽阔、人口众多，为有效治理国家，多层次地建立了地方机构。在中国，主要有三级制（直辖市—县〈市辖区〉—乡，省—地级市〈县、县级市〉—市辖区〈乡〉）、四级制（省—地级市—县〈县级市〉—乡）等地方机构，体现多层次的特点。

（6）在中央与地方关系上，遵循在中央的统一领导下，充分发挥地方的主动性、积极性的原则。地方政府职能比较广泛，涉及政治、经济、教育、科技、文化、卫生、财政、民族、民政等方面，上下级行政机关之间承担职能基本一致，在职能上分工不明显，但权限上有差异。

（7）中国地方国家机构要接受中国共产党的领导，中国共产党在地方设立的各级组织，对地方国家机构实行政治领导、组织领导。

三、中国的行政区划

依照1982年《宪法》第三十条的规定,中国的行政区域划分如下:

(1) 全国分为省、自治区、直辖市;

(2) 省、自治区分为自治州、县、自治县、市;

(3) 县、自治县分为乡、民族乡、镇。直辖市和较大的市分为区、县。自治州分为县、自治县、市。

国家在必要时,得设立特别行政区。

截至2007年12月31日,全国共有34个省级行政区,其中:4个直辖市、23个省、5个自治区、2个特别行政区。共有333个地级行政区划单位,其中:283个地级市、17个地区、30个自治州、3个盟。共有2 860个县级行政区划单位,其中:856个市辖区、369个县级市、1 463个县、117个自治县、49个旗、3个自治旗、2个特区、1个林区,19 249个镇;15 120个乡。①

根据1982年《宪法》的规定,对行政区划的设立和区域划分,必须经过一定的法律程序:

(1) 省、自治区、直辖市的建置,特别行政区的设立,由全国人民代表大会批准或决定;

(2) 省、自治区、直辖市的区域划分,自治州、县、自治县、市的建置和区域划分,由国务院批准。

根据1985年国务院《关于行政区划管理的规定》,省、自治区、直辖市的设立、撤销、更名,报全国人民代表大会审议决定。下列行政区划的变更由国务院审批:

(1) 省、自治区、直辖市的行政区域界线的变更,省、自治区人民政府驻地的迁移;

(2) 自治州、县、自治县、市、市辖区的设立、撤销、更名和隶属关系的变更以及自治州、县、自治县、市人民政府驻地的迁移;

(3) 自治州、自治县的行政区域界线的变更,县、市的行政区域界线的重大变更;

(4) 凡涉及海岸线、海岛、边疆要地、重要资源地区及特殊情况地区的隶属关系或行政区域界线的变更。

县、市、市辖区的部分行政区域界线的变更,国务院授权省、自治区、直辖市人民政府审批;批准变更时,同时报送民政部备案。乡、民族乡、镇的设立、撤

---

① 《中华人民共和国行政区划简册》(2007年),中国地图出版社2008年版,第1页。

销、更名和行政区域界线的变更，乡、民族乡、镇人民政府驻地的迁移，由省、自治区、直辖市人民政府审批。行政公署、区公所、街道办事处的撤销、更名、驻地迁移，由依法批准设立各该派出机关的人民政府审批。

第二节 中国地方制度和地方国家机构的建立和发展

一、旧中国地方制度的沿革

旧中国自秦代建立郡县制以来，就有了较完备的地方制度。秦征服六国，划天下为36郡，郡置太守；郡下设县，县置县令或县长；县以下的基层组织为伍（五家）、什（十家），并分设伍长、什长。

汉承秦制，地方制度也同。西汉初年，郡县与藩国（王国、侯国）并置。王国相当于郡，侯国相当于县。自汉高祖后，郡国数目增至103个，郡以下方百里而为一县，县万户以上为令，万户以下为长。公元2年，共有县、侯国、邑、道等县级政区1 587个。县以下为乡亭，乡亭以下为里，里以下为什伍。乡亭相当于现代的乡镇，亭设亭长，乡设三老，掌教化；设啬夫，掌诉讼；设有秩，收赋税；设游徼，掌禁奸盗。

汉代疆域广大，郡国众多，至汉武帝后，全国分12个州，各州置刺史，作为中央派驻地方监察工作的代表。除京畿附近7个郡归司隶校尉管辖外，作为监察区的州分为冀、豫、兖、徐、青、荆、扬、益、凉、幽、交、并。监察区在郡国之上。东汉末，中央大权旁落，变成内轻外重，地方为豪强把持，出现割据称雄局面。

及至魏晋南北朝，地方仍为州、郡、县三级制。至隋统一天下后，罢郡为县，以州统县，地方机构成为州县两级。

唐沿隋制，亦采州县两级制。至唐贞观时，分天下为十道，即关内道、河南道、河东道、河北道、山南道、陇右道、淮南道、江南道、剑南道、岭南道。贞观14年（640年），全国设360个州（府），下辖1 557个县。每道置采访史（唐肃宗时改为观察史），是虚级组织，地方机构实际上为州县两级，州置刺史，县置县令。县以下组织是：四家为邻，五邻为保。邻设邻长，保设保长，百家为里，里设里正，里之上在邑为坊，在乡为村，坊设坊正，村设村正，坊村以上为乡，乡辖百里。

宋代地方机构，分为三级：一是路，相当于唐代的道；二是府、州，相当于唐代的州；三是县。北宋时，全国计有18个路、222个府（州）、1 262个县。路设四个监察官：帅、漕、宪、仓，分掌军事、财政、司法、粮仓，直隶于中央，路是虚级组织。州县设知府知县。宋代鉴于唐朝藩镇之乱，采中央集权制。州县也由中央任官指挥。县以下经王安石变法后，有保甲组织之设，即10家为保，50家为大保,16 保为都保,保置保长,都保置都保正一人,副保正一人。

元代在中央设中书省,主管全国行政;在地方则设行中书省,简称行省,代表中央管理地方行政,后来演变为现在的省制。省的长官是平章政事,从一品;左、右丞各一,正二品;参知政事,从二品。省以下划分不很规则,大体是省—路—州(府)—县四级,也有分为省—州—县、省—路—县三级的。当时有 11 个省、185 个路、31 个府、359 个州、1 127 个县。

明代在省级仍沿元制,全国除南京、北京为南北直隶外,计分 13 行省,即山东、山西、陕西、河南、浙江、江南、湖广、四川、福建、广东、广西、云南、贵州。省设布政司、按察司、都指挥司,分管民政和财政、司法、军事。三司分权而治,互不统属,省之上虽设有总督、巡抚,也是临时设置,故省一级在明代虽已具备地方政府的规模,实际是仍属于中央政府派出机关,诸事直接受中央指挥。

明代省之下为府,设知府,全国共有 159 个府;州设知州,除直隶州与府地位相等外,其他为属州,与县相同。共计 234 个州,府下之为县,设知县,全国有 1 171 个县。县下为乡,乡下为里,以 11 户为 1 甲,110 户为里,甲设甲首,里设里正,城市则为坊厢组织。

清代地方机构仍为省、府、县三级制。计有 18 个省。光绪末年,增为 23 个省,省之下府之上设道,为监察区非行政区域,全国分 81 道。府县之间,设有州,州之大者同于府,小者同于县,与府同级的有直隶州和直隶厅,与县同级的有散州和散厅。全国计有府 215 个,直隶州 48 个,县 1 353 个。省置巡抚 1 人;后又另置总督,辖 1 省或数省,以分巡抚权力。巡抚或总督统率军政大权。此外,各省又设布政使 1 人,掌民政、财政;按察使 1 人,掌风纪,清吏治;提督学政 1 人,掌教育及考试。三司受巡抚或总督监督。府设知府,另有辅丞、通判及其他属官。县设知县,另有县丞、主簿等官职。县以下组织,初沿明制,设里甲,康熙后改为十家牌,设牌头,十牌为 1 甲,设甲长,十甲为保,设保长。

清末为预备立宪,各省(除新疆外)渐次成立咨议局,为“各省采取舆论之地,以指陈通省利病、筹计地方治安为宗旨”的民意机关,但清亡后随即解散。

清末光绪三十四年十二月二十七日(1909 年 1 月 18 日),清政府颁布《城镇乡地方自治章程》;宣统元年十二月二十四日(1910 年 2 月 3 日),清政府颁布《府厅州县地方自治章程》;宣统元年十二月二十七日(1910 年 2 月 6 日),清政府颁布《京师地方自治章程》。依照各章程的规定,城、镇、乡的自治事务以教育、卫生、道路工程、实业、慈善、公共营业等为限,凡府厅州县治城厢地方为城,其余市镇村庄屯集等各地,人口满五万者为镇,人口不满五万者为乡,城、镇、乡议事会为议决机关,城镇以董事会、乡以乡董为执行机关;府、厅、州、县自治范围是:地方公益事务;国家或地方行政以法律或命令委任自治机关办理的事务,议事会及参事会为自治议决机关，府、厅、州、县长官为执行机关；京师地方自治事项为教育、文化、卫生、道路工程、实业、善举、公共营业、筹款等，京师地方内外巡警各区设区议事会及区董事会各一所，但人口较少的区得与邻近的区合为一所，其总议事会及区董事会也应合为一所，各议事会为议决机关，各董事会为执行机关。但上述章程未及实施，清廷覆灭。

1911 年 10 月，爆发武昌起义，在南京成立了中华民国临时政府。各省成立军政府，置都督。督都府设各部（后改称司），直辖于都督。当时省以下仍沿清制，未及改变。只在临时政府所在地设置了南京府，置府知事，受中央内务部领导，下设民治、劝业、主计、庶务等科。

1913 年袁世凯任总统，规定全国地方政府分为省、道、县三级。省设巡按使，道置道尹，县置知事，但随后军阀混战，政局纷乱，全国地方制度不统一。[①]

1925 年国民政府在广东公布《省政府组织法》，规定省设省政府委员会，由主席 1 人、委员若干人组成，实行合议制。省主席及省政府委员由中央政府任命。省政府机关，初期设有民政、财政、建设、教育、司法、军事六厅及秘书处，其他如工商、实业、土地、公益等厅，随各省情况而定。后改为民政、财政、教育、建设等厅和秘书、会计两处必设，必要时可增设实业厅和其他专管机关。厅长由行政院就省政府委员中提请国民政府任命。抗战胜利后，省政府机构设置有所增加。另外，1938 年国民政府颁布《省临时参议会组织条例》，规定省设临时参议会（后改为参议会），实际上仅有咨询性质。1928 年，国民政府实行省县二级制，道制始废。1932 年后，国民政府规定在各省领域内可划定行政督察区，设行政督察专员公署作为省政府的辅助机关。行政督察专员兼任各该区保安司令，并兼任驻在县县长，承省政府的指示推行法令，监督、指导和统筹区内各县、市行政。

1928 年 7 月，国民政府公布《特别市组织法》和《市组织法》，1930 年又下令废止两法，另颁布《市组织法》，废除特别市和普通市之称，而将市分为“院辖市”和“省辖市”，规定首都所在地或人口在 100 万以上或在政治经济文化上有特殊情形之一者，可设受行政院指挥监督的市（院辖市）。当时计有南京、上海、北平、青岛、天津、西京为“院辖市”。而人口在 30 万以上或人口在 20 万以上之地方其所收营业税、牌照税、土地税，每年合计占该地总收入 1/3 以上者，其所设市为“省辖市”，当时计有杭州、徐州等 16 市为“省辖市”。市划分为区、坊、闾、邻，五户为邻，五邻为闾，20 闾为坊，10 坊为区。市设市长，简任或荐任；市

① 以上资料主要参考了许崇德主编：《中国宪法》（修订本，中国人民大学出版社 1996 年版，第 238—242 页）的内容。

政会议由市长、参事、局长或科长组成,并得市参议会互选代表参加;《市组织法》于1933年和1943年两度修正,简化了设市标准,即"院辖市"为首都或人口在100万以上或在政治经济文化上地位重要、其人口在10万以上者。市内行政体制改为"市以下为区,区内编为保、甲"。

1928年9月,国民政府颁布《县组织法》,规定各县按区域大小、事务简繁、户口及财赋多寡,分为三等。县设县政府,在省政府指挥监督下处理全县行政,监督地方自治事务,在不抵触中央及省法令范围内,得发布县令并制定单行规则。县政府设县长1人,经省政府决议任用,任期3年,优良者得连任。其职权为综理县政,监督所属机关及职员。下设秘书1人,并依事务简繁,设置1科或2科。县政府下设各局推行县政,通常以设公安、财政、建设、教育4局为原则,必要时得呈准省政府增加卫生、土地、社会或粮食管理等局。县政府设县政会议,由县长、秘书及科长、各局局长组成,负责审议县预算决算、县公债、县公产处分、县公共事业经营管理及其他县长提议事项。

1931年5月,国民会议通过《中华民国训政时期约法》,规定中央与地方之权限,依《建国大纲》第十七条之规定,采均权制度,并对中央与地方之权限和地方制度分别专章作了规定。1936年5月5日,国民大会通过《中华民国宪法草案》,设地方制度专章,规定省设省政府,执行中央法令,监察地方自治;县为地方自治单位。

1939年9月,国民政府颁布《县各级组织纲要》,规定县为地方自治单位,县的等级依面积、人口、经济、文化、交通等状况分3至6等,由各省政府划分;县政府设民政、财政、教育、建设、军事、地政、社会各科,设科的多少及职掌的划分由各省依县的等级及实际需要拟定;县设县参议会,由乡(镇)民代表大会选举的参议员或酌量聘请依法成立的职业团体代表为参议员组成,有议决地方预算及决算等重大事项的权力。

1939年和1940年国民政府分别公布的《县各级组织纲要》和《乡镇组织暂行条例》规定,县为地方自治团体,县以下的乡镇为地方基层自治团体,乡以下为保甲。其组织结构是:(1)甲以10户为原则,6—15户为一甲,由户长会议选举甲长1人,由保办公处报乡公所备案;(2)保以10甲为原则,10—15甲为一保,置保长、副保长各1人,保民大会选举产生,经乡公所报县政府备案,任期两年,连选得连任,办事机构为保办公处,置干事2—4人,分别执掌民政、警卫、经济和文化等各项事务;(3)乡以10保为原则,6—15保组成一乡,以每甲10户,每保10甲计算,乡辖户在600—1 500之间,乡的行政组织为乡公所,设乡长1人,副乡长1—2人,由乡代表会选举产生,任期两年,连选得连任,乡公所设民政、警卫、经济和文化四股,各股由股长1人,干事若干人组成,经费不充实的乡,股可酌量裁并或仅设专职干事。

1946年12月,国民大会通过《中华民国宪法》,设第十章“中央与地方之权限”,对中央立法并执行事项,中央立法并执行事项或交由省、县执行事项,省立法并执行事项或交由县执行事项,县立法并执行事项,分别作出规定,并规定除上述列举事项外,“如有未列举事项发生时,其事务有全国一致之性质者属于中央,有全省一致之性质者属于省,有全县一致之性质者属于县。遇有争议时,由立法院解决之”;设第十一章“地方制度”,规定省、县得依据省县自治通则制定自治法。

以上旧中国的地方制度,在1949年中华人民共和国成立后大都被废除,但其中某些有益的形式经改造后得以继续沿用。①

二、中华人民共和国地方国家机构的建立和发展

我国的地方国家机构是在改造旧中国的地方制度基础上建立和发展起来的新型政权机构。

(一) 新中国成立初期的地方国家机构

当民主革命在局部地区取得胜利的时候,革命根据地就按照民主集中制的原则创立了革命政权。随着民主革命的胜利,革命政权组织也逐步发展起来。

早在第二次国内革命战争时期,湘赣等边区就建立了工农兵苏维埃代表会议或革命委员会等政权机构。抗日战争时期,根据地的政权机构是边区、县、乡的参议会和人民政府。第三次国内革命战争时期,随着解放区的扩大和土地革命的进行,在贫农团和农会的基础上产生了区、乡两级人民代表会议和人民政府。在新中国成立前夕,在一些地方成立了区域性的政权机构(如东北人民政府、华北人民政府)和军事委员会,从而有力支援了解放战争在全国的发展。新民主主义时期革命根据地的政权建设,为以后我国地方政权的建立提供了宝贵的经验。

新中国成立前夕,我国各地的情况差异很大,有的是老革命根据地,有的是新解放区,有的地区已完成了土地改革,有的地区土地改革尚未进行,有的地方的群众已经组织起来,有的地区解放战争尚在进行。因此,凡人民解放军初解放的地方,一律实施军事管制,由中央人民政府或军政机关委任人员组织军事管制委员会和地方人民政府,并在条件许可时召集各界人民代表会议;在普选的地方人民代表大会召开以前,由地方各界人民代表会议逐步地代行人民代表大会的职权;凡在军事行动已经完全结束、土地改革已经彻底实现、各界人民已

---

① 以上资料主要参考了许崇德主编:《中华法学大辞典》(宪法学卷)(中国检察出版社1995年版)中由本人撰写的有关词条的内容。

有充分组织的地方，实行普选，召开地方人民代表大会。①

（二）1954年至“文化大革命”前的地方国家机构

1954年6月，我国胜利完成了具有历史意义的第一次基层普选，在普选的基层人民代表大会召开的基础上，陆续召开了县级以上的地方各级人民代表大会。同年9月召开的第一届全国人民代表大会第一次会议，通过了新中国第一部宪法——《中华人民共和国宪法》，并通过《地方各级人民代表大会和地方各级人民委员会组织法》。

根据1954年《宪法》和《地方各级人民代表大会和地方各级人民委员会组织法》的规定，全国的行政区域划分为省、自治区、直辖市；省、自治区分为自治州、县、自治县、市；县、自治县分为乡、民族乡、镇；直辖市和较大的市分为区；自治州分为县、自治县、市。省、直辖市、县、市、市辖区、乡、民族乡、镇设立人民代表大会和人民委员会。自治区、自治州、自治县设立自治机关。

地方各级人民代表大会是地方国家权力机关，在本行政区域内行使保障法律、法令和上级人民代表大会决议的遵守和执行，在职权范围内通过和发布决议，审查、批准预算决算或财政收支，选举本级人民委员会的组成人员和上一级人民代表大会代表，听取和审查本级人民委员会的工作报告，改变或撤销本级人民委员会不适当的决议和命令，保护公共财产、维护公共秩序、保障公民权利和少数民族平等权利等职权。

地方各级人民委员会，即地方各级人民政府，是地方各级人民代表大会的执行机关，是地方各级国家行政机关，在本行政区域内行使根据法律、法令、本级人民代表大会决议和上级国家行政机关的决议和命令，规定行政措施或发布决议和命令，主持本级人民代表大会代表的选举，召集本级人民代表大会会议，向本级人民代表大会提出议案，管理文化、教育、卫生、优抚、救济和兵役等工作，保护公共财产、维护公共秩序、保障公民权利和少数民族平等权利，以及办理上级国家行政机关交办的其他事项等职权。地方各级人民委员会分别由省长、市长、县长、区长、乡长、镇长各1人，副省长、副市长、副县长、副区长、副乡长、副镇长各若干人和委员各若干人组成，由本级人民代表大会选举产生。地方各级人民委员会对本级人民代表大会和上一级国家行政机关负责并报告工作。地方各级人民委员会都是国务院统一领导下的国家行政机关，都服从国务院。

关于各级人民委员会的机构设置，根据《地方各级人民代表大会和地方各级人民委员会组织法》的规定：（1）省人民委员会按照需要可以设立民政、公安、司法、监察、计划、财政、粮食、工业、商业、交通、农林、水利、劳动、文化、教

---

① 1949年《中国人民政治协商会议共同纲领》第十四条。

育、卫生、体育运动等厅、局、处或委员会，并可设立办公厅。民族事务较多的省按照需要可设立民族事务委员会；华侨事务较多的省按照需要可设立管理华侨事务的机构。(2) 直辖市和设区的市的人民委员会按照需要可以设立民政、公安、司法、监察、计划、财政、粮食、税务、工业、商业、劳动、文化、教育、卫生、体育运动、各项市政建设和公用事业等局、处或委员会，并可设立办公厅。民族事务较多的直辖市和设区的市按照需要可设立民族事务委员会；华侨事务较多的直辖市和设区的市按照需要可设立管理华侨事务的机构。(3) 不设区的市的人民委员会按照需要可以设立民政、公安、财政、粮食、税务、工商、建设、劳动、文化教育、卫生等科或局，并可设立办公室。(4) 县人民委员会按照需要可以设立民政、公安、财政、粮食、税务、工商、农林、交通、文化教育、卫生科或局，并可设立办公室。(5) 市辖区人民委员会按照需要可以设立民政、生产合作、工商管理、建设、劳动、文化教育、卫生等科或股，并可设立办公室。直辖市、市人民委员会的公安、税务等局可以在市辖区设立分局。(6) 乡、民族乡、镇人民委员会按照需要可以设立民政、治安、武装、生产合作、财粮、文化教育、调解等工作委员会，人口和工商业较多的镇的人民委员会并可参照对市辖区人民委员会的工作部门的规定设立工作部门。

根据《地方各级人民代表大会和地方各级人民委员会组织法》的规定，省、直辖市人民委员会的各工作部门受人民委员会的统一领导，并且受国务院主管部门的领导。县、市、市辖区人民委员会的各工作部门受人民委员会的统一领导，并且受上级人民委员会主管部门的领导。省、直辖市、设区的市的人民委员会的各工作部门在本部门的业务范围内，根据法律、法令、人民委员会的决议和命令、上级国家行政机关主管部门的命令和指示，可以向下级人民委员会主管部门发布命令和指示。省、直辖市、县、市、市辖区人民委员会应当协助设立在本行政区域内不属于自己管理的国家机关、国营企业、公私合营企业进行工作，并且监督它们遵守和执行法律、法令和政策，但是无权干涉它们的业务。

关于人民委员会派出机关的设置，根据《地方各级人民代表大会和地方各级人民委员会组织法》的规定，省人民委员会在必要时，经国务院批准，可以设立若干专员公署作为它的派出机关；县人民委员会在必要时，经省人民委员会批准，可以设立若干区公所作为它的派出机关；市辖区和不设区的市的人民委员会在必要时，经上一级人民委员会批准，可以设立若干街道办事处作为它的派出机关。

（三）“文化大革命”期间的地方国家机构

经过十多年的建设，我国的地方政权工作有了很大发展，但到了1966年开始的“文化大革命”期间，我国的国家机关体系受到了很大冲击，地方政权建设也受到严重破坏。地方各级人民代表大会长期不开，名存实亡，各级人民委员会或靠边，或改组。1967 年 1 月，造反派夺取地方政权后，建立起由无产阶级革命派、革命干部代表和军队代表参加的“三结合”的革命委员会，实行一元化领导，代替了原来经过选举产生的人民委员会。以后，革命委员会这一没有法律根据的地方政权体制迅速在全国各地推广。在各级革命委员会下，设立各大组或小组，替代原来的职能机构。一般分设四大组：办事组，主管机关事务、秘书、民政、外事等工作；政工组，主管宣传、组织、文化、教育、人事等工作；保卫组，主管治安、法院、保卫等工作；生产指挥组，主管生产、财贸、基本建设、工业、交通等工作。四大组下分设若干职能小组。原来的厅、局、处、科等名称一律废弃。

1975 年 1 月 17 日，四届全国人大一次会议通过的《宪法》，把革命委员会的形式加以确认，规定地方各级革命委员会是地方各级人民代表大会的常设机关，同时又是地方各级人民政府。地方各级革命委员会由主任、副主任若干人、委员若干人组成，由本级人民代表大会选举或罢免，并报上级国家机关审查批准。根据宪法，在地区一级也设立人民代表大会和革命委员会，从而改变了专员公署作为省人民政府派出机关的性质。

1978 年 3 月 5 日五届全国人大一次会议通过的《宪法》规定：“地方各级革命委员会，即地方各级人民政府，是地方各级人民代表大会的执行机关，是地方各级国家行政机关。”

（四）三中全会以后至今的地方国家机构

1979 年 7 月 1 日，五届全国人大二次会议通过的《关于修正〈中华人民共和国宪法〉若干规定的决议》，将地方各级革命委员会改为地方各级人民政府；同时规定，省人民政府可以按地区设立行政公署，作为自己的派出机构，从而恢复了地区的原有性质。并规定在县和县以上的地方各级人民代表大会设立常务委员会，作为本级人民代表大会的常设机关，对本级人民代表大会负责并报告工作。1979 年 7 月 1 日，五届全国人大二次会议通过的《地方各级人民代表大会和地方各级人民政府组织法》，除了将 1954 年《地方各级人民代表大会和地方各级人民委员会组织法》规定的“地方各级人民委员会”改为“地方各级人民政府”外，重要的修改、补充有：(1) 县级以上地方各级人民代表大会设立常务委员会，由主任 1 人、副主任若干人和委员若干人组成；县级以上地方各级人民代表大会常务委员会是本级人民代表大会的常设机关，对本级人民代表大会负责并报告工作。(2) 省、自治区、直辖市的人民代表大会及其常务委员会根据本行政区域的具体情况和实际需要，在和国家宪法、法律、政策、法令、政令不抵触的前提下，可以制定和颁布地方性法规，并报全国人民代表大会常务委员会和国务院备案。(3)省、自治区、直辖市的人民政府分别由省长、副省长,自治区主席、副主席,市长、副市长和秘书长、厅长、局长、委员会主任等组成。自治州、县、自治县、市、市辖区的人民政府分别由州长、副州长,县长、副县长,区长、副区长和局长、科长等组成。换言之,将县级以上地方各级人民政府工作部门的正职行政首长也作为人民政府组成人员,他们由本级人民代表大会常务委员会决定任免,报经国务院或上一级人民政府批准。而且,县级以上地方各级人民政府行政首长及副职的人选不再由本级人民代表大会选举而是由本级人民代表大会决定。(4)省、自治区、直辖市的人民政府的各工作部门受人民政府统一领导,并且受国务院主管部门的领导或业务指导。自治州、县、自治县、市、市辖区的人民政府的各工作部门受人民政府统一领导,并且受上级人民政府主管部门的领导或业务指导。

1982年12月4日,五届全国人大五次会议通过的《宪法》,规定省、直辖市、县、市、市辖区、乡、民族乡、镇设立人民代表大会和人民政府。并规定地方各级人民政府是地方各级人民代表大会的执行机关,是各级地方国家行政机关。

为了与1982年《宪法》的规定保持一致,同时根据各地意见和实际需要,1982年12月10日五届全国人大五次会议对1979年《地方各级人民代表大会和地方各级人民政府组织法》作了修改:(1)考虑到一些政治、经济、文化地位比较重要的市的需要,同时考虑到宪法规定省、自治区、直辖市的人大及其常委会才有权制定地方性法规,因此规定"省、自治区的人民政府所在地的市和经国务院批准的较大的市的人民代表大会常务委员会,可以拟订本市需要的地方性法规草案,提请省、自治区的人民代表大会常务委员会审议制定,并报全国人民代表大会常务委员会和国务院备案。"(2)增加规定:"省、自治区、直辖市以及省、自治区的人民政府所在地的市和经国务院批准的较大的市的人民政府,还可以根据法律和国务院的行政法规,制定规章。"(3)将县级以上的地方各级人民政府的秘书长、厅长、局长、主任、科长的任免,由1979年《地方各级人民代表大会和地方各级人民政府组织法》规定的由本级人大常委会决定、报经国务院或上一级人民政府批准,改为由本级人大常委会决定、报上一级人民政府备案。

1986年12月2日六届全国人大常委会第十八次会议对1982年《地方各级人民代表大会和地方各级人民政府组织法》作了修改:

(1)将"省、自治区的人民政府所在地的市和经国务院批准的较大的市的人民代表大会常务委员会,可以拟订本市需要的地方性法规草案,提请省、自治区的人民代表大会常务委员会审议制定,并报全国人民代表大会常务委员会和国务院备案"的规定,改为"省、自治区的人民政府所在地的市和经国务院批准的较大的市的人民代表大会根据本市的具体情况和实际需要,在不同宪法、法律、行政法规和本省、自治区的地方性法规相抵触的前提下,可以制定地方性法规,报省、自治区的人民代表大会常务委员会批准后施行,并由省、自治区的人民代表大会常务委员会报全国人民代表大会常务委员会和国务院备案";"省、自治区的人民政府所在地的市和经国务院批准的较大的市的人民代表大会常务委员会,在本级人民代表大会闭会期间,根据本市的具体情况和实际需要,在不同宪法、法律、行政法规和本省、自治区的地方性法规相抵触的前提下,可以制定地方性法规,报省、自治区的人民代表大会常务委员会批准后施行,并由省、自治区的人民代表大会常务委员会报全国人民代表大会常务委员会和国务院备案"。

(2) 将1979年和1982年《地方各级人民代表大会和地方各级人民政府组织法》规定的由县级以上的地方各级人民代表大会"决定省长、副省长,自治区主席、副主席,市长、副市长,州长、副州长,县长、副县长,区长、副区长的人选",改为"选举省长、副省长,自治区主席、副主席,市长、副市长,州长、副州长,县长、副县长,区长、副区长"。

(3) 将县级以上的地方各级人民政府的秘书长、厅长、局长、主任、科长的任免,由1982年《地方各级人民代表大会和地方各级人民政府组织法》规定的"由本级人民大会常务委员会决定,报上一级人民政府备案",改为由本级人大常委会"根据省长、自治区主席、市长、州长、县长、区长的提名,决定地方各级人民政府秘书长、厅长、局长、主任、科长的任免,报上一级的人民政府备案"。

1993年3月29日,八届全国人大一次会议对1982年《宪法》进行第二次修改,其中对县、不设区的市和市辖区的地方国家机构的每届任期作了改变,由3年改为5年。

1995年2月28日,八届全国人大常委会第十二次会议对1986年《地方各级人民代表大会和地方各级人民政府组织法》作了修改,如在1979年以来规定的"省、自治区、直辖市的人民政府的各工作部门受人民政府统一领导,并且受国务院主管部门的领导或业务指导。自治州、县、自治县、市、市辖区的人民政府的各工作部门受人民政府统一领导,并且受上级人民政府主管部门的领导或业务指导"中增加了"依照法律或者行政法规的规定"的措辞等。

1997年3月14日,八届全国人大五次会议通过决议,决定设立重庆直辖市。

根据2000年3月15日九届全国人大三次会议通过的《立法法》的规定,省、自治区、直辖市的人大及其常委会根据本行政区域的具体情况和实际需要,在不同宪法、法律、行政法规相抵触的前提下,可以制定地方性法规。较大的市的人大及其常委会根据本市的具体情况和实际需要,在不同宪法、法律、行政法规和本省、自治区的地方性法规相抵触的前提下,可以制定地方性法规,报省、自治区的人大常委会批准后施行。省、自治区、直辖市和较大的市的人民政府,可以根据法律、行政法规和本省、自治区、直辖市的地方性法规,制定规章。①

为了使各级人大任期一致,有利于协调各级经济社会发展规划、计划和人事安排,2004 年 3 月 14 日十届全国人大二次会议通过的宪法修正案,将宪法第九十八条“省、直辖市、县、市、市辖区的人民代表大会每届任期五年,乡、民族乡、镇的人民代表大会每届任期三年”,修改为“地方各级人民代表大会每届任期五年。”②

2004 年 10 月 27 日,十届全国人大常委会第十二次会议对《地方各级人民代表大会和地方各级人民政府组织法》作了再次修改:(1) 将第六条修改为:“地方各级人民代表大会每届任期五年”,并将第五十八条修改为:“地方各级人民政府每届任期五年。”(2) 将第三十条第二款修改为:“各专门委员会的主任委员、副主任委员和委员的人选,由主席团在代表中提名,大会通过。在大会闭会期间,常务委员会可以任免专门委员会的个别副主任委员和部分委员,由主任会议提名,常务委员会会议通过。”(3) 将第四十一条第四款第二项修改为:“(二) 设区的市、自治州十九人至四十一人,人口超过八百万的设区的市不超过五十一人”。第三项修改为:“(三) 县、自治县、不设区的市、市辖区十五人至二十七人,人口超过一百万的县、自治县、不设区的市、市辖区不超过三十五人”。

第三节　中央人民政府及有关部门

一、中央人民政府有关部门的沿革

在新中国成立初期,全国划分为东北、华北、华东、中南、西南、西北六大行政区。大行政区行政机构的设置,在华北和东北是 1948 年 8 月成立的华北人民政府和 1949 年 8 月成立的东北人民政府,其余四大区是建国初期为实施军事管制建立革命秩序而设置的军政委员会。

根据 1949 年 12 月 16 日中央人民政府政务院第十一次政务会议通过的

---

① 根据《立法法》第六十三条,“较大的市”是指省、自治区的人民政府所在地的市,经济特区所在地的市和经国务院批准的较大的市。这样,制定地方性法规和地方政府规章的主体范围,从 1982 年修改《中华人民共和国地方各级人民代表大会和地方各级人民政府组织法》以来规定的“省、自治区的人民政府所在地的市和经国务院批准的较大的市”,扩大到了还包括“经济特区所在地的市”。

② 全国人民代表大会常务委员会副委员长王兆国:《关于〈中华人民共和国宪法修正案(草案)〉的说明——2004 年 3 月 8 日在第十届全国人民代表大会第二次会议上》。

《大行政区人民政府委员会组织通则》的规定，各大行政区人民政府委员会是各该区所辖省（市）高一级的地方政权机关，并为中央人民政府政务院领导地方政府的代表机关，行使领导所属各省、市、县地方人民政府的工作，在其职权范围内颁发决议和命令，并审查其执行，以及批准任命重要行政人员等职权，并在政法、财经、文教、人民监察等方面设立一系列的机构。

1948 年 8 月成立的华北人民政府于 1949 年 10 月 31 日撤销。1950 年 9 月成立中央人民政府政务院华北事务部。1952 年 4 月 18 日，中央人民政府委员会第十四次会议批准，并于 21 日由中央人民政府公布，撤销了中央人民政府政务院华北事务部，成立中央人民政府政务院华北行政委员会。

1952 年 11 月 15 日，中央人民政府委员会第十九次会议通过决定，将大行政区人民政府或军政委员会一律改为行政委员会。大区行政委员会仅仅是代表中央人民政府在该地区进行领导与监督地方政府的机关，不再是一级地方政府。

1954 年 6 月 19 日，中央人民政府委员会第三十二次会议通过决定，撤销六大区一级行政机构，同时合并部分省市，将沈阳、旅大、鞍山、抚顺、本溪、哈尔滨、长春、武汉、广州、西安、重庆等 11 个中央直辖市改为省辖市。自此以后，中国地方行政建制基本相沿不改，也再无中央人民政府派驻一般地方的综合性监督机构。

在中国，依照现行宪法和法律的规定，由国务院统一领导全国地方各级人民政府的工作。因此，目前没有设立地方政府的综合性主管部门。

二、国务院有关部门

新中国成立以来，国务院行政机构设置几经调整和改革，变动很大。根据 1982 年《宪法》、1982 年《国务院组织法》以及 1997 年《国务院行政机构设置和编制管理条例》的规定，经过 1998 年、2003 年、2008 年机构改革和近几年的变化，国务院共设置以下的行政机构：

（1）国务院办公厅：是国务院依《国务院组织法》的规定设立的协助国务院领导处理国务院日常工作的行政机构。

（2）国务院组成部门：是依法分别履行国务院基本的行政管理职能的行政机构。包括各部、各委员会、中国人民银行、审计署。

（3）国务院直属特设机构：即 2003 年 3 月成立的国务院国有资产监督管理委员会。

（4）国务院直属机构：是主管国务院某项专门业务、具有独立的行政管理职能的行政机构。

(5) 国务院办事机构:是协助国务院总理办理专门事项、不具有独立的行政管理职能的行政机构。

(6) 国务院议事协调机构:是承担跨国务院行政机构的重要业务工作的组织协调任务的行政机构。其中,有的议事协调机构单设了办事机构。

(7) 国务院部委管理的国家局:是由国务院组成部门等管理、主管特定业务的、行使行政管理职能的行政机构。

形式上可大致分为三类:一是国务院办公厅管理的国家局,如国家信访局;二是国务院组成部门管理的国家局,如国家粮食局、国家烟草专卖局、国家公务员局、国家海洋局、国家测绘局、国家外汇管理局等,这在国家局中占绝大多数;三是国务院直属机构管理的国家局,如 2005 年 2 月成立的由国家安全生产监督管理总局管理的国家煤矿安全监察局。

上述国务院行政机构中,根据它们管理的业务与地方各级人民政府工作部门的关系的不同,又大致可以分为几种:

一类是在省级地方人民政府中也有对口的工作部门,如国务院中有公安部,省级地方人民政府中有公安厅(局)。它们之间的关系,根据规定是业务指导关系或领导关系。

其中属于业务指导关系的行政机构,在国务院行政机构中占大多数。这类国务院行政机构对省级地方人民政府工作部门是业务指导关系,同时省级地方人民政府工作部门受本级人民政府领导。如教育部、科技部等。

属于领导关系的目前有审计、行政监察、国家安全、统计等部门。目前这类行政机构实行中央与地方双重领导,在各自业务上以中央或地方领导为主的体制。

另一类是业务上与省级地方人民政府直接关系相对较少的国务院行政机构,省级地方人民政府不设对口的工作部门,由它们直接领导其设立在各地的本部门的派出机构或分支机构以及所属企业事业单位。这些所属派出机构或分支机构及所属企业事业单位,在遵守和执行法律、政策方面,接受当地人民政府的监督,并在工作上得到所在地人民政府的支持和协助。这类国务院行政机构所占比例较小。如海关总署、国家外汇管理局、国家税务总局(限于国家税务系统)等。

还有一类国务院行政机构,它们在地方设有机构,同时,省级地方人民政府中也有相应的工作部门。这类国务院行政机构对其在地方的机构是垂直领导关系,对地方政府中的相应工作部门是业务指导关系,如水利部(在地方设流域管理机构)、国家林业局(在地方设森林业资源监督专员办事处)、财政部(在地方设财政监察专员办事处)等。而中华人民共和国外交部驻香港特别行政区特派员公署和中华人民共和国外交部驻澳门特别行政区特派员公署，则是国务院行政机构设在特别行政区的派出机构。①

第四节　地方各级人民代表大会

一、性质和地位

根据现行《宪法》和现行《地方各级人民代表大会和地方各级人民政府组织法》的规定，中国的省、自治区、直辖市、自治州、县、自治县、市、市辖区、乡、民族乡和镇设立人民代表大会。地方各级人民代表大会是地方国家权力机关。本级的国家行政机关、审判机关和检察机关都由人民代表大会产生，在本行政区域内对它负责，受它监督。地方各级人民代表大会作为本行政区域内代表人民行使国家权力的机关，具有广泛的职权和一定自主性。地方各级人民代表大会之间、全国人民代表大会与地方各级人民代表大会之间不存在领导与被领导的关系。

二、组成和任期

地方各级人民代表大会由代表组成。省、自治区、直辖市、自治州、设区的市的人民代表大会代表，由下一级的人民代表大会选举；县、自治县、不设区的市、市辖区、乡、民族乡、镇的人民代表大会代表，由选民直接选举。根据《全国人民代表大会和地方各级人民代表大会选举法》的规定，省、自治区、直辖市的人民代表大会代表的具体名额，由全国人大常委会依照《全国人民代表大会和地方各级人民代表大会选举法》的规定确定。设区的市、自治州和县级的人民代表大会代表的具体名额，由省、自治区、直辖市的人大常委会依照《全国人民代表大会和地方各级人民代表大会选举法》的规定确定，报全国人大常委会备案。乡级的人民代表大会代表的具体名额，由县级的人大常委会依照《全国人民代表大会和地方各级人民代表大会选举法》的规定确定，报上一级人大常委会备案。

---

① 此外，国务院还设立直属事业单位。截至2008年3月，国务院设立的直属事业单位有：新华通讯社、中国科学院、中国社会科学院、中国工程院、国务院发展研究中心、国家行政学院、中国地震局、中国气象局、中国银行业监督管理委员会、中国证券监督管理委员会、中国保险监督管理委员会、国家电力监管委员会、国家自然科学基金委员会、全国社会保障基金理事会。其中，有的经法律、法规授权（如中国证券监督管理委员会）或者受国务院委托（如全国社会保障基金理事会），具有行政权。有的在地方设有派出机构或分支机构，如中国证券监督管理委员会、中国保险监督管理委员会、中国银行业监督管理委员会等，就在地方设有派出机构或分支机构。

根据现行《宪法》和现行《地方各级人民代表大会和地方各级人民政府组织法》的规定,地方各级人民代表大会每届任期五年。

三、职权

现行《地方各级人民代表大会和地方各级人民政府组织法》,对县级以上的地方各级人民代表大会的职权作了列举性的规定,共 15 项。概括起来,可分为:

1. 保证国家统一意志和上级国家权力机关决议的执行,即在本行政区域内,保证宪法、法律、行政法规和上级人大及其常委会决议的遵守和执行,保证国家计划和国家预算的执行。

2. 选举并有权罢免本级地方国家机关领导人员或组成人员或决定是否接受其辞职,即选举并有权罢免本级人大常委会的组成人员;选举并有权罢免省长、副省长,自治区主席、副主席,市长、副市长,州长、副州长,县长、副县长,区长、副区长;选举并有权罢免由它选出的本级人民法院院长和人民检察院检察长(选出和罢免人民检察院检察长,须报上一级人民检察院检察长提请该级人大常委会批准);选举上一级人民代表大会代表;等等。

3. 决定重大的地方性事项,即审查和批准本行政区域内的国民经济和社会发展计划、预算以及它们执行情况的报告;讨论、决定本行政区域内政治、经济、教育、科学、文化、卫生、环境和资源保护、民政、民族等工作的重大事项。

4. 监督其他地方国家机关的工作,即听取和审查本级人大常委会的工作报告;听取和审查本级人民政府和人民法院、人民检察院的工作报告;改变或撤销本级人大常委会的不适当的决议;撤销本级人民政府的不适当的决定和命令。根据《立法法》第八十八条的规定,省、自治区、直辖市的人民代表大会还有权改变或撤销它的常务委员会制定的和批准的不适当的地方性法规。

5. 保护各种权利,即保护社会主义的全民所有的财产和劳动群众集体所有的财产,保护公民私人所有的合法财产,维护社会秩序,保障公民的人身权利、民主权利和其他权利;保障各种经济组织的合法权益;保障少数民族的权利;保障宪法和法律赋予妇女的男女平等、同工同酬和婚姻自由等各项权利。

除以上五个方面的职权外,省、自治区、直辖市的人民代表大会根据本行政区域的具体情况和实际需要,在不同宪法、法律、行政法规相抵触的前提下,可以制定和颁布地方性法规,报全国人大常委会和国务院备案。省、自治区的人民政府所在地的市,经济特区所在地的市和经国务院批准的较大的市的人民代表大会根据本市的具体情况和实际需要,在不同宪法、法律、行政法规和本省、自治区的地方性法规相抵触的前提下，可以制定地方性法规，报省、自治区的人大常委会批准后施行，并由省、自治区的人大常委会报全国人大常委会和国务院备案。

现行《地方各级人民代表大会和地方各级人民政府组织法》，对乡、民族乡、镇的人民代表大会的职权，另行作了列举性的规定，共 13 项。概括起来，可分为：

1. 保证国家统一意志和上级国家权力机关决议的执行，即在本行政域内保证宪法、法律、行政法规和上级人大及其常委会决议的遵守和执行。

2. 选举本级人民代表大会主席、副主席；选举并有权罢免乡长、副乡长，镇长、副镇长。

3. 决定重大地方性事项，即根据国家计划，决定本行政区域内的经济、文化事业和公共事业的建设计划；审查和批准本行政区域内的财政预算和预算执行情况的报告。

4. 监督乡、民族乡、镇的人民政府的工作，即听取和审查乡、民族乡、镇的人民政府的工作报告；撤销乡、民族乡、镇的人民政府的不适当的决定和命令。

5. 保护各种权利，即保护社会主义的全民所有的财产和劳动群众集体所有的财产，保护公民私人所有的合法财产，维护社会秩序，保障公民的人身权利、民主权利和其他权利；保护各种经济组织的合法权益；保障少数民族的权利；保障宪法和法律赋予妇女的男女平等、同工同酬和婚姻自由等各项权利。

除以上五个方面的职权外，乡、民族乡、镇的人民代表大会可在职权范围内通过和发布决议。

第五节　县级以上地方各级人大常委会

一、性质和地位

1954 年《宪法》和《地方各级人民代表大会和地方各级人民委员会组织法》颁布后，根据宪法和地方组织法的规定，全国范围内，在全国人民代表大会设立常务委员会作为常设机关，在地方则设立人民代表大会和人民委员会。在地方各级人民代表大会闭会期间，由地方各级人民委员会主持本级人民代表大会代表的选举，召集本级人民代表大会会议，作为“地方各级人民代表大会的执行机关,同时也行使人民代表大会的常务机关的职权”。①

1979 年 7 月 1 日五届全国人大二次会议通过《关于修正〈中华人民共和国宪法〉若干规定的决议》,同意县和县以上的地方各级人民代表大会设立常务委员会,同时通过了《地方各级人民代表大会和地方各级人民政府组织法》。根据该《地方各级人民代表大会和地方各级人民政府组织法》的规定,省、自治区、直辖市、自治州、县、自治县、市、市辖区的人民代表大会设立常务委员会。县级以上的地方各级人大常委会是本级人民代表大会的常设机关,对本级人民代表大会负责并报告工作。1982 年《宪法》重新加以确认,从而明确了县级以上地方各级人大常委会的性质和地位。

二、组成和任期

根据 1982 年《宪法》和现行《地方各级人民代表大会和地方各级人民政府组织法》的规定,省、自治区、直辖市、自治州、设区的市的人大常委会由本级人民代表大会在代表中选举主任、副主任若干人、秘书长和委员若干人组成;县、自治县、不设区的市、市辖区的人大常委会由本级人民代表大会在代表中选举主任、副主任若干人和委员若干人组成。人大常委会的组成人员不得担任国家行政机关、审判机关和检察机关的职务;如果担任上述职务,必须向常务委员会辞去常务委员会的职务。常务委员会组成人员的名额:省、自治区、直辖市 35 人至 65 人,人口超过 8 000 万的省不超过 85 人;设区的市、自治州 19 人至 41 人,人口超过 800 万的设区的市不超过 51 人;县、自治县、不设区的市、市辖区 15 人至 27 人,人口超过 100 万的县、自治县、不设区的市、市辖区不超过 35 人。

县级以上的地方各级人大常委会每届任期同本级人民代表大会每届任期相同,它行使职权到下届本级人民代表大会选出新的常务委员会为止。

三、职权

现行《地方各级人民代表大会和地方各级人民政府组织法》第四十四条,对县级以上的地方各级人大常委会的职权作了列举性的规定,共 14 项。归纳起来,可分为:

1. 保证国家统一意志和上级国家权力机关决议的执行,即在本行政区域内,保证宪法、法律、行政法规和上级人大及其常委会决议的遵守和执行。

---

① 刘少奇:《关于中华人民共和国宪法草案的报告》(1954 年在第一届全国人民代表大会第一次会议上),载许崇德主编:《中国宪法参考资料选编》(高等学校文科教学参考书),中国人民大学出版社 1990 年版,第 73 页。

2. 主持选举和召集会议,即领导或主持本级人民代表大会代表的选举,召集本级人民代表大会会议。

3. 决定重大的地方性事项,即讨论、决定本行政区域内的政治、经济、教育、科学、文化、卫生、环境和资源保护、民政、民族等工作的重大事项;根据本级人民政府的建议,决定对本行政区域内的国民经济和社会发展计划、预算的部分变更;决定授予地方的荣誉称号。

4. 人事任免,即在本级人民代表大会闭会期间,决定副省长、自治区副主席、副市长、副州长、副县长、副区长的个别任免;在省长、自治区主席、市长、州长、县长、区长和人民法院院长、人民检察院检察长因故不能担任职务时,从本级人民政府、人民法院和人民检察院副职领导人员中决定代理的人选(决定代理检察长,须报上一级人民检察院和人民代表大会常务委员会备案);根据省长、自治区主席、市长、州长、县长、区长的提名,决定本级人民政府秘书长、厅长、局长、委员会主任、科长的任免,报上一级人民政府备案;按照《人民法院组织法》和《人民检察院组织法》的规定,任免人民法院副院长、庭长、副庭长、审判委员会委员、审判员,任免人民检察院副检察长、检察委员会委员、检察员,批准任免下一级人民检察院检察长;省、自治区、直辖市的人大常委会根据主任会议的提名,决定在省、自治区内按地区设立的和在直辖市内设立的中级人民法院院长的任免,根据省、自治区、直辖市的人民检察院检察长的提名,决定人民检察院分院检察长的任免;在本级人民代表大会闭会期间,决定撤销个别副省长、自治区副主席、副市长、副州长、副县长、副区长的职务;决定撤销由它任命的本级人民政府其他组成人员和人民法院副院长、庭长、副庭长、审判委员会委员、审判员,人民检察院副检察长、检察委员会委员、检察员,中级人民法院院长,人民检察院分院检察长的职务;在本级人民代表大会闭会期间,补选上一级人民代表大会出缺的代表和罢免个别代表;等等。

5. 监督其他地方国家机关的工作,即监督本级人民政府、人民法院和人民检察院的工作,联系本级人民代表大会代表,受理人民群众对上述机关和国家工作人员的申诉和意见;撤销下一级人大及其常委会的不适当的决议和本级人民政府的不适当的决定和命令。①

除以上五个方面的职权外,根据现行《地方各级人民代表大会和地方各级人民政府组织法》第四十三条的规定,省、自治区、直辖市的人大常委会在本级人民代表大会闭会期间,根据本行政区域的具体情况和实际需要,在不同宪法、

---

① 根据2000年《立法法》第八十八条的规定,省级和较大的市的人民代表大会常务委员会还有权撤销本级人民政府制定的不适当的规章。

法律、行政法规相抵触的前提下,可以制定和颁布地方性法规,报全国人大常委会和国务院备案。省、自治区人民政府所在地的市和经国务院批准的较大的市的人大常委会,在本级人民代表大会闭会期间,根据本市的具体情况和实际需要,在不同宪法、法律、行政法规和本省、自治区的地方性法规相抵触的前提下,可以制定地方性法规,报省、自治区的人大常委会批准后施行,并由省、自治区的人大常委会报全国人大常委会和国务院备案。

第六节 地方各级人民政府

一、性质、地位和任期

根据1982年《宪法》第九十五条的规定,省、直辖市、县、市、市辖区、乡、民族乡、镇设立人民政府;而根据现行《地方各级人民代表大会和地方各级人民政府组织法》第一条的规定,省、自治区、直辖市、自治州、县、自治县、市、市辖区、乡、民族乡、镇设立人民政府。

关于地方各级人民政府的性质和地位,根据1982年《宪法》第一百零五条第一款和现行《地方各级人民代表大会和地方各级人民政府组织法》第五十四条的规定,地方各级人民政府是地方各级人民代表大会的执行机关,是地方各级国家行政机关。

作为地方各级人民代表大会的执行机关,地方各级人民政府对本级人民代表大会负责并报告工作;县级以上的地方各级人民政府在本级人民代表大会闭会期间,对本级人民代表大会常务委员会负责并报告工作。

作为地方国家行政机关,地方各级人民政府对上一级国家行政机关负责并报告工作,并服从国务院的统一领导。

地方各级人民政府是地方各级人民代表大会的执行机关,因此,根据1982年《宪法》第一百零六条,地方各级人民政府每届任期同本级人民代表大会每届任期相同。也就是说,省、直辖市、设区的市的人民政府每届任期五年;县、不设区的市、市辖区、乡、民族乡、镇人民政府每届任期三年。

1993年《宪法修正案》第十一条,将县级地方人民代表大会的每届任期作了修改,规定"省、自治区、直辖市、县、市、市辖区的人民代表大会每届任期五年。乡、民族乡、镇的人民代表大会每届任期三年。"因此,从1993年宪法修正案起,省、自治区、直辖市、县、市、市辖区的人民政府每届任期五年。乡、民族乡、镇的人民政府每届任期三年。

2004年《宪法修正案》第十三条,将乡级地方人民代表大会的每届任期作了修改，规定"地方各级人民代表大会每届任期五年。"因此，从 2004 年宪法修正案起，地方各级人民政府每届任期均为五年。

二、组成和领导体制

1982 年《宪法》对地方各级人民政府的组成未作规定。根据现行《地方各级人民代表大会和地方各级人民政府组织法》第五十六条的规定，省、自治区、直辖市、自治州、设区的市的人民政府分别由省长、副省长，自治区主席、副主席，市长、副市长，州长、副州长和秘书长、厅长、局长、委员会主任等组成；县、自治县、不设区的市、市辖区的人民政府分别由县长、副县长，市长、副市长，区长、副区长和局长、科长等组成；乡、民族乡的人民政府设乡长、副乡长。民族乡的乡长由建立民族乡的少数民族公民担任；镇人民政府设镇长、副镇长。

关于地方各级人民政府的领导体制，根据 1982 年《宪法》第一百零五条第二款的规定，地方各级人民政府实行省长、市长、县长、区长、乡长、镇长负责制。而根据现行《地方各级人民代表大会和地方各级人民政府组织法》第六十二条的规定，地方各级人民政府分别实行省长、自治区主席、市长、州长、县长、区长、乡长、镇长负责制。省长、自治区主席、市长、州长、县长、区长、乡长、镇长分别主持地方各级人民政府的工作。

但县级以上的地方各级人民政府的首长负责制是与一定形式的会议制度相结合的。根据现行《地方各级人民代表大会和地方各级人民政府组织法》第六十三条的规定，县级以上的地方各级人民政府会议分为全体会议和常务会议。全体会议由本级人民政府全体成员组成；常务会议则分别由省长、副省长，自治区主席、副主席，市长、副市长，州长、副州长，县长、副县长，区长、副区长组成。省、自治区、直辖市、自治州、设区的市的人民政府的常务会议还有秘书长参加。县级以上地方各级人民政府工作部门的厅长、局长、委员会主任、科长等不是常务会议的组成人员。省长、自治区主席、市长、州长、县长、区长召集和主持本级人民政府全体会议和常务会议。政府工作中的重大问题，须经政府常务会议或全体会议讨论决定。

三、职权

现行《地方各级人民代表大会和地方各级人民政府组织法》第五十九条，对县级以上的地方各级人民政府的职权作了列举性的规定，共 10 项。概括起来，可分为：

(1) 执行本级人民代表大会及其常务委员会的决议，以及上级国家行政机关的决定和命令，执行国民经济和社会发展计划、预算。

(2) 规定行政措施,发布决定和命令。

(3) 领导所属各工作部门和下级人民政府的工作;管理本行政区域内的经济、教育、科学、文化、卫生、体育事业、环境和资源保护、城乡建设事业和财政、民政、公安、民族事务、司法行政、监察、计划生育等行政工作;依照法律的规定任免、培训、考核和奖惩国家行政机关工作人员。

(4) 保护社会主义全民所有的财产和劳动群众集体所有的财产,保护公民私人所有的合法财产,维护社会秩序,保障公民的人身权利、民主权利和其他权利;保护各种经济组织的合法权益;保障少数民族的权利和尊重少数民族的风俗习惯;帮助本行政区域内各少数民族聚居的地方依照宪法和法律实行区域自治,帮助各少数民族发展政治、经济和文化的建设事业;保障宪法和法律赋予妇女的男女平等、同工同酬和婚姻自由等各项权利。

(5) 改变或撤销所属各工作部门的不适当的命令、指示和下级人民政府的不适当的决定、命令。

(6) 办理上级国家行政机关交办的其他事项。

除以上六个方面的职权外,根据现行《地方各级人民代表大会和地方各级人民政府组织法》第六十条的规定,省、自治区、直辖市的人民政府可以根据法律、行政法规和本省、自治区、直辖市的地方性法规,制定规章,报国务院和本级人民代表大会常务委员会备案。省、自治区的人民政府所在地的市和经国务院批准的较大的市的人民政府,可以根据法律、行政法规和本省、自治区的地方性法规,制定规章,报国务院和省、自治区的人民代表大会常务委员会、人民政府以及本级人民代表大会常务委员会备案。

现行《地方各级人民代表大会和地方各级人民政府组织法》第六十一条,对乡、民族乡、镇的人民政府的职权,也作了列举性的规定,共7项。概括起来,可分为:

(1) 执行本级人民代表大会的决议和上级国家行政机关的决定和命令,执行本行政区域内的经济和社会发展计划、预算;

(2) 发布决定和命令;

(3) 管理本行政区域内的经济、教育、科学、文化、卫生、体育事业和财政、民政、公安、司法行政、计划生育等行政工作;

(4) 保护社会主义的全民所有的财产和劳动群众集体所有的财产,保护公民私人所有的合法财产,维护社会秩序,保障公民的人身权利、民主权利和其他权利;保护各种经济组织的合法权益;保障少数民族的权利和尊重少数民族的风俗习惯;保障宪法和法律赋予妇女的男女平等、同工同酬和婚姻自由等各项权利;

(5) 办理上级国家行政机关交办的其他事项。

四、工作部门和派出机关

《宪法》对地方各级人民政府的机构设置未作规定,只提及“各工作部门”,并在第一百零九条中要求“县级以上的地方各级人民政府设立审计机关。”

根据现行《地方各级人民代表大会和地方各级人民政府组织法》第六十四条的规定,地方各级人民政府根据工作需要和精干的原则,设立必要的工作部门。这类工作部门在省一级主要有组成部门、直属机构、办事机构、议事协调机构和厅、委管理机构等。在省和自治区,一般称厅、局、委员会,在直辖市称局、委员会。省级以下工作部门一般不再分为组成部门和直属机构,在自治州、县、自治县、市、市辖区称局、委员会等。2003 年机构改革后,主要在省级和设区的市级设“直属特设机构”。

实践中,一般是省级人民政府工作部门较多,市、区、县级人民政府工作部门较少,而乡、镇人民政府工作部门最少。各级人民政府工作部门的数目在各省、直辖市、自治区也不尽相同,且前后也在变化。如 2002 年前,省、自治区人民政府工作部门 53 个左右(含厅、委管理机构),改革后精简为 40 个左右,经济不发达、人口较少的省(自治区)改革后工作部门精简为 30 左右;直辖市人民政府工作部门 61 个左右(含厅、委管理机构),改革后精简为 45 个左右;大城市人民政府工作部门 55 个左右,改革后精简为 40 个,中小城市人民政府工作部门 37 个左右,改革后分别精简为 30 个和 22 个左右,经济不发达、人口较少的市更少一些;自治州人民政府工作部门 32 个左右,改革后精简为 25 个;较大的县人民政府工作部门 30 个左右,改革后精简为 22 个左右;中等县、小县人民政府工作部门 24 个左右,改革后分别精简为 18 个和 14 个左右。[①] 2008 年地方政府机构改革后,工作部门的数目又有所减少。

地方各级人民政府的工作部门具体包括哪些部门或机构,法律没有规定,实践中可以分为组成部门和非组成部门。

地方各级人民政府组成部门的厅长、局长、委员会主任等,由县级以上地方各级本级人民代表大会常务委员会分别根据省长、自治区主席、市长、州长、县长、区长的提名,决定任命,是本级地方人民政府组成人员,参加地方各级人民政府全体会议;非组成部门,如直属特设机构、直属机构、办事机构和议事协调机构等,其负责人由本级人民政府任命,不属于本级地方人民政府组成人员,也不参加地方各级人民政府全体会议。

---

① 宋德福主编:《中国政府管理与改革》,中国法制出版社 2001 年版,第 378—379 页。

现行《地方各级人民代表大会和地方各级人民政府组织法》第六十四条第三款和第四款规定："省、自治区、直辖市的人民政府的厅、局、委员会等工作部门的设立、增加、减少或者合并，由本级人民政府报请国务院批准，并报本级人民代表大会常务委员会备案。自治州、县、自治县、市、市辖区的人民政府的局、科等工作部门的设立、增加、减少或者合并，由本级人民政府报请上一级人民政府批准，并报本级人民代表大会常务委员会备案。"可见，法律没有具体规定哪些机构是组成部门哪些是非组成部门，实践中，一般根据是否由上一级人民政府批准并报本级人民代表大会常务委员会备案、其负责人是否由县级以上地方各级人民代表大会常务委员会根据政府行政首长提名决定任命并为本级地方人民政府组成人员，来加以确定。

1982年《宪法》、现行《地方各级人民代表大会和地方各级人民政府组织法》和现行《审计法》，均规定县级以上的地方各级人民政府设立审计机关。地方各级审计机关依照法律的规定独立行使审计监督权，对本级人民政府和上一级审计机关负责。这是唯一由宪法和法律规定必须设立的地方人民政府部门。

根据《地方各级人民代表大会和地方各级人民政府组织法》第六十五条的规定，各厅、局、委员会、科分别设厅长、局长、主任、科长，必要时可以设副职。办公厅、办公室设主任，必要时可设副主任。省、自治区、直辖市、自治州、设区的市的人民政府设秘书长1人、副秘书长若干人。

现行《地方各级人民代表大会和地方各级人民政府组织法》第六十六条规定："省、自治区、直辖市的人民政府的各工作部门受人民政府统一领导，并且依照法律或者行政法规的规定受国务院主管部门的业务指导或者领导。自治州、县、自治县、市、市辖区的人民政府的各工作部门受人民政府统一领导，并且依照法律或者行政法规的规定受上级人民政府主管部门业务指导或者领导"。

根据上述规定，地方各级人民政府工作部门，根据其与上级人民政府主管部门的关系也可分为两类：

一是受本级人民政府统一领导，并且受国务院或上级人民政府主管部门业务指导的工作部门。这类工作部门在地方人民政府工作部门中占大多数，如教育、民政等部门。

二是受本级人民政府统一领导，并且受国务院或上级人民政府主管部门业务领导的工作部门，如审计、行政监察等部门。这类工作部门数量较少，通常称为"双重领导部门"。

此外，还有一类部门，它们在省一级与国务院主管部门是业务指导或领导关系，但在省以下是垂直领导关系，如根据《国务院关于地方税务机构管理体制问题的通知》（国发〔1997〕34 号）、《国务院批转〈国家工商行政管理局工商行政管理体制改革方案〉的通知》（国发〔1998〕41 号）、《国务院批转〈国家质量技术监督局质量技术监督管理体制改革方案〉的通知》（国发〔1999〕8 号）、《国务院〈批转国家药品监督管理局药品监督管理体制改革方案〉的通知》（国发〔2000〕10 号），地方税务、工商行政管理、技术监督管理、药品监督管理部门实行省以下垂直领导。

另外，根据《国务院关于做好省级以下国土资源管理体制改革有关问题的通知》（国发〔2004〕12 号），市（州、盟）、县（市、旗）国土资源主管部门是同级人民政府的工作部门，其机构编制仍由同级人民政府管理；地区国土资源主管部门的机构编制仍由行署管理。市辖区国土资源主管部门的机构编制上收到市人民政府管理，改为国土资源管理分局，为市国土资源主管部门的派出机构。乡（镇）国土资源管理所的机构编制上收到县（市、旗）人民政府管理，县（市、旗）可以根据实际情况和工作需要，按乡（镇）或区域设置国土资源管理所，为县（市、旗）国土资源主管部门的派出机构。

关于地方人民政府的派出机关，现行《地方各级人民代表大会和地方各级人民政府组织法》第六十八条规定："省、自治区的人民政府在必要的时候，经国务院批准，可以设立若干派出机关。"这种派出机关称"行政公署"。1954 年《地方各级人民代表大会和地方各级人民委员会组织法》称之为"专员公署"，其所辖区域称"专区"。1975 年《宪法》把"专区"改为"地区"，规定在地区也设立人民代表大会和革命委员会，改变了专员公署作为省人民政府派出机关的性质。根据 1978 年《宪法》的规定，地区不设人民代表大会，并将"专员公署"改为"行政公署"，恢复了其作为省人民政府（革命委员会）的派出机关的性质。1983 年以来，在经济比较发达的地方实行地市合并、市管县的体制，从而撤销了一大批地区和行政公署。1986 年修改《地方各级人民代表大会和地方各级人民政府组织法》以后，法律上不再使用"行政公署"名称。

现行《地方各级人民代表大会和地方各级人民政府组织法》第六十八条还规定，县、自治县的人民政府在必要时，经省、自治区、直辖市的人民政府批准，可以设若干区公所，作为它的派出机关。市辖区、不设区的市的人民政府，经上一级人民政府批准，可以设立若干街道办事处，作为它的派出机关。

截至 2007 年 12 月，全国共有地区 17 个，盟 3 个，区公所 10 个，街道办事处 6 434 个。[1]

---

① 《中华人民共和国行政区划简册》（2007 年），中国地图出版社 2008 年版，第 1 页。

第七节　基层群众性自治组织

一、基层群众性自治组织概述

基层群众自治制度是我国宪法规定和保障的政治制度之一。基层群众性自治组织是实现城乡居民自我管理、自我教育、自我服务的基本形式。基层群众性自治组织包括居民委员会和村民委员会。

截至2007年12月底，全国设有居民委员会(社区居民委员会)8.1万个，村委会61.4万个。①

二、村民委员会

根据1982年《宪法》和1998年修改的《村民委员会组织法》，村民委员会是村民自我管理、自我教育、自我服务的基层群众性自治组织，实行民主选举、民主决策、民主管理、民主监督。

根据《村民委员会组织法》的规定，村民委员会与基层政权的关系为：(1)乡、民族乡、镇的人民政府对村民委员会的工作给予指导、支持和帮助，但不得干预依法属于村民自治范围内的事项；(2)村民委员会协助乡、民族乡、镇的人民政府开展工作。

根据1982年《宪法》和1998年《村民委员会组织法》的规定，村民委员会的主要任务是：(1)办理本村的公共事务和公益事业，调解民间纠纷，协助维护社会治安，向人民政府反映村民的意见、要求和提出建议；(2)支持和组织村民依法发展各种形式的合作经济和其他经济，承担本村生产的服务和协调工作，促进农村生产建设和社会主义市场经济的发展；(3)尊重集体经济组织依法独立进行经济活动的自主权，维护以家庭承包经营为基础、统分结合的双层经营体制，保障集体经济组织和村民、承包经营户、联户或合伙的合法的财产权和其他合法的权利和利益；(4)依法管理本村属于村民集体所有的土地和其他财产，教育村民合理利用自然资源，保护和改善生态环境；(5)宣传宪法、法律、法规和国家的政策，教育和推动村民履行法律规定的义务，爱护公共财产，维护村民的合法的权利和利益，发展文化教育，普及科技知识，促进村和村之间的团结、互助，开展多种形式的社会主义精神文明建设活动；(6)协助有关部门，对被依法剥夺政治权利的村民进行教育、帮助和监督；(7)多民族村民居住的村，村民

① 见《2007年民政事业发展统计报告》，http://www.mca.gov.cn

委员会应教育和引导村民加强团结、互相尊重、互相帮助。

村民委员会根据村民居住状况、人口多少,按照便于群众自治的原则设立。村民委员会的设立、撤销、范围调整,由乡、民族乡、镇的人民政府提出,经村民会议讨论同意后,报县级人民政府批准。

村民委员会由主任、副主任和委员共3—7人组成,由村民直接选举产生。村民委员会每届任期三年,村民委员会成员可以连选连任。村民委员会成员不脱离生产,根据情况,可以给予适当补贴。村民委员会可以按照村民居住状况分设若干村民小组,小组长由村民小组会议推选。村民委员会根据需要设人民调解、治安保卫、公共卫生等委员会。人口少的村的村民委员会可以不设下属委员会,由村民委员会成员分工负责人民调解、治安保卫、公共卫生等工作。

村民会议由本村18周岁以上的村民组成。村民委员会向村民会议负责并报告工作。村民会议每年审议村民委员会的工作报告,并评议村民委员会成员的工作。村民会议由村民委员会召集,有1/10以上的村民提议,应当召集村民会议。本村1/5以上有选举权的村民联名,可以要求罢免村民委员会成员。罢免村民委员会成员须经有选举权的村民过半数通过。

涉及村民利益的下列事项,村民委员会必须提请村民会议讨论决定,方可办理:(1)乡统筹的收缴办法,村提留的收缴及使用;(2)本村享受误工补贴的人数及补贴标准;(3)从村集体经济所得收益的使用;(4)村办学校、村建道路等村公益事业的经费筹集方案;(5)村集体经济项目的立项、承包方案及村公益事业的建设承包方案;(6)村民的承包经营方案;(7)宅基地的使用方案;(8)村民会议认为应当由村民会议讨论决定的涉及村民利益的其他事项。

村民会议可以制定和修改村民自治章程、村规民约,并报乡、民族乡、镇的人民政府备案。村民自治章程、村规民约以及村民会议或村民代表讨论决定的事项不得与宪法、法律、法规和国家的政策相抵触,不得有侵犯村民人身自由、民主权利和合法财产权利的内容。人数较多或居住分散的村,可以推选产生村民代表,由村民委员会召集村民代表开会,讨论决定村民会议授权的事项。村民代表由村民按每5户至15户推选一人,或由各村民小组推选若干人。村民委员会实行村务公开制度。

二、居民委员会

根据1982年《宪法》和1989年《城市居民委员会组织法》的规定,居民委员会是居民自我管理、自我教育、自我服务的基层群众性自治组织。

根据《城市居民委员会组织法》的规定,居民委员会与基层政权的关系为:(1)不设区的市、市辖区的人民政府或它的派出机关对居民委员会的工作给予指导、支持和帮助；(2) 居民委员会协助不设区的市、市辖区的人民政府或它的派出机关开展工作；(3) 市、市辖区的人民政府有关部门需要居民委员会或它的下属委员会协助进行的工作，应经市、市辖区的人民政府或它的派出机关同意并统一安排；(4) 市、市辖区的人民政府有关部门，可以对居民委员会有关的下属委员会进行业务指导。

根据1982年《宪法》的规定，居民委员会的任务是办理本居住地区的公共事务和公益事业，调解民间纠纷，协助维护社会治安，并且向人民政府反映群众的意见、要求和提出建议。1989年《城市居民委员会组织法》，将居民委员会的任务具体列举为：(1) 宣传宪法、法律、法规和国家的政策，维护居民的合法的权益，教育居民履行依法应尽的义务，爱护公共财产，开展多种形式的社会主义精神文明建设活动；(2) 办理本居住地区居民的公共事务和公益事业；(3) 调解民间纠纷；(4) 协助维护社会治安；(5) 协助人民政府或它的派出机关做好与居民利益有关的公共卫生、计划生育、优抚救济、青少年教育等项工作；(6) 向人民政府或它的派出机关反映居民的意见、要求和提出建议。

居民委员会应当开展便民利民的社区服务活动，可以兴办有关的服务事业。居民委员会管理本居民委员会的财产，任何部门和单位不得侵犯居民委员会的财产所有权。多民族居住地区的居民委员会，应当教育居民互相帮助，互相尊重，加强民族团结。此外，居民委员会应对编入居民小组的被依法剥夺政治权利的人进行监督和教育。

居民委员会根据居民居住状况，按照便于居民自治的原则，一般在100户至700户的范围内设立。居民委员会的设立、撤销、规模调整，由不设区的市、市辖区的人民政府决定。

居民委员会由主任、副主任和委员共5—9人组成。多民族居住地区，居民委员会中应当有人数较少的民族的成员。居民委员会根据需要设人民调解、治安保卫、公共卫生等委员会。居民较少的居民委员会可以不设下属的委员会，由居民委员会成员分工负责有关工作。居民委员会可以分设若干居民小组，小组长由居民小组推选。

居民委员会主任、副主任和委员，由本居住地区全体有选举权的居民或由每户派代表选举产生；根据居民意见，也可以由每个居民小组选举代表2—3人选举产生。居民委员会每届任期三年，其成员可以连选连任。

居民会议由18周岁以上的居民组成。居民委员会向居民会议负责并报告工作。居民会议由居民委员会召集和主持，有1/5以上的18周岁以上的居民、1/5以上的户或1/3以上的居民小组提议，应当召集居民会议。涉及全体居民利益的重要问题，居民委员会必须提请居民会议讨论决定。居民会议有权撤换和补选居民委员会成员。

居民公约由居民会议讨论决定，报不设区的市、市辖区人民政府或它的派出机关备案，由居民委员会监督执行。居民应当遵守居民会议的决议和居民公约。居民公约的内容不得与宪法、法律、法规和国家的政策相抵触。

第八节　民族自治地方的自治机关

一、民族自治地方

民族区域自治，是指在国家统一领导下，各少数民族聚居的地方实行区域自治，设立自治机关，行使自治权。民族区域自治是国家的一项基本的政治制度。实行民族区域自治，体现了国家充分尊重和保障各少数民族管理本民族内部事务权利的精神，体现了国家坚持实行各民族平等、团结和共同繁荣的原则。

1984年5月31日，六届全国人大二次会议通过了《民族区域自治法》。该法以基本法律的形式规定了国家的民族区域自治政策，确立了处理民族自治地方和国家关系的基本准则，即“一方面，民族自治地方是中华人民共和国不可分离的部分，要维护国家的统一，保证中央人民政府的统一领导和国家政策和计划在各民族自治地方的贯彻执行；另一方面，又要保证民族自治地方自治机关充分行使自治权，照顾各民族自治地方的特点和需要，使自治地方有大于一般地方的自主权”[①]。

为了更好地贯彻实施民族区域自治制度，2001年2月28日，九届全国人大常委会第二十次会议对《民族区域自治法》作了部分修改，主要是增加了关于民族自治地方实行国家统一的财政体制和对民族自治地方的财政支持，对民族自治地方投资和金融、教育文化等方面的支持，经济发达地区和民族自治地方的对口支持以及关于少数民族干部的配备等内容。[②]

根据民族区域自治制度，国家建立了民族自治地方具体落实民族区域自治。民族自治地方是各少数民族聚居并实行区域自治的行政区域，是实行民族区域自治的基础。民族自治地方按行政地位，分为自治区、自治州、自治县。

---

① 参见阿沛·阿旺晋美：《关于〈中华人民共和国民族区域自治法（草案）〉的说明》，载全国人大常委会办公厅研究室编：《中华人民共和国人民代表大会资料汇编（1949—1990）》，中国民主法制出版社1991年版，第284—285页。

② 参见铁木尔·达瓦买提：《关于〈中华人民共和国民族区域自治法修正案（草案）〉的说明》，载《中华人民共和国民族区域自治法》，法律出版社2001年版，第40—49页。

少数民族聚居的地方,根据当地民族关系、经济发展等条件,并参酌历史情况,可以建立以一个或几个少数民族聚居区为基础的自治地方。一般来说,民族自治地方大致分为三种类型:一种是以一个少数民族聚居区为基础建立的自治地方,如西藏自治区等;另一种是以一个人口较多的少数民族聚居区为基础,并包括一个或几个人口较少的少数民族聚居区建立的自治地方,如新疆维吾尔自治区等;再一种是以两个或两个以上的少数民族聚居区为基础建立的自治地方,如贵州省黔东南苗族侗族自治州等。

截至 2007 年 12 月底,我国共有民族自治地方 155 个。其中 5 个自治区、30 个自治州、117 个自治县和 3 个自治旗。①

二、民族自治地方的自治机关的性质、地位和民族构成

民族自治地方的自治机关是自治区、自治州、自治县的人民代表大会和人民政府,是国家的一级地方政权机关。民族自治地方的自治机关行使宪法规定的地方国家机关的职权,同时依照《宪法》、《民族区域自治法》和其他法律的规定行使自治权,根据本地方的实际情况贯彻执行国家的法律、政策;同时,在不违背宪法和法律的原则下,有权采取特殊政策和灵活措施。

民族自治地方的自治机关与其他地方国家机关一样,实行民主集中制的人民代表大会制。民族自治地方的人民政府实行自治区主席、自治州州长、自治县县长负责制。自治区主席、自治州州长、自治县县长,分别主持本级人民政府的工作。民族自治地方的人民政府对本级人民代表大会和上一级国家行政机关负责并报告工作,在本级人民代表大会闭会期间,对本级人大常委会负责并报告工作。各民族自治地方的人民政府都是国务院统一领导下的国家行政机关,都服从国务院。

依照宪法和法律的规定,民族自治地方的人大常委会中应当有实行区域自治的民族的公民担任主任或副主任;自治区主席、自治州州长、自治县县长由实行区域自治的民族的公民担任;自治区、自治州、自治县的人民政府的其他组成人员,应当合理配备实行区域自治的民族和其他少数民族的人员;民族自治地方的自治机关所属工作部门的干部中,应当合理配备实行区域自治的民族和其他少数民族的人员。民族自治地方的人民代表大会中,除实行区域自治的民族的代表外,其他居住在本行政区域内的民族也应当有适当名额的代表,他们之间的名额和比例,根据法律规定的原则,由省、自治区、直辖市人大常委会决定,并报全国人大常委会备案。

---

① 《中华人民共和国行政区划简册》(2007 年),中国地图出版社 2008 年版,第 1 页。

三、民族自治地方自治机关的自治权

根据1982年《宪法》、现行《民族区域自治法》的规定，民族自治地方的自治机关的自治权可以概括为以下几个方面：

（一）制定自治条例和单行条例

民族自治地方的人民代表大会有权依照当地民族的政治、经济和文化的特点，制定自治条例和单行条例。自治区的自治条例和单行条例，报全国人大常委会批准后生效。自治州、自治县的自治条例和单行条例，报省、自治区、直辖市的人大常委会批准后生效，并报全国人大常委会和国务院备案。

（二）对上级国家机关的决议、决定、命令和指示的变通执行或停止执行

上级国家机关的决议、决定、命令和指示，如有不适合民族自治地方实际情况的，自治机关可以报经该上级国家机关批准，变通执行或停止执行。

（三）自主地管理地方财政

民族自治地方的财政是一级财政，是国家财政的组成部分。民族自治地方的自治机关有管理地方财政的自治权。凡是依照国家财政体制属于民族自治地方的财政收入，都应当由民族自治地方的自治机关自主地安排使用。

民族自治地方在全国统一的财政体制下，通过国家实行的规范的财政转移支付制度，享受上级财政的照顾。

民族自治地方的财政预算支出，按照国家规定，设机动资金，预备费在预算中所占比例高于一般地区。

民族自治地方的自治机关在执行财政预算过程中，自行安排使用收入的超收和支出的节余资金。

民族自治地方的自治机关对本地方的各项开支标准、定员、定额，根据国家规定的原则，结合本地方的实际情况，可以制定补充规定和具体办法。自治区制定的补充规定和具体办法，报国务院备案；自治州、自治县制定的补充规定和具体办法，报省、自治区、直辖市人民政府批准。

民族自治地方的自治机关在执行国家税法时，除应由国家统一审批的减免税收项目以外，对属于地方财政收入的某些需要从税收上加以照顾和鼓励的，可以实行减税或免税。自治州、自治县决定减税或免税，须报省、自治区、直辖市人民政府批准。

（四）自主地安排和管理地方经济建设事业

民族自治地方的自治机关在国家计划的指导下，根据本地方的特点和需要，制定经济建设的方针、政策和计划，自主地安排和管理地方性的经济建设事业。

民族自治地方的自治机关在坚持社会主义原则的前提下，根据法律规定和

本地方经济发展的特点,合理调整生产关系和经济结构,努力发展社会主义市场经济。

民族自治地方的自治机关坚持公有制为主体、多种所有制经济共同发展的基本经济制度,鼓励发展非公有制经济。

民族自治地方的自治机关根据法律规定,确定本地方内草场和森林的所有权和使用权。

民族自治地方的自治机关保护、建设草原和森林,组织和鼓励植树种草,禁止任何组织或个人利用任何手段破坏草原和森林,严禁在草原和森林毁草毁林开垦耕地。

民族自治地方的自治机关依照法律规定管理和保护本地方的自然资源,根据法律规定和国家的统一规划,对可以由本地方开发的自然资源,优先合理开发利用。

民族自治地方的自治机关在国家计划的指导下,根据本地方的财力、物力和其他具体条件,自主地安排地方基本建设项目。

民族自治地方的自治机关自主地管理隶属于本地方的企业、事业。

民族自治地方依照国家规定,可以开展对外经济贸易活动,经国务院批准,可以开辟对外贸易口岸;与外国接壤的民族自治地方经国务院批准,开展边境贸易。民族自治地方在对外经济贸易活动中,享受国家的优惠政策。

民族自治地方根据本地方经济和社会发展的需要,可以依照法律规定设立地方商业银行和城乡信用合作组织。

(五)自主地管理教育、文化、科学技术、卫生、体育、计划生育和环境保护事业

民族自治地方的自治机关根据国家的教育方针,依照法律规定,决定本地方的教育规划,各级各类学校的设置、学制、办学形式、教学内容、教学用语和招生办法;自主地发展民族教育,扫除文盲,举办各类学校,普及九年义务教育,采取多种形式发展普通高级中等教育和中等职业技术教育,根据条件和需要发展高等教育,培养各少数民族专业人才;为少数民族牧区和经济困难、居住分散的少数民族山区,设立以寄宿为主和助学金为主的公办民族小学和民族中学,保障就读学生完成义务教育阶段的学业;办学经费和助学金由当地财政解决,当地财政困难的,上级财政应当给予补助;招收少数民族学生为主的学校(班级)和其他教育机构,有条件的应当采用少数民族文字的课本,并用少数民族语言讲课;根据情况从小学低年级或高年级起开设汉语文课程,推广全国通用的普通话和规范汉字;各级人民政府要在财政方面扶持少数民族文字的教材和出版物的编译和出版工作。

民族自治地方的自治机关自主地发展具有民族形式和民族特点的文学、艺术、新闻、出版、广播、电影、电视等民族文化事业，加大对文化事业的投入，加强文化设施建设，加快各项文化事业的发展；组织、支持有关单位和部门收集、整理、翻译和出版民族历史文化书籍，保护民族的名胜古迹、珍贵文物和其他重要历史文化遗产，继承和发展优秀的民族传统文化。

民族自治地方的自治机关自主地决定本地方的科学技术发展规划，普及科学技术知识。

民族自治地方的自治机关，自主地决定本地方的医疗卫生事业的发展规划，发展现代医药和民族传统医药；加强对传染病、地方病的预防控制工作和妇幼卫生保健，改善医疗卫生条件。

民族自治地方的自治机关自主地发展体育事业，开展民族传统体育活动，增强各族人民的体质。

民族自治地方的自治机关积极开展和其他地方的教育、科学技术、文化艺术、卫生、体育等方面的交流和协作，并可依照国家规定和国外进行上述方面的交流。

民族自治地方的自治机关根据法律规定，制定管理流动人口的办法；民族自治地方实行计划生育和优生优育，提高各民族人口素质；民族自治地方的自治机关根据法律规定，结合本地方的实际情况，制定实行计划生育的办法。

民族自治地方的自治机关保护和改善生活环境和生态环境，防治污染和其他公害，实现人口、资源和环境的协调发展。

（五）组织本地方维护社会治安的公安部队

民族自治地方的自治机关依照国家的军事制度和当地的实际需要，经国务院批准，可以组织本地方维护社会治安的公安部队。

（六）使用当地通用的一种或几种语言文字

民族自治地方的自治机关在执行职务时，依照本民族自治地方自治条例的规定，使用当地通用的一种或几种语言文字；同时使用几种通用的语言文字执行职务的，可以以实行区域自治的民族的语言文字为主。

（七）培养和使用干部、专业人才和技术工人

民族自治地方的自治机关根据社会主义建设的需要，采取各种措施从当地民族中大量培养各级干部、各种科学技术、经营管理等专业人才和技术工人，充分发挥他们的作用，并且注意在少数民族妇女中培养各级干部和各种专业技术人才。

民族自治地方的自治机关录用工作人员时，对实行区域自治的民族和其他少数民族的人员应当给予适当的照顾。

民族自治地方的自治机关可以采取特殊措施，优待、鼓励各种专业人员参

加自治地方各项建设工作。

民族自治地方的企业、事业单位依照国家规定招收人员时,优先招收少数民族人员,并且可以从农村和牧区少数民族人口中招收。[①]

第九节 特别行政区

一、特别行政区的性质、地位和中央与特别行政区的权限划分

(一) 特别行政区的性质和地位

1982年《宪法》第三十一条规定:"国家在必要时得设立特别行政区。在特别行政区内实行的制度按照具体情况由全国人民代表大会以法律规定。"据此,1990年4月4日七届全国人大三次会议和1993年3月31日八届全国人大一次会议分别通过了《香港特别行政区基本法》和《澳门特别行政区基本法》;1990年4月4日全国人民代表大会《关于香港特别行政区基本法的决定》和1993年3月31日《关于澳门特别行政区基本法的决定》,分别规定《香港特别行政区基本法》和《澳门特别行政区基本法》自1997年7月1日和1999年12月20日在香港和澳门实施。

依照《香港特别行政区基本法》和《澳门特别行政区基本法》的规定,香港、澳门特别行政区"是中华人民共和国的一个享有高度自治权的地方行政区域,直辖于中央人民政府"。同时规定全国人民代表大会授权特别行政区依照基本法的规定实行高度自治,享有行政管理权、立法权、独立的司法权和终审权。一方面,作为中华人民共和国不可分离的一部分,特别行政区是中央人民政府直接管辖的地方行政区域;另一方面,特别行政区实行与内地不同的制度和政策,享有高度自治权。因此,香港特别行政区、澳门特别行政区是中国的一种特别地方行政建制。

为了体现国家主权和领土完整原则,基本法规定了由全国人大常委会和中央人民政府对特别行政区行使的职权或负责管理的事务,如特别行政区的外交事务和防务由中央人民政府负责;行政长官和行政机关的主要官员由中央人民政府任命;少数有关国防、外交和不属于特别行政区自治范围的全国性法律要在特别行政区公布或立法实施,全国人大常委会决定宣布战争状态或决定特别行政区进入紧急状态时,中央人民政府可发布命令将有关全国性法律在特别行

---

① 为了帮助民族自治地方加快经济和社会的发展,增进民族团结,促进各民族共同繁荣,国务院根据《民族区域自治法》,于2005年5月19日公布了《实施〈中华人民共和国民族区域自治法〉若干规定》。

政区实施;等等。同时,基本法照顾到香港、澳门的特殊情况,赋予特别行政区高度的自治权,包括行政管理权、立法权、独立的司法权和终审权,此外,特别行政区经中央人民政府授权还可以自行处理一些有关的对外事务。因此,特别行政区所享有的自治权是十分广泛的。

(二) 中央与特别行政区的职权划分

中央与特别行政区的职权划分,大致如下:

1. 中央直接行使的权力

有关特别行政区的防务和外交,由中央人民政府负责;特别行政区行政长官和行政机关主要官员,由中央人民政府任命;基本法的解释权属于全国人大常委会,修改权属于全国人民代表大会;如果特别行政区发生了危及国家统一或安全的动乱,而特别行政区政府又不能控制,全国人大常委会有权决定特别行政区进入紧急状态,中央人民政府可发布命令将有关全国性法律在特别行政区实施。

2. 由特别行政区行使并由中央进行监督的权力

特别行政区立法机关制定的法律须报全国人大常委会备案;特别行政区的财政预算、决算经特别行政区立法会通过,并经行政长官签署后报中央人民政府备案;特别行政区终审法院的法官和高等法院首席法官的任免,由行政长官征得立法会同意后,报全国人大常委会备案。

3. 完全由特别行政区自己行使的权力

特别行政区内部的行政管理权;独立的司法权和终审权;独立的财政、税收和金融权。

4. 中央另行授予特别行政区的其他权力

中央政府授权特别行政区政府依基本法自行处理有关的对外事务;由中央政府协助或授权,特别行政区政府可与外国就司法互助关系作出适当安排;由中央政府协助或授权,特别行政区政府与各国或地区缔结互免签证协议;经中央政府具体授权,特别行政区政府可续签或修改原有民用航空运输协定和协议及相关事项;特别行政区可享有全国人大及其常委会及中央政府授予的其他权力。

二、特别行政区政治体制

(一) 行政长官

根据两个特别行政区基本法的规定,特别行政区行政长官具有双重法律地位,既是特别行政区的首长,代表香港特别行政区;另一方面,依照基本法的规定对中央人民政府和特别行政区负责。

特别行政区行政长官由年满40周岁,在香港通常居住连续满20年并在外国无居留权的香港特别行政区永久性居民中的中国公民担任,或在澳门通常居住连续满20年的澳门特别行政区永久性居民中的中国公民担任,在当地通过选举或协商产生,由中央人民政府任命。行政长官任期五年,并可连任一次。

特别行政区行政长官拥有广泛的职权。根据两个特别行政区基本法,香港特别行政区行政长官行使的主要职权有14项;澳门特别行政区行政长官行使的主要职权有18项,"职权范围的些微差别主要是由两个特别行政区的现行体制和不同实际情况决定的"①。

但是,两个特别行政区行政长官的主要职权基本相同。行政长官行使的职权主要有:(1)领导特别行政区政府;(2)负责执行基本法和依照基本法适用于特别行政区的其他法律;(3)签署立法会通过的法案,公布法律;签署立法会通过的财政预算案,将财政预算、决算报中央人民政府备案;(4)决定政府政策和发布行政命令;(5)提名并报请中央人民政府任命司局级官员并可建议中央人民政府免除上述官员职务;(6)任免行政会议的成员或行政会委员;(7)依照法定程序任免各级法院法官和公职人员;(8)依照法定程序任免公职人员;(9)执行中央人民政府就基本法规定的有关事务发出的指令;(10)代表特别行政区政府处理中央授权的对外事务和其他事务;(11)批准向立法会提出有关财政收入或支出的动议;(12)根据安全或重大公共利益的考虑,决定政府官员或其他负责政府公务的人员是否向立法会或其属下的委员会作证和提供证据;(13)赦免或减轻刑事罪犯的刑罚;(14)处理请愿、申诉事项。

除上述14项职权外,澳门特别行政区行政长官还行使下列职权:(1)制定行政法规并颁布执行;(2)委任部分立法会议员;(3)依照法定程序任免检察官;(4)依照法定程序提名并报请中央人民政府任命检察长,建议中央人民政府免除检察长的职务;(5)依法颁授澳门特别行政区奖章和荣誉称号。

此外,两个特别行政区都设行政会议(行政会)协助行政长官决策,并设立廉政公署和审计署,独立工作,对行政长官负责。

(二)行政机关

特别行政区政府是特别行政区的行政机关,其首长是特别行政区行政长官。根据两个特别行政区基本法的规定,香港特别行政区政府下设政务司、财务司、律政司和各局、处、署;澳门特别行政区政府设司、局、厅、处。

特别行政区主要官员的任职资格是:必须是在香港通常居住连续满15年并在外国无居留权的香港特别行政区永久性居民中的中国公民;或者必须是在澳门通常居住连续满15年的澳门特别行政区永久性居民中的中国公民。澳门

① 朱国斌:《中国宪法和政治制度》,法律出版社1997年版,第191页。

特别行政区基本法规定,主要官员就任时应向特别行政区终审法院院长申报财产,记录在案。

特别行政区政府行使下列职权:(1) 制定并执行政策;(2) 管理各项行政事务;(3) 办理基本法规定的中央人民政府授权的对外事务;(4) 编制并提出财政预算、决算,拟定并提出法案、议案、附属法规,澳门特别行政区政府还有权草拟行政法规;(5) 委派官员列席立法会听取意见并(或)代表政府发言。

特别行政区政府必须遵守法律,对特别行政区立法会负责:执行立法会通过并已生效的法律;定期向立法会作施政报告;答复立法会议员的质询。香港特别行政区政府征税和公共开支须经过立法会批准。

(三) 立法机关

特别行政区立法会是特别行政区的立法机关。特别行政区立法会由在外国无居留权的香港特别行政区永久性居民中的中国公民组成,或由澳门特别行政区永久性居民组成。但非中国籍的香港特别行政区永久性居民和在外国有居留权的香港特别行政区永久性居民也可以当选为香港特别行政区立法会议员,其所占比例不得超过立法会全体议员的20%。

根据两个基本法的规定,香港特别行政区立法会由选举产生;澳门特别行政区立法会多数议员由选举产生。香港特别行政区立法会除第一届任期为两年外,每届任期四年;澳门特别行政区立法会除第一届另有规定外,每届任期四年。

香港特别行政区立法会主席由立法会议员互选产生,由年满40周岁,在香港通常居住连续满20年并在外国无居留权的香港特别行政区永久性居民中的中国公民担任;澳门特别行政区立法会设立主席、副主席各一人,由在澳门通常居住连续满15年的澳门特别行政区永久性居民中的中国公民担任,由立法会议员互选产生。

立法会主席主持会议,决定议程(政府提出的议案须优先列入议程)、开会时间,在休会期间可召开特别会议,应行政长官的要求召开紧急会议,并行使立法会议事规则所规定的其他职权。

香港特别行政区立法会行使下列职权:根据基本法规定并依照法定程序制定、修改和废除法律;根据政府的提案,审核、通过财政预算;批准税收和公共开支;听取行政长官的施政报告并进行辩论;对政府的工作提出质询;就任何有关公共利益问题进行辩论;同意终审法院法官和高等法院首席法官的任免;接受香港居民申诉并作出处理;如立法会全体议员的1/4联合动议,指控行政长官有严重违法或渎职行为而不辞职,经立法会通过进行调查,立法会可委托终审法院首席法官负责组成独立的调查委员会,并担任主席。调查委员会负责进行调查,并向立法会提出报告。如该调查委员会认为有足够证据构成上述指控,立法会以全体议员 2/3 多数通过,可提出弹劾案,报请中央人民政府决定。在行使上述各项职权时,如有需要,可传召有关人士出席作证和提供证据。

澳门特别行政区立法会行使下列职权:依照基本法规定和法定程序制定、修改、暂停实施和废除法律;审核、通过政府提出的财政预算案;审议政府提出的预算执行情况报告;根据政府提案决定税收,批准由政府承担的债务;听取行政长官的施政报告并进行辩论;就公共利益问题进行辩论;接受澳门居民申诉并作出处理;如立法会全体议员 1/3 联合动议,指控行政长官有严重违法或渎职行为而不辞职,经立法会通过决议,可委托终审法院院长负责组成独立的调查委员会进行调查。调查委员会如认为有足够证据构成上述指控,立法会以全体议员 2/3 多数通过,可提出弹劾案,报请中央人民政府决定;在行使上述各项职权时,如有需要,可传召和要求有关人士作证和提供证据。立法会议员有权依照基本法规定和法定程序提出议案,有权依照法定程序对政府的工作提出质询。

(四) 司法机关

香港特别行政区各级法院是香港特别行政区的司法机关,行使香港特别行政区的审判权。香港特别行政区设立终审法院、高等法院、区域法院、裁判署法庭和其他专门法庭。高等法院设上诉法庭和原讼法庭。香港特别行政区法院的法官,根据当地法官和法律界及其他方面知名人士组成的独立委员会推荐,由行政长官任命。香港特别行政区终审法院和高等法院的首席法官,应由在外国无居留权的香港特别行政区永久性居民中的中国公民担任。

香港特别行政区的终审权属于香港特别行政区终审法院。香港特别行政区法院依照基本法第十八条所规定的适用于香港特别行政区的法律(主要是基本法,香港原有法律包括普通法、衡平法、条例、附属立法和习惯法,特别行政区立法机关制定的法律和列于基本法附件三的在香港特别行政区实施的全国性法律)审判案件,其他普通法适用地区的司法判例可作参考。香港特别行政区法院独立进行审判,不受任何干涉,司法人员履行审判职责的行为不受法律追究。

澳门特别行政区法院行使审判权。澳门特别行政区设立初级法院、中级法院和终审法院。澳门特别行政区初级法院可根据需要设立若干专门法庭。澳门特别行政区设立行政法院,管辖行政诉讼和税务诉讼。澳门特别行政区各级法院的法官,根据当地法官、律师和知名人士组成的独立委员会的推荐,由行政长官任命。澳门特别行政区各级法院的院长由行政长官从法官中选任,终审法院院长由澳门特别行政区永久性居民中的中国公民担任。澳门特别行政区终审权属于澳门特别行政区终审法院。澳门特别行政区法院独立进行审判,只服从法律,不受任何干涉。

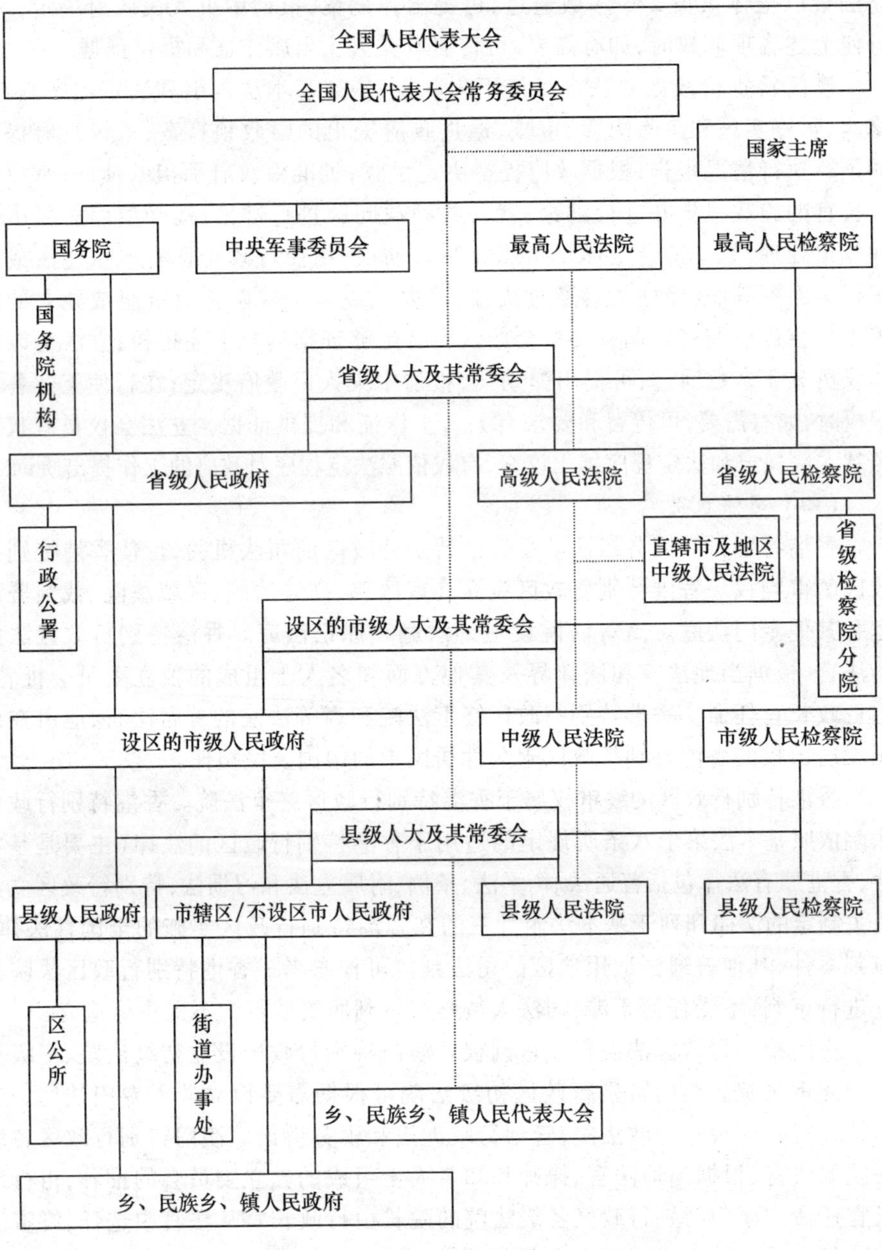

图 7.1　中国(地方)国家机构组织

说明:1. 本图中"实线"表示的是领导关系或负责关系;

2. 特别行政区政权机关未在本图中表示。

澳门特别行政区检察院独立行使法律赋予的检察职能，不受任何干涉。澳门特别行政区检察长由澳门特别行政区永久性居民中的中国公民担任，由行政长官提名，报中央人民政府任命。检察官经检察长提名，由行政长官任命。[①]

此外，香港特别行政区可设立非政权性的区域组织，接受香港特别行政区政府就有关地区管理和其他事务的咨询，或负责提供文化、康乐、环境卫生等服务。澳门特别行政区可设立非政权性的市政机构，受政府委托为居民提供文化、康乐、环境卫生等方面的服务，并就有关上述事务向澳门特别行政区政府提供咨询意见。

① 由于香港和澳门两地分别属于英美法系和大陆法系，这使司法机关的设置略有不同，如澳门司法机关包括澳门特别行政区检察院，而香港特别行政区司法机关中没有检察院，其主管刑事检察工作的律政司属于行政机关。

下　篇

地方政府制度综合比较

第八章

地方政府体制

第一节　地方议会或地方人民代表大会

一、地方议会或地方人民代表大会的产生和性质、地位

（一）地方议会或地方人民代表大会的产生和作用的发挥

按照塞缪尔·休姆斯的分类法，地方政府可分为非代议的地方政府、半代议的地方政府和代议性的地方政府。

在非代议的地方政府中，不存在代表当地居民利益和意志的代议性机构，通常只存在一个行政机构来承担全部的政府职责。地方行政首长即为地方政府首长。地方行政首长通过所属的行政机构，负责本地方的各项事务，并为当地居民提供少量最基本的服务，如消防、治安等。

非代议的地方政府实质上是集地方政治和公共管理于一身的实体。这种体制在历史上曾起到促进统一、便利治理的作用，但由于没有一个代表当地居民利益和意志的代议机构，广大居民被排除在地方政治过程之外，无从表达自己的意志和意见，也不能参与地方政治生活和监督地方政府。随着民主政治的发展，这种体制越来越不适应政治统治的需要。

从非代议的地方政府到半代议的地方政府，再到代议性的地方政府，是历史发展的必然结果，尽管代议性地方政府的形成和发展经历了长期的过程。一些民主政治发展较早的西方国家，较早地设立了由地方居民选举议员组成的地方议会，自主处理地方性事务。但直到19世纪初，这种选举权利还只是少数人的特权，广大居民的选举权受到诸多限制。随着民主政治的发展，对选举权的限制逐步取消，尤其在二战以后，普遍、平等的选举制在越来越多的国家逐步实行，代议性的地方政府逐步成为主要的地方政府形式。

在形式上，地方议会或地方人民代表大会或多或少地代表当地居民，反映

当地居民的意愿和利益，这是地方议会或地方人民代表大会不同于非代议地方政府的显著特点。地方议会或地方人民代表大会通过制定或批准某项影响地方事务的重大决策或立法，监督地方行政，一定程度上保证了地方政府或地方国家机关的活动符合当地居民的利益和需要。

代议性的地方政府具有以下主要特征：(1) 地方上设有一个由普选产生的代议机构或代表机构，如地方议会或地方人民代表大会；(2) 这个代议机构的人员多为选举产生的议员或地方人民代表大会的代表所组成；(3) 享有一定的自主权。

地方议会或地方人民代表大会对地方事务享有一定的自主权，在地方政治生活、经济生活、社会生活和文化生活中能起到重要的作用。但是，地方议会或地方人民代表大会的作用的发挥，要受诸多因素的影响和制约，这些因素包括：地方议会或地方人民代表大会组成人员的威望或素质；地方议会或地方人民代表大会与中央政府、地方行政机关以及地方行政首长的关系；政党或其他政治组织的影响；地方政治、经济、文化和社会发展水平和历史传统的制约；等等。

地方议会或地方人民代表大会作用的发挥，由于受到以上各种因素的影响和制约，呈现一定的差异性。在一些不发达国家，由于地方财政资金和人才的相对缺乏，地方议会的作用比起西方发达国家地方议会相对较小。而在这些国家中，城市议会比起乡村议会，作用相对大一些。

在发达国家中，地方议会的作用也不尽相同。例如在法国，省议会通常作用较广泛；大区议会的作用则主要在计划和经济开发方面，市镇议会主要是解决与居民关系较为密切的事务。在中国，地方各级人民代表大会及县级以上的地方人大常委会，作为地方国家权力机关，在国家的政治、经济、社会和文化生活中有很大的作用，但这一制度本身还需要进一步加强和完善。

(二) 地方议会或地方人民代表大会的性质和地位

在当今西方国家，普遍实行地方自治，地方议会作为代议性地方政府的议事机关，在性质上是地方自治机关，它们与执行机关一并组成地方政府。

欧洲大多数国家，根据《欧洲地方自治宪章》第三条关于“地方议会包括对其负责的地方执行机关”的规定，都设立了地方议会的执行机关；有的还改革了传统的地方政府制度，使之符合宪章的要求。如英国根据 2000 年《地方政府法》，对英格兰和威尔士地方政府机构作了重大改革。根据该法的规定，地方政府应当依法施行有关建立和运作地方议会“执行机关的制度安排”，并使议会的某些职能成为执行机关的职责。

在美国，县政府的基本形式有下列三种：委员会制、议会-行政官制、议会-执行官制；市政府体制也有三种基本形式：市长议会制、委员会制和议会-管理人制。除了委员会制缺乏行政长官外,市长议会制下的市政府的组织结构中,立法、行政是分开的,市议会是市的立法或决策机关;议会-执行官制、议会-行政官制下的地方政府也设有议会和执行机关,在这种情况下,县议会是地方议事机关。

日本的地方自治机关,分为地方议事机关和地方执行机关,都、道、府、县、市、町、村议会就是一般地方公共团体的议事机关。

在俄罗斯,地方自治机关由地方自治代表机关和地方自治长官及其领导的行政机关组成,其地方自治代表机关即为地方议事机关。

法国的情况则比较复杂,在法国:(1) 大区议会是大区的审议机关,大区议会主席是大区议会的执行机关;同时,大区议会主席也是大区的地方行政首长。(2) 省议会是省的审议机关;省议会主席是省议会的执行机关;同时省议会主席也是省的地方行政首长。(3) 市镇议会是市镇的审议机构,管理市镇事务;市镇设市镇长,是市镇议会的执行机关。

中国是统一的多民族国家,国家机构实行民主集中制原则,对一般地方,实行中央统一领导下发挥地方积极性和主动性的原则,而在民族自治地方实行民族区域自治,在特别行政区实行高度自治。因此,中国的地方人民代表大会或立法会与西方国家的地方议会不同,具体有下列三种情形:

(1) 在中国的一般地方,地方各级人民代表大会不是西方意义上的地方自治机关,而是地方国家权力机关,本级的国家行政机关、审判机关和检察机关都由人民代表大会产生,在本行政区域内对它负责,受它监督。

(2) 民族自治地方的人民代表大会是国家的一级地方政权机关,也实行民主集中制,同时,民族自治地方的人民代表大会是民族自治地方的自治机关之一。它们也不是西方意义上的地方自治机关,而是同时具有地方国家权力机关和民族自治地方的自治机关的双重属性。

(3) 特别行政区是我国一个享有高度自治权的地方行政区域,直辖于中央人民政府。特别行政区立法会是特别行政区的立法机关,是特别行政区享有高度自治权的地方自治机关之一。

二、地方议会或地方人民代表大会的职权

地方议会或地方人民代表大会作用的发挥,除了以上因素外,很大程度上取决于自身权力的大小,以及地方议会或地方人民代表大会与其他机构或组织分享权力的方式。

国家权力在地方上的表现,主要是政治统治权和行政管理权或执行权。非代议的地方政府集政治统治权和行政管理权于一身,导致了不少弊端,随着民

主政治的发展和社会事务的日益复杂化，这种非代议的地方政府越来越少，而代议性的地方政府则越来越多。政治统治权，主要包括立法、决策、监督等内容，行政管理或执行权，则主要包括行政管理活动中的财政、税收、民政、治安等内容。在一些西方国家，地方权力的分工及配置不明显，行政管理权的归属主要有两种情况，一种是主要归于地方议会，另一种是主要归属于地方行政首长或其他地方机构。在一些国家，地方行政首长或委员会，在某些事务方面对地方议会负责，而在其他事务方面则直接对中央政府负责。

拥有行政管理权或执行权的地方议会享有征收地方税、编制预算和制定地方法规或规章等权力。地方议会行使这些职权，通常取决于法律的规定或变化、该国的文化传统、政治习惯和地方议会与其他机构的关系等。

在英国，传统的地方议会多采权力合一制，立法、决策、执行和行政管理等权限不分，都由地方议会负责，但委员会是起实际作用的工作机关，常任官吏负责处理具体事务。不过，2000 年《地方政府法》要求加强执行机关，许多地方采用了由直接选举的市长或由议会选举的领导人领导的执行机关的体制，目的是要强化执行机关，更好发挥地方议会的作用。但在法国，地方议会一般较少关注行政问题，但改革以后的大区议会或省议会扩大了自治权，主要是由议会主席行使行政权。在德国，地方议会与地方行政首长联系密切，通常接受地方行政首长的建议，并对各委员会的工作加以协调。

在中国的一般地方，地方各级人民代表大会是地方国家权力机关，享有制定地方性法规（限于省级与较大的市），监督本级人民政府和人民法院、人民检察院，决定重大事项以及组织同级其他机关等多项职权。地方各级人民政府是地方各级人民代表大会的执行机关，是地方国家行政机关。一方面，它们要执行本级人大及其常委会的决议和上级人民政府的决定和命令，执行经本级人民代表大会审查和批准的国民经济和社会发展计划和预算，办理上级人民政府交办的事项，拥有执行权；另一方面，它们负责管理本行政区域内的经济、教育、科学、文化、卫生、体育事业、环境和资源保护、城乡建设事业和财政、民政、公安、民族事务、司法行政、监察、计划生育等行政工作，拥有行政管理权。因此在法律上，中国的地方人民代表大会是地方国家权力机关。

民族自治地方的人民代表大会行使宪法规定的地方国家权力机关的职权，同时，依照《宪法》、《民族区域自治法》和其他法律规定的权限行使自治权，如制定自治条例和单行条例等。其职权较之一般地方人民代表大会更大。

特别行政区立法会则根据基本法规定并依照法定程序行使立法、审核财政预算、批准税收和公共开支等职权，享有自治权的程度最高。

三、地方议会或地方人民代表大会的代表性

影响地方议会或地方人民代表大会代表性的因素有很多,包括地方议员或代表的名额及构成、地方议会或地方人民代表大会会议的次数和任期等。此外,还有地方议会或地方人民代表大会的产生方式。

地方议会或地方人民代表大会的规模足以对地方议会或地方人民代表大会的代表性质和特点构成影响。地方政府辖区的人口数量是其重要因素之一,但不是唯一的因素。地方议会或地方人民代表大会的规模从几个到几百人不等。

在西方国家,地方议会人数较少。一些北美国家的小型地方议会的议员仅3—5人。

中国采取代表名额基数与按人口数增加的代表数相加的方式确定地方各级人民代表大会的代表总名额。根据《全国人民代表大会和地方各级人民代表大会选举法》的规定:(1) 省、自治区、直辖市的代表名额基数为三百五十名,省、自治区每十五万人、直辖市每二万五千人可以增加一名代表,但总名额不得超过一千名;(2) 设区的市、自治州的代表名额基数为二百四十名,每二万五千人可以增加一名代表;人口超过一千万的,代表总名额不得超过六百五十名;(3) 县、自治县、不设区的市、市辖区的代表名额基数为一百二十名,每五千人可以增加一名代表;人口超过一百六十五万的,代表总名额不得超过四百五十名;人口不足五万的,代表总名额可以少于一百二十名;(4) 乡、民族乡、镇的代表名额基数为四十名,每一千五百人可以增加一名代表;人口超过九万的乡、民族乡的代表总名额不得超过一百名;人口超过十三万的镇的代表总名额不得超过一百三十名;人口不足二千的乡、民族乡、镇的代表总名额可以少于四十名。

中国地方人民代表大会规模较大、代表名额较多的原因,主要是注重代表的广泛性,强调使各民族、各地区、各方面都有适当名额的代表。

赞成设置较大规模地方议会或地方人民代表大会的观点认为,如果地方议会或地方人民代表大会人数较多,就能更好代表各种利益,反映多方面人士、各阶层或利益集团的意见;赞成设置较小地方议会或代表大会的观点则认为,地方议会或地方人民代表大会人数较少,便于召开会议和讨论问题,提高决策或立法的效率。

西方国家的地方议会,除了大城市的一些议会外,议员一般没有薪俸,但这些议员可从地方政府支取各种津贴或补助。在中国,由于地方各级人民代表大会代表都不脱产,因此不从代表职务中支取薪金。根据《全国人民代表大会和地方各级人民代表大会代表法》的规定,代表按规定执行代表职务,其所在单位

按正常出勤对待，享受所在单位的工资和其他待遇。无固定工资收入的代表执行代表职务，根据实际情况由本级财政给予适当补贴。

地方议会或地方人民代表大会的开会次数，因国而异，一国范围内各级地方议会或地方人民代表大会的情况也不同。在美国，许多较小的地方议会每星期开会一次，相反，一些国家地方议会较少开会。法国的市镇议会每年至少开会四次，每次会期两星期。英国、德国地方议会较常定期开会，会期长短主要取决于议会的准备情况。

在中国，根据《地方各级人民代表大会和地方各级人民政府组织法》的规定，地方各级人民代表大会会议每年至少举行一次。经过1/5以上代表提议，可临时召集本级人民代表大会会议。县级以上的地方人大常委会会议，每两个月至少举行一次。关于会议会期，法律无明文规定，通常由地方各级人大及其常委会自行决定，实践中因地方人大及其常委会的层级和会议议程不同而不同。通常，人民代表大会的会期较长，而县级以上的地方人大常委会的会期较短；省级人民代表大会会期较长，有时达5天；乡镇人民代表大会会期较短，有时仅一天或半天。换届后产生的人民代表大会第一次会议因议程较多而会期较长。

地方议会或地方人民代表大会的任期，一般为1—6年。有的国家的地方议会的任期较长，如法国的地方议会，任期一律6年。在一些北美国家，因受直接民主的传统影响，许多较小的乡镇议会，任期仅为1—2年。在美国的一些大城市，议会任期通常是四年。英国地方议会的任期，一律为四年。英格兰地区的郡、大伦敦各市和苏格兰地区各级议会议员，四年后届满全部改选；英格兰各都市区议会议员，任期届满后，除郡选举年外，每年改选1/3；非都市区议会或者每4年全部改选，或者每年改选1/3。

根据1982年《宪法》，中国的省、自治区、直辖市和设区的市人民代表大会原来每届任期五年；县、自治县、不设区的市、市辖区、乡、民族乡、镇的人民代表大会每届任期三年。1993年第二次修改宪法后，县、自治县、不设区的市、市辖区的人民代表大会每届任期改为五年。2004年第四次修改宪法后，乡、民族乡、镇的人民代表大会每届任期也改为三年。这样，地方各级人民代表大会代表的每届任期一律为五年。

地方议会议员或地方人民代表大会代表的产生方式，有以下几种：

一是全部议员或代表由选民直接选举产生；二是大部分议员或代表，由选民直接选举产生，但其中一部分议员或代表由选举单位（如本级或下级议会或议员或地方人民代表大会或选举机构）间接选举产生；三是多数国家地方议会议员由直接或间接选举产生，但有一部分国家的地方议员由上级机关或议会本身任命或指定;四是所有选民作为成员参加地方议会。但严格说这不是一般意义上的议会,而是居民大会。

在西方国家,许多地方议会议员由直接选举产生,而在少数不发达国家及西方个别国家的地方议会中,有一些非选举而由任命的议员或当然议员。这些非选举产生的议员可分几种情况:

一是由议会任命若干官员作为议员参加议会。如在印度,在市和区议会中,长期以来有一些从地方政府官员中任命的议员。这些官员通常能对地方议会的决策和计划的制订产生较大影响;二是由议会任命非官职的一般公民作为议会议员。这些公民通常是在当地享有一定威望的名流和士绅、一些政党的政治支持者、少数党的代表或有专门特长的专家。如在中国新民主主义时期,在中国共产党领导的陕甘宁边区和国民党统治区,一些参议会曾聘请若干勤劳国事、著有信望人士为地方参议员(一般不超过总数的10%)。

第二节　地方议会或地方人民代表大会的委员会

一、委员会与地方议会或地方人民代表大会

地方议会或地方人民代表大会的委员会对地方立法、决策和监督或执行能起或大或小的作用。在西方国家,许多地方议会设置委员会,其职责一般是审查有关议案、对特定问题进行调查,并在审查或调查之后,向议会提出报告。在英国,地方议会委员会上述了职责外,还享有议会授予或委托的其他职责,包括除举债或征收地方税以外的行政权。法律还规定有些事项非经委员会审查并提出报告,议会不得径行处理。英国地方议会委员会或地方议会有密切联系,但地方上长期以来缺乏一名有实力的行政首长,因而委员会受议会较少监督(这种情况近年来已有改变)。

在中国,根据《地方各级人民代表大会和地方各级人民政府组织法》的规定,除县级以上的地方各级人民代表大会设立常务委员会外,省、自治区、直辖市、自治州、设区的市的人民代表大会根据需要,可以设立法制(政法)委员会、财政经济委员会、教育科学文化卫生委员会等专门委员会。地方人民代表大会各专门委员会受本级人民代表大会领导;在大会闭会期间,受本级人大常委会领导。作为人民代表大会的组成部分,专门委员会是人民代表大会的内部工作机关,而不是最后决定问题的代表机关,只能在本级人大及其常委会领导下,研究、审议和拟订有关议案;对属于本级人大及其常委会职权范围内同本委员会有关的问题,进行调查研究,提出建议。它们在协助本级人大及其常委会行使

职权时,与同级人民政府工作部门之间是联系或协助的关系,而不是法律上的监督关系。

委员会一般人数较少、人员精干,熟悉有关知识,便于分门别类研究、讨论问题。这对于那些负有决策和执行责任的较大的地方议会尤其有利。在英国,地方议会的委员会有的多达20个,一些委员会中还设有分委员会,有的委员会中的分委员会多达10个。对比起来,法国的地方议会特别是省议会或市镇议会一般较少设置委员会。中国的省、自治区、直辖市、自治州、设区的市的地方人民代表大会中的专门委员会也不多,一般为6—8个。

委员会的设置,有助于吸收专家或有关人士参与议会或地方人民代表大会的工作,扩大公民参与地方政治的机会。在英国有的地方议会中,有聘请的专家、名流作为委员会成员,但他们通常不是议员。在中国,根据《地方各级人民代表大会和地方各级人民政府组织法》的规定,各专门委员会的主任委员、副主任委员和委员的人选,由主席团在代表中提名,大会通过。在大会闭会期间,常务委员会可以任免专门委员会的个别副主任委员和部分委员,由主任会议提名,常务委员会会议通过。

可见,专门委员会组成人员必须是本级人民代表大会的代表。一些省、自治区、直辖市、自治州、设区的市的地方人民代表大会中的专门委员会聘请若干专家顾问,但他们没有法定的职权和职责,通常起顾问、咨询或参谋作用。一些地方人大常委会设立了若干工作委员会,但它的成员可以是同级人民代表大会的代表,也可以不是。

在西方国家,委员会有常设与特设之分。常设委员会是议会中常年存在的、用以研究或处理议会事务的委员会;特设委员会则是为研究、处理某些特定问题而成立的委员会。

在委员会设置上,尽管地方议会有自行选择的权力,但一些国家的中央政府通常以法律要求地方议会设置某些特定的委员会,如在英国,就有教育委员会、卫生委员会等法定必设的委员会。

在中国,法律规定省、自治区、直辖市、自治州、设区的市的人民代表大会可以设立法制(政法)委员会、财政经济委员会、教育科学文化卫生等专门委员会。据此可以理解为,以上列举的地方人民代表大会的专门委员会是法定的,但不是必设的,但实践中一般都设立了上述专门委员会。

对上述的地方人民代表大会设立其他专门委员会,法律并无限制。因此,一些省、自治区、直辖市、自治州、设区的市的人民代表大会除设立以上专门委员会外,还设立了民族、内务司法、农村、环境与资源等专门委员会。许多地方的人民代表大会,尤其是省、自治区、直辖市、自治州、设区的市以下的人大常委会，由于不能设置专门委员会，就根据需要设置了若干相应的工作委员会。但法律对这种工作委员会的性质、地位、组成和职权，均无明确的规定。

大多数西方国家地方议会的委员会是按照研究、处理事务的职责范围设立的，如教育、公共卫生等委员会。这些地方议会的设置通常与地方执行部门的工作范围一致。这种以所研究和处理事务的职责范围来设置委员会的方式，有助于地方议会的委员会和有关行政部门相对应，便于密切联系和开展工作。

也有少数西方国家的地方议会是按照研究和处理事务所影响的地域范围来设置委员会。在英国、德国的一些市、镇议会中，有类似的委员会，其作用在于代表市、镇某一区域（这些区域过去曾拥有作为市、镇的地位或权利）。中国地方人民代表大会中设立的民族委员会、农业或农村委员会，分别负责研究和处理民族自治区地方、农业或农村等地域范围的有关事务，也可以归于这一类委员会。

二、委员会的组成

地方议会或地方人民代表大会的委员会的规模、产生方式、作用、与地方议会或地方人民代表大会的关系，有很大不同。尽管通常由地方议会或地方人民代表大会通过对委员会成员的任命，但一般是由地方议会或地方人民代表大会中的核心领导层来提出各委员会成员的人选。设有重要委员会的议会，还要考虑这些委员会的推荐。委员会成员如再次当选议员或地方人民代表大会的代表，通常可以连任。在一般情况下，委员会成员包括来自议会中各党派的代表，但多数党或派别在委员会中占绝对优势。

对委员会中是否包括非议员或代表人士，各国情况不一。在大多数国家，委员会仅由地方议会的议员或地方人民代表大会的代表组成。如法国地方议会的常设委员会，中国的省、自治区、直辖市、自治州、设区的市的人民代表大会的专门委员会，其成员以地方议会的议员或地方人民代表大会的代表为限。在德国，虽然允许委员会遴选一些外界人士为委员会的成员，但并不普遍。法律并规定，执行委托或调整职责的委员会必须吸收某种公务员以保证达到专业水平。英国地方议会中的某些委员会，除以议员为主要成员外，有的还可以容纳多达1/3的外界人士，如儿童福利委员会、教育委员会等。

在地方议会委员会中，应否设置非议员人士？赞成者认为，设置非议员人士有不少好处：(1) 能弥补选举制度的缺陷，为那些对地方有贡献人士，但因不属于任何政党，或因不善竞选而落选者，提供进入议会委员会和参与地方政治和管理地方事务的机会；(2) 有利于吸引专家参与委员会工作，使其工作效率更高，决策更加科学；(3) 有利于鼓励公民从事自愿活动。因为地方议会的议员多是无给职，一些地方议员参与议会工作积极性不高，而设置非议员人士，可使有关人士关心委员会工作，参与其事并尽职尽力。反对者则认为，参与委员会的非议员人士，有的并非专家，或对地方有贡献人士，地方政府罗致其人，乃是一种政治酬劳或政治安排。非议员人士非经选民选举产生，对选民可不负政治和财产责任。并且，这些议员往往凭理想行事，不太关注现实问题。赋予他们以各种权力，可能招致不良后果。①

在中国，各省、自治区、直辖市、自治州、设区的市的人民代表大会的专门委员会的成员只限于本级人民代表大会的代表，虽然有的专门委员会有顾问之设，但因职权和职责不明确，有的积极性不高。目前，有的专门委员会的组成人员中，专职人员中专家不多，有的专业水平不高；有专业特长者又多为兼职，正常工作难以保证。一些地方人大常委会设置的工作委员会，组成人员虽不限于代表，但无法定地位、权限和职责。因此，中国地方人民代表大会的委员会制度有待完善。

三、委员会的作用

地方议会或地方人民代表大会委员会作用的发挥，要受各种因素的影响或制约。这些因素主要有：地方议会或地方人民代表大会的控制程度或领导能力；委员会主席或主任委员的影响；与部门主管的关系；在一些国家，委员会的作用还受制于中央有关部门的控制和地方行政首长在地方政治中发挥影响的能力。

地方议会或地方人民代表大会委员会的作用，不仅因国而异，就是同一国家、甚至同一地区也不尽一致。根据各主要国家地方议会或地方人民代表大会委员会在地方政治中的作用，地方议会或地方人民代表大会的委员会，可以分为四种模式：(1) 以英国为首的主导型委员会；(2) 以法国为首的咨询型委员会；(3) 以德国为首的辅助型委员会；(4) 以中国为首的参谋兼助手型委员会。

（一）以英国为首的主导型委员会

传统的英国地方议会的委员会，是在一种没有一个强有力的地方行政首长的地方政府体制中工作的。这使得英国地方议会的委员会相对于其他国家的地方议会或地方人民代表大会的委员会而言，更具有对地方决策起主导和支配作用的功能。英国地方政府的所谓“委员会政治”(government by committee)即指这种情况。在英国，许多地方议会是依据联合王国议会立法的规定而设置的，这种委员会对地方事务的决策和执行有广泛职权。英国的拉斯基在谈及英

① 罗孟浩编著：《各国地方政府》，政治大学出版委员会1965年版，第103页。

国地方议会时,曾指出:“地方事务的决策实际上是由议会的委员会作出的,也正是议会的委员会,对这些决策的执行起监督作用。”这些地方议会的委员会在授权范围内可以作出某些决定,并在未经议会批准的情况下,付诸实施,尽管这些决定通常是在已经议会批准的行动中的某一过程或范围内作出的;在紧急情况下,有的委员会甚至可以不经地方议会批准而行事。

这种主导型委员会制度,在英国已经实行了一百多年。这种委员会的作用较大,加上多数党的影响,往往使地方议会的会议变得徒具形式,地方议会的作用受到影响,甚至成为少数人操纵的工具。因此在英国,要求改革地方议会委员会制的呼声日渐高涨。2000 年联合王国议会通过新的《地方政府法》,对地方政府机构作了重大改革。根据该法的规定,地方政府应当依法施行有关建立和运作地方议会“执行机关的制度安排”,并使议会的某些职能成为执行机关的职责。地方议会的执行机关必须采取以下几种地方治理模式中的一种:(1) 市长-内阁制;(2) 领导人-内阁制;(3) 市长-议会管理人制;(4) 由主管大臣发布的规章中规定的任何形式。新模式的主要目的是要强化执行机关,更好发挥地方议会的作用,保证透明性和责任政府的建立;法律要求地方议会必须设立一个审查监督委员会。但即使这样,英国的地方议会委员会制仍是在英国占主导地位的地方制度。

(二) 以法国为首的咨询型委员会

在法国和有些南欧国家,地方议会委员会主要起一种研究或咨询的作用。委员会通常由地方议会自行决定是否设立,国家立法一般不作规定。这种委员会的存在,有助于地方议会工作的开展,因为委员会可能对特定问题进行专门研究,并提出咨询意见。在法国的市、镇议会中一般不设委员会,或设置一些对特定问题只起咨询作用的委员会;在法国大区议会下设置的一些专门委员会,一般负责某一方面问题的研究,并提出对策,如法国罗纳-阿尔卑斯大区议会设置的工业、农业、教育等 15 个专门委员会,就是分别研究有关问题并提咨询意见的机关。①

(三) 以德国为首的辅助型委员会

德国地方议会的委员会主要是一种对地方决策和地方治理起辅助作用的委员会。这种委员会享有监督地方行政的有限责任。有些委员会是根据州法律或联邦法律设立的。这些委员会可在某些方面监督行政部门,但并不能对地方行政部门的日常具体工作行使该职责,也不能直接对地方行政部门的工作加

① 中共中央机构编制委员会办公室国外培训考察报告选:《各国政府行政管理与改革》,1995 年 10 月,第 95 页。

以干预。日本地方议会中的常任委员会，主要职责是负责调查地方公共团体执行机关与本委员会的有关事务、审查议案或陈情书等，一般也只起一种辅助的作用。

（四）以中国为首的参谋兼助手型委员会

中国的省、自治区、直辖市、自治州、设区的市的人民代表大会设立的各种专门委员会，是一种既起参谋作用又兼助手职能的委员会。依照法律规定，专门委员会的职责任务是：在本级人大及其常委会领导下，研究、审议和拟订有关议案；对属于本级人大及其常委会职权范围内同本委员会有关的问题，进行调查研究，提出建议。由于这一规定比较原则，一些地方在实践中进行了有益探索，并使之具体化。根据有关规定并总结各省、自治区、直辖市、自治州、设区的市的人民代表大会的工作实践，专门委员会的具体职责，可以分为：

（1）研究、审议有关议案或就议案中有关的问题向本级人大常委会提出建议或提供法律服务；

（2）拟订、提出议案或受本级人大常委会委托草拟有关议案；

（3）办理并答复代表提出的议案或建议、批评和意见；

（4）协助本级人大常委会开展监督工作或办理监督过程中的具体事项，如具体组织实施执法检查、提出监督处理意见等；

（5）对地方人民政府有关主管部门送交的预算调整初步方案进行初审；

（6）组织或参加本级人大常委会组织的视察、检查；

（7）组织调查研究或开展专题调查，为本级人大常委会提供信息，反映情况和问题，提出建议；

（8）受理公民或组织提出的检举、申诉和控告；

（9）联系各级人民代表大会的代表和下级人民代表大会的有关专门委员会或常委会的工作委员会；

（10）办理本级人民代表大会、本级人大常委会及上级人大及其常委会交办的事项；等等。

以上各项职责概括起来就是两方面：一是参谋性的职责；二是助手性的职责。与西方国家地方议会的委员会相比，中国的省、自治区、直辖市、自治州、设区的市的人民代表大会专门委员会，虽不及英国地方议会的委员会那样的历史和功用，但它们具有参谋和助手的作用，是一种有作为的专门工作机构。

四、委员会的领导体制

在西方国家，地方议会委员会的主席和部门主管、秘书、地方行政首长和中央有关部门一起，可对委员会的活动产生影响。各委员会之间的活动是否协调一致，很大程度上取决于委员会的领导体制。

通常，地方议会委员会的主席或地方人民代表大会专门委员会的主任委员是议会或地方人民代表大会成员中的资深或显要人物。他们可以由委员会选举产生；但是较多的是先由地方议会或地方人民代表大会的领导层确定人选，再由地方议会或地方人民代表大会通过。例如，英国的地方议会委员会主席通常是由委员会自己选举的，尽管他们可以由主要的政治团体提名。但1986年威迪坎伯委员会的报告，建议应更多地从政党政治的角度考察地方议员的行为。1989年《地方政府和住宅法》，要求议会委员会应反映议会的政党势力，不得由一个政党组成议会委员会或小组委员会。在中国，根据现行《地方各级人民代表大会和地方各级人民政府组织法》的规定，各专门委员会的主任委员、副主任委员和委员的人选，由主席团在代表中提名，大会通过；在大会闭会期间，常务委员会可以任免专门委员会的个别副主任委员和部分委员，由主任会议提名，常务委员会会议通过。实践中，为加强人大及其常委会对各专门委员会的领导，有的省、自治区、直辖市、自治州、设区的市的人民代表大会，由本级人大常委会的分管副主任兼任各专门委员会的主任委员。

在西方国家，地方议会委员会中的秘书有的作用很大。他们负责提供建议，收集统计资料，处理对行政部门工作的意见。他们可以是有关部门的主管，也可以是主要行政官员或其助手。委员会秘书的权力很大，因为这些人熟悉业务，精力充沛，常常不经委员会就可主动提出某些决策意见并制定实施这些决策的计划。在中国，省、自治区、直辖市、自治州、设区的市的人民代表大会各专门委员会，多下设办公室或秘书处，作为专门委员会的办事机构，承担委员会的文书起草、材料收集、调查研究、提供咨询和意见等服务事项，它们的工作对发挥专门委员会的参谋、助手作用，往往有较大的影响。

第三节　地方行政首长

一、地方行政首长的职能

地方行政首长，即在地方行政区域内对地方行政事务负主要责任的长官，是地方行政事务的主要领导者和执行者。地方行政首长是地方政府的主要人物。在地方，人们通常是通过对地方行政首长的印象来评判地方政府的。地方行政首长或独立地领导行政机构，或与某一委员会或某些行政官员共同领导行政机构。与其他地方机构相比，地方行政首长的作用更大，更能影响或反映地方政府的本质特征。

长期以来，许多地方政府的行政首长拥有对地方事务的全权，他们一般只对中央政府负责。但随着民主政治的发展，地方代议机构逐步建立，地方行政首长的权力受到了限制。

根据《欧洲地方自治宪章》第六条和《世界地方自治宣言》第五条："地方政府应确定自己内部的行政架构，使之符合当地的需要并确保有效的管理"。但各国情况不完全一致，其地方行政首长的职能也有大有小，但总起来看，不外是以下四种。

（一）作为行政机关首长的职能

地方行政首长，至少在原则上说，领导着地方的行政机关或组织，负责执行中央政府及其部门制定的政策和地方代议机构通过的决议。如在德国的大多数州，县长或市长同时也是地方行政机关首长。在中国的特别行政区，行政长官是特别行政区的首长，代表特别行政区，对中央人民政府和特别行政区负责。同时，行政长官领导特别行政区政府，又是特别行政区政府的首长。

地方行政首长在多大程度上拥有自由裁量权，取决于该地方的风俗、习惯、国家的法律规定，并且与其他政府机关关系的不同而不同。在西方国家，地方行政首长的主要责任是领导地方政府，如负责编制和控制地方预算，监督地方政府雇员，协调地方的各种计划和活动。地方行政首长作为地方行政机关首长的职能是其基本的职能，其他职能通常是从这一职能派生而来。但是地方行政首长作为上级或中央政府的总代理人、作为礼仪首长及作为议会领导人的职能，并不必然与其行政职务有关。

（二）作为上级政府或中央政府总代理人的职能

在非代议性的地方政府中，地方行政首长仅对上级政府和中央政府负责。在许多代议性地方政府中，地方行政首长也负责处理由上级政府或中央政府直接指派其完成的事务。在西方国家，19 世纪初期之前，大多数的地方行政首长是由中央政府任命的，他们仅仅作为中央政府的代理人在发挥作用。

随着一些城市民选议会的建立和发展，地方行政首长便起到双重的作用：既作为代议性地方政府的主要执行者，负责领导实施地方议会的决议；又作为上级政府或中央政府的总代理人，负责领导诸如公共安全、卫生等特定职能。甚至当许多城市的市长已由公民选举以后，他们还仍具有以上两种职能。

这些城市的行政首长所承担的中央政府指派或交办的事务，通常是中央政府较为关注的事务。在法国，市长直接负责警务。只有他或她才有权为维护公共秩序、公共卫生和公共道德而发布规章。此外，法国的市长还负责履行中央政府移交的某些行政事务，如登记出生、死亡和婚姻，编制服兵役名单等。在这些方面，市长要受到省长的指挥和监督，其执行国家公务行为或独立于议会事务的责任，由国家而非市镇承担，市议会一般不去干预这些活动。但是在实践中，也有的地方行政首长具有双重职能，除执行中央政府指派或交办的事务外，为了表现自己对地方利益的忠诚，而执行其他地方机关的决策。地方行政首长是否忠于地方利益，取决于多种相关因素，如地方代议机构的传统、地方行政首长的产生方式、地方代议机构的权威等。

（三）作为类似地方议会领导人的职能

地方行政首长，作为地方决策的总制定者或总执行者，是引人注目的人物，常常起到像地方议会领导人那样的重要作用。在西方国家，一项地方重大决议的完成，通常要经过以下各阶段：(1) 议案的准备和形成；(2) 对议案的说明；(3) 地方议会审议；(4) 决议的实施。地方行政首长在第一、二、四阶段中的优势地位，往往给他或她在第三阶段的作用以重大的影响。地方行政首长常常抢先提出议案或计划，并动员议员们支持这些议案或计划。能量较大的地方行政首长多能在议会中获得对其提案或计划的足够支持，使有利于自己的决议得以通过；他或她还可以发动当地居民支持自己，并对支持者委以官职。在许多地方政府中，出于对地方行政首长地位和权威的尊重以及中央政府对地方行政首长的支持，地方行政首长实际上已成为在议会决议过程中起主导作用的角色。

在某些国家，地方行政首长可以对议会的决议进行否决、提出异议或发回重议。在美国实行强市长制的城市，市长拥有对市议会决议的否决权。在某些欧洲、亚洲国家的地方政府中，地方行政首长可对其认为与法律或一般地方利益相抵触的议会决议提出异议或发回地方议会重议。如在德国过去实行双头制或乡镇长主导制的乡镇，乡镇总监或乡镇长负责执行乡镇议会的决议，但他或她有权对其认为违法的议会决议提出异议；日本地方公共团体首长如对地方议会制定或修改的条例有异议时，可在接到条例之日起 10 日内提出理由，退回议会再议，议会必须以出席议员的 2/3 以上多数通过才能推翻首长的否决。而在中国的特别行政区，行政长官如认为立法会通过的法案不符合特别行政区的整体利益，可在 3 个月内发回立法会重议。

（四）作为地方礼仪首长的职能

除了上述三项职能外，地方行政首长通常还具有作为礼仪首长的职能。作为地方上的“第一公民”，地方行政首长往往是地方的代表，主持公民大会，签署文件，通常还是地方政府威望和尊严所在。如果地方行政首长同时担任议会主席，那么作为后者仅是一种礼仪性的职务。但是，在设立议会主席或地方行政首长的地方政府中，实践中不尽相同或也在变化。例如，在英国地方议会中，市长或堂区议会主席多是礼仪职务，仅能起一种名誉上的作用；但新的《地方政府法》实施后，行政首长的作用得到加强。

地方行政首长同时具有议会领导人和礼仪首长的职能，这有助于把这种行政首长的作用与一般行政首长区别开来。这两种职能要求有不同的人格，正像国家元首和政府首脑的作用不同一样。如在中国，特别行政区行政长官在政治上具有两重身份。其一，行政长官是香港特别行政区的首长；其二，行政长官又是特区政府（行政机关）的首长即行政首脑。从特别行政区的整个政权体制来看，行政长官实际处于最高的地位。①

二、地方行政首长的产生方式和任期

（一）地方行政首长的产生方式

地方行政首长的作用，要受地方行政首长的产生方式和任期的影响。以往，大多数城市的行政首长是中央政府或上级政府任命的；直到现在，一些国家的地方行政首长仍采用中央政府任命这种方式。随着代议性地方政府的发展，由地方议会或地方人民代表大会选举地方行政首长成为普遍方式。此外，还有地方议会任命和居民直接选举等方式。

在西方国家，某些中央政府任命的地方行政首长可以从供职于中央政府各部门的一般行政人员中挑选，也可以由中央政府部门以外的人士中挑选，但这些人通常具有政治背景或行政领导才能。在一些未实行地方代议制的亚洲、非洲和拉丁美洲国家中，中央政府任命地方政府行政首长，通常基于军事或一党专政的考虑，即把那些忠诚于中央政府的人挑选出来管理地方事务，以加强中央的控制。

由中央政府任命的地方行政首长通常与中央政府或上级政府关系密切，这样能提高他们的影响和权威；同时，一般也有利于中央政府对地方的控制，尤其在中央政府既任命又可免去其职的情况下更是这样。当然，中央政府任命的地方行政首长不大依赖地方议会和当地居民，这使他们也可能不大关注地方事务。

地方行政首长，从中央政府任命演变成由选举产生，经历了漫长的发展过程。地方行政首长由地方议会选举，这是政党政治发展的必然结果。一些国家，如法国的市长选举中，往往要受政党的操纵。当某一政党在地方议会中占绝大多数议席时，地方行政首长的提名，则由该党内部各派协商和平衡；而实行比例代表制的国家，地方行政首长的选举则减少了一党占据议会绝大多数议席的可能。政党之间或内部的斗争结果，有时形成在地方议会中占较多数议席的几个政党的联合政府。

---

① 许崇德：《香港特别行政区行政长官的法律地位》，载（京）《法学杂志》1997 年第 4 期。

由地方议会选举地方行政首长有一定的缺点。地方行政首长常常为了与地方议会意见一致而无法有效地实施其行政方案。塞缪尔·休姆斯认为,选举是产生议会领导人的绝好方式,因为他或她必须获得议会和公众政治上的支持,但议会选举或许不是选择合格地方行政长官的最妥当的方式。然而,地方议会选举行政首长的好处也是显而易见的。地方行政首长可以获得地方议会大多数人的支持。当地方议会不仅选举而且可迫使行政长官辞职时,地方行政首长的工作与议会大多数人的意见就会一致起来。其次,由地方议会选举地方行政首长,也有利于地方议会对地方行政事务的监督和控制。①

在许多西方国家,地方行政首长是由当地居民直接选举产生的。例如,美国实行市长议会制的城市的市长,就是由居民直接选举产生的。在日本,都道府县知事和市町村长都是居民直接选举产生的。

这种居民直接选举产生地方行政首长的方式,过去在德国南部的巴伐利亚州和巴登-符腾堡等州很普遍。德国统一后,几乎所有的市长都由居民直接选举产生;而县长在有的州是居民直接选举,如巴伐利亚、黑森、北莱茵-威斯特法伦、莱茵兰-普法尔茨、萨尔、萨克森、萨克森-安哈特、图林根等州,在有的州是县议会选举,如巴登-符腾堡、勃兰登堡、梅克伦堡-前波莫瑞、下萨克森、石勒苏益格-荷尔斯泰因等州。

在俄罗斯 84 个联邦主体中,有 50 多个联邦主体的地方行政首长是居民直接选举产生的;有约 1/3 的联邦主体的地方行政首长由地方议会从代表中选出。②

依照英国 2000 年修改后的《地方政府法》的规定,有的地方的行政首长由居民直接选举产生。2000 年 5 月英国大伦敦地区举行第一次选举,产生了市长。以后又于 2004 年 6 月进行了第二次选举;于 2008 年 5 月进行了第三次选举。

塞缪尔·休姆斯认为,这种由当地居民选举地方行政首长的方式,很大程度可能是受到分权学说的影响。正是这种分权学说使美国在联邦和州政府一级采取了三权分立制度,进而影响了美国一些城市政府的结构,并使美国的一些城市政府采用了"市长-议会制"的形式。

由当地居民直接选举地方行政首长的优点在于,选举活动和竞选过程能够唤起选民的兴趣。赞成这种方式的人认为,地方议会与地方行政首长分别选

① Samual Humes, *Local Governance and National Power: A Worldwide Comparison of Tradition and Changes in Local Government* (Havester Wheatsheaf, 1991), p.221.

② 欧洲理事会编:《地方与地区民主的结构和运行——俄罗斯》(1999 年),法国斯特拉斯堡:欧洲理事会出版社 2000 年版,第 15 页。

举,有利于彼此间的监督和审查,防止权力滥用。反对者则认为,由于地方行政首长和地方议会都是独自接受选民委托的,几乎不可避免地会产生冲突。尤其当地方行政首长所属的政党与地方议会的多数党不是同一政党时,更是如此。再者,居民选举尽管有利于挑选政治型人物,但并非挑选经理型地方管理专家的最佳方式。①

几十年来,相当多的国家,如美国的许多地方,一直是由地方议会从合格的职业管理人员中任命城市地方行政首长的。在俄罗斯,有 8 个联邦主体的 170 个市的行政首长由议会聘任。在大多数国家中,这种由议会任命的地方行政首长不得介入政党政治。用任命方式产生地方行政首长,要求其人要有一定的职业生涯。一个人经过职业培训后,可以先作为地方行政首长助理,进而成为助理行政首长或较小城市的行政首长,最终担任一个较大城市的行政首长。

在德国,有的地方行政首长是由议会选举的,有的是居民直接选举的,但是由政党根据职业表现提出人选。在美国,许多城市采用市议会-管理人制的形式,即由议会任命一名合格职业官员担任市管理人管理市政。市管理人任期不定,市议会如果对市管理人的工作不满意,可以随时解聘。在一些地方行政首长与地方议会主席分别设立的西方国家,如德国的一些城市和美国采用市长-议会制的城市中,议会主席(尤其是人口众多的地方的议会的主席)通常在地方决策中起重要作用,而城市行政首长则在地方行政中起或大或小的作用。

在中国,依照《地方各级人民代表大会和地方各级人民政府组织法》的规定,作为地方行政首长的省长、自治区主席、市长、自治州州长、县长、区长、乡长、镇长,都由本级人民代表大会选举产生,地方各级人民代表大会还有权罢免由其选举产生的上述行政首长。地方行政首长的人选,由本级人民代表大会主席团或代表联合提名。省、自治区、直辖市的人民代表大会代表 30 人以上书面联名,设区的市和自治州的人民代表大会代表 20 人以上书面联名,县级的人民代表大会代表 10 人以上书面联名,乡、民族乡、镇的人民代表大会代表 10 人以上书面联名,可以提出本级人民政府领导人员的候选人。地方人民政府正职领导人员的候选人数一般应多 1 人,进行差额选举;如果提名的候选人只有 1 人,也可以等额选举。如果提名的候选人数符合上述差额数,由主席团提交代表酝酿、讨论后,进行选举。如果提名的候选人超过上述差额数,由主席团提交代表酝酿、讨论后,进行预选,根据在预选中得票多少的顺序,按照上述差额数,确定正式候选人名单,进行选举。县级以上的地方各级人民代表大会举行会议的时

① Samual Humes, *Local Governance and National Power: A Worldwide Comparison of Tradition and Changes in Local Government* (Harvester Wheatsheaf, 1991), p. 222.

候,主席团、常务委员会或1/10以上代表联名,可以提出对本级人民政府组成人员的罢免案,由主席团提请大会审议。乡、民族乡、镇的人民代表大会举行会议的时候,主席团或1/5以上代表联名,可以提出对乡长、镇长的罢免案,由主席团提请大会审议。县级以上的地方人民政府领导人员可以向本级人大或其常委会提出辞职,由大会或常委会决定是否接受辞职。

在民族自治地方,根据《民族区域自治法》的规定,对担任民族区域自治地方人民政府的正职领导人员有民族成分的要求,即自治区主席、自治州州长、自治县县长由实行区域自治的民族的公民担任。

根据《香港特别行政区基本法》和《澳门特别行政区基本法》的规定,特别行政区行政长官是特别行政区的首长,在当地通过选举或协商产生,由中央人民政府任命。根据基本法附件一《特别行政区行政长官的产生办法》,行政长官由一个具有广泛代表性的选举委员会根据基本法选出,由中央人民政府任命;但第一任行政长官分别按照1990年4月4日七届全国人大三次会议和1993年3月31日八届全国人大一次会议通过的特别行政区第一届政府和立法会产生办法的决定产生(即由特别行政区筹备委员会负责筹组的第一届政府推选委员会在当地以协商或协商后提名选举方式,推举第一任行政长官人选,报中央人民政府任命)。2007年以后或2009年以后各任行政长官的产生办法如需修改,须经立法会全体议员2/3多数通过,行政长官同意,并报全国人大常委会批准。《香港特别行政区基本法》第四十五条第二款规定:“行政长官的产生办法根据香港特别行政区的实际情况和循序渐进的原则而规定,最终达至由一个有广泛代表性的提名委员会按民主程序提名后普选产生的目标。”

(二)地方行政首长的任期

关于地方行政首长任期,各国有的确定,有的不确定。实践中,那些由地方议会的上级单位任命的地方行政首长,通常没有固定任期。有的任期与地方议会任期一致;有的与地方议会任期不一致。

大多数人认为,地方行政首长的任期应短些为宜,这样可促使他们对公众更负责,更谨慎处事,但各国规定不尽一致。

在德国,市长和县行政官的任期由地方宪章法规定,各州不尽相同:在巴登-符腾堡州和萨尔兰州,任期8年;在巴伐利亚州和黑森州,任期6年;在梅克伦堡-前波莫瑞州,任期7—9年;在下萨克森州和北莱茵-威斯特法伦州,任期5年;在勃兰登堡州,全职市长或县议员,任期8年,名誉市长任期5年;在萨克森州和萨克森-安哈特州,任期7年;在石勒苏益格-荷尔斯泰因州,任期6—12

年;在图林根州,全职市长或县议员任期 6 年,名誉市长任期 5 年。①

在俄罗斯,大多数地方行政首长任期四年,但有 6 个州任期二年,7 个联邦主体地方行政首长任期五年。②

在中国,根据现行《宪法》和《民族区域自治法》的规定,省、自治区、直辖市、自治州、设区的市、县、自治县、不设区的市、市辖区、乡、民族乡、镇的人民政府每届任期同本级人民代表大会每届任期相同,为五年。但宪法和法律对地方人民政府行政首长是否可以连任,未作统一的规定。另外,根据特别行政区基本法,特别行政区行政长官任期五年,可连任一次。

三、地方行政首长在地方决策中的作用

地方行政首长在地方治理过程中所起的作用,要受地方政府制度和地方规模大小的影响。在许多西方国家,地方政府有较广泛的职权,由地方政府以外的机构或社会组织处理的地方事务较少,这种地方政府有较大自主权和内部凝聚力。根据地方政府首长对地方事务所起的作用的大小,可对地方政府首长作出分类。

(一) 德国型地方行政首长的作用

少数地方行政首长,如德国的地方行政首长,在地方政治中能起很强的领导作用,其权威涉及广泛的地方事务,同时,他们在制定地方政策、分配资金和协调计划中也很有权力。在地方立法中,地方行政首长往往与某一委员会一道工作,对立法有较大影响。他们在整个地方治理中较有权威或威望。

(二) 中国型地方行政首长的作用

在中国一般地方,地方各级人民政府分别实行行政首长负责制。省长、自治区主席、市长、自治州州长、县长、区长、乡长、镇长分别主持地方各级人民政府的工作;领导地方各级人民政府依法行使宪法和法律赋予的职权;召集和主持本级人民政府全体会议和常务会议,讨论决定政府工作中的重大问题。在中国,地方各级人民政府的工作部门依照法律或行政法规的规定,受上级人民政府主管部门的业务指导或领导,但在本行政区域内受本级人民政府统一领导;地方各级人民政府还分别领导下级人民政府的工作。因此中国的地方行政首长的作用是很大的。但法律同时规定,地方各级人民政府是地方各级人民代表大会的执行机关。尽管地方各级人民政府有权管理本行政区域内的经济、教

---

① 欧洲理事会编:《地方与地区民主的结构和运行——德国》(1998 年),法国斯特拉斯堡:欧洲理事会出版社 1999 年版,第 18 页。

② 欧洲理事会编:《地方与地区民主的结构和运行——俄罗斯》(1999 年),法国斯特拉斯堡:欧洲理事会出版社 2000 年版,第 16 页。

育、科学、卫生、体育事业和财政、民政、公安、司法行政、计划生育等行政工作，并有权发布决定和命令，县级以上的地方各级人民政府还有权规定行政措施，省级和较大的市的人民政府还可制定地方政府规章，但依照法律规定，对本行政区域内政治、经济、教育、科学、文化、卫生、民政等工作的重大事项，其讨论和决定的权限在同级人大及其常委会。

然而，法律对地方"重大事项"的内容仅作了原则规定，实践中地方人大及其常委会和地方人民政府的决策权如何分配，有时不好把握。更重要的是，中国地方国家机构的活动必须坚持中国共产党的领导，根据《中国共产党章程》的规定，中国共产党的地方各级代表大会的职权之一是，"讨论本地区范围内的重大问题并作出决议"；"党的地方各级委员会在代表大会闭会期间，执行上级党组织的指示和同级党代表大会的决议，领导本地方的工作，定期向上级党的委员会报告工作"。因此，地方上的许多重大决策往往是中国共产党的地方代表大会或地方各级委员会按照总揽全局、协调各方的原则作出的。但实践中，地方行政首长一般担任中国共产党同级地方委员会的副书记。总的看，地方行政首长在地方政治中的作用是很大的。

另外，根据两个《特别行政区基本法》的规定，特别行政区行政长官是特别行政区首长，代表特别行政区，依法对中央人民政府和特别行政区负责，行使领导特别行政区政府、决定政府政策等重要职权，同时特别行政区设行政会议或行政会协助行政长官决策，行政会议或行政会由行政长官主持，行政长官在作出重要决策等事项前，征询行政会议或行政会的意见。

（三）法国型地方行政首长的作用

法国的市镇长，尤其是大城市的市镇长多是大区议会或国民议会的议员，拥有相当大的政治与行政权力，尽管中央有关部门及派驻机构限制了市镇长的这种权力影响的范围。在一些发展中国家，许多城市的市长的权力较小，这部分是由于中央政府的直接控制以及对市长职务强调政治服从性和要求下属官员执行具体职务的结果。这种地方行政首长的作用程度及范围是有限的。

（四）英国型地方行政首长的作用

在英国，长期以来，地方上没有比得上德国、法国等国那样的有实权的地方行政首长。不论是地方议会主席或市长，还是多数党派的领袖，都缺乏制定政策和协调计划的权力。虽然在一些国家，如美国和其他前英国殖民地的地方制度受英国较大影响，但这些国家地方行政首长的作用要比英国大。在这些国家，地方上的权力通常在议会、委员会和行政首长中分配；而在英国，地方议会主席或市长实际上通常起一种礼仪性的作用。2000年《地方政府法》修改后，情况有了重大变化，加强了执行机关的作用，地方行政首长在一些地方由直接选举产生,享有较广泛的权力,是有实力的地方领导人。

四、地方行政首长的主要类型

地方行政首长的作用要受其所领导的地方政府规模的影响。人口、预算和工作人员等因素,会影响人们对地方行政首长这一职务的看法,也会影响人们对这一职务的吸引力,以及人们对地方行政首长的支持和使其发挥作用的程度。

(一) 城市的地方行政首长

一般认为,在大城市,尤其是特大城市的行政首长往往能起到某种政治领袖的作用。他们所领导的政府通常处理广泛的地方事务,拥有更多的预算经费和职员,在国家的政治生活中有重要影响,常常与中央政府发生联系并相互作用;有的还在中央机构中担任某种职务。这种地方行政首长不仅在地方政府而且在中央政府中都有一定的政治地位,属于政治领袖型的人物。

在一般城市或市镇中的地方行政首长,则习惯于起一种行政管理人员的作用,主要负责诸如警务、公路和学校等具体事务。他们更注重的是效率性和经济性,属于务实型管理者的人物。

(二) 农村的地方行政首长

农村乡镇中的地方政府更依赖名流或绅士型人物。不仅在发展中国家,而且在美国、法国、德国等发达国家,都存在这种现象。在西方国家,这种地方行政首长通常是兼职的,如法国的一些市镇长、美国的行政委员等任职期间没有薪俸,只领取职务津贴和补助。在较不发达的国家,乡长、村长一般是乡村中的上流人士或政治领袖。这种职务通常按乡村的风俗习惯产生,只有当乡村中有两个以上村落时,才有可能在各村的候选人中选举一人担任此职。其职责多为调处民间纠纷、分配土地和办理地方工程事业。

地方政府的规模不仅决定地方行政首长的类型,而且影响对地方行政首长工作能力和领导才能的要求。较大的地方政府通常要求地方行政首长不仅具备一定的政治和组织能力,而且还有能胜任这一职务的合格职业经历。这样,他或她才可能领导和组织较高级的管理人才,在地方管理中发挥重要作用。

第四节 地方政府部门及部门负责人

一、地方政府部门

地方政府为行使职权和履行职责,需要设立各种部门分管各类事务。这些部门的数目和规模在各个国家或同一国家的不同地方都不尽相同。在西方国家的较小的市、镇中,因所需管理的事务有限,政府部门很少,有的只有2—3个;而大多数国家的市、镇政府部门一般为10多个,有的国家的市、镇政府部门可达20—30个。如德国的市政府,一般有8—9个行政部门,通常是行政总务、财务、法律和公共秩序、文化教育、社会与卫生、建筑、公共场所、经济和交通等部门。一般而言,工作部门数目的多少,主要取决于所需管理的事务范围,以及为便于管理这些事务而作的分类。

在中国,根据《地方各级人民代表大会和地方各级人民政府组织法》的规定,各级地方人民政府根据工作需要和精干的原则,设立必要的工作部门。实践中,一般是省级人民政府工作部门较多,市、县级人民政府工作部门较少,而乡、镇人民政府工作部门最少。各级人民政府工作部门的数目在各省、直辖市、自治区也不尽相同,且前后也在变化。但一般而言,中国的地方政府政府工作部门仍比西方国家地方政府部门为多,这主要与中国地方人民政府有较多的职能有关。

在特别行政区,根据《香港特别行政区基本法》和《澳门特别行政区基本法》的规定,香港特别行政区政府设政务司、财政司、律政司和各局、处、署;澳门特别行政区政府设司、局、厅、处。

各个政府部门与其他政府部门联系的紧密程度也大不相同。通常像财政、人事等部门与其他部门联系较多,这类部门被称为"横向的部门";有些政府部门全面负责某种事务,如警务、消防、道路施工和维修、医疗卫生、供水和污水排放等部门,被称为"纵向的部门"。各部门的独立程度受政府体制等因素的影响;甚至在同一地方,一些部门较多受制于地方行政首长,而另一些部门较受制于某一委员会或中央政府部门。通常,较专业化的专业部门在财政和人事上更依赖中央政府部门,而倾向于不受地方政府的监督或控制。

在法国地方议会中,长期以来,最重要的部门负责的事务较少受省、市议会的左右,而较多由省长指挥和领导,但1982年以来的改革使省、市议会的管理事务的范围和权限有所扩大。在英国,长期以来地方政府的某些部门,如卫生、教育等部门较多与地方议会委员会和中央政府部门接触,这部分是由于英国地方政府缺乏有实力的行政首长的缘故;而英国地方的警务部门则有较多的独立性。在美国,有些地方政府部门负责人是经过选举或其他机构任命的,而非同级地方行政首长任命,这使得这些部门有较大独立性。例如美国的巴尔的摩县,22个部门的首长中,由县行政首长任命的只有14个,其余8个由选民选举的1个,州长任命的3个,特别地方当局(如学区委员会)任命的4个。

在中国,地方人民政府工作部门与本级人民政府和与上下级人民政府部门的关系,经历了一个变化过程。建国初期的地方人民政府委员会时期,地方人民政府各工作部门统一受本级人民政府领导。中央人民政府政务院各部门与地方人民政府各工作部门之间是业务与技术上的指导关系。1954 年《地方各级人民代表大会和地方各级人民委员会组织法》,将中央人民政府各部门与省级人民委员会各部门以及地方人民政府各工作部门之间的关系,改为双重领导关系,规定:“省、直辖市人民委员会的各工作部门受人民委员会的统一领导,并且受国务院主管部门的领导。县、市、市辖区人民委员会的各工作部门受人民委员会的统一领导,并且受上级人民委员会主管部门的领导。”。1979 年《地方各级人民代表大会和地方各级人民政府组织法》,又将中央人民政府各部门与省级人民委员会各部门以及地方人民政府各工作部门之间的关系,改为领导或业务指导关系,规定:“省、自治区、直辖市的人民政府的各工作部门受人民政府统一领导,并且受国务院主管部门的领导或业务指导。自治州、县、自治县、市、市辖区的人民政府的各工作部门受人民政府统一领导,并且受上级人民政府主管部门的领导或业务指导。”

1986 年《地方各级人民代表大会和地方各级人民政府组织法》,在总结经验的基础上,进一步规定:“地方各级人民政府根据工作需要和精干的原则,设立必要的工作部门;县级以上地方各级人民政府设立审计机关,地方各级审计机关依照法律规定独立行使审计监督权,对本级人民政府和上一级审计机关负责;省、自治区、直辖市的人民政府的厅、局、委员会等工作部门的设立、增加、减少或合并,由本级人民政府报请国务院批准,自治州、县、自治县、市辖区的人民政府的局、科等工作部门的设立、增加、减少或合并,由本级人民政府报请上一级人民政府批准。”法律并规定,省、自治区、直辖市人民政府的工作部门受人民政府统一领导,并且受国务院主管部门的领导或业务指导,自治州、县、自治县、市、市辖区人民政府的工作部门受人民政府统一领导,并且受上级人民政府主管部门的领导或业务指导。

1995 年《地方各级人民代表大会和地方各级人民政府组织法》,在 1979 年以来规定的“省、自治区、直辖市的人民政府的各工作部门受人民政府统一领导,并且受国务院主管部门的领导或业务指导。自治州、县、自治县、市、市辖区的人民政府的各工作部门受人民政府统一领导,并且受上级人民政府主管部门的领导或业务指导”中,增加了“依照法律或者行政法规的规定”的措辞。

根据上述规定,地方各级人民政府工作部门大致可分为两类:一是受本级人民政府统一领导,并且受国务院或上级人民政府主管部门业务指导的工作部门。这类工作部门在地方人民政府工作部门中占大多数,如教育、民政等部门。二是受本级人民政府统一领导,并且受国务院或上级人民政府主管部门领导的工作部门,如审计、行政监察等部门。这类工作部门数量较少,通常称为“双重领导部门”。此外,还有一类部门,它们在省一级与国务院主管部门是业务指导或领导关系,但在省以下是垂直领导关系,如地方税务、工商行政管理、技术监督、药品监督等部门。

二、地方政府部门负责人

在西方国家,大多数地方政府的部门负责人是对地方行政首长负责的聘用人员或任命人员,也有的部门负责人由地方政府委员会主席或成员担任。而在美国实行委员会制的城市中,委员会成员直接领导有关部门;有的美国的市、镇直接选举一些部门的负责人,如司库、秘书、警察局长、评税官等。

部门负责人可对本级地方政府领导机构的某一人或某几人负责并报告工作。在多数情况下,他们对地方行政首长负责,也有许多部门负责人是对某一委员会或委员会中的某个成员负责。少数国家的地方政府部门负责人同时对地方行政首长、委员会或委员会成员负责,这种形式在某些德国的乡镇中可以见到。在中国,法律规定地方各级人民政府组成部门负责人由作为本级人民政府行政首长的省长、自治区主席、市长、自治州州长、县长、区长提名,由各该级人民代表大会常务委员会决定任免,同时规定,地方级人民政府组成部门负责人是本级人民政府组成人员。

因此可以认为,地方各级人民政府工作部门负责人应对省长、自治区主席、市长、自治州州长、县长、区长负责并报告工作,同时作为本级人民政府组成人员,部门负责人还应领导本部门工作,向本级人民政府负责,接受本级人民政府的统一领导。

除了对本级地方政府负责并报告工作外,地方政府部门负责人还要向中央主管部门负责。这通常见于地方政府部门负责人由中央或上级政府或主管部门任命的情况。

在中国,建国初期的大行政区、省、中央或大行政区直属市工作部门的负责人,由政务院任免或批准任免;1954 年后改为各省、自治区、直辖市人民委员会的厅长、局长等由国务院任免,其他的地方人民委员会的工作部门负责人由上级行政机关任免。1979 年《地方各级人民代表大会和地方各级人民政府组织法》,对县级以上地方各级人民政府的组成,从过去的委员会制,改为类似国务院全体会议的组织形式,将县级以上地方各级人民政府工作部门的正职负责人也作为人民政府的组成人员,他们由本级人民代表大会常务委员会决定任免,报经国务院或上一级人民政府批准,不再由上级行政机关或国务院任免。1982 年《地方各级人民代表大会和地方各级人民政府组织法》,将县级以上的地方各级人民政府的秘书长、厅长、局长、主任、科长的任免,改为由本级人民代表大会常务委员会决定，报上一级人民政府备案。1986年《地方各级人民代表大会和地方各级人民政府组织法》，将县级以上的地方各级人民政府的秘书长、厅长、局长、主任、科长的任免，改为由本级人民代表大会常务委员会“根据省长、自治区主席、市长、州长、县长、区长的提名，决定地方各级人民政府秘书长、厅长、局长、主任、科长的任免，报上一级的人民政府备案”。另外，根据《香港特别行政区基本法》和《澳门特别行政区基本法》的规定，香港特别行政区主要行政官员由在香港通常居住连续满15年并在外国无居留权的香港特别行政区永久性居民中的中国公民担任，由行政长官提名并报请中央人民政府任命；澳门特别行政区主要行政官员由在澳门通常居住连续满15年的澳门特别行政区永久性居民中的中国公民担任，由行政长官提名并报请中央人民政府任命。

第九章
地方政府职权

第一节　地方政府职权的依据

地方政府的职权,即地方政府的职能和所应具有的权力。地方政府职权的依据,指的是地方政府取得职权在宪法或法律上的渊源形式。

根据《世界地方自治宣言》第一条“地方自治的宪法基础”的规定,“地方自治的原则应在本国宪法或有关国家政府结构的基本立法中得到承认。”即,地方公共团体的职能包括地方自治的原则,应得到本国宪法或有关国家政府结构的基本立法的承认。换言之,地方公共团体的职权,包括地方自治的原则,应在宪法中规定;如果不在宪法中规定,也应在基本法律中规定。

《欧洲地方自治宪章》第二条“地方自治的宪法和法律基础”,也要求“地方自治原则应在本国立法中得到承认,且在宪法中得到实施。”

实践中,各国地方政府,特别是地方自治政府的职权,一般分两种形式取得:一是通过宪法划分中央与地方职权;二是通过立法授权。

一、通过宪法划分中央与地方的职权

通过在宪法上划分中央与地方职权,有两种方式:一是列举性的具体规定;二是原则性的概括规定。

通过在宪法上具体列举中央与地方权限的方式不是很多,突出的例子是1947年《意大利共和国宪法》。

1947年《意大利共和国宪法》除了在第五条明确规定意大利实行地方自治外①,并在第二篇第五章“大区、省和市镇”中,专门规定:在国家法律所规定的

---

① 1947年《意大利共和国宪法》第五条规定:“统一而不可分的共和国,承认并鼓励地方自治;在国家事务中充分实行行政上的地方分权,并使自己的立法原则和立法方法满足自治权和地方分权的要求。”

范围内，省得颁布立法性规范，唯此种规范在下述问题上不得与国家利益和其他各省的利益相抵触：组织省辖行政机关和行政单位；乡的境域；市警察和农村警察；定期市场和集市；社会慈善事业和卫生疾病救护；手艺和职业教育及学校帮助；地方机关的博物馆和图书馆；市政建设；游览和旅馆事宜；电车和省辖公路；地方性的陆路、水陆和社会工作；地方航运与港埠；矿水和医疗水；采石矿和泥煤采掘；狩猎；在内地水流中捕鱼；农业和林业；手工业；宪法性的法律所载明的其他问题。同时规定：根据共和国法律，各省均享有颁布规范之权力，以执行共和国各项法律。

1978 年《西班牙王国宪法》第一百四十八条和第一百四十九条，也分别对中央和自治区的权限作了列举。

大多数国家的宪法或基本法对地方政府的职权只作原则性的规定，如 1947 年《日本国宪法》第八章确认了地方自治原则，并规定“地方公共团体有管理财产、处理事务以及执行行政的权能，得在法律范围内制定条例”。1947 年《德意志联邦共和国基本法》第二十八条规定：“必须保证各乡在法律范围内拥有独立负责地处理各种地方性事务的权限。联合乡(镇)在其法律赋予的权限范围内，也拥有法律规定的自治权。”

还有些联邦国家的州宪法对州与地方权限作了规定，如德国许多州的宪法中就有关于县或市的内容；美国的许多州，也在州宪法中规定了一些市的自治权。

在中国，1982 年《宪法》第三条规定：“中央和地方的国家机构职权的划分，遵循在中央的统一领导下，充分发挥地方的主动性、积极性的原则。”同时，对全国人大及其常委会、国务院、地方各级人大及其常委会和地方各级人民政府的职权作了列举或概括，并规定由国务院规定中央和省、自治区、直辖市的国家行政机关的职权的具体划分。此外，对民族自治地方的自治机关的自治权也作了原则确认。宪法还规定：“国家在必要时得设立特别行政区，在特别行政区实行的制度按照具体情况由全国人民代表大会以法律规定。”

二、通过中央立法授权

单一制国家中央政府与地方政府的关系，或联邦制国家中联邦主体与地方政府的关系，不同于联邦制国家中联邦与联邦主体的关系。后者一般是通过宪法划分联邦与各联邦主体的权限，使双方在各自的范围内独立行使职权。因为对于联邦而言，各联邦主体具有固有权力，各联邦主体保留一切未在联邦宪法中放弃的权力和未被联邦宪法禁止行使的权力，各联邦主体是一个具有相对主权的政治实体，而地方政府与联邦主体的关系与此不同，地方政府的权力来源于各联邦主体,因为地方政府本身不是具有相对主权的政治实体,地方政府或由中央立法规定而产生,或由地方请求设置中央特许而产生,它们的权限也主要来源于中央依据宪法原则立法的授权或特许。因此,通过中央授予取得职权,成为地方政府取得职权的主要形式或依据。

地方政府通过中央立法授予或特许而取得职权,也有几种情况。

(一)通过一般通用法律获得职权

即由中央制定某项法律,规定授予适用于地方政府的职权。这又有两个情况:一是该法律只适用于一般地方政府。如1947年日本《地方自治法》、现行的中国《地方各级人民代表大会和地方各级人民政府组织法》、2000年中国《立法法》。二是该法律主要适用于某一类特殊地方政府。如1973年的《〈苏格兰〉地方政府法》,1963年《伦敦政府法》、2001年中国《民族区域自治法》、1990年中国《香港特别行政区基本法》和1993年中国《澳门特别行政区基本法》等。

(二)通过专门单行法律获得职权

即中央制定某一单行法,规定处理某一专门事务,其中授予地方政府某方面的职权。这种方式可在不修改一般通用法律的情况下,使地方政府取得一定职权;或使国家一般通用法律的有关规定具体化。如英国1988年《教育改革法》、1989年《地方政府和住房法》等专门单行法律,赋予地方政府有关职能性的权力。中国也有类似的法律,如根据《土地管理法》的规定,县级以上地方人民政府土地行政主管部门的设置及其职责,由省、自治区、直辖市人民政府根据国务院有关规定确定。农民集体所有的土地,由县级人民政府登记造册,核发证书,确认使用权;农民集体所有的土地依法用于非农业建设的,由县级人民政府登记造册,核发证书,确认建设用地使用权;单位和个人依法使用的国有土地,由县级以上人民政府登记造册,核发证书,确认使用权。

(三)通过特别法或特别决定获得职权

即中央对任何一个地方政府,可根据其需要或请求,颁布某一法律或有关法律问题的决定,单独授予该地方政府超出一般通用法律或专门法律以外的某种职权。如英国地方政府为获得一般通用法律或专门法律规定以外的职权,可采用申请私法案(private acts)的方式。这种方式在别的国家采用不多。较突出的有两个:一是《日本国宪法》第九十五条规定,仅适用于某一地方公共团体的特别法,根据法律规定,非经该地方地方公共团体居民投票半数以上同意,国会不得制定。二是中国于1992年、1994年和1996年分别由全国人大常委会和全国人民代表大会作出决定,授权深圳、厦门、汕头和珠海四个经济特区所在地的市制定经济特区法规和规章。

(四) 通过行政法规获得职权

通过行政法规或行政命令的方式对地方授权,可以基于以下两种原因:

(1) 某些国家的法律规定比较原则,使地方政府行使职权时不便操作,于是中央以行政法规或行政命令使之具体化。这实质上是法律与行政法规或行政命令的双重授权。如依1982年《地方各级人民代表大会和地方各级人民政府组织法》的规定,经国务院批准的较大的市可以拟定地方性法规和规章草案(1986年修改为制定),但法律并未列举哪些市为较大的市,为此,国务院于1984年12月15日批准唐山、大同、包头、大连、鞍山、抚顺、吉林、齐齐哈尔、青岛、无锡、淮南、洛阳、重庆(1997年改直辖市)等13个市,1988年3月5日批准宁波,1992年7月25日批准淄博、邯郸、本溪,1993年4月22日批准苏州、徐州为较大的市,从而赋予这些市以制定地方性法规和地方政府规章的职权。

(2) 某些国家的法律规定得较具体,但社会环境变动频繁,发生法律不能适应形势发展需要的情形,因此也授予行政机关及部门以制定法规或命令之权,以弥补法律不足。也有的是因为申请私法案太困难,而寻求发布命令。如英国地方政府为获得某项职权,可请求中央政府有关主管部门颁布临时命令,但此命令须经议会追认方能生效;地方政府根据法律授权也可制定命令,呈请有关大臣批准,大臣批准后提交议会备查。

(五) 通过宪章获得职权

用宪章形式授予地方政府职权,多见于美国各州议会对市政府的授权。这种宪章是经州议会特许成立的,故又称特许状(municipal charters)。各州对市政府的授权方式不尽一致,形式非常复杂,有的大城市的宪章多达几百页。通常有:

(1) 特别宪章制:是美国最古老的宪章形式,即由州议会分别对每一市以特别法形式规定一种政府体制。特点是一市一状,各不相同。因易产生流弊,目前这种形式只在新英格兰地区及南部少数州使用。

(2) 通用宪章制:即由州议会以普通法形式规定适用于州内所有申请成立的市的政府体制。特点是全州一状,适用州内各市。

(3) 分类宪章制:即州议会以人口等标准对州内各市进行分类,对同类各市颁布相同的特许状。

(4) 选择宪章制:即由州议会制定若干种特许状,规定各种政府体制,以备各市选择其一。

(5) 自治宪章制:即由市自行起草、制定或修改的市宪章。这种市宪章一般须经市民投票通过,或经州议会或州长批准,才能生效。现有约40%人口在5 000人以上的市采用此制。

第二节　地方政府职权划分的原则和职权的范围

一、地方政府职权划分的原则

地方政府职权划分应遵循哪些原则，是决定地方政府职权划分的重要问题，对此，有关的国际公约或宣言、宪法和法律作了明确规定。

《世界地方自治宣言》第三条明确了地方自治的范围，构成了地方政府职权划分的原则：(1) 公共责任应由最接近当地居民的地方政府基本单位行使之；根据各国的具体情况，公共责任也得由上一级政府或区域性政府行使之。(2) 地方政府对不专属于任何其他政府也不完全排除地方政府权能的任何事项，应有自主管理的一般性权利。(3) 地方政府的基本职能及改变这些职能的程序应由宪法或法律规定之。(4) 在一般情况下，地方政府的权力应是充分和独享的。即使宪法或法律授权中央政府或区域性政府干预地方政府事项时，地方政府也应保留提议和决定的权利。(5) 如果中央政府或区域性政府授权，地方政府应获得根据本地区条件实施立法的裁量权。(6) 地方政府在其他层级政府涉及地方事务的决策中，应具有合理和有效的参与权。

《欧洲地方自治宪章》第四条关于地方自治的范围的规定，也可以成为地方政府职权划分的原则：(1) 地方政府的基本权力和责任应由宪法或法律规定；但这一规定不得影响地方政府为法律规定的特定目的取得的权力和责任的性质。(2) 在法律规定的范围内，地方政府对不完全排除地方政府权能的、也不专属于任何其他政府的任何事项，有充分自主的决定权。(3) 公共职能一般应优先由最接近居民的机构实施。政府职能的分配应权衡任务的范围、性质以及效率和经济的要求。(4) 在一般情况下，地方政府的权力应是充分和独享的，不受其他的、中央或地区的或法律规定的机构的影响或限制。(5) 如果中央政府或区域性政府授权，应允许地方政府结合本地区情况自主地加以实施。(6) 在直接涉及地方的所有事项的计划和决策过程中，应在适当时间和以适当方式尽可能地征求地方政府的意见。但具体而言，地方自治的范围，在各国可能不尽一致。

在英国，根据权力下放机构拥有的立法权限，地方政府或地区政府机构、范围和职权的变化，都由联合王国议会确定。联合王国以议会制定法的形式，包括个别地方政府为本地区利益提出的私法案形式，授予地方政府和地区政府法定职责和权限。权力下放机构拥有某种独立的立法权，无须经过联合王国议会批准。但在英国，地方政府提供服务的职责、权限的分配，根据地方政府类型、地方政府在英国位置和职能或服务本身的性质的不同而有所不同。

在法国,修改后的《法兰西第五共和国宪法》第七十二条第二款规定:"在其层级能得以最好实施的全部权限,由领土单位负责作出决定。"这一规定,将1992年《马斯特里赫特条约》中的"从属性"原则宪法化。

美国的地方政府是各联邦主体授权或特许成立的,其职权也是各联邦主体授予或特许的。根据"狄龙规则",地方政府只能行使由州法律明确授予的那些权力、由这些明示权力所隐含的权力以及为已经宣告的地方政府的宗旨和目标所绝对必要的权力。当对地方政府的任何一项具体权力发生合理置疑时,法院都要使疑难的解决有利于州。但"狄龙规则"并不反对纯属地方性事务由地方自治体管理。一般原则是:地方性事务由地方自治体管理;全州性问题,例如公共安全、打击犯罪、公共卫生、交通管理、一般性的公民福利等,由州政府管理。在立法上,如果州立法与地方性立法对全州性问题发生冲突,则州立法优先;对于纯粹的地方性问题,不得制定州法。如美国《加利福尼亚州宪法》规定:"市宪章有权规定该市可以制定并执行的有关地方性事务的一切条例和规章,但应符合该宪章所限定的范围;有关其他事务的立法应符合一般性法律。"

按照德国地方自治的基本原则,所有的地方事务都由乡镇或县自主地进行管理。地方自治权主要体现在:(1) 乡镇的职权建立在对本行政区域公共事务负责的基础上(普遍性原则);(2) 县具有城市地方之间的、互补的和不属于各州的、平衡的功能。在其区域内,除非法律另有规定,县承担所有超出乡镇职能以外的其他所有职能。县的职能限于与对整个县域地区,或整个县的居民,或至少其大多数的标准化供给和援助有关的任务。州可以制定法律要求乡镇和县承担某种职责(强制性职责),但乡镇和县只能在其权限范围内履行这些职责。必要时,州可以保留发布监督机关指令的权利(通过指令要求履行强制性职责),但发布指令的权利范围必须由法律确定。

在日本,对中央与地方职能的划分上,既强调地方自治,又保证中央的统一调控机能。各地方自治团体在宪法和法律的范围内,除有权自主地处理本地区的自治事务外,还有权处理中央及地方自治团体的法定委托事务,其中包括在不抵触法令情况下,制定条例和规则。

中国是一个统一的多民族的社会主义国家,在国家机构的组织和活动中贯彻民主集中制原则。同时,中国又是一个幅员辽阔,人口众多,经济、政治、文化发展不平衡的国家,而且中央和地方的权限划分还需要通过改革不断完善。因此,《宪法》对中央与地方的职权范围没有采取划分具体事项的方法,而是以概括方式规定:"中央和地方的国家机构职权的划分,遵循在中央的统一领导下,充分发挥地方的主动性、积极性的原则。"

二、地方政府职能的范围

地方政府的职能范围，也即地方政府履行职能、行使权力所涉及的领域。地方政府的职能范围与地方政府的职权应当是一致的，即地方政府有什么职能，就基本具有相应的职权。

地方政府一般具有以下职能：(1) 提供服务；(2) 经营公共、公营事业；(3) 维护社会安全和秩序；(4) 提供社会福利；(5) 制定地方规章；(6) 代表上级政府执行法律，组织选举和进行重要的登记等。①

实际上，地方政府的职能范围经历了一个发展、变化的过程。在西方，许多国家的地方政府最初主要负责地方治安、税收等职能。随着经济和社会的发展，地方政府的职能范围不断扩大。特别是在二战结束以后，在"福利国家"的口号下，地方政府的职能空前扩张，其职能范围也随之扩大，涉及公民几乎从摇篮到坟墓的全部生活。

但进入 20 世纪 80 年代以后，西方各国地方政府职能发生了一些变化。特别是许多西方国家推行市场经济政策，倡导优先以市场为基础和主导方法解决城市问题，例如创办工业区、城市开发公司和公私合伙公司，鼓励私人公司投资公共事业，从而减少了政府直接提供的服务。

(一) 主要西方国家地方政府职能的范围

在英国，20 世纪 80 年代后，中央政府通过强制性的竞争招标立法，将许多公用事业交由非政府的专门机构或私人公司管理，使地方政府管理公用事业的职能有所减少。过去，英国的地方政府大约要履行 50 多种职能，如保护性的职能、环境方面的职能、个人方面的职能、社会和娱乐性的职能和贸易性的职能等。而现在，这些职能有的由私人公司或合伙公司承担，有的由非政府组织承担。由地方政府履行的职能是以下几类：

(1) 必要性的事务：即由地方政府采用各种方式为所有居民提供的，有助于居民地域范围内资源再分配的服务，如教育、个人社会服务、住房福利等。这类必要性事务的开支，通常占到所有地方政府事务总开支的一半以上。

(2) 保护性的事务：即地方政府按照全国统一标准提供的，保护居民安全的服务，如消防和急救等。其中。在 1995 年 4 月成立新的独立警察机构之前，警务一直主要属于地方政府管理。

(3) 舒适性的事务：即主要由地方政府根据当地居民实际需要并确定标准而提供的服务，如公路、街道清洁、规划、公园和公共空间、垃圾处理、消费者保

---

① 参见张庆福主编：《宪法学基本理论》(下)，社会科学文献出版社 1999 年版，第 815—816 页。

护和经济开发等。

(4) 便利性的事务:即主要由地方政府(有时也与私人公司竞争)按照当地居民意愿提供的服务,如住宅、图书馆、博物馆、艺术馆、娱乐中心、垃圾收集、公墓、殡仪馆等。①

在美国,无论地方政府组织方式如何,它们在提供关键性的公共服务方面都扮演着重要的角色。在这些服务中最常见的是:警察和消防;教育;公共交通、街道和高速公路、机场和海港;排污与固体垃圾的收集和处理;公共保健和医院;公共福利;公园和娱乐;住房、城市修缮和土地使用控制;公共档案和法庭;供水;还有其他许多公用事业。② 具体可分为以下三类:

(1) 卫生与治安职能。地方政府的卫生和治安职能最初是由地方警察执法机关和地方法院进行的。现在,美国大多数的地方政府还负有防火、传染病防疫、修建和维护医院设施、地方公路、收集垃圾和保护饮用水源等职能。此外,地方政府还在卫生、住宅、交通安全、清洁、防火领域内实行检查和指导工作。地方政府还在减少大气、水污染方面承担一定职责。

(2) 福利职能。在美国历史早期,地方政府就开始负责公共教育。目前,美国地方政府花在教育方面的投资要比别的任何职能方面更多。地方政府也提供图书馆、美术馆、公园和其他娱乐和体育设施,以及公共汽车和地铁。地方政府还同联邦政府和州政府一起为低收入家庭提供公共住宅。许多地方政府并划定区域保护本地区的风景地和土地价值。同时,许多地方政府通过吸引工商业来促进本地区的经济增长。

(3) "管家"职能。即地方政府的行政职责。这类职能在美国地方政府的职责中至关重要,但它们并不是地方政府活动的主要部分。这些职能包括登记出生、婚姻、死亡,转让和估价财产。地方政府还征税、雇佣公共机构雇员和管理选举。③

日本在二战以后,地方行政体系通过仿效美国建立起地方自治体。地方自治体的职能是处理与居民生活直接有关的事务。宪法第九十四规定:"地方公共团体有管理财产、处理事务和执行行政的权能,并可在法律范围内制定条例。"据此,地方公共团体有四种权能,即管理财产、处理事务、执行行政和制定条例。同时,宪法第九十二条规定:"关于地方公共团体的组织及管理事项,根

---

① David Wilson and Game Chris, *Local Government in the United Kingdom* (London: Macmillan, 2006), p.122.

② 参见〔美〕文森特·奥斯特洛姆、罗伯特·比什、艾莉诺·奥斯特罗姆:《美国地方政府》,北京大学出版社2004年版,第1—2页。

③ *The World Book Encyclopedia* (Volumn12) (New York: World Book, 1992), p.364a.

据地方自治的宗旨由法律规定。”

根据《地方自治法》第二条第三项的规定，地方公共团体（地方自治体）为法人。除处理公共事务及法律政令所规定的事务外，还处理不属于国家事务的行政事务。《地方自治法》列出了地方自治体的22项职能，其中第五项规定，市町村在处理其事务之时，应通过议会议决，确定基本构想，以实现综合的、有计划的行政运营，并按构想施政；第十项规定，地方自治体不得干预司法等由国家处理的事务。根据原有的《地方自治法》，日本地方自治体的职能按性质可分为以下三种：

1. 固有事务：是为自身存在和增进居民福利所必需的事务，由《地方自治法》规定。如地方公共团体的组织、财政、自治立法事务，以及学校、医院、市场、职业训练所、屠宰场的设置管理，火葬场、垃圾粪便的处理、下水道、运输、供电、供水、煤气等行业的经营等。这些事务又可分为法定事务（如中小学设置、垃圾处理等）和自行选择的事务（如公园、医院、高等学校的设置等）。

2. 委托事务：是国家或其他地方自治体特别委托的事务，通常由专门的法令予以委托，如保健站、传染病院、失业救济、儿童福利设施等。委托事务可以委托给整个地方公共团体，因而地方议会有权干预，也可以采取所谓“机关委托”形式，即委托对象是都道府县知事、市町村长等行政首长，他们根据《地方自治法》的规定代替中央政府或其他地方公共团体管理或执行某些事务。地方议会对机关委托事务有发言权，但无表决权。

3. 行政事务：即维持地方公共秩序和保障居民安全的事务，如制订实施治安条例、防火防盗、青少年保护等。行政事务实际上也属地方固有事务，由《地方自治法》授予。该法以列举方式详尽规定了地方政府有权处理的事务。包括：(1) 编制地方预算、管理地方财政、征税以及为公共目的征用动产和不动产；(2) 经营农、林、牧、渔业，以及电力、煤气、自来水、车船运输等；(3) 兴办、管理地方性学校、科研、文化设施及体育、卫生、医疗设施等；(4) 负责环境保护、环境卫生和社会福利事业；(5) 维护社会治安和居民安全、管理户口等。

根据1999年7月制定的《地方分权一览法》，日本对《地方自治法》进行了修订。修订后的《地方自治法》对中央政府与地方政府的作用分工作出明确的规定，并废除了“机关委托事务”；同时，重新界定因此出现的事务划分以及中央对地方的干预等问题。

地方政府被视为一个自主并综合地执行地区行政事务的广泛性职能机构；而中央政府承担国家在国际社会中的有关事务以及应该全国统一的国民活动事务，并制定有关地方自治基本准则的政策，从而使中央政府与地方政府的作用分工得到明确。

废除“机关委托事务”后，地方政府的行政事务被调整为“自治事务”和“法定委托事务”。

所谓“自治事务”，是指地方政府所执行的除“法定委托事务”以外的事务。具体而言，就是指历来的地方政府的固有事务和行政事务以及原“机关委托事务”中被归类为地方政府事务的内容。

所谓“法定委托事务”，是指法律或政令规定的由地方政府依法执行的事务中本应由中央政府承担的事务，但出于便民和提高工作效率的考虑而在法令上规定由地方政府执行的部分。《地方自治法》附表一和附表二对其内容作了规定，具体包括护照的签发、国道的管理和国家指定的统计事务等。[①]

（二）中国地方国家机关职能的范围

1982年《宪法》原则列举了全国人大及其常委会、国务院等中央国家机构的职权。同时，《地方各级人民代表大会和地方各级人民政府组织法》、《民族区域自治法》和两个《特别行政区基本法》，还分别列举了一般地方国家机构、民族自治地方的自治机关以及特别行政区的具体职权。

在中国一般地方，地方国家机构的职能非常广泛。根据1982年《宪法》和现行《地方各级人民代表大会和地方各级人民政府组织法》的规定，地方各级人民代表大会以及县级以上地方各级人大常委会和地方各级人民政府的职能，包括以下几个方面：

1. 政治和法律职能：中国地方国家机构的政治和法律职能主要表现为地方各级国家权力机关的政治和法律职能，如县级以上地方各级人大常委会领导或主持本级人民代表大会代表的选举；县级以上地方各级人大常委会监督本级人民政府和人民法院、人民检察院的工作；通过制定地方性法规，行使监督、决定地方重大事项、人事任免等职权，使中国共产党的路线、方针和政策形成地方国家权力机关的法规、决议和决定；保障公民的合法权益和少数民族的权利等。

2. 经济、教育、科学、文化、卫生、体育事业、环境和资源保护、城乡建设事业和财政、民政、公安、民族事务、司法行政、监察、计划生育等职能：主要表现在：(1) 决定或管理本行政区域内的经济、教育、科学、文化、卫生、体育事业、环境和资源保护、城乡建设事业和财政、民政、公安、民族事务、司法行政、监察、计划生育等重大事项或行政工作；(2) 编制、审查和批准本行政区域内的国民经济和社会发展计划、预算等；(3) 保护全民所有的财产和劳动群众集体所有的财产，保护公民私人所有的合法财产，保障各种经济组织的合法权益等。

3. 执行或保障执行的职能：主要表现为各级人民政府执行本级人大及其常委会的决议、上级国家行政机关的决定和命令，执行国民经济和社会发展计划、预

---

① 〔日〕财团法人自治体国际化协会编：《日本的地方制度》，2006年，第5页。

算以及办理上级国家行政机关交办的其他事项;地方各级人大及其常委会在本行政区域内保证宪法、法律、行政法规和上级人大及其常委会决议的遵守和执行等。

三、中西方地方政府职权或职能的特点

(一)从地方政府职权的取得方式看,欧洲大陆有些国家用宪法划分职权的方式赋予地方政府以各种职权,而欧美国家多采用一般通用法律或特许状方式赋予地方政府以职权。中国是统一的社会主义国家,地方国家机构是整个国家机构的组成部分,因此,地方国家机构与中央国家机构一样,其职权都由宪法以概括或列举方式授予。在中国中央国家机构和地方国家机构之间也存在一定的职权划分,但这种划分只是中央与地方管理权限上的分工。

(二)从地方政府职能的范围看,西方国家尤其是在英美等市场化程度较高的国家,不同地区地方政府行使的职能不尽一致,甚至差别甚大,但它们的共同之点,是地方政府的经济职能有限。在中国,地方政府最重要的职能是在经济管理方面,地方政府负责几乎涉及工业、农业、交通、林业、能源、商业、贸易、城建等各个领域的工作。尽管近十几年来中国对地方政府进行了若干改革,减少了政府对微观经济运行的干预,但组织和领导经济的职能在地方政府职能中仍占重要地位。而且,中国地方各级政府的职能上下基本一致,区别的只是管辖范围和具体权限的不同。原因之一是,西方国家特别是英美国家对地方经济事务,不仅由地方政府负责,而且还由中央政府及派驻机构、民间自愿机构和中介组织、私人企业、合伙公司等处理;而在中国目前,地方政府仍是处理地方经济事务的主要机构。

(三)从地方政府行使职能的方式看,西方国家地方政府的主要活动是管理和服务。在西方国家尤其是英美国家,不同层级的地方政府之间,不存在明确的等级关系。如在英国,各级地方政府之间无隶属关系,上层级地方政府对下层级地方政府没有普遍的、当然的监督权;在日本,都道府县、市町村在法律地位上都是平等的,虽然都道府县包括市町村,但市町村并不受其领导、监督;在德国,虽然上级政府对下级政府有监督权,但只限于对下级地方政府的行为是否合法,而无权干预其行为是否妥当。中国地方国家机构的活动则不限于管理和服务,其更重要的职能是实行政治领导和行政管理。领导和组织经济建设,促进经济、政治、社会和文化发展是中国地方国家机构的法定职能,而且不同层级的行政机关之间存在着领导与被领导的关系和层层节制的关系。更重要的是,中国各级地方国家机关要接受中国共产党的组织领导和政治领导。

现以英国为例加以说明(见图9.1)。

服务事项	提供服务的机构		
	中央政府	地方政府	
		郡政府	区政府
一般行政管理服务			
警务	★	★	
消防		★	
民防		★	★
刑事处分	★		
民事处分			
民事登记		★	
统计事务	★		
选民登记			★
教育			
学前教育		★	
小学		★	
初中		★	
职业技术		★	
高等教育	★		
成人教育		★	
其他			
社会福利			
托儿所和幼儿园		★	
家庭福利服务		★	
福利院		★	
社会保障		★	
公众健康			
护理	★		
医院	★		
卫生保健			
住宅和城镇规划			
住宅			★
城市规划		★	★
农业土地规划		★	
交通运输			
道路		★	
交通		★	★
城市道路			★
城市公共交通			
港口	★		
机场	★		★
环境和公共卫生			
供水和清洁			★
垃圾收集和处理		★	★
街道管理			
公墓和火葬场			★
屠宰场			
环境保护		★	★
消费者保护			
其他环境事务		★	
文化、娱乐和体育			
剧院和音乐厅		★	★
博物馆和图书馆		★	★
公园		★	★
运动和娱乐		★	★
宗教设施			
公用设施			
供气、采暖、供水、供电			
农业、林业和渔业			
经济发展			
经济促进		★	★
贸易工业			
旅游		★	★
其他经济事务			

图 9.1 英国中央与地方政府职能的分配

资料来源:《英联邦国家地方政府手册》(The Commonwealth Local Government Handbook),2004 年英文版,第 184 页。

第三节　地方政府职能的分工

一、地方政府职能分工考虑的因素

在各国,不仅存在地方政府与中央政府的职能划分,而且在地方政府之间也存在职能的分工。但职能分工并无可资遵循的原则,不能说某一职能范围只能由某一级地方政府行使,而且,各级地方政府的职能范围也处于不断变化之中。一般而言,法律、法规在规定地方政府职能时,或在实践中具体进行职能分工时,需要考虑以下几个因素:

(1) 效率因素:即由哪级政府履行哪些职能更有利于提高效率。如涉及地域广大的事务或大范围提供服务更经济的事务,如大型工程、警务、教育、交通设施、污染治理等通常由大区域的地方政府或联合机构执行更为有效。

(2) 民主因素:即履行职能要有利于监督,便于发扬民主。如与公民接近的社区事务如停车场、食品卫生等通常由区域较小的地方政府处理,则方便居民,也便于监督。

(3) 历史因素:有的事务传统上一向由某级地方政府处理,则应遵守历史习惯。

(4) 能力因素:有些地方政府掌握较多财力、物力和人才,有的地方政府则能力较弱,因此需要考虑地方政府的能力因素。

此外,还要考虑处理的事务本身的重要程度。

二、主要西方国家地方政府职能的具体分工

(一) 英国

在英国,地方政府提供的职能根据地方政府类型和其在英国位置的不同而有所不同。

郡负责提供义务教育、个人社会服务、消费者保护。垃圾处理是属于郡的事务,但垃圾收集属于区的事务。区和自治市有自己的专门职能,如选民登记、保健、住宅、卫生、公墓和火葬场。它们也与郡分担其他事项的管理。

在北爱尔兰,地方政府负责有限的事务:街道清扫;垃圾收集和处理;娱乐、社会和文化设施;促进经济发展;旅游开发;公墓和火葬场。它们还负责某些调整性的职能。

目前,在英格兰,二级制地方政府主要职能范围的大致分工如下:

(1) 非都市郡议会:郡农牧场方面所有事务;教育方面所有事务;公路和交

通方面的交通规划,郡道路的修建和维护,公共交通设施和协调,公路和街灯,公共通行权;休闲和娱乐方面的图书馆,考古,档案,郡公园和宿营地,村公所、体育、艺术、农村和社区工程拨款;规划方面的建筑规划,矿业管制,环境和生态保护,经济和旅游开发,废物处置管理;公共保护方面的废物管制和处置,废物回收中心,交易标准,出生、死亡、婚姻登记,消防和救助等;社会服务方面的所有事务。

(2) 区议会:公路和交通方面的街道清洁,街灯;住房方面的所有事务;休闲和娱乐方面的土地分配,博物馆或艺术馆,国家公园、地方公园和公共空间,娱乐场,游泳池和体育中心;规划方面的地方规划,开发控制,地方土地收费,环境和生态保护,经济开发;公共保护方面的垃圾收集,食品安全和卫生,市场,污染控制,地方公墓和火葬场;议会税方面的税收征收等。至于单一的地方政府则负责二级制地方政府以外地区原先由郡和区分担的所有事务。

(二) 德国

德国的政府公共行政职能分为国家行政职能和地方政府职能。大多数的国家行政职能在州执行,同时,州政府可将这些职能委托由县执行。除了受政府委托执行的职能外,县还执行联邦和州法律要求执行的许多地方职能,此外,县还负责自主决定执行的职能。由于各州的法律、经济条件不同,对哪些职能应由县执行,哪些职能由乡镇执行,很难确定统一的标准,只能作大致的划分。

1. 在地方政府自身的职能方面(包括法定执行职能和自主决定处理的职能)方面,一般而言,乡镇负责执行与乡镇有关的几乎所有的地方政府职责,而县多负责:(1) 超出乡镇地域范围的职能,如县公路、乡镇间的公共交通、医院等,有些职责如室内游泳池等不一定由县负责,也可由几个乡镇组合的专门机构负责;(2) 乡镇能力无法承担的职责,如老人和青年收容、图书馆和学校等,但此类职责现已日渐减少;(3) 为确保全县居民获得同等标准服务而由县承担的职责,包括资助组织体育运动、音乐团体和为地方规划、医疗中心和纪念碑保护等提供行政支持。

2. 在地方受委托执行的国家行政职能方面,大多数的国家行政职能由县执行;在某些情况下,乡镇也承担某些国家行政职能,但要求这些乡镇达到一定的人口规模。因不同的州的情况和各州规定人口标准不同,县和乡镇执行国家行政职能的分配也不尽一致。大致说来,可分三类:一类是县和乡镇都执行的职能,如调整性活动,外国居民管理、国籍、护照、登记、交通管理和安全、建筑监督、警察管制、军人家庭补助、家庭建筑补贴、保险、灾害防护、救护、紧急救助等,但执行上述职能的乡镇应有一定的人口规模,另一类是专属县执行的职能,如交通管制、驾驶员牌照、乡镇街道养护监督、防火技术指导、自然保护和风景维持、水源监督、狩猎和钓鱼、难民事务、职业培训、民防、监督乡镇、健康中心、药品和食品监督、县警察局、学校办公室等;再一类是专属乡镇执行的职能,如租金补贴、纪念碑保护,公园整治、停车场、防火等。

(三) 美国

在美国,市政府的职能十分广泛,包括公共安全(如警务、消防、大气污染清除、交通管制等),公用事业和运输(如公路、汽车、运输、停车场、电话、电报、供电、供水、供气、机场、收费桥费、收费道路、下水道、港口设施、公用市场、礼堂等),城市住房,土地使用政策(如城市规划、街道布局、公园、游乐场等)和公共卫生和福利五大类。

美国的县政府,过去仅行使一些传统的职能,如征税、警务、济贫、人口统计、传染病预防、乡村道路的建设维修等,后来由于人口大量由城区迁往市郊,使得许多地方的县政府也承担了许多原先由市政府承担的职责。据统计,大约80%的县行使以下职能:财产税评估和征收、灾害预防、人口统计、道路修建和维护、案件侦查、拘留所、巡逻、刑事起诉、裁决法庭和少年法庭、土地档案等;大约50%的县行使下列职能:消防、传染病预防、急救中心、酒精和麻醉品管理、动物管理、家庭保健、司法服务机构、实施成人和少年缓刑计划、卫生检查、发放救济金和食品券、家庭及个人社会服务、老人福利和儿童福利、垃圾处理、图书馆、土地利用规划、土地分配、土壤保持、公园等,少数县还负责养老院、公共停车场、机场、自行车道、污水处理、体育馆、游泳池、公路安全、刑满释放者就业、社区学院、中学教育、博物馆、消费者保护、有线电视等。

美国县政府行使的职能各地很不一致。市政府的职能一般较广泛,而乡镇政府管辖的是乡村地区,因而职能范围有限。但在有些人口密集但未能组成公法人的乡镇,乡镇政府也承担许多通常由市政府行使的职责。

(四) 日本

在日本,《地方自治法》对都、道、府、县与市、町、村之间的行政事务分工作了明确规定。都、道、府、县的行政事务,包括市、町、村在内的地方政府的广泛事务,与市、町、村的联络协调以及规模和性质超出一般市、町、村处理范围的事务;市、町、村承担都、道、府、县行政事务以外的一切事务。同样,都、道、府、县与市、町、村之间的行政事务分工,也不是根据地方政府层级对各个事务领域进行划分的,而绝大多数是以在同一事务领域发挥各层级地方政府职能的形式进行分工的。①

---

① 〔日〕财团法人自治体国际化协会编:《日本的地方制度》,2006年,第6页。

三、中国地方国家机构职能的分工

在中国，中央和地方实行“统一领导、分级管理”原则。地方国家机构与中央国家机构一样，行使广泛的职能，除国防、外交等全国性事务以及其他涉及国计民生的重大事项（如货币、邮电、通讯、金融等）由中央机关统一负责以外，地方国家机构在地方事务和与地方有关的政治、经济、教育、科学、文化、卫生、民政等方面负有广泛的职能。

因此，从大的方面看，在地方各级国家机构之间，其行使的职能基本上是相同的。如《地方各级人民代表大会和地方各级人民政府组织法》所列举的，县级以上地方各级人民政府和乡、民族乡、镇人民政府都负责管理本行政区域内的经济、教育、科学、文化、卫生、体育事业和财政、民政、公安、司法行政、计划生育等行政工作。所不同的是，各级地方国家机关在行使的具体职权的范围上有所分工。

但是由于各级地方机构的层次不同，不同层次地方机构的情况、特点和问题不同，因此，不同层级地方机构之间的管理职能的内容和范围，应当允许有一定的差异。根据2008年8月中共中央、国务院关于《地方政府机构改革的意见》和其他文件，地方机构之间职能的分工，可大致遵循以下的思路：

（1）省级政府应加强法律、法规和中央政策的实施工作，制定本区域的经济发展规划，加强物质文明、政治文明、精神文明与和谐社会建设，加强对农业和农村工作的领导和协调，维护市场竞争秩序，弱化微观管理职能，减少具体行政审批事项等等。

（2）城市地方政府应体现城市管理的特点，进一步改善投资环境，加强基础设施建设，维护市场秩序。

（3）县级政府应切实把职能转向服务与协调，加强农村基层政权建设，依法行政，逐步发展小城镇，促进农业的专业化、市场化和现代化。

（4）乡镇政府应进一步推动农业社会化服务体系的发展和完善，为乡镇企业的发展创造条件，加强农村民主政治建设和法制建设，规范管理。

（5）有条件的地方，可以试行省直管县的体制。

（6）逐步理顺省级以下地方政府的财政管理体制。

第十章 地方政府财政

第一节　地方政府财政概述

一、地方政府财政的概念、内容和管理原则

地方政府财政又称地方财政，是指按照国家政权层级划分，财政体制中属于地方各级政府的财政，即地方政府在其职责范围内筹集、分配和使用一部分社会产品或国民收入的过程中，与中央政府之间、有关地方政府之间以及与相关单位和居民个人之间的一种分配活动和关系。①

地方政府财政主要涉及两方面的内容：一是地方政府的财政管理；二是地方政府的财政收支。地方政府的财政管理主要是指地方财政预算的管理；地方政府的财政收支是地方政府在其职责范围内筹集、分配和使用一部分社会产品或国民收入的具体财政行为，包括财政支出和财政收入两方面。每个方面又有着各自的内容、范围和结构形式，它具体表现在地方政府的年度财政计划和收支明细表——地方财政预算中。

《世界地方自治宣言》第八条规定了地方政府财政管理的原则：(1) 地方政府有权获得自己有别于其他层级政府的财政资源，并在其权限范围内自由决定其财政开支。(2) 地方政府财政资源的分配，应与其承担的任务相匹配。这些财源应是定期和随时发生的，以确保地方政府持续的公共服务和财政计划的完成。地方政府承担任何新的职责时，应同时获得为履行该职责所必需的财政资源。(3) 地方政府财政资源的合理部分，应来自地方政府有权决定其比率的地方税、地方收费和费用。(4) 地方政府有权决定征收的地方税或其获得的有担保的份额，应具有充分的普遍性、浮动性和灵活性，以满足其履行职责的需要。

---

① 陈嘉陵主编：《各国地方政府比较研究》，武汉出版社 1991 年版，第 205 页。

(5) 在财政上困难的地方,实行地方自治要求建立财政平衡制度。(6) 地方政府以适当方式参与制定关于财政资源分配份额的规则的权利,应得到确认。(7) 没有指明为特定项目或服务筹资的大宗拨款,应得到鼓励。提供拨款不得对地方政府在其职责范围内进行的决策,造成任何不适当的干预。

尽管《世界地方自治宣言》不是政府间的国际公约,而是由地方政府国际联合会(IULA)审议制定的,因而不具有法律约束力,但上述原则,对各国地方政府财政管理具有一定的指导作用。

---

1. 地方政府有权在国家经济政策允许的条件下,获得属于自己的并有权在其权限范围内自由处理的财政资源。
2. 地方政府的财政资源应与宪法和法律规定的地方政府职责相匹配。
3. 地方政府财政资源中至少有一部分,应来自法定的地方税、地方收费和费用,地方政府有权确定其比率。
4. 地方政府财源据以建立的财政制度,应具有多样性和灵活性,以满足地方政府履行职责的需要。
5. 对财政困难的地方政府的保护,要求建立或设计财政平衡制度或措施,以弥补财源分配和财政负担不均衡的缺陷。该制度或措施不得对地方政府在其职责范围内行使的权力,造成任何不适当的干预。
6. 对地方政府分配财政资源,应通过妥当的方式与地方政府协商。
7. 对地方政府的拨款不得指定为特定项目进行筹资。提供拨款不得干预地方政府在其职责范围内行使裁量权的基本自由。
8. 地方政府有权依法进入国内资本市场进行筹资。

图 10.1 《欧洲地方自治宪章》:关于地方政府财政管理的基本原则

资料来源:《欧洲地方自治宪章》第九条。

二、关于地方政府财政的基本认识

地方财政首先是一个政治范畴,它是为地方政权服务的,具有政治意义。其次,地方财政又是一个经济范畴,它表现为采用一定的方式集中部分社会资源来满足地方公众的需要,具有经济意义。

(一) 政治意义

地方政府财政是一种经济关系,地方政府在参与社会总产品或国民收入分配过程中与中央政府之间、有关地方政府上下级及相互之间以及与个人之间发生的物质利益关系,是形成与地方有关的政治关系、法律关系的重要基础。

随着生产力的不断发展,必然引起各种利益关系(包括各种经济利益关系)的调整和再分配,地方政府财政就是调整和再分配的方式之一。它主要在中央与地方之间、地方政府相互之间以及地方政府与居民之间,分配或调整社会产品或国民收入。这些分配或调整是否合理,直接或间接影响财政分配关系主体的利益和对居民提供基本公共服务的水平,从而影响地方政治局势的稳定和和谐社会的构建,进而影响到整个国家的政治生活。

地方财政与地方政府体制和地方政府职能直接关联,甚至与国家体制和国家职能有密切关系。在体制上,通常是有一级政府就有一级财政。在大多数国家,是否具有一级独立财政往往是判定是否为一级政权的标志,财政层级一般也是政权的层级。

在职能上,地方政府财政要服从和服务于地方政府的职能:地方政府财政是实现地方政府职能的手段和保障;地方财政状况也是决定或制约地方政府职能实现程度的重要因素;同时,地方自有财源的大小,也是影响或制约地方政府自治程度以及地方与中央关系的决定性因素之一。

(二) 经济意义

作为国家权力作用于经济生活的重要方式和以地方政府为主体的分配活动,地方政府财政在经济上具有重要意义。

地方政府将各个经济组织和居民的资金通过适当方式集中起来,保证地方经济建设、社会发展、行政管理和为居民提供基本公共服务的需要,保证地方政府行使职能的财力需要,因此,地方财政状况,直接影响地方经济发展、社会进步和为居民提供基本公共服务的水平。

地方政府财政是整个国家国民经济体系的组成部分,地方财政状况,直接影响一国的国民经济状况的好坏和发展前景。而且,地方政府财政也是整个国家财政体系的重要组成部分,如果地方财政运作不正常,整个国家的财政体系就会受到影响。

第二节　地方政府财政管理

一、财政管理层级

当今世界各国一般都按照国家政权的级次组织相应的财政管理,即有一级政府就有一级财政。每个级次的财政基本上都有本级的对应的管理范围。按财政的管理权限,在单一制国家,可将财政管理分为中央政府财政管理与地方政府财政管理;在联邦制国家,可将财政管理分为联邦财政管理、联邦主体财政管理与地方政府财政管理。

如日本政府机构分为中央、都道府县和市町村,相应的财政管理也分为中央财政管理、都道府县财政管理和市町村财政管理。其中,都道府县和市町村财政管理为地方财政管理。

美国的政府分为联邦政府、州政府和地方政府,与之相适应,财政管理也由联邦政府财政管理、州财政管理和地方财政管理组成。

在中国,政权级次分为中央、省(自治区、直辖市)、市(自治州)、县(不设区的市、自治县）和乡镇五级，但在1985年以前没有乡（镇）级财政。1985年10月，中共中央、国务院通过《关于建立乡财政的决定》，自此，中国财政的层级与政府层级相一致。

中国财政管理层级由中央财政管理、省（自治区、直辖市）财政管理、市（自治州）财政管理、县（不设区的市、自治县）财政管理和乡镇财政管理五级组成。其中省级和省级以下统称为地方财政管理。

二、地方政府预算

按照国家政权的结构和行政区域的划分，联邦制国家的预算分为联邦预算、联邦主体预算和地方预算；单一制国家的预算分为中央预算和地方预算。我国是单一制的多民族国家，预算分为中央级预算和地方总预算。地方预算由省（自治区、直辖市）、设区的市（自治州）、县（自治县、不设区的市、市辖区、旗）、乡（民族乡、镇）四级预算组成。

（一）主要西方国家地方政府预算

1. 法国

法国的国家预算分为中央预算、地方预算和社会预算三部分。地方预算规则，是通过一系列法律、法令建立起来的。1982年3月2日的法律确立了对地方预算管理的制度；1982年7月22日、1985年1月25日和1986年8月19日的法律作了修改和完善；1988年1月5日、1990年1月15日和1992年1月6日的法律适用于市镇、省、大区及其联合体。法国地方政府的预算管理有严格的适用范围：初级预算；补充预算；对预算的调整决定；附属预算；行政事务会计。其主要内容是：初级预算的批准和转移日期；预算的实际平衡；对行政会计的批准以及强制性开支的记录和支付。

预算管理由在省或大区的国家代表实施。国家代表负责召集大区审计院（*chambre regionale des comptes*）。预算管理体制的建立，有利于对地方政府预算加以调控。

2. 日本

在日本，地方政府基本上具有自主地运营财政的全部权力，但同时国家通过各种计划和制度，确保地方政府与中央政府财政运营之间的平衡并保证其财源。

地方财政计划的正式名称为“地方政府的收入和支出总额的预算额”。根据《地方交付税法》第七条，地方财政计划由内阁制定，并在提交国会的同时向民众公布。

地方财政计划的体系结构是，对整个地方财政的收入和支出进行积算，通过对收支状况的估计，验证其能否确保地方政府根据法令执行的行政事务和提供一定水平的行政服务时所必需的财源。如果财源不足的话，为确保地方政府充足的财源，由中央政府考虑实行对地方税财政制度进行修正以及提高地方交付税率等。

同时，地方政府可以通过地方财政计划了解应与国家的经济、财政政策保持协调的全国规模的地方财政状况，并以此作为各自财政运营的指针。

3. 美国

美国联邦财政年度是从当年10月1日至下一年度的9月30日。联邦预算是按单式预算编制的，而大多数州和地方预算是按复式预算编制的。地方财政年度从当年7月1日至下一年度的6月30日。一个预算周期历时24个月。按财政预算的形式，分为一般预算和基金预算两部分。一般预算指通常所说的预算内收支。基金预算也称为信托基金，指通常所说的预算外收支，主要来源于特定收支，只能用于特定支出项目。

地方预算收入可分为两大类：自有来源收入和政府间转移收入。近年，地方政府越来越依靠自有收入，它由税收、使用费和收费、债券收入组成。政府转移支付收入来源于州和联邦政府。

4. 俄罗斯

《俄罗斯联邦地方自治法》第五节和《俄罗斯联邦地方自治财政基础法》规定了地方财政活动的基本准则。此外，联邦宪法保障地方自治机关组织、批准和执行地方预算的独立性。普通公众和地方自治机关有权依法监督地方预算的执行。再者，法律还具体列举了地方预算的收入来源，包括地方自治机关、地方企业、机构的活动收入和借款收入。

依据联邦法律的规定，联邦主体机构应确保地方自治机关的收入足以支付地方自治机关的法定最低开支。地方自治机关应确保其辖区内的当地居民不低于联邦主体最低生活标准的基本需求。

法律还要求联邦主体机构制定有关规定，并通过从联邦和联邦主体转移支付和分配补助金给地方自治机关的方式，确保该有关规定的实施。

为了从财政上支持地方自治机关履行联邦和联邦主体委托其执行的某些国家职能，联邦立法要求在联邦预算和联邦主体预算中列支必要的财政资金。

依据法律规定，因执行国家权力机关决定造成地方自治机关开支的增加或收入的减少，应当得到补偿。

最后，联邦立法还禁止联邦和联邦主体国家权力机关将地方预算的余额上缴。

为保证地方自治机关有权独立进行经济活动，《俄罗斯联邦民法典》第一百二十四条规定地方自治机关与其他法人一样是平等的法律主体，从而确立了地方自治机关在民法上的地位。

地方自治机关有自主确定地方财政制度（如税收、税率、减免和税基等）的权力，但对分配给地方自治机关的税收的原则、地方税名录及地方税税率的上限，必须由联邦和联邦主体通过立法加以确定。

《俄罗斯联邦地方自治法》确定的有关内容有：(1) 地方资产和财政的组成；(2) 地方自治机关及其与其辖区内经济实体的法律关系；(3) 地方自治机关调节辖区内各种经济关系的权力；(4) 地方预算开支的主要实施方式；(5) 编制地方预算的一般原则。

根据《俄罗斯联邦地方自治法》的规定，地方预算应根据至少最近三年内的固定收入来组织。地方预算必须通过由联邦主体国家权力机关确定的最低社会标准和最低预算保证机制加以平衡和调节。

（二）中国地方政府预算

在中国，地方预算是指由地方各级政府预算组成的预算，包括本级各部门的预算及下级政府向上级政府上解的收入、上级对下级政府的返还或给予补助的数额。对地方的预算管理体制，多年来经历了多次变化。1950—1978 年实行统收统支到统一领导、分级管理体制；1979—1983 年实行分级包干的财政体制；1983—1987 年实行"划分税种、核定收支、分级包干"体制；1988—1994 年实行财政包干体制。[①] 1994 年开始实行财税体制改革，将地方财政包干改为在合理划分中央与地方事权基础上的分税制，以建立中央税收和地方税收体系。

分税制财政管理体制的主要内容是：

(1) 中央与地方的事权和支出划分：按照中央与地方政府的事权划分，合理确定各级财政的支出范围：中央财政主要承担国家安全、外交和中央国家机关运转所需经费，调整国民经济结构，协调地区发展，实施宏观调控所必需的支出，以及中央直接管理的事业发展支出。具体包括：国防费，武警经费，外交和援外支出，中央级行政管理费，中央统管的基本建设投资，中央直属企业的技术改造和新产品试制费，地质勘探费，由中央财政安排的支农支出，由中央负担的国内外债务的还本付息支出，以及中央本级负担的公检法支出和文化、教育、卫生、科学等各项事业费支出。

地方财政主要承担本地区政权机关运转所需支出以及本地区经济、事业发展所需支出。具体包括：地方行政管理费，公检法支出，部分武警经费，民兵事业费，地方统筹的基本建设投资，地方企业的技术改造和新产品试制经费，支农

① 参见许正中等：《财政分权：理论基础与实践》，社会科学文献出版社 2002 年版，第 298—307 页。

支出，城市维护和建设经费，地方文化、教育、卫生等各项事业费，价格补贴支出以及其他支出。

（2）中央与地方的收入划分：根据事权与财权相结合的原则，按税种划分中央与地方的收入，将税种分为中央税、地方税和中央地方共享税，将维护国家权益和实施宏观调控所必需的税种列入中央税；将同经济发展直接相关的主要税种列为中央与地方共享税；将适合地方征管的税种划为地方税，充实地方税税种，增加地方税收收入；建立中央税收与地方税收体系，分设中央与地方两套机构分别征管；合理确定中央财政收入和地方财政收入的比例。

（3）政府间财政转移支付制度：按照统一规定划分财政收支后，由于各地情况不同，会出现中央地方以及地方之间财政的不平衡，需要通过政府间的财政转移支付来解决。1994 年实行分税制后，在重新划分中央地方财政收入基础上，相应调整了政府间转移支付的数量和形式，除了保留原体制中央财政对地方的定额补助、专项补助和地方上解外，根据中央财政固定收入范围扩大、数量增加的新情况，着重建立了中央财政对地方财政的税收返还制度，保证地方既得利益。具体做法是：中央税收上缴完成后，通过中央财政支出，将一部分收入返还给地方使用。并通过调整转移支付增量和改进转移支付办法，逐步向规范化的财政转移支付制度靠近。

根据《预算法》，国家实行一级政府一级预算，设立中央，省、自治区、直辖市，设区的市、自治州，县、自治县、不设区的市、市辖区，乡、民族乡、镇五级预算。地方预算由各省、自治区、直辖市总预算组成。全国人大常委会监督中央预算与地方预算的执行，有权撤销省、自治区、直辖市人大及其常委会制定的同宪法、法律和行政法规相抵触的关于预算、决算的地方性法规和决议；国务院监督省级人民政府的预算执行，有权改变或撤销地方政府关于预算、决算的不适当的决定、命令。

三、中央与地方的财政关系

（一）法国

法国地方财政收入中有一半左右来自中央补贴或贷款。其中地方政府经费开支的一半以上、地方工程投资的 2/3 以上资金，要依赖中央的财政补助或贷款。地方政府只有在同意或满足中央政府规定的条件后，才能取得中央的财政资助。中央政府以此鼓励或控制地方政府的活动。

法国中央政府对地方政府财政的控制，大体可分为对地方预算的控制和其他财政监督两方面。[①]

1. 对地方预算的控制

中央政府对地方政府的预算控制在1982年7月22日颁布的法律、1985年1月25日颁布的法律、1986年8月19日颁布的法律、1988年1月5日颁布的法律、1990年1月15日颁布的法律和1992年1月6日颁布的法律中，有明确的规定。

对地方政府实行预算控制的领域有严格的限制，只限于初步预算、补充预算、修改预算的决定、附加预算和行政事务账户。

预算控制主要由在省或大区的国家代表和大区审计院共同负责实施。1982年后，地方议会有编制、批准地方预算的权力，但国家代表有代执行权，即有权代为编制、修改、调整和补充地方预算，并付诸实施。

中央政府对地方政府的预算控制主要发生在以下几种情形中：

(1) 地方领土单位议会在规定期限内未通过预算：初步预算一般应在每年的3月31日前交付表决。地方领土单位议会必须在预算通过之日起15日内提交国家代表，否则，国家代表可立即将问题提交大区审计院。大区审计院应在一个月期限内公开提出解决预算的建议。国家代表根据大区审计院的建议编制预算，并负责执行或监督实施；如果国家代表未按大区审计院的建议行事，则必须作出明确的解释。如果问题提交大区审计院，则地方领土单位议会对预算的决定权中止，直至程序结束。

(2) 地方领土单位议会通过的预算，未能实现真正的平衡：地方政府必须对收入和开支进行评估，实现收支的平衡；此外，应对债务进行偿付。如果未实现真正的平衡，则国家代表可在30日内将问题提交大区审计院。大区审计院应在30日期限内公开提出重新平衡预算（包括筹集其他收入或对开支进行限制）的建议。国家代表根据大区审计院的建议编制预算，并负责执行或监督实施；如果国家代表未按大区审计院的建议行事，则必须作出明确的解释。

地方政府应在收到大区审计院建议后一个月内，决定为平衡预算所必需的措施，如果未作出决定或所决定的措施不足以平衡预算，则大区审计院有权在15日内进行调整并要求省长编制预算。如果国家代表未按大区审计院的建议行事，则必须作出明确的解释。一旦问题提交大区审计院，则市镇地方议会对预算的执行权中止，直至程序结束。

(3) 财政赤字达到一定百分比：预算的执行情况通过两个文件表现出来。一是每个财政年度结束后的下一年度6月1日前由会计提交的有关收支账户；

---

① 潘小娟：《法国行政体制》，中国法制出版社1997年版，第139页。

二是由地方领土单位议会在6月30日前通过并由市镇长在通过之日起15日内提交国家代表的行政事务账户。否则,省长可将问题提交大区审计院处理。如行政事务账户反映出市镇的财政赤字相当于或超过市镇收入的10%(2万人口以上的市镇)或5%(其他市镇),则国家代表可将问题提交大区审计院处理。

大区审计院应在一个月内向有关地方政府提出为重新平衡预算所必需的措施(包括筹集其他收入或对开支进行限制)的建议。下一年的初始预算应强制性地提交大区审计院,由其审查该地方政府是否在一个月内实施了必要的重新平衡预算的措施。如果没有,则初步预算由省长编制并执行。

(4) 某项强制性开支项目未被列入预算:市镇地方议会应将某些强制性开支项目,即为支付到期债务所必要的开支和法律明确规定必须支付的开支,列入其预算中。如果强制性开支项目未被列入预算,则大区审计院应国家代表或利害关系方要求,有权在一个月内对该开支项目是否具有强制性作出裁决。如果大区审计院裁决该开支项目不具强制性,则程序终止;如果大区审计院裁决该开支项目具有强制性,则应正式通知该市镇议会。如果该通知在一个月内未被执行,则大区审计院有要求省长将该开支项目列入市镇预算中,并在必要时,提出筹集财源或减少开支以弥补强制性开支的建议。国家代表要受该裁决的约束,如果他或她未按大区审计院的建议行事,则必须作出明确的解释。[①]

2. 其他财政监督

主要由大区审计院和各省的国库主计官负责。大区审计院有权对地方财政和财务活动,包括地方财政的收支运作、投资目的和方式、公共设施费用、借贷数额、负债及偿还能力和行政管理费用等,进行严格监督和严密的跟踪检查。

(二) 英国

在英国,中央政府对补助的项目控制较严,地方政府自行决定的权力受到较多限制。中央政府的补助拨款制度已实行了一百多年,这样做的理由,是基于以下考虑:一是地方政府的许多任务是由法律规定的,各地在需要与财力方面的差距可通过补助拨款得到调节和平衡;二是通过拨款使地方政府在财政上更加依赖中央。

过去,英国中央政府根据1982年《苏格兰地方政府规划法》和1984年《英格兰和威尔士税收法》,对地方政府开支进行封顶(capping)或提出预算要求限度,并事先宣布封顶的原则。如今这一封顶的方法已不采用,地方政府可以根据本地方的实际情况和当地居民的意愿自主决定预算。近年来的立法用灵活和有

---

① 参见欧洲理事会编:《地方与地区民主的结构和运行——法国》(1997年),法国斯特拉斯堡:欧洲理事会出版社1998年版,第36—39页。

差别的限制权代替了先前对英格兰采用的封顶权,以保障当地居民免受过度的税收负担。中央政府还采用了议会税福利补贴限制方案(council tax benefit subsidy limitation scheme),其目的在于减少纳税人受因地方政府重大决定造成的地方税开支增加的影响。在苏格兰,苏格兰执行机关向地方政府发布开支标准作为地方政府审慎财政的准则。

对地方政府的财政监督和对地方政府账户的审计,在英格兰和威尔士由审计委员会(Audit Commission),在苏格兰由会计委员会(Accounts Commission)负责。例如,审计委员会可以为每一个地方政府指定一名审计师;审计师可以是委员会的官员,也可以是私人部门的会计师。审计委员会编制和执行审计准则(Code of Audit Practice)。该审计准则载明审计师履行职责的方式,经过议会两院审议批准后生效。如果发现某一地方政府正在从事违法行为或他们识别出应由有关机构或应引起公众注意的任何事项时,审计师有权获得他们所需的一切信息。作为最后的手段,审计师还能对从事财政违法行为或对违法行为造成的损失负有责任者实施罚款,尽管被罚款者有权向高等法院提起上诉。

(三)美国

在美国,各地方政府对联邦和州补助金的依赖情况有所不同。其中通过补助金方式对地方政府决策较有影响的州是纽约、宾夕法尼亚等州。在联邦负责的重大领域,如青少年犯罪预防、城市改造、提供住房和提高环境质量等方面,州几乎不提供财政补助。各州对地方的财政监控主要表现为:(1)监控州补助金用于教育、卫生、福利、公路等方面的开支情况;(2)监控联邦对地方政府的补助金在如飞机场等方面开支情况(这些补助金由州负责管理,且按条件由州政府负责监督)。如果地方违反了联邦有关法律或州制定的开支标准,州政府机构可撤回补助金。有些州规定了对乡镇和其他地方单位的统一的会计制度;大约30个州拥有对乡镇会计的审计权,有20多个州政府要求乡镇或其他地方单位向州提供年度财务报告。许多州还规定了预算方式以监督地方政府借债;北卡罗来纳州和弗吉尼亚州甚至负责管理地方以乡镇名义出售给私人投资者的政府债券。

(四)德国

在德国,根据《德意志联邦共和国基本法》第一百零九条,联邦和各州在预算方面是自主和相互独立的。地方政府的预算和财政活动,要受制于地方宪章法规定的由州机关实施的监督。一般而言,由州机关进行的财政监督是法律性质的监督,限于审查地方政府预算和财政活动的合法性。根据有关规定,如果某一地方政府实施地方政府行为,如通过涉及某项财产销售的地方性规章或决议时,应向法律监督机关备案;其他地方政府行为如借款等,则要经法律监督机关对借款总额、保证和担保的设定等予以批准。地方政府预算还必须符合联邦法律确立的五年财政计划和经济平衡的总体要求。此外,对地方政府借款总额要根据《德国促进经济稳定和增长法》第十九条(债务限制条款)的规定进行限制。据认为,实施法律监督有助于确保维持地方总的经济平衡;法律监督机关采取监督措施的目的在于确保地方政府不断履行各自的法定职责。[①]

(五)日本

日本中央政府对地方公共团体的财政监控,主要表现为对制定预算、税收、拨给国库负担金、中央补助金及各种分担金等的监控。

每年,日本内阁必须制定地方财政计划,估算出下一个财政年度地方政府的收入和支出总额,并提交国会通过,作为各地方政府财政计划需要遵循的主要准则。因为地方财政的规模非常庞大,全国全部公共开支的约60%是地方政府花费的(如1997年财政年度,地方开支达到88万亿日元〈7 300亿美元〉),因此中央政府要通过计划对其预算加以控制。

地方公共团体的财收收入主要有地方税、地方交付税(中央将国家税收的一部分拨给地方使用)、国库负担金(中央拨给地方执行委任事务的经费)、补助金等。地方税是地方政府自行收取的税收,地方政府在其征税权范围内征收地方税。在日本存在着县税和由市、町、村征收的税。这两种税又可分为两类:一类是用于某些指定用途的特别目的税,一类是未规定指定用途的普通税。1995年,地方税收收入仅占地方政府全部开支的33.2%,不足部分中的16.8%由地方政府债券弥补。此外,还有中央拨给地方政府的预算款:地方交付税15.9%,国库负担金14.9%。为了确保全国财政收支维持相对平等的水平,中央政府通过地方交付税,对地方财政部门加以调节。地方交付税被作为地方政府的一般性收入,可由地方政府酌情使用。这部分资金占中央政府征收的税收中的很大部分:烟草税的25%,普通消费税的24%,对酒类征收的税、印花税、所得税等组成的混合税的32%。另一方面,中央财政还承担地方公共团体的一些特定项目的开支。此外,中央政府在地方公共团体财政困难时,常常以补助金的方式进行补贴。1997年,作为增加地方政府财政收入、提高地方政府权威和增加地方福利项目的一个手段,地方政府开始征收一项地方消费税。地方政府可以发行债券,但地方政府发行债券受到一些限制,这些限制措施包括必须得到有关主管省厅的正式应允才可发行债券。从财政的角度看,地方政府在很大程度上依赖着中央政府。但为了推进地方分权,日本进行了财政体制的改革。

---

① 欧洲理事会编:《地方与地区民主的结构和运行——德国》(1998年),法国斯特拉斯堡:欧洲理事会出版社1999年版,第41页。

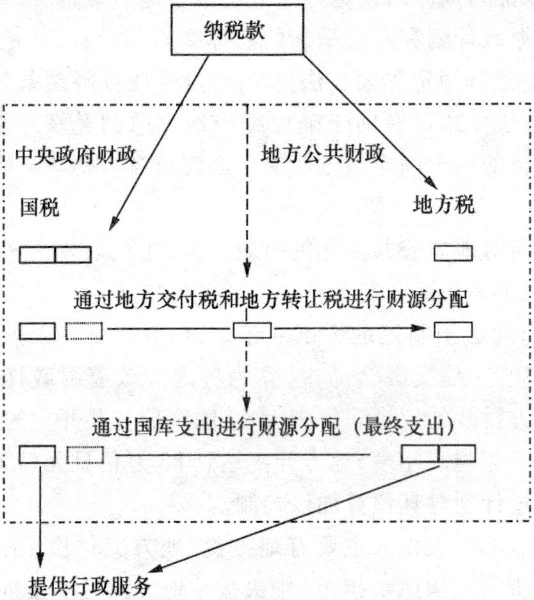

图 10.2　日本中央政府与地方政府之间的财政关系

资料来源:〔日〕财团法人自治体国际化协会编:《日本的地方制度》,2006 年,第 6 页。

(六) 中国

在中国,除了通过实行财政分税制对地方财政进行调控外,中央政府还可以通过税收、预算、审计、会计等法律、法规,对地方政府实施监督。主要有:

1. 根据《预算法》的有关规定,国家实行一级政府一级预算,设立中央、省级、地级市级、市级和乡级五级预算。全国人大常委会监督中央预算与地方预算的执行,有权撤销省、自治区、直辖市人大及其常委会制定的同宪法、法律和行政法规相抵触的关于预算、决算的地方性法规和决议;国务院监督省级政府的预算执行,有权改变或撤销地方政府制定的关于预算、决算的不适当的决定、命令。

按照《预算法》第七十一条的规定,各级政府财政部门负责监督检查本级各部门及其所属各单位预算的执行;并向本级政府和上一级政府财政部门报告预算执行情况。

2. 根据 1998 年 3 月 12 日《国务院关于加强依法治税严格税收管理权限的通知》,中央税、共享税及地方税的立法权都集中在中央,各地区、各部门不得越权擅自制定、解释税收政策,也不得越权批准减免税收、缓缴税和豁免欠税;除屠宰税、筵席税和牧业税由省级政府决定是否征收外,其他税种的管理权全部集中在中央,地方政府不得在税法明确授予的管理权限之外,擅自更改、调整、变通国家税法和税收政策。

3. 根据《税收征收管理法》的有关规定,税收的开征、停征以及减税、免税、退税、补税,依照法律的规定执行;法律授权国务院规定的,依照国务院制定的行政法规的规定执行。任何机关、单位和个人不得违反法律、行政法规的规定,擅自作出税收开征、停征以及减税、免税、退税、补税和其他同税收法律、行政法规相抵触的决定。

4. 为了保证财政监控的实施,国务院设立审计机关,在国务院总理领导下,主管全国的审计工作,对包括地方各级政府的财政收支等进行审计监督。审计署根据工作需要,跨地区派驻18个审计特派员办事处,根据审计署的授权和安排,审计省级财政预算执行情况和决算;审计海关总署、国家税务总局、中央国库驻地方分支机构的财务收支;审计中国人民银行、中央国有金融机构、证券公司驻地方分支机构的财政财务收支;审计监督省级人民政府管理的资源环保资金、社会保障资金和其他专项资金;承办审计署交办的事项等。

5. 为加强对地方财政的监督检查,财政部在35个省、自治区、直辖市(不含西藏)和计划单列市设立财政监察专员办事处,专员办事处报经财政部批准后在市(地)设立办事组。

财政监察专员办事机构是财政部派驻各地履行中央财政监督和某些管理职能的机构。其主要职责任务是监督检查各地区、有关部门和单位执行国家财税法律、行政法规和政策的情况,维护财税秩序等。

财政监察专员办事机构为履行规定的各项职责,有权根据《预算法》和《预算法实施条例》等有关法律、行政法规的规定,要求当地有关部门和单位按规定提供与财政收支或财务收支的有关情况,并实施监督检查。财政监察专员办事机构对被监督单位已经发生的违反国家财税法律、行政法规的问题,应依法责成其纠正,并依照《行政处罚法》、《财政违法行为处罚处分条例》及其他法律、行政法规实施处理、处罚。

6. 根据财政部2000年8月7日发布的《中央对地方专项拨款管理办法》的规定,中央财政为实施特定的宏观政策目标设立补助地方专项资金,包括基本建设支出、企业挖潜改造资金、地质勘探费、科技三项费用、支援农村生产支出、农业综合开发支出、各项事业费支出、抚恤和社会福利救济费、社会保障补助支出、行政管理费、公检法司支出、城市维护和环境保护支出、政策性补贴支出、支援不发达地区支出、其他支出等一般预算支出中的专项资金。专项拨款的对象、数额根据中央宏观调控需要由中央财政确定。

各省、自治区、直辖市、计划单列市财政厅(局)有权对专项拨款预算执行进行监督和管理,并及时向财政部报送专项拨款执行情况,对其使用管理及时进行总结,并及时抄送财政部驻当地财政监察专员办事处。财政部驻各地财政监察专员办事处对专项拨款预算执行情况实施就地监督检查。对在专项拨款监督检查中发现没有按照规定管理和使用的问题,有权及时予以纠正或处理;涉及违反财经法规问题或案件,必须依法进行严肃处理。

第三节　地方政府财政收支

一、地方政府财政收入

(一) 财政收入的概念和分类

财政收入,是政府为履行其职能的需要而筹集的一切货币资金的总和。

对财政收入,可以按照一定标准进行分类。当今世界各国一般都按照国家政权的级次组织相应的财政收入,每个级次的财政基本上都有本级的对应的收入范围。按收入的管理权限,在单一制国家,可将财政收入分为中央政府财政收入与地方政府财政收入;在联邦制国家,可将财政收入分为联邦财政收入、联邦主体财政收入与地方政府财政收入。

与政府机构相适应,日本政府财政收入分为中央收入、都道府县收入和市町村收入。其中,都道府县和市町村财政收入为地方财政收入。

与政府机构相适应,美国政府财政收入由联邦政府财政收入、州财政收入和地方财政收入组成。

在中国,政权级次分为中央、省(自治区、直辖市)、市(自治州)、县(不设区的市、自治县)和乡镇五级,相应地,财政收入也由中央财政收入、省(自治区、直辖市)财政收入、市(自治州)财政收入、县(不设区的市、自治县)财政收入和乡镇财政收入五级组成。其中,省级和省级以下统称为地方财政收入。

(二) 地方政府财政收入的概念和形式

地方政府的财政收入,是指按照财政预算法律、法规和财政管理体制的规定,由地方政府筹集和使用的财政资金;地方政府财政收入的形式,是指地方政府通过哪些方式或渠道来取得财政收入。

按照财权与事权相结合的原则,单一制国家(如法国)一般把财源稳定、充裕和涉及宏观调控的税收及非税收入划为中央财政收入;联邦制国家(如美国)一般通过联邦或州宪法规定联邦或州政府拥有征税优先权和举债优先权,以保证联邦和州政府在财政收入分配中的主导地位。

收入			支出		
项目	预算数	决算数	项目	预算数	决算数
一、各项税收	7 903.42	8 413.27	一、基本建设支出	1 760.24	1 906.53
增值税	1 757.77	1 810.99	二、挖潜改造和新产品试制费	763.95	824.63
营业税	2 585.00	2 767.56	企业挖潜改造资金	569.88	634.25
资源税	80.00	83.30	科技三项费用	194.07	190.38
城市维护建设税	510.00	546.71	三、流动资金	2.00	1.40
企业所得税	1 060.60	1 178.80	四、地质勘探费	78.00	81.36
个人所得税	556.80	567.25	五、工业、交通、流通部门事业费	173.66	200.72
城镇土地使用税	82.00	91.57	六、支农支出	1 059.42	999.27
其他各税	455.00	491.49	农、林、水利和气象支出	928.92	870.33
农业税(后废除)	480.00	423.82	农业综合开发	130.50	128.94
契税	270.00	358.05	七、城市维护建设支出	764.00	850.78
耕地占用税	61.00	39.90	城市维护建设费	678.00	761.82
证券交易印花税	5.26	3.83	环境保护和城市水资源建设支出	86.00	88.96
二、企业亏损补贴	-197.28	-194.04	八、文教、科学、卫生支出	3 863.08	3 991.57
工业企业	-29.08	-29.77	教育支出	2 670.83	2 697.14
商业企业	-12.00	-4.74	科学支出	111.83	109.80
粮食企业	-50.00	-42.27	医疗卫生支出	667.01	755.98
外贸企业	-1.00	-0.48	文体广播事业费	413.41	434.65
农林、水产、气象企业	-0.80	-0.68	九、抚恤和社会福利救济费	399.95	493.69
其他企业	-104.40	-116.10	十、社会保障补助支出	1 159.59	1 117.72
三、征收排污费和水资源费收入	90.00	93.40	十一、国防支出(民兵事业费)	18.00	22.58
			十二、行政管理费	1 506.51	1 657.72
四、其他收入	1 161.98	1 306.80	十三、公检法司支出	1 133.21	1 230.59
五、教育费附加收入	210.00	230.55	十四、武装警察部队支出	23.00	24.24
			十五、外交外事支出	10.73	9.87
			十六、支援不发达地区支出	153.04	155.99
			十七、政策性补贴支出	333.56	379.79
			粮、棉、油价格补贴	286.23	330.27
			平抑物价和储备糖等补贴	7.19	1.98
			肉食价格补贴	1.20	1.28
			其他价格补贴	38.94	46.26
			十八、税务等部门的事业费	767.69	886.62
			十九、其他各项支出	1 122.28	1 368.72
			二十、地方预备费	450.00	
			廿一、教育费附加支出	185.80	202.77
			廿二、行政事业单位离退休经费	766.86	805.64
			廿三、债务付息支出		8.68
			国内债券付息支出		6.44
			国外借款付息支出		2.24
地方本级收入小计	9 168.12	9 849.98	地方本级支出小计	16 498.57	17 229.85
中央补助收入	7 937.74	8 261.41	上解中央支出	607.29	618.56
地方财政收入合计	17 105.86	18 111.39	地方财政支出合计	17 105.86	17 848.41
			地方预算收支结余		262.98
地方财政收入总计	17 105.86	18 111.39	地方财政支出总计	17 105.86	18 111.29

图 10.3 2003 年中国地方财政预算、决算收支(单位:亿元)

资料来源:中华人民共和国财政部网站:http://www.mof.gov.cn

与单一制国家中央政府或联邦制国家联邦或联邦主体一样,地方政府的财政收入,主要有地方税收、收费、捐赠和服务收入;为了弥补财政需要,地方政府可以依法从国内外金融市场借款。

二、西方单一制国家地方政府的财政收入

在单一制国家,由于一般存在中央政府和地方政府两个层次,因此,财政收入也在中央政府和地方政府两个层次上筹集、分配和使用。一般是,通过宪法和地方政府法规定各级政府的财权,包括地方政府的财政收入和形式。

(一) 英国地方政府财政收入

英国地方政府的财政来源,主要是地方税收、中央政府拨款、借款和各种收费。其中,中央政府拨款所占比例较高。

以 2002—2003 年为例,英格兰地方政府财政收入计 96.2 万亿英镑,其中:收入补助拨款,占 22%;综合收入拨款,占 21%;收费,占 18%;全国非家庭税,占 17%;议会税,占 16%;其他,占 6%。[①]

苏格兰地方政府财政收入计 10.8 万亿英镑,其中:收入补助拨款,占 32%;其他政府拨款,占 20%;收费,占 17%;非家庭税,占 15%;议会税,占 12%;其他,占 4%。[②]

威尔士地方政府财政收入计 4.01 万亿英镑,其中:一般补助拨款,占 62%;全国非家庭税,占 17%;专项补助拨款,占 3%;议会税,占 18.6%。[③]

1. 地方税收

地方政府主要是对不动产征收地方税。除了 1988—1992 年实行过按人头征收的短暂的居民税(community charges)外,目前英国唯一的地方税是议会税(council tax)。

议会税由地方政府为满足地方预算的要求而确定,为弥补地方预算要求与地方政府从中央政府获得资金的差额,地方政府就需要筹集议会税。议会税于 1993 年 4 月 1 日开始在英格兰、苏格兰和威尔士征收。议会税是根据家庭财产的价值,特别是根据 1991 年 4 月 1 日的家庭财产评估市场价值来确定的。其计算和征收方式是:按照房产的市场价值将每一户房产归入 A—H 八个税级中;由代表政府的不动产评估机构负责对每一户房产的评估;地方税务部门根据估价确定应纳税额。

---

① *Local Government Financial Statistics: England*. No, 13. 2002.

② Table 2A. *Scottish Local Government Financial Statistics, 2000—2001*, Scottish Executive, 2002.

③ *Welsh Local Government Financial Statistics*. 2002. Tables 1.1and 1.2.

对工商财产如商店、厂房、办公用房等则征收“统一工商税”(uniform business rate),也叫“全国非家庭税”(National Non-Domestic Rates, NNDR)。全国非家庭税是以商业和工业财产的估价为基础的,它由中央政府每年确定全国标准税率,在全国范围内征收,并按人数重新分配给地方政府。全国非家庭税根据非家庭财产的应课税额加以确定。中央政府每年为英格兰确定每一英镑应纳税金,以计算每一工商纳税人应纳税额。如2005—2006年的每一英镑应纳税金是42.2便士,其中中小企业是41.5便士。

所有财产的应课税额每隔五年重新评估一次。在苏格兰,统一工商税税率由苏格兰执行机关确定。在每一个地方的议会负责征收该地方的统一工商税并上缴中央,由中央政府按照居民人口重新在英格兰分配,在苏格兰则由苏格兰的执行机关管理。

2. 中央拨款

中央政府的补助拨款主要有两种形式:一般补助拨款和专项拨款。一般补助拨款的用途由地方政府自行决定,主要用于补助地方政府收入的不足,称收入补助拨款(Revenue Support Grants,RSG),其数额为地方政府的开支需求与它从其他渠道所获得资金之间的差额。一般补助拨款是不附加条件的,可用于地方政府职权范围内的任何用途。

专项拨款是为支持某种特殊用途而拨给地方政府的专项拨款(special grants),主要用于补贴警务、教育、住宅、交通等地方政府事务。如苏格兰和威尔士已经从联合王国获得与权力下放有关的一揽子专项拨款。①

3. 借款

除地方税收和中央补助拨款用于地方政府经常性开支以外,地方政府的主要收入来源还有借款。借款主要用于固定资产投资项目,如购买或开垦土地,建造校舍、住房或道路,修缮现有设施等。由于固定资产投资数额大、周期长,因此借款一般占固定资产投资总额的70%左右。地方政府借贷的主要来源有:私人银行、公众(地方政府债券)、中央政府公共工程贷款委员会(Public Works Loan Board,PWLB)等。地方政府借款受以下几方面的限制:一是大多数固定资产投资项目要经中央有关大臣批准;二是中央政府为每一个地方政府确定了信贷额度(credit approval),中央政府可依照1989年《地方政府和住房法》的规定,惩罚超支的地方政府。

---

① 为了决定给地方拨款,中央政府要审查每一个地方政府开支需求的基准水平。在英格兰,地方政府开支需求基准线的估计数字叫“标准开支估计额”(SSA)。所有地方政府的标准开支估计额总数,加上对地方政府的专项拨款,构成地方政府的“全部标准开支额”(TSS)。

4. 收费和收益

地方政府有权自主决定对其提供的某些服务,如学生用餐、家庭雇佣、游泳池和其他休闲设施,收取一定费用。强制性收费适用于与某些个人社会服务相关的事项。此外,地方政府的收入还有租房收入、利息收益等。

(二)法国地方政府财政收入

法国地方政府的财政来源主要有:

1. 地方税收:包括:(1)直接税收,如已开发和未开发的土地税、房屋税、自营职业税、家庭垃圾收集税、街道清扫税等;(2)间接税收,如城市开发税、地方公共设施税、对超法定建筑密度收费、对超土地占用系数收费以及未提供停车场地收费等;(3)其他收费和间接收税,如电力税、娱乐税、广告招贴税、出售含酒精饮料许可费等;(4)国家因实施权力下放而对地方政府的税收转移,如机动车登记税、财产广告和登记费等。

地方税收由地方决定是否征收,但由国家确定税基并由国家替大区、省、市镇及其联合体征收税款。

2. 中央对地方补助拨款:分为两种类型:一类用于经常性支出的补助拨款,包括:(1)一揽子经常性拨款(dotation globale de fonctionnement, DGF),适用于除大区以外的省和市镇地方政府;(2)自营职业税平衡资金(fonds national de péréquation de la taxe professionnelle, FNPTP)(第二部分);(3)农业开发拨款(dotation de développement rural, DDR),用于促进市镇经济发展,主要由自营职业税平衡资金(第一部分构成);(4)对市镇的特别补助拨款,包括:对核心市镇的补助拨款(弥补附近居民对其设施使用产生的开支)、对旅游市镇的补助拨款(弥补季节性人口产生的开支)和对欠发达市镇的补助拨款等;(5)对法兰西岛(Île-de-France)大区市镇的专门补助,用于平衡法兰西大区市镇之间的财富分配。

另一类是地方设施补助,包括:(1)增值税补偿资金(FCTVA,主要受益人是市镇、省、大区及其联合体和企业,负责新市镇管理的机构,省消防和应急管理服务部门,市镇社会服务中心,学校基金,地方政府服务全国中心等);(2)对市镇的一揽子设施补助(dotation globale d'equipement, DGE),分两部分,根据市镇的不同情况实行不同的分配办法;(3)对省的一揽子设施补助,用于补助省、省的联合体、省消防和应急服务部门、全国地方政府服务中心等。

国家对领土单位的补助拨款是建立在以下法律基础上的:

(1)一揽子经常性拨款:由1985年11月29日的法律确立,由1985年12月31日、1988年4月11日和1988年5月6日的法令对市镇及其联合体实施,由1988年10月17日的法令对省实施。1991年5月13日修改的法令,确立了对市镇的特别补助拨款和对法兰西岛大区市镇的补助拨款，改革了对市镇和省的一揽子经常性拨款，修改了《市镇法典》。国家对领土单位的补助拨款，由地方财政委员会负责分配。

（2）自营职业税平衡资金：由1980年1月的法律确立，由1982年6月28日、1986年1月9日法令实施。根据法律或法令的规定，自营职业税平衡资金根据地方财政委员会的建议按年度分配。

（3）增值税补偿资金：由1976年12月29日的法律确立，由1989年9月6日的法令和1989年12月29日的通知修改并实施。

（4）对省的一揽子设施补助，由1982年3月2日的法律确立，1983年1月7日的法令对市镇、省、大区与国家之间的职权划分作了修改并实施；对市镇的一揽子设施补助，由1985年12月20日的法律修改，并由1985年、1988年和1989年的法令实施。

每年的一揽子设施补助的数额由每年的财政法规定，每年的拨款由法令分配。

3. 借款：法国地方政府可以不经上级批准而进行借款，但借款决定应呈报省长；如省长认为借款决定没有满足法律规定的条件，则可将问题提交行政法院。借款主要用于基本建设开支。在任何情况下，借款均应用于偿还以前的欠款，并且地方政府的借款条件与社会上的借款并无二致，如不能超出法定利率等。①

地方政府可与任何金融机构签署借款协议，对外国借款也有相当的自主权。对地方政府借款，金融机构没有再融资的特别方法，也没有国家补贴的任何制度。

另外，地方政府还有权在金融市场上发行债券。

虽然地方政府借款无需任何担保，但贷方可以将借款事项提交大区审计院，要求抵偿与债务支付相关的预算支出。

（三）日本地方政府财政收入

日本地方政府的财政来源主要有：地方税、地方交付税、国库支出金和地方债。在日本，尽管地方政府的总收入每年不同，但收入的份额比例大致相同。以2003—2004年为例，地方公共团体的最主要收入是地方税（326.657亿日元），占全部收入的34.4%；其次是地方交付税（180.693亿日元），占全部收入的19%；再次是国库支出金（130.605亿日元）；地方债（137.894亿日元）；地方

---

① 参见欧洲理事会编：《地方与地区民主的结构和运行——法国》（1997年），法国斯特拉斯堡：欧洲理事会出版社1998年版，第31—36页。

税、地方交付税以外的一般财源(17.002亿日元)和其他(156.019亿日元)。①

1. 地方税:都、道、府、县和市、町、村可以根据地方税法的规定征收地方税。

日本地方税的税目很多,都、道、府、县税有:企业税,都、道、府、县居民税,地方消费税(1997年4月起实施),汽车税,轻油运送税,资产购买税,汽车购买税,都、道、府、县烟税和其他税;市、町、村税有:资产税,市、町、村居民税,城市规划税,市、町、村烟税和其他税。

在包括国税和地方税的地方税收总额中,以2003年为例,地方税所占的比率约41.9%;都、道、府、县税在都、道、府、县收入总额中的比率为31%;市、町、村税在市、町、村收入总额中的比率为33.7%。

2. 地方交付税:地方交付税是指为保证地方政府之间财源均衡和有计划行政运营所需财源,将一定比率(已被法定的)的国税作为地方的共有财源,根据一定的计算方法规定分配给各个地方政府的交付额,后者依据规定交付税金。以此从大城市等富裕地区向人口过疏地区进行税金重新分配,缩小因税源不均而导致的地方政府之间的财力差距。

地方交付税的总额因与国税收入联动,并与补助金等依赖性财源相比较为稳定,同时,地方交付税原本为地方政府独自的财源,因此,对地方交付税的用途未加任何限制。

3. 地方债:《地方财政法》中有一个基本原则规定,即地方政府原则上应以地方债以外的收入作为其支出财源。但根据《地方财政法》第五条的规定,对于公共设施的建设和公营企业的经费等的投资性经费,地方政府可以发行地方债作为其财源。

根据《地方自治法施行令》第一百七十四条,都、道、府、县发行地方债,需要总务大臣的认可,而市、町、村发行地方债,则需要都、道、府、县知事认可。通过这种认可制度,地方政府发行的地方债,可按政府保证债处理,即使是财力薄弱的地方政府也能以低利进行大量资金的调动,同时,将发行的地方债的部分偿还费计为标准财政需要额,这也使地方政府能保证独立进行公共设施建设所需的财源。

依照2000年4月实施的《地方分权一览法》,从2006年4月起,地方债的发行从原来的审批制改为协议制。

4. 其他财源:除上述之外,地方政府财源还包括国库支出金和地方转让税。

根据中央与地方责任共负原则,国库支出金分为三种:一是由作为负担者的中央政府向作为事业实施主体的地方政府支付的"国库负担金";二是对地方

① 资料来源:〔日〕财团法人自治体国际化协会编:《日本的地方制度》,2006年,第53页。

政府所实施项目的援助的"国库补助金"(如下水道设施建设补助金);三是对原为中央政府事务但因考虑事务本身的便利性和效率性而被委托给地方政府的"国库委托金"(如国会议员的选举事务经费)。上述国库支出金都是被交付给特定的事务项目的特定财源,不能用于其他目的。

地方转让税,是指原本应属于地方政府的财源,但出于征收的便利而由中央政府统一征收并根据客观性标准(如公路总里程、面积等)进行转让的税。它是介于地方税与地方交付税之间的中介性财源(如中央政府征收对汽油等挥发油所赋的地方道路税,并作为地方道路转让税转让给都、道、府、县和市、町、村)。①

三、西方联邦制国家地方政府的财政收入

在联邦制国家,由于一般存在联邦政府、联邦主体政府和地方政府三个层次,因此,财政收入也在联邦政府、联邦主体政府和地方政府三个层次上筹集、分配和使用。一般是,通过联邦宪法、联邦主体宪法和地方宪章规定各级政府的财权,包括地方政府的财政收入和形式。

(一) 美国地方政府财政收入

在美国,按照美国人口统计局的分类,地方财政收入可分为两大类:一般性收入(general revenue)和一般性收入以外的其他收入(other than general revenue)。

1. 一般性收入。一般性收入又分为自有来源收入(genenral revenue from own sources)和政府间转移收入(intergovernmental revenue)。

近年来,地方政府越来越依靠自有来源收入。在2002—2003年财政年度,美国地方政府财政总收入,共计11 406.326亿美元,其中地方自有来源收入6 232.16亿美元,占地方财政总收入的54.64%。

(1) 自有来源收入

在美国,自有来源收入主要有:税收、收费和其他一般性收入。

税收是政府征收的一种强制性的收入,是地方政府的主要收入来源。主要有财产税、地方销售和毛收入税、个人所得税、公司税、许可证税和车船牌照税等。

在2002—2003年财政年度,美国各地方政府的财政收入中,税收收入共计3 899.80亿美元;其中,财产税2 862.12亿美元、地方销售和毛收入税639.75亿美元、个人所得税174.74亿美元、公司税29.84亿美元、车船牌照税13.69亿美

① 〔日〕财团法人自治体国际化协会编:《日本的地方制度》,2006年,第53—56页。

元,其他税179.64亿美元。①

财产税是地方最大的收入来源,它约占地方财政总收入的25%和地方税收的72%。在美国,财产税是对一些易于确定的财产如土地和上盖建筑征收的一种税。大多数州都免征或减征大部分无形资产的财产税。税率一般为1%(各个市政府经全民投票通过,可以带征一些金额很少的其他专项费用),在实际征税时所确定的财产税的计税基础(净评税价)一般仅是该财产市场价的一部分。

地方销售和毛收入税是地方政府的第二大税收,许多地方政府都征收销售和毛收入税。包括一般销售和选择性销售(如汽车燃油、酒精饮料、马铃薯产品等)两种。一般来说,州的立法机构规定最高税率或税率的幅度,允许地方政府在规定的范围内自行确定税率。地方政府普遍采用的税率为1%,各州征税的税率为4.5%到5%。

个人所得税是地方的第三大税收,仅次于财产税、销售和毛收入税。个人所得税有三种完全不同的形式:工薪税、带征税和阔税基所得税。

公司所得税是对企业业务所得征收的一种税收。只有四个州及纽约市和费城开征这种税。此外有两个州征收许可证税。

车船牌照税约占市税收的1%,有27个州采用这种税收。其他地方税是一些零星税收。地方政府的收入,除了财产税、销售税、各种收费以及利息外,联邦政府和州政府的补助金,占较大比例,其中州补助金占县总收入的比例平均为36.2%。这些州的补助金约占最大的县政府总收入的近1/2,但各地方政府得到州补助金的情况不尽一致,如加利福尼亚州的洛杉矶县从州得到的补助金占县总收入的61%,而佛罗里达州的戴德县从州得到的补助金仅占县总收入的9%。

收费是由那些享受公共产品或劳务的受益人所自愿支付的费用。如提供高等教育、学校午餐、医院、高速公路、机场、公园设施、港口设施、自然资源、公园和娱乐、住宅和社区发展、下水道、固体废物管理等收取的费用;其他一般性收费包括利息所得、财产销售等。

在2002—2003年财政年度,美国各地方政府的财政收入中,收费和其他一般性收入共计2 332.35亿美元,约占地方政府财政总收入的20%和地方政府自有来源收入的37%。其中,收费1 632.03亿美元,其他一般性收费700.31亿美元。

---

① Table 1. *Summary of State and Local Government Finances by Level of Government and by State:2002—2003*.

(2) 政府间转移支付收入

政府间转移支付收入来源于州和联邦政府,是大多数地方政府的重要收入来源,然而,近年来该项收入呈下降的趋势。联邦政府给州和地方政府的补助以及州政府给地方政府的补助,既反映公共政策的优先次序,又反映了联邦政府和州政府的财政能力。政府间转移支付收入可分为四大类:无限制或一般补助、分类补助、项目补助、限制性补助。

在2002—2003年财政年度,美国各地方政府的财政收入中,政府间转移支付收入共计4 166.00亿美元,约占地方政府财政总收入的36.52%。其中,来源于联邦的政府间转移支付收入459.55亿美元;来源于州的政府间转移支付收入3 706.45亿美元。

2. 一般性收入以外的其他收入。包括公用事业收入、酒类专卖收入和保险信托收入,共约占地方政府收入的42%和地方政府自有来源收入的63%。

在2002—2003年财政年度,美国各地方政府的财政收入中,一般性收入以外的其他收入共计1 008.15亿美元,约占地方政府财政总收入的8.83%。其中,公用事业收入905.32亿美元;酒类专卖收入8.20亿美元;保险信托收入94.63亿美元。

此外,美国地方政府还可以借贷,包括长期借贷和短期借贷,但人口统计局不将它们计入地方政府财政收入中。

(二) 德国地方政府财政收入

德国地方政府财政收入主要有税收、联邦政府和州政府的拨款、收费和接受捐赠及其他收入:(1) 税收是地方政府的主要收入来源。1996年,地方政府的税收收入占地方政府总收入的30.55%;(2) 州政府拨款是地方政府收入的第二大来源。1996年,州政府拨款收入,占地方政府总收入的34.63%;(3) 收费和捐赠。1996年,收费和捐赠收入占地方政府总收入的15.11%;(4) 其他收入。1996年,其他收入占地方政府总收入的19.71%。

1. 税收:在德国,地方政府税收分为联邦和州法规定由地方政府征收的税和地方政府自行决定征收的税。

根据《德意志联邦共和国基本法》第一百零六条,地方政府有权征收财产税(土地和交易税)和地方消费与开支税。据此,地方政府依联邦和州法征收的税有交易税、农牧业土地税和不动产土地税。

这些税收由地方政府根据联邦和州财政部门的通告确定和征收。地方政府有权决定交易税和土地税的税率。通常,地方政府要将交易税的一部分分配给联邦政府和州政府。这种分配制度是1969年采用的,用以抵销工资税和所得税中地方政府应上缴的份额。

除了国税即依联邦和州法规定征收的税以外,地方政府有权征收地方消费和开支税。地方政府征收地方消费和开支税,有的是根据州法的规定,有的是根据地方政府依州地方税收法授权而制定的规章的规定。主要有:(1)养犬税;(2)狩猎税(通常在市和县征收);(3)娱乐税(对从事博彩、电影放映、人体艺术表演、舞蹈、高尔夫球、保龄球等项目的收入征收);(4)饮料税(不含啤酒;只对直接消费的饮料的销售征收);(5)住宅许可税和第二处住宅税等。

地方政府可在地方政府职责范围内自主确定财产税的税率,此外,地方政府可在地方政府规章中规定开支税的比例;只在征收娱乐税时,地方政府要受到法律的制约。

在大多数的州,法律授权地方政府规定并征收地方消费和开支税,条件是该税不属于联邦法律规定的税种,而是属于州根据《德意志联邦共和国基本法》第一百零五条第二款规定享有的专有立法和并行立法的具体种类。但通常,规定上述税收要得到最高监督机关的批准。

根据《德意志联邦共和国基本法》第一百零六条,除了联邦政府和州政府以外,地方政府也有权从所得税和增值税中获得一定份额的收入(即共享税)。地方政府从所得税中获得的份额根据《乡镇资金筹集改革法》第一条加以确定,目前占所得税的15%;同时,地方政府从增值税中获得的份额,目前占增值税的2.2%。州政府根据地方政府的具体情况和实际经济实力加以分配。

2. 上级政府拨款:上级政府拨款,即上级政府拨付地方政府的非偿还性资金。上级政府拨款,主要由州政府根据地方政府财政平衡的州法规定或根据特别法律条款分配给地方政府;联邦政府对地方政府的拨款也通过州政府预算安排。拨款的数额和构成主要取决于不同州的结构和经济实力。

上级政府的拨款主要有下列类型:

(1) 一般性拨款:即不与用途相关而目的在于对不同地方政府纳税能力加以平衡而拨付的款项。包括对履行强制性任务所承担费用的补偿性拨款、资助学校用车费用的一般性拨款、道路维修的一般性拨款和对社会救助机构和战争受害者救济机构开支的调整金。

(2) 投资拨款:包括不与特别用途相关联的一般性投资拨款,以及用于校舍、幼儿园、消防设施、医院、道路、废物处理设施、供水和污水处理厂建设的专项投资拨款等。

(3) 补助拨款:即为解决地方政府行政预算中发生的特殊财政困难而拨付的款项。有的补助拨款也用于弥补地方政府因投资造成财政困难之时。

3. 其他收入:地方政府可对其提供的服务收取一定费用。地方政府收费以各州的有关规定为依据。此外,地方政府还接受捐赠以补偿建设、维护和扩建公共设施费用。地方政府其他收入还有租金、许可证费、销售收入等。

4. 借款:通常,地方政府在地方预算中的借款总额必须得到法定监督机构的批准(一揽子批准)。地方政府借款如要获得批准,必须满足一定条件,如不超过偿债总额限度,对借款条件达成协议,借款主要用于优先项目等。

多数地方政府借款,从信贷市场如银行和非银行金融机构获得,也可通过发行地方政府债券筹措;还有少量借款来源于联邦政府、欧洲复兴计划特别资金(EPP-Sodervermogen)、州政府或其他地方政府。

此外,地方政府还可从国外获得贷款。从国外贷款虽然不需要经过专门的批准,也不要州政府或其他机构担保,但要受对外贸易法和货币法的限制。由于从国外贷款费用高、附加条件多,风险也大,地方政府从国外贷款的例子很少。

在德国,据《德意志联邦共和国基本法》第一百零六条、各州的宪章法和有关州的法律规定,地方政府还有一项很大的收入来源——财政平衡金。财政平衡金的目的,是为了加强乡镇的财政地位。①

(三) 俄罗斯联邦地方自治机关财政收入

1. 地方税收收入:税收收入占到地方自治机关财政收入的13.3%到58%不等(平均数为57%)。税收收入包括:地方自治机关自己征收的税和地方自治机关与其他机关共享税。

地方自治机关征收的共享税有:(1) 个人所得税收入;由联邦主体政府决定地方自治机关征收个人所得税的比例(平均在50%以上);(2) 利润税收入(平均在5%以上);(3) 增值税收入(平均在10%以上)。在地方预算中,上述税收收入分别占到地方预算收入的21%、18%和9%。

地方自治机关自行征收的税:1997年,地方自治机关征收的税的比例,平均占地方自治机关财政收入总额的9%;而在最发达的地方自治机关中,这个数字达到20%—22%。

2. 其他收入来源:地方预算收入的其他来源有:(1) 联邦主体对执行国家职能的地方自治机关的财政转移支付收入;(2) 从地方资产私有化中取得的收入;(3) 地方资产租赁收入:(4) 借款收入;(5) 地方彩票收入;(6) 地方企业、机构和组织的利润收入;(7) 补助金和法定拨款;(8) 地方服务收费;(9) 地方自治机关对辖区内开发自然资源等进行的收费。

---

① 参见欧洲理事会编:《地方与地区民主的结构和运行——德国》(1998年),法国斯特拉斯堡:欧洲理事会出版社1999年版,第33—41页。

地方自治机关有权依据联邦立法规定的原则和条件组织预算外资金。依据联邦法律,地方自治机关有权借款,发行彩票,贷款并设立地方银行、其他金融和信贷机构。[①]

四、中国地方政府财政收入

中国地方政府财政收入主要有:

(一) 各项税收

从广义上说,地方的各项税收包括地方税务部门征收的税种和由国家税务部门征收的中央与地方共享税中由地方支配和使用的部分;从狭义上说,地方税收是指由地方税务部门征收、收入由地方政府支配使用的若干税种的总称。我国地方税具有税种较多、税源相对分散、与地方经济发展密切相关等特点。[②]

各项税收主要包括:增值税、营业税、资源税、城镇土地使用税、城市维护建设税、企业所得税、个人所得税、契税、车船税、耕地占用税、外贸企业出口退税等。

地方国有企业、集体企业、私营企业缴纳的所得税和个人所得税原属于地方税收。但国务院决定从2002年1月1日起,将原按企业隶属关系划分中央和地方所得税的办法改为中央与地方按统一的比例分享。2002年,除少数特殊行业的企业外,绝大部分企业所得税和全部个人所得税收入由中央和地方各取一半。2003年,中央与地方六四分成。为促进区域经济协调发展和深化改革,国务院决定,从2004年起,中央与地方所得税收入分享比例继续按中央分享60%,地方分享40%执行。

(二) 企业亏损补贴

包括对工业企业、商业企业、粮食企业、外贸企业、农林水产气象企业和其他企业亏损的补贴。

(三) 征收排污费和城市水资源费收入

如根据《环境保护法》的规定,排放污染物超过国家或者地方规定的污染物排放标准的企业事业单位,依照国家规定缴纳超标准排污费;又如根据《水法》的规定,国家对城市水资源依法实行有偿使用制度。

(四) 教育费附加收入

根据《征收教育费附加的暂行规定》,地方各级人民政府在城乡征收教育费

① 参见欧洲理事会编:《地方与地区民主的结构和运行——俄罗斯》(1999年),法国斯特拉斯堡:欧洲理事会出版社2000年版,第20—22页。

② 国家税务总局教材编写组编:《地方税政策与法规》,中国财政经济出版社2003年版,第1页。

附加,主要用于实施义务教育。教育费附加,以单位和个人实际缴纳的增值税、营业税、消费税的税额为计征依据,教育费附加率为 3%,分别与增值税、营业税、消费税同时缴纳。

(五)土地和海域有偿使用收入

如根据《土地管理法》及其实施条例的规定,国有土地有偿使用的收入包括:国有土地使用权出让金;国有土地租赁中的租金;国有土地使用权作价入股的股金。利用现有建设用地出让等有偿使用的土地有偿使用费全部留给地方;新增建设用地的土地有偿使用费,30% 上缴中央财政,70% 留给有关地方人民政府,都专项用于耕地开发。又如根据《海域使用管理法》,单位和个人使用海域,应当按照国务院的规定缴纳海域使用金。海域使用金应当按照国务院的规定上缴财政。

(六)其他收入

包括各种罚没收入、公产收入及杂项收入等。罚没收入是指政府及其部门依法进行行政处罚获得的罚款、没收的违法所得或非法物品变卖收入以及依法追回的赃款和赃物变卖收入。公产收入是指地方政府部门主管的公房和其他公产的租赁收入及变价出售收入等。杂项收入包括国际组织捐赠收入、对外借款归还收入等。

除了地方政府本级收入外,地方政府财政收入还有上级政府补助收入等。

鉴于各地方的财政收入口径不一致,根据 2004 年财政部《关于统一界定地方财政经常性收入口径的意见》,财政经常性收入原则上应包括以下三方面:(1)地方一般预算收入;(2)中央核定的增值税及消费税税收返还、所得税基数返还及出口退税返还;(3)中央通过所得税分享改革增加的一般性转移支付收入。此外,在有的地方,行政事业性收费经地方财政部门与人大有关部门商定,也可纳入地方财政经常性收入范围。

五、地方政府财政支出

(一)地方财政支出的概念

财政支出,是指政府为履行其职能而支付的财政资金的总和。从财政活动的动态性考察,财政支出被认为是政府把集中起来的社会资源按照一定的政治经济原则,进行再分配,从而运用于满足社会公共需要的各种用途的过程。在公共财政中,财政支出也叫公共财政支出。

对财政支出,可以按照一定标准进行分类。当今世界各国一般都按照国家政权的级次进行相应的财政支出。每个级次的财政基本上都有本级的对应的支出范围。例如美国,其政府分为联邦政府、州政府和地方政府,与之相适应,财政支出也由联邦政府财政支出、州财政支出和地方财政支出组成。

与政府机构相对应,日本政府的财政支出分为中央支出、都道府县支出和市町村支出。其中,都道府县和市町村财政支出为地方财政支出。

与中国的政权级次相对应,中国政府财政支出由中央财政支出、省(自治区、直辖市)财政支出、市(自治州)财政支出、县(不设区的市、自治县)财政支出和乡镇财政支出五级组成。其中,省级和省级以下统称为地方财政支出。

财政支出按照支出级次分类,能反映中央与地方在政府财政资源分配中中央与地方相互之间的关系。从我国历次的财政改革实践看,中央与地方政府之间的财政分配关系一直都是财政体制改革的核心问题,而如何处理中央与地方政府之间的财政支出关系是问题的焦点之一。①

(二)主要国家地方政府的财政支出及其形式

1. 英国

地方政府的支出多用于开办学校、建筑住房、修建公路、提供社会服务和公共工程,以及警察工作等业务。地方经营的企业,一般自负盈亏,大抵都能达到收支平衡。②

在英格兰,2002 年—2003 年地方政府财政支出计 96.2 万亿,其中:教育,占 31%;住宅,占 16%;社会服务,占 16%;警务,占 9%;环境服务,占 8%;交通,占 6%;其他,占 14%。

在苏格兰,2002 年—2003 年地方政府财政支出计 10.1 万亿,其中:教育,占 30%;住宅,占 19%;社会服务,占 17%;法律、秩序和保护性服务,占 10%;道路交通,占 6%;娱乐,占 4%;环境服务,占 4%;其他,占 10%。

在威尔士,2000 年—2001 年地方政府财政支出计 4.01 万亿,其中:教育,占 38%;个人社会服务,占 17%;法律和秩序,占 13%;环境服务,占 5%;文化、体育和娱乐,占 4%;道路交通,占 4%;其他,占 24%。

地方政府的开支占全国国内生产总值的 7.9%。根据法律,地方政府不得实行赤字预算。

2. 美国

在美国,按照美国人口统计局的分类,地方财政支出可分为政府间转移支出和直接支出两大类。直接支出包括直接一般性支出、公用事业支出、酒类专卖支出和保险信托支出。

① 参见徐颂陶主编:《财政基础知识》,中国人事出版社 2004 年版,第 16—20 页。
② 龚祥瑞:《比较宪法行政法》,法律出版社 2003 年第 2 版,第 371 页。

在2002年—2003年财政年度,美国地方政府的财政总支出共计11 949.31亿美元,其中,政府间转移支出共约120.11亿美元,占地方政府财政总支出的1%;直接支出共约11 829.20亿美元,约占地方政府财政总支出的99%。

在直接支出的11 829.20亿美元中,直接一般性支出10 357.41亿美元,占地方政府财政总支出的87.55%;公用事业支出1 218.88亿美元,占地方政府财政总支出的10.30%;酒类专卖支出7.05亿美元,约占地方政府财政总支出的0.59%;保险信托支出242.84亿美元,约占地方政府财政总支出的2.03%。①

直接一般性支出用于:教育(4 506.50亿美元)和图书馆(85.04亿美元);社会服务和维持收入(公共福利413.57亿美元;医院551.51亿美元;卫生313.52亿美元;社会保险管理89.67亿美元);交通(高速公路452.40亿美元;机场154.81亿美元;停车场11.94亿美元;港口472.45亿美元;过境补贴2.68亿美元);公共安全(警察保护5 750.10亿美元;消防2 785.40亿美元;违法矫正1 853.39亿美元;保护性检查和管制373.26亿美元)。

美国的财政支出具有如下特点:一是支出建立在法制化基础上,各项开支活动都有明确的规则可遵循,财政支出的确定性和可预见性较大。二是财政支出与财政收入的联系较科学,增强了财政支出的透明度。三是财政支出活动有广泛民主性,纳税人对税收的使用有较大的发言权。

3. 日本

地方公共团体的主要开支,多用于公共工程、教育、民生、卫生、劳动和总务等方面。以2003—2004年为例,在日本地方公共团体总开支(925.818亿日元)中,各项主要开支如下:公共工程(164.391亿日元)、教育(172.014亿日元)、民生(145.402亿日元)、卫生(58.963亿日元)、公债(131.915亿日元)、总务(90.393亿日元)、农林水产(46.939亿日元)、工商(48.411亿日元)、警察(33.620亿日元)、消防(18.200亿日元)、劳动(3.738亿日元)和其他(11.832亿日元)。②

4. 中国地方政府财政支出

在中国,地方财政支出包括:(1) 基本建设支出;(2) 地方企业挖潜改造和科技三项费用;(3) 流动资金;(4) 地质勘探费;(5) 工业、交通、流通部门事业费;(6) 支农支出;(7) 城市维护建设支出;(8) 文教、科学、卫生支出;(9) 抚恤和社会福利救济费;(10) 社会保障补助支出;(11) 国防支出(民兵事业费);

---

① Table 1. *Summary of State and Local Government Finances by Level of Government and by State*:*2002—2003*.

② 资料来源:〔日〕财团法人自治体国际化协会编:《日本的地方制度》,2006年,第53页。

(12) 行政管理费;(13) 公检法司支出;(14) 武警部队支出;(15) 外交外事支出;(16) 支援不发达地区支出;(17) 政策性补贴支出;(18) 其他部门的事业费;(19) 行政事业单位离退休经费;(20) 预备费;(21) 教育费附加支出;(22) 车辆购置税收入安排的支出;(23) 其他支出。

第十一章

中央与地方关系

第一节　中央与地方关系概述

一、中央与地方关系的基本原理

（一）中央与地方关系的概念和主要学说

中央与地方的关系是地方制度的主要内容，或者简单地说，地方制度即为“处理一个国家的中央与地方关系的制度”①。

中央与地方关系是宪法学、政治学和行政学研究中的重大课题。关于这个问题，有许多理论或学说。现介绍中外三种分析模式：

1. 将中央与地方的关系分为中央集权制、地方分权制和均权制

“中央集权制”，是指行政决策权主要集中于中央政府，中央政府对地方政府有完全的指挥、监督之权力，地方政府接受中央政府领导。此种体制的基本特征是中央政府高度集权，严格控制全国各地行政事务，地方政府没有或较少有自主权。

“地方分权制”，是指地方政府对其管辖地区内的地方行政事务有自主决定权，中央政府一般不加干涉。该体制的基本特征是地方政府受中央政府的控制较小，地方政府在行政业务上具有较大独立性，其地方事务可完全根据地方需要实施管理。

“均权制”，是指中央政府与地方政府的权力保持平衡，既不偏于集权、也不偏于分权。其基本特征是折中于中央集权与地方分权二者之间，主要根据事权的性质进行合理的划分，凡适宜中央管辖的事务划归中央政府管，凡适宜地方管辖的事务划归地方政府管，并维持中央与地方之间的协调、配合关系。②

---

① 陈嘉陵主编：《各国地方政府比较研究》，武汉出版社 1991 年版，第 22 页。

② 参见邹文海：《比较宪法》，三民书局 1977 年版，第 524—530 页。

2. 将中央与地方关系分为相对自治型、代理机构型和相互作用型

"相对自治型",是指尽管不否定国家存在的现实,但地方政府具有相对独立性,享有法律规定的职权和义务范围内的行动的自由。中央与地方关系主要由立法确定,中央对地方的控制是有限的。地方政府可以通过收税获得主要财源。这种体制下的地方政府既可以与中央政府实施共同的政策,也可以实行与中央政府不同的政策。

"代理机构型",是指地方政府被视为执行中央政府政策的工具。这种体制通过具体的法律规定、规则和控制措施得到保证。地方政府没有必要收税或收税缺乏正当性,上级政府拨款或非地方财源构成地方政府收入的主要部分。

"相互作用型",是指中央与地方关系十分复杂,相互影响,中央政府与地方政府的政治过程密切关联,往往通过双向委托,或共同商讨计划、项目,解决问题,因此很难划清中央政府与地方政府的行动领域。地方政府财政来源既有地方税收,也有上级政府拨款,地方税收可被分享,拨款水平能得到保护。①

3. 将中央与地方关系分为代理机构型、合作关系型和实力-依赖关系型

"代理机构型",将地方政府看成是从属于中央政府的,在执行国家的政策时几乎没有或完全没有自由处理权,地方不仅要受中央随时制定的各种法规支配,而且在财政上也日益依赖中央拨款。

"合作关系型"常被认为是地方的"理想模式",它将地方政府看成是中央或多或少的平等的合作者。但只有从正式的宪法意义上说,中央政府部门和地方政府才是平等的。

"实力-依赖关系型"的模式假定,中央和地方都有办法(如法律、组织和财政以外的各种对策,如政治、信息、执行任务等)对付另一方及其组织。从某种意义上讲,这是合作关系型的另一种巧妙的说法,因为依赖是相互的。实力-依赖关系论的代表人物是英国的罗兹(Rhodes)。他认为无论是中央还是地方,都试图调动其所掌握的资源使其影响最大化,并将对对方的依赖降到最小,但没有一方能够完全掌握实现其目标所需的宪法、法律、组织、财政、政治、信息资源。因此,除了个别的政府可能按科层结构组织外,大多数的政府组织都是以相互依赖为特征的,资源交换是相互依赖的结果。②

(二) 处理好中央与地方关系的重要意义

设置地方政府的目的,主要是通过各个地方政府对所辖地域的社会管理和

① Richad Batley and Gerry Stoker, ed. ,*Local Government in Europe*:*Trends and Development* (London: Macmillan, 1991),p. 6.

② 参见〔英〕戴维·威尔逊、约翰·格林伍德:《英国行政管理》,商务印书馆 1991 年版,第九节。

服务,谋求该地域的社会稳定和发展。各地域社会的稳定和发展,为全国的政治稳定和社会发展创造条件。尽管一个地方政府能否对该地域进行良好的管理以及该地域是否稳定和发展,是个局部性的问题,但从整体看是与整个国家政治统治和社会管理相关的全局性问题。因为只有地方政府的作用得到真正有效的发挥,每一个地域得到有效管理,中央政府作为全国的政府,才有可能充分发挥作用。重视地方积极性的发挥,为地方政府有效管理地方事务创造必需的条件,对于任何国家来讲,都是不容忽视的问题。

中央政府是全国的政府,维护国家的独立、统一和政治稳定,是中央政府必须承担的首要职责。中央政府能否很好地发挥作用,不仅关系到国家的兴衰存亡,也会很大程度地影响各个地域的社会稳定和发展。只有中央政府真正履行了它应有的职责,才可能为地域性的地方政府的有效管理创造良好条件。确保中央政府作用的发挥,保证中央对全国的政治统治和社会发展的实现,是国家必须认真处理的重大问题。

因此,中央政府的存在与地方政府的存在和两者的作用,是不可相互取代的:有效的地方管理,是中央政府进行活动的良好基础;中央政府作用的充分发挥,是地域有效管理不可缺少的前提条件。两者之间的关系,是整体与局部之间相辅相成的关系,对于任何国家的统治者来讲,处理好中央与地方的关系,协调好整体利益与局部利益,意义极为重大。

二、影响中央与地方关系的基本因素和中央与地方关系的内容

(一) 影响中央与地方关系的基本因素

中央与地方关系,在不同国家不尽相同,甚至存在明显的差异。有学者认为,决定中央与地方关系格局的主要因素有:社会制度、政治制度、国家结构形式、社会发展水平、国家的历史传统。[①]

也有学者认为,影响中央地方关系的主要因素主要有:地理因素、政治环境、历史传统、政治文化、经济结构、政治结构、民族问题、科学技术发展水平。[②]

综合上述,除了社会制度以外,影响或决定中央与地方关系的基本因素,最主要的有:

1. 历史因素

任何国家都不能割断自己的历史。地方制度是社会发展到一定历史阶段的产物,也将随时代的发展而不断变化。一国历史传统深刻影响着中央与地方

---

① 参见陈嘉陵主编:《各国地方政府比较研究》,武汉出版社 1991 年版,第 95—99 页。
② 薄贵利:《集权分权与国家兴衰》,经济科学出版社 2001 年版,第 2 页。

关系的制度安排。如同在欧洲,英国长期实行地方自治,这主要源于自盎格鲁-撒克逊时代开始的传统,其自由的地方制度是历史长期发展的产物;而法国是一个长期实行中央集权的国家,其历史传统的主流是加强中央权力,排斥地方自治,尽管几十年来,法国进行了地方分权的改革,并修改了宪法。又如在中国,长期实行中央集权,新中国成立以后,对一般地方实行民主集中制,对民族自治地方实行民族区域自治,而对特别行政区,则实行高度自治,这除了有现实的、政治的、经济的因素以外,主要是考虑了一般地方、民族自治地方以及香港和澳门的历史情况。

2. 政治因素

地方制度要受一国政治理念的深刻影响。在西方大多数国家,长期以来奉行"主权在民"、"社会契约"等政治理念,地方自治的观念由来已久,在许多西方人的心目中,地方政府就意味着地方自治;地方政府与中央政府之间没有法律上的上下级关系。而在中国,与西方国家强调地区多元化和多样性不同,长期以来奉行大一统的政治文化,中央集中统一的理念根深蒂固,在中央与地方关系上,地方政府是中央政府的下级单位,更强调地方对中央的政治服从。在政治制度层面,地方制度是一国宪政制度的组成部分,各国的制度安排对中央与地方关系会有重要影响。西方国家强调"主权在民"、"有限政府"、"权力分立",在地方则实行地方自治,一般认为,地方政府不是国家机关,而是地方自治机关,或者认为是间接的国家机关(如在德国)。它们依法管理本地方事务,同时办理中央政府的交办事务;而在中国,地方国家机关是国家机构的组成部分,与其他国家机构一样,实行民主集中制,在中央与地方关系的处理上,遵循在中央统一领导下,充分发挥地方主动性和积极性的原则。

3. 民族因素

民族因素不仅是影响国家结构形式的主要因素之一,同时也是影响中央与地方关系的重要因素之一。民族因素对中央与地方关系的影响,主要是通过民族构成、地域分布和历史发展等实现的。如中国历史上就是一个以汉族为主体的多民族国家,长期的发展形成了少数民族大杂居、小聚居的局面,为了体现国家充分尊重和保障各少数民族管理本民族内部事务的权利的精神和国家坚持实行各民族平等、团结和共同繁荣的原则,中国在少数民族聚居区实行区域自治,民族自治地方的自治机关享有比一般地方国家机关更多的自治权。在有的西方国家也是这样,如在英国,由于民族等因素,中央政府在英格兰、苏格兰、威尔士和北爱尔兰问题上,对苏格兰地区,实行分权的程度要高于其他地区。

4. 外来因素

在历史上,各种制度文明互相交融,使中央与地方关系,不仅受国内各种因素的影响,还会受外来因素的影响。如英国的地方自治观念和地方制度历史上曾对其他国家(如美国等)产生了较大影响,尤其是原先英国早期殖民地或占领区的地方政府,有的就承袭了英国地方制度的特点;法国地方制度对其他国家包括南欧国家影响较大,作为前殖民列强,法国把这种地方制度推行于在亚洲和非洲的殖民地和一战、二战以后的托管地或法占区;德国地方制度也影响过其他国家;同样,中国的地方制度受到苏联地方制度的影响。

在世界日益一体化的今天,地方制度受外来因素影响的程度和范围也会加大。如随着《欧洲地方自治宪章》的签署和批准,加上欧盟的影响,欧盟各国中央与地方关系呈现出某些趋同性,如更强调地方自治、从属性原则、居民政治参与、政府的责任和服务方式的变化等。

(二) 中央与地方关系的内容

中央与地方关系非常复杂,但实际上,中央与地方关系具有"易变、模糊、复杂和交互作用"的特点。研究中央与地方关系,不仅要求注重中央与地方的职权划分,而且要研究中央与地方的组织结构关系;不仅要重视行政上的关系,还要研究政治上的关系;不仅要重视正式和法定的关系,而且不能忽视非正式的关系。

当然,中央与地方的关系,主要表现为中央与地方职权的划分上。根据所属国家的结构形式的不同,可将中央与地方的职权划分,分为联邦制国家中各联邦主体与地方政府的职权划分和单一制国家中央政府与地方政府职权的划分;根据职权划分涉及的范围的不同,可将中央与地方的职权划分,分为立法领域的职权划分与行政领域的职权划分。此外,中央与地方还有组织关系、监督控制关系和合作、协作关系等。

第二节 国家结构形式与地方分权

一、联邦制国家的权限划分与单一制国家的权限划分

(一) 联邦制国家的权限划分

在联邦制国家,分权包括两个方面:一是联邦与各联邦主体(州、省、邦、共和国或其他联邦主体)的分权;二是各联邦主体(州、省、邦、共和国或其他联邦主体)与地方的分权。前者由联邦宪法划分;后者由各联邦主体(州、省、邦、共和国或其他联邦主体)以宪法、法律规定或由议会决定或批准。

从严格意义上看,联邦制只是指联邦与各联邦主体的关系,并不涉及各联邦主体以下的地方政府。地方政府是各联邦主体授权或特许成立的,其职权也

是各联邦主体授予或特许的,地方政府本身并没有固有的权力。在美国,地方政府这种法律地位有一个变化过程。在19世纪,许多美国州法院认为地方事务享有固有的自治权,州法律不能干涉。但这一传统在艾奥瓦州最高法院的狄龙法官对1868年的一个案件的判决中受到了挑战。狄龙法官在1872年出版的《论城市法人》中提出,地方政府只能行使由州法律明确授予的那些权力、由这些明示权力所隐含的权力以及为已经宣告的地方政府的宗旨和目标所绝对必要的权力。当对地方政府的任何一项具体权力发生合理置疑时,法院都要使疑难的解决有利于州。这就是著名的“狄龙规则”(Dillon Rule)。尽管美国自19世纪末以来,许多州鼓励和发展了“地方自治”的改革,地方尤其是城市地方获得了更多的自治权,有的法院对狄龙规则的态度有所改变,但是地方自治的发展,并没有改变地方政府对州的从属地位。

联邦制国家各联邦主体(州、省、邦、共和国或其他联邦主体)作为具有相对独立主权的政治实体,在其行政区域内具有中央政府的性质,拥有设置地方政府的权力。从各联邦主体(州、省、邦、共和国或其他联邦主体)宪法的角度看,各联邦主体与地方政府的关系属于单一制的性质,有些学者称之为“州内单一制”。但是,由于在联邦范围内还存在一个由各联邦主体组成的联邦政府,因此,地方政府在各联邦主体政府体系中的地位,与各联邦主体政府在联邦政府体系中的地位,具有不同的性质。①

在美国,地方政府权力的来源只能是州宪法和法律的授权以及州宪法和法律规定的自治权。首先,州立法机关除了用州宪法授予地方政府权力外,通常用特别宪章、普通宪章和选择宪章等法定方式授权地方政府。其次,地方政府获得权力的第二个来源是州立法机关用州宪法、法律规定地方政府的自治权。这也是州立法机关的一种授权,但这个授权不是对某一项具体权力的授予,而是整体地划分地方与州的事务范围。各州宪法中的地方自治条款有两种类型:一是州宪法中的自动生效条款;二是州宪法中赋予地方自治的承诺,还需州立法机关的立法,地方政府才享有自治权。

虽然美国有着较强的地方自治传统,但对于市与州之间的权力划分问题一直存在着争议。一种倾向是要扩大州政府的权力,例如美国联邦最高法院在Barnes诉哥伦比亚特区一案中认为:如果州议会把一切可以容忍的权限都赋予地方自治体,那么地方自治体就会变成“国中之国”,因此州议会应当拥有州内的绝对立法权。“家乡自治”(home rule)的倡导者则主张扩大地方自治的范围。经过长期争议,最后双方达成了共识和妥协:地方性事务由地方自治体管理;全

① 参见许崇德主编:《各国地方制度》,中国检察出版社1993年版,第56—57页。

州性问题，例如公共安全、打击犯罪、公共卫生、交通管理、一般性的公民福利等，由州政府管理。在立法上，如果州立法与地方性立法对全州性问题发生冲突，则州立法优先；对于纯粹的地方性问题，不得制定州法。

如美国《加利福尼亚州宪法》规定："市宪章有权规定该市可以制定并执行的有关地方性事务的一切条例和规章，但应符合该宪章所限定的范围；有关其他事务的立法应符合一般性法律"。根据加州宪法，下列事务可以在自治宪章中予以规定：市警察的设置和管理；市的全部或部分的下属行政机构；市政选举的组织；市公务员的人事管理。[①] 与此相应，《伯克利市宪章》规定：市议会对于地方性事务在不违反州宪法并符合地方自治制度的前提下拥有立法权。伯克利市有权制定并执行与地方性事务有关的一切法律和规章，但这种权利不得妨碍或限制州的一般法过去或今后所规定的权利和权限。

在德国，公共行政职能分为国家行政职能（包括联邦和州政府）和地方政府行政职能，但大多数国家行政职能由州政府负责执行。这些国家职能又同时在州和地方政府间分配。地方行政职能由县和乡镇执行。简单地说，地方政府的职权可分三种：(1) 执行联邦法律和州法律；(2) 执行联邦法律和州法律要求履行的地方计划和活动；(3) 执行地方政府自主决定的地方计划和活动。

从理论上说，联邦制下的地方政府是由各联邦主体（州、省、邦、共和国或其他联邦主体）政府而非联邦政府分治或领导的，因而，联邦与地方政府之间不存在权限划分的问题，但是，联邦宪法和联邦制对地方政府的权力可以进行约束：首先，地方政府作为各联邦主体（州、省、邦、共和国或其他联邦主体）政府的分治或自治单位，不能违反联邦宪法中适用于各联邦主体（州、省、邦、共和国或其他联邦主体）的条款；其次，对地方和各联邦主体（州、省、邦、共和国或其他联邦主体）的立法和执法活动可以根据宪法的最高条款予以禁止，许多国家的联邦宪法中的最高条款规定了联邦立法机关的优先权，以保证联邦利益和防止各联邦主体（州、省、邦、共和国或其他联邦主体）和地方政府的行为；再次，联邦政府可要求地方政府遵守联邦法律的各项要求，从而达到控制地方政府的目的；最后，联邦政府可以拿出一些联邦预算资金资助地方政府实现联邦的一些标准，由此而控制住地方政府。实践中，联邦政府还可以直接与地方政府共同实施一些规划和工程，从而绕开了各联邦主体。

（二）单一制国家的权限划分

在单一制国家内，中央与地方的职权划分，从实践中看，大多由中央以通用

---

① 美国《加利福尼亚州宪法》第 11 条第 5 款 a 项（SEC. 5. (a), ARTICLE 11〔LOCAL COVERNMENT〕, CALIFORNIA CONSTITUTION）。

法律规定，宪法一般只规定中央与地方的权限划分原则，不具体规定中央与地方的权限范围。因为一般认为，地方政府的权限是中央授予或特许的，而不是地方政府固有的。地方政府权限的大小，取决于中央的政治需要，中央政府可以扩大，也可以予以削弱。当然，中央政府在划分或授予地方政府权限时，要考虑有利于治理国家这一根本目的。

单一制国家中央与地方权限的具体划分，在各国的情形不尽相同。

日本中央政府主要通过《地方自治法》规定地方公共团体的权能，并划分中央与地方的权限。《地方自治法》列举的地方公共团体的权能，归纳起来，包括固有事务、委托事务和行政事务。《地方自治法》规定的普通公共团体不得处理的国家事务是以下八项：司法；刑罚及国家惩戒；邮政；国家运输和通讯；国立教育和设施；国立医院及疗养设施；国家航空和气象及水路；国立博物馆及图书馆事务。同时规定，法律及政令有特别规定者不在此限。根据1999年7月制定的《地方分权一览法》，日本对《地方自治法》进行了修订。修订后的《地方自治法》对中央政府与地方政府的作用分工作出明确的规定，并废除了“机关委托事务”；同时，重新界定因此出现的事务划分以及中央对地方的干预等问题。废除“机关委托事务”后，地方政府的行政事务被调整为“自治事务”和“法定委托事务”。

在中国，《宪法》对中央与地方的职责范围没有采取划分具体事项的方法，而是以概括方式规定：“中央和地方的国家机构职权的划分，遵循在中央的统一领导下，充分发挥地方的主动性、积极性的原则。”宪法原则列举了全国人民代表大会及其常务委员会、国务院等中央国家机构的职权。①

同时，《地方各级人民代表大会和地方各级人民政府组织法》、《民族区域自治法》、《香港特别行政区基本法》、《澳门特别行政区基本法》还分别列举了一般地方国家机构、民族自治地方的自治机关以及香港特别行政区和澳门特别行政区的具体职权。对属于中央专属管辖的事务范围，凡在此事务范围内，由中央国家机构行使国家立法、制定行政法规等职权，地方不能涉及；有些事务中央和地方都可以管辖，这类事务相当广泛，涉及经济、教育、科学、文化、卫生、民

---

① 全国人民代表大会的职权，概括起来，包括修改宪法和监督宪法的实施，制定和修改国家基本法律，对中央国家机关组成人员的选举、决定和罢免，决定重大国家事项，监督其他国家机关以及其他应由最高国家权力机关行使的其他职权；全国人大常委会的职权，概括起来，包括解释宪法和监督宪法的实施，制定基本法律以外的其他法律，解释法律，依法对中央国家机关组成人员的决定和罢免，决定重大国家事项，监督其他国家机关以及由全国人民代表大会授予的其他职权；国务院的职权，概括起来，包括制定行政法规和规定行政措施，提出议案，组织领导全国性的行政工作，领导和管理各行业、各部门的行政工作，保证正当和合法权益，进行监督以及全国人大及其常委会授予的其他职权；宪法并规定，由国务院规定中央与省、自治区、直辖市的国家行政机关的职权的具体划分。

政、财政等领域，但一旦由全国人大及其常委会立法或国务院规定后，就按各自的职责范围分工合作，不得越权。对于地方事务或与地方有关的事务，宪法和有关法律规定，地方各级国家权力机关有权讨论、决定本行政区域内的政治、经济、教育、科学、文化、卫生、环境和资源保护、民政、民族等工作的重大事项；地方各级国家行政机关有权管理本行政区域内的经济、教育、科学、文化、卫生、体育事业、环境和资源保护、城乡建设事业和财政、民政、公安、民族事务、司法行政、监察、计划生育等行政工作。在解决民族问题方面，根据《宪法》和《民族区域自治法》的规定，在少数民族聚居的地区，实行民族区域自治，建立民族自治地方，设立自治机关，民族自治地方的自治机关行使宪法规定的地方国家机关的职权，同时依照《宪法》、《民族区域自治法》以及其他法律规定的权限行使自治权。这是一种比一般地方国家政权机构更高程度的权力划分。在解决祖国统一问题上，宪法和法律规定设立香港特别行政区、澳门特别行政区，作为直辖于中央人民政府的一级地方行政区域，特别行政区在立法、行政、司法等方面享有高度自治。这是一种以社会主义制度为主体的不同社会制度下的中央与地方的权力划分，其自治的程度更高。

二、立法领域的分权与行政领域的权限划分

中央与地方职权的划分，从范围上看，主要涉及两个领域，即立法领域的职权划分和行政领域的职权划分。

（一）立法领域的权限划分

立法领域的职权，包括立法权、修宪权、宪法监督和立法监督权、宪法和法律解释权等。为了维护国家的根本利益和法制的统一，各国对立法领域的职权多规定由中央集中行使，同时也适当将其中的一部分权限划分或授权地方。

以立法权为例，各国都规定原则上立法权统一由中央行使。如根据1958年《法兰西第五共和国宪法》第三十四条的规定，领土单位议会的选举和领土单位议会的行政自主权及其权限和财源的原则，由法律规定。同时，许多国家适当授权地方也可以制定本行政区域的法规或规章。

有的国家，中央通过立法对某些事项规定总的原则，而具体实施这些法律原则的条例和细则由地方规定。如在英国，奉行“议会至上”原则，所有制定法(statute)都由议会通过，同时，根据地方政府法和其他专门法的规定，地方议会为实施制定法可制定规章(by-law)，但必须报主管大臣或其他有关大臣批准，且不得与一般法相抵触；为获得特别的权力，地方议会还可请求联合王国议会制定私法案。

在美国，许多州宪法规定，县、市可以制定规章或自治宪章，报州长、州务卿

或州议会备查或批准后生效。如根据《加利福尼亚州宪法》第十一条第三款和第四款的规定,为管理地方事务的需要,县或市的管理机关或章程委员会可提议制定或修订章程,经公民投票批准,并报州务卿备案后生效。自治章程的条款是州法,具有州法的效力。县宪章可以规定的事项有:(1) 县管理委员会的组成;(2) 县管理委员会成员的报酬、任期和免职;(3) 行政司法官员、地区检察长、评税员和其他官员的选举或任命、报酬、任期和免职;(4) 法定职责的履行;(5) 县管理委员会和其他县官的权力和职责、县官职位的合并和分解及职位空缺的补缺方式;(6) 县管理机关雇用人员的人数、资格、责任、报酬和任命或免职的方式;(7) 州或县法规规定的县享有的所有权力;等等。

有的国家规定地方可以在自己管理事务的范围内制定法令或法律。如在日本,宪法规定地方公共团体的议会得在法律范围内制定"条例"。此外,根据有关规定,都、道、府、县知事和市、町、村长在议事机关制定条例中可发挥一定作用,如享有条例提案权、公布权、退回重议权等;地方行政首长对其职权范围内的事务,还有权制定"规则"。

在中国,根据《宪法》的规定,全国人大有权修改宪法,制定和修改刑事、民事、国家机构和其他的基本法律;全国人大常委会有权解释宪法,监督宪法的实施,有权制定和修改除应由全国人大制定的法律以外的其他法律,并在全国人大闭会期间对全国人大制定的法律进行部分补充和修改(但是不得同该法律的基本原则相抵触),同时,为了充分发挥地方的积极性、主动性,使地方因地制宜解决问题,有必要适当划分立法权给地方。2000 年《立法法》具体列举了只能由全国人大及其常委会制定法律的事项[①],并规定全国人大及其常委会有权授权国务院可以根据实际需要,对其中有关犯罪和刑罚、对公民政治权利的剥夺和限制人身自由的强制措施和处罚、司法制度等事项除外的部分事项,先制定行政法规。

依照中国《地方各级人民代表大会和地方各级人民政府组织法》和《立法法》的规定,省、自治区、直辖市的人大及其常委会根据本行政区域的具体情况和实际需要,在不同宪法、法律、行政法规相抵触的前提下,可以制定和颁布地方性法规,报全国人大常委会和国务院备案。省、自治区的人民政府所在地的市,经济特区所在地的市和经国务院批准的较大的市的人大及其常委会,根据本市的具体情况和实际需要,在不同宪法、法律、行政法规和本省、自治区

---

① 即国家主权的事项,各级人民代表大会、人民政府、人民法院和人民检察院的产生、组织和职权,民族区域自治制度、特别行政区制度、基层群众自治制度,犯罪和刑罚,对公民政治权利的剥夺、限制人身自由的强制措施和处罚,对非国有财产的征收,民事基本制度,基本经济制度以及财政、税收、海关、金融和外贸的基本制度,诉讼和仲裁制度以及必须由全国人大及其常委会制定法律的其他事项。

的地方性法规相抵触的前提下，可以制定地方性法规，报省、自治区的人大常委会批准后实施，并由省、自治区的人大常委会报全国人大常委会和国务院备案。

根据中国《宪法》和《民族区域自治法》的规定，民族自治地方的自治机关有权依照当地民族的政治、经济和文化的特点，制定自治条例和单行条例，报请批准后施行。根据中国《香港特别行政区基本法》、《澳门特别行政区基本法》的规定，香港、澳门特别行政区享有立法权。特别行政区立法机关通过的法案经行政长官签署、公布即生效，这些法律虽然须报全国人大常委会备案，但备案不影响法律的生效。全国人大常委会如认为特别行政区立法机关制定的任何法律不符合基本法关于中央管理的事务及中央和特别行政区关系的条款时，可将有关法律发回，但不作修改。经全国人大常委会发回的法律立即失效。

（二）行政领域的权限划分

行政领域职权的划分，表现为国家对经济、教育、科学、文化、卫生、体育等事业和民政、财政、公安等行政事务领导和管理方面的职权划分。它解决由哪一级政府及部门负责这些事务的决策、执行的问题。

从各国情况来看，行政领域的事务大致有以下几类：一是与国家整体利益有关的国家行政事务；二是与地方居民利益直接有关的地方事务；三是与国家整体利益有关，但必须在地方执行，其后果涉及整个国家，必须由国家统一规定、指导或监督其实施的事务。至于哪一项具体事务属于哪一类，大都取决于各国的社会、政治制度、历史传统、国家的结构形式、经济发展水平、地方政府的能力、事务本身涉及的区域范围以及事务本身的重要性等因素。

在英国，地方政府具有法人地位，但地方政府并无一般权能。按照英国法的原则，地方政府只能行使法律明确规定的职权，如果行使了法律规定以外的职权，就是越权（ultra vires）。法律规定地方政府执行的事项，包括必须履行的事项和自行选择的事项两种。某地方政府如需获得超出法律规定以外的职权，则必须以私法案的形式向议会申请批准。

法国是一个长期实行中央集权的国家，但近几十年来，法国进行了权力下放和地方分权的改革，将一部分国家行政职能分配给地方议会，并将中央政府各部门的一部分决策权转给国家派驻地方的机构行使，目的在于发挥地方领土单位管理公共事务的作用，提高行政效率，并便于就近监督和协调地方事务。地方分权后，大区、省、市镇议会的权力扩大，除有权决定本级预算外，还有权处理教育、交通、城市规划和住宅建设等法律规定的事务，同时，它们的活动范围也明显扩大，大区议会被授权进行经济开发、领土整治、环境保护、职业教育、高中校舍修建和维护等;省议会负责管理社会救助、建造和维护初中校舍、中心图书馆等;市镇议会增加了城市规划和社会活动方面的职权。实行地方分权后,中央政府在地方的派驻机关增加到大区和省两级,中央许多部门通过派驻机关处理了许多中央政府的行政职能和一些重要的与中央有关的地方事务。

按照德国地方自治的基本原则,所有的地方事务都由乡镇或县自主地进行管理。地方自治权主要体现在:(1) 乡镇的职权建立在对本行政区域公共事务负责的基础上(普遍性原则);(2) 县具有城市地方之间的、互补的和不属于各州的、平衡的功能。在其区域内,除非法律另有规定,县承担所有超出乡镇职能以外的其他所有职能。县的职能限于与对整个县域地区,或整个县的居民,或至少其大多数的标准化供给和援助有关的任务。州可以制定法律要求乡镇和县承担某种职责(强制性职责),但乡镇和县只能在其权限范围内履行这些职责。必要时,州可以保留发布监督机关指令的权力(通过指令要求履行强制性职责),但发布指令的权力范围必须由法律确定。目前,有许多的州将各自的权限转移给市和县。例如,在北莱茵-威斯特法伦州,州政府在地方没有设置普通的派出机关;而城市州则承担了州和市的职责,根据列举原则在州和县之间划分职权。①

中国行政事务十分纷繁复杂,宪法没有具体列举哪些行政事务归属中央,哪些归属地方,哪些既可由中央管理也可由地方管理,而是原则规定由国务院“统一领导全国各级国家行政机关的工作,规定中央和省、自治区、直辖市的国家行政机关的职权的具体划分”。依据法律规定,县级以上的地方人民政府管理本行政区域内的经济、教育、科学、文化、卫生、体育事业和财政、民政、公安、司法行政、计划生育等行政工作。国家具体划分中央与各省、自治区、直辖市的国家行政机关职权时,需要考虑的因素大致有以下几个:

(1) 领导或管理事务涉及的地域范围。凡事务的领导或管理、实施涉及全国或数省、自治区、直辖市者,应由中央负责;凡事务的管理或实施仅涉及某一行政区域的,则应归该行政区域内的地方人民政府负责。这一类事务的职权划分主要以事务占有的空间为依据,如全国性的人口普查、全国性经济区划、大型铁路或公路干线、大电网等的兴建或管理、长江或黄河或其他大江大河的规划和综合整治等,应归属中央负责,如“南水北调”、“西气东送”工程等。为了便于管理,中央有关部门可以设立派驻地方的机构负责上述事务,如水利部派驻的流域机构长江水利委员会、黄河水利委员会、淮河水利委员会、海河水利委员会、珠江水利委员会、松辽水利委员会、太湖流域管理局,代表水利部行使所在

---

① 欧洲理事会编:《地方与地区民主的结构和运行——德国》(1998 年),法国斯特拉斯堡:欧洲理事会出版社 1999 年版,第 22 页。

流域的水行政主管职能。

(2) 行政机关领导或管理事务的能力。许多涉及国计民生的重要经济事业和重要行政事务的领导或管理,需要一定人力、财力、物力。因此凡事务的举办或管理需要大量人、财、物者,应归属中央负责,凡事务的举办或管理所需人、财、物,地方能够筹措和集中者,则宜归属地方。如"三峡"建设工程就是由中央有关部门规划的。

(3) 行政机关的职能。中国地方各级人民政府既是地方国家权力机关的执行机关,又是整个国家行政机关体系的一部分,具有双重职能。根据职能和权限相一致的原则,地方人民政府在法律规定的职能范围内,应有相应的职权。如根据国家规定,国家发展和改革委员会负责核准投资总额在1亿美元(鼓励类、许可类)以上的外商投资项目和投资总额5 000万美元(限制类)以上的外商投资项目;省、自治区、直辖市及计划单列市人民政府的相应主管部门负责核准上述数额以下的项目。

(4) 不同地方的特点。一是同一类事务在中央与一般地方、民族自治地方、特别行政区之间的权限划分不同。一般地方的国家行政机关有一般地方事务管理权,民族自治地方的自治机关则还有除一般地方事务管理权以外的自治权,而特别行政区则享有对特别行政区事务的高度自治权。如在对财政事务的管理上,依照中国《地方各级人民代表大会和地方各级人民政府组织法》的规定,地方各级人民政府行使管理本行政区域内的财政事务的职权;依照《民族区域自治法》的规定,民族自治地方的自治机关有管理地方财政的自治权。凡是依照国家财政体制属于民族自治地方的财政收入,都应当由民族自治地方的自治机关自主地安排使用;而根据《香港特别行政区基本法》、《澳门特别行政区基本法》的规定,特别行政区保持财政独立,财政收入全部用于自身需要或由特别行政区自行支配,不上缴中央人民政府;中央人民政府不在特别行政区征税。二是同一类事务在中央与一般地方的不同经济、社会发展水平地区之间的职权划分不同。如国务院批准深圳、厦门、大连、宁波、青岛市实行计划单列。

(5) 事务本身的重要性。凡事务在国家生活中有重大影响者,归属中央管理,其余划归地方管理。如根据《宪法》的规定,国务院批准省、自治区、直辖市的区域划分,批准自治州、县、自治县、市的建置和区域划分,而省、直辖市的人民政府决定乡、民族乡、镇的建置和区域划分。

三、权限争议的解决

(一) 联邦制国家权限争议的解决

在联邦制国家,国家整体与部分的关系,表现为联邦与联邦主体以及联邦主体与地方的分权关系。联邦与联邦主体或联邦主体与地方的权限发生争议时的解决途径,主要有两种模式。

1. 普通司法机关模式

在西方国家,主要由普通法院来裁决联邦与联邦主体或地方的权限争议,如1810年美国联邦最高法院通过审理“弗莱彻诉佩克案”确立了联邦最高法院对州法是否违反联邦宪法的审查权①;在美国,联邦最高法院审查的宪法案件中,有的涉及的就是州或地方与联邦权限争议的重大宪法斗争。根据美国许多州的宪法,如果州法与地方自治宪章对全州性问题发生冲突,则州法优先;而对于地方性问题,不得制定州法。

2. 专门机关模式

如德意志联邦共和国根据1949年《德意志联邦共和国基本法》,设立联邦宪法法院。宪法法院关于对联邦和各州的权利义务发生分歧,特别是在执行联邦法和联邦在执行联邦监督时发生的分歧,有管辖权。

(二) 单一制国家权限争议的解决

在单一制国家,国家整体与部分的关系,表现为中央与地方的关系。西方单一制国家大多实行地方自治原则,其中央与地方的权限发生争议时的解决途径有两种模式。

1. 司法机关或准司法机关模式。如在日本以地方政府为当事人的诉讼,都必须服从司法机关的判决。机关诉讼等难以作为法律诉讼的事件也可提交司法诉讼;根据修订后的《地方自治法》,在总务省内设立了一个新的机构——中央与地方争讼处理委员会。

在法国,1982年改革前,国家代表可直接监管领土单位议会,1982年后,改变了国家代表对领土单位议会的监督方式,取消监管,代之以行政诉讼的方式,即如国家代表认为领土单位议会有违法或损害国家利益的行为时可向行政法院起诉。

2. 专门机关模式。如根据《意大利共和国宪法》第一百二十七条,如大区认为某一共和国法律以及有法律效力的某一法令侵犯其自治权,可于该法律或法令公布之日起60日内向宪法法院提起合宪性审查。

(三) 中国中央与地方权限争议的解决

中国中央与地方权限的争议解决,分为立法领域和行政领域。

1. 立法领域权限争议

(1) 批准或决定:如全国人大有权批准省、自治区和直辖市的建置,决定特

---

① 〔美〕杰罗姆·巴伦和托马斯·迪恩斯:《美国宪法概论》,中国社会科学出版社1995年版,第12页。

别行政区的设立及其制度;全国人大常委会有权决定个别省、自治区、直辖市进入紧急状态,批准自治区的自治条例和单行条例。

(2) 撤销:如全国人大常委会有权撤销同宪法、法律和行政法规相抵触的地方性法规,有权撤销省、自治区、直辖市的人大常委会批准的违背宪法和立法法的自治条例和单行条例。

(3) 裁决:如地方性法规与部门规章之间对同一事项的规定不一致,不能确定如何适用时,由国务院提出意见,国务院认为应当适用地方性法规的,应当决定在该地方适用地方性法规的规定;认为应当适用部门规章的,应当提请全国人大常委会裁决。

(4) 发回:如全国人大常委会认为特别行政区立法机关制定的任何法律不符合基本法关于中央管理的事务及中央和特别行政区的关系的条款,可将有关法律发回,但不作修改。经全国人大常委会发回的法律立即失效。

(5) 解释宪法或法律:全国人大常委会通过解释宪法或法律,处理涉及中央与地方权限的争议。如2004年4月6日十届全国人大常委会第八次会议通过的《全国人大常委会关于〈中华人民共和国香港特别行政区基本法〉附件一第七条和附件二第三条的解释》。

2. 行政领域权限争议

宪法没有具体列举哪些行政事务归属中央,哪些归属地方,哪些既可由中央管理也可由地方管理,而是原则规定由国务院"统一领导全国各级国家行政机关的工作,规定中央和省、自治区、直辖市的国家行政机关的职权的具体划分"。依法律规定,县级以上的地方人民政府管理本行政区域内的行政工作。

行政领域权限争议的解决,主要有下列几种途径:

(1) 批准或决定:如国务院有权批准省、自治区、直辖市的区域划分,批准自治州、县、自治县、市的建置和区域划分,决定省、自治区、直辖市的范围内部分地区进入紧急状态。

(2) 改变或撤销:如国务院有权改变或者撤销不适当的地方政府规章。

(3) 裁决:如部门规章与地方政府规章之间对同一事项的规定不一致时,由国务院裁决。

(4) 协商:如民族自治地方的建立、撤销、合并或者变动,区域界线的划分,名称的组成,由上级国家机关会同有关地方的国家机关,和有关民族的代表充分协商拟定,按照法律规定的程序报请批准。

(5) 解释行政法规、规章或规范性文件:国务院通过解释行政法规条文本身或国务院法制工作机构通过对行政法规具体问题研究答复;规章或规范性文件制定机关(如国务院及各组成部门等)通过对规章或规范性文件的解释,处理涉及中央与地方权限争议的问题。

第三节　中央与地方的组织

一、中央政府有关行政机构

（一）中央政府有关地方政府的主管部门

中央政府有关主管部门在中央与地方关系中起重要作用。首先，中央政府主管部门能确定地方政府政策和计划的总原则；其次，中央政府主管部门调整并协调这些政策和计划的执行；再次，中央政府主管部门协调中央政府的其他职能部门与地方政府的关系。此外，中央政府有关主管部门还可以指导地方政府改革。有些国家的中央政府中，设有这种主管部门，从而对地方政府的活动产生影响。

在英国，没有设立专门对地方事务负责的中央主管部门。英国内阁 2002 年 5 月将原交通、地方政府和地区部中负责英格兰地方政府与地区的事务移交副首相府负责，副首相府在指导地方政府改革等方面负有重要责任；2006 年 5 月 5 日取消副首相府，成立社区与地方政府部，但它不是专门的地方政府主管部门。2003 年 6 月 12 日成立宪法事务部，承担了原大法官事务部的主要职能；宪法事务部也承担一部分地方政府事务（2007 年 5 月 9 日撤销）。

法国的内政、海外事务和领土单位部，是负责协调和监督所有中央派驻地方官员的部门。中央政府在大区和省两级设有派驻机构，分别由大区长和省长负责，其职责之一是监督大区议会和省议会的行政工作。

在德国，通常州政府派驻地方的一般单位是州行政办公室（Landratsämter）。在有的州，在地方设有一般和专门的行政办公室；在巴伐利亚州，州行政办公室有自己的职责范围，与县政府的职责保持协调，而不处理所有的事务。作为例外，较大的市（通常人口至少要在 2 万人以上）和有的为执行某种任务而成立的较大的市的联合体，也执行州行政办公室的任务。在县级市，市在自己职责范围内还执行所有的州的行政任务。专门的行政办公室的职责有限，主要负责向一般行政办公室提供专业性咨询，它们的职责范围包括几个区。作为州的派出机构，州行政办公室通常是对从属于专区的市实行监督的机关；而对不从属于专区的市和农村专区的监督，要符合州的结构的要求。如果州有自己的直接派出机构，如地区委员会（Regierungspräsidien），则这些派出机构是不从属于专区的市和农村专区的监督机关；如果州没有直接派出机构，则监督机关是州的最高监督机构——州内政部长。各州的内政部是负责监督地方政府工作并确保地方政府执行联邦和州政策的主要部门。①

日本负责地方自治事务的中央主管部门为总务省。在日本，根据法律和政令的规定，总务省是负责地方自治事务的中央政府主管部门。总务省有监督、指导地方政府的职能，同时，在中央政府决策有关地方事务方面，总务省代表地方政府；地方政府制定、修改或废止条例，必须报总务大臣批准；总务省可以要求地方政府就某项工作提出书面报告，检查地方政府的财务，对地方政府的组织和管理提出劝告；地方政府制定预算必须根据中央政府的预算比例进行，并受总务大臣的监督；总务省负责中央地方交付税的拨付，地方为投资、救灾、筹措公共设施建设资金等事项而发行地方公债时，须经总务大臣和财务大臣许可等等。

中国中央人民政府中没有设立地方政府事务的主管部门。根据《宪法》和《地方各级人民代表大会和地方各级人民政府组织法》的有关规定，国务院统一领导全国地方各级国家行政机关的工作，规定中央和省、自治区、直辖市的国家行政机关的职权的具体划分；国务院主管部门依照法律和行政法规的规定，在业务上指导或领导省、自治区、直辖市人民政府的各工作部门，并有权依照法律和国务院的行政法规、决定、命令，在本部门权限内，发布命令、指示和规章，在全国范围内实施。

但在中共中央和国务院机构中，设立了若干有关地方机构的部门，如中央机构编制委员会、民政部等。

中央机构编制委员会是国务院领导下的负责全国行政管理体制和机构改革以及机构编制管理工作的常设议事协调机构。其主要职能中，与地方政府有关的有："研究制定行政管理体制和机构改革的总体方案，审核省级机构改革方案"；"协调国务院各部门与地方政府之间的职责分工"；"审定省、自治区、直辖市人民政府工作部门设置、人员编制和省以下地方各级机关人员编制总额"等。

中央机构编制委员会办公室是中央机构编制委员会的常设正部级办事机构，在中央机构编制委员会领导下负责全国行政管理体制和机构改革以及机构编制的日常管理工作。其主要职能中，与地方政府有关的有："研究拟定行政管理体制和机构改革的总体方案，审核国务院省级机构改革方案，指导、协调地方各级行政管理机制和机构改革以及机构编制管理工作"；"协调国务院各部门与地方政府之间的职责分工"；"审核省级政府工作部门设置、人员编制和省以下地方各级机关人员编制总额"；"监督检查各级政府行政管理体制和机构改革以

---

① 欧洲理事会编：《地方与地区民主的结构和运行——德国》(1998 年)，法国斯特拉斯堡：欧洲理事会出版社 1999 年版，第 10 页。

及机构编制的执行情况”等。

根据2008年《民政部主要职责、内设机构和人员编制规定》,民政部作为国务院组成部门,其主要职责中,涉及地方政府的有:“研究提出加强和改进基层政权建设的意见和建议;推动基层民主建设;拟定行政区划总体规划;负责县以上行政区域的设立、撤销、调整、更名和界线变更及政府驻地迁移的审核报批”等。民政部并设基层政权和社区建设司、区划地名司,具体管理有关事宜。

(二) 中央政府其他部门或机构

西方国家中央政府的职能部门或机构,尤其是与处理地方事务有关的部门或机构,很多设有自己的派驻机关。这些中央政府职能部门或机构在履行各自职责时,都要与地方政府及部门或机构发生或多或少的联系。

目前在英国,中央政府没有设置类似德国各州内政部、日本总务省那样对地方事务负责的主管部门,而是按地区分别设立机构负责有关地方政府的全国性政策。在中央政府或地区政府的各有关部门中,现由中央政府中的社区与地方政府部负责英格兰地区的地方政府有关政策;由苏格兰议会的执行机关和威尔士国民议会中的财政和中央事务部(Finance and Central Service Department)分别负责苏格兰和威尔士的地方政府有关政策。

美国的各州与地方政府之间,除了有法律关系、行政关系和财政关系外,还有组织关系,但各州一般不设主管地方政府的部门,而是设立有关地方事务的部门或建立其他组织联系。美国各州行政机关或立法机关与地方政府的组织关系,通常有以下方式:

(1) 模仿1959年美国国会成立的政府间关系咨询委员会(Advisory commissions on intergovernmental relations)的模式(该委员会现已不存在),约有26个州为建立州与地方协调和有效的工作关系,设立了州一级的政府间关系咨询委员会,讨论、研究包括地方政府在内的有关问题,为地方政府官员提供发表意见和对话的论坛,并积极推动政府间关系的新试验,寻求解决州与地方及地方与地方之间问题的办法。但与以下的社区事务部门相比,政府间关系咨询委员会更多是承担为州政府提供决策依据或参考的角色,而不是服务提供者的角色。

(2) 设立与地方政府有更密切正式联系的行政机构,如所有50个州政府都设立了涉及地方政府活动的社区事务部门(departments of community affairs),但名称不一,有的称地方政府部(肯塔基州),有的称经济与社区开发部(俄亥俄州)。它们的职能基本相同,主要是向地方政府提供一系列的规划方案和服务,如住宅、城市整治、扶贫计划和经济开发;还向地方政府提供计划、管理和财政援助等服务。这些社区事务部门,因在州政府中的地位、预算和人员编制以及是否设有地方官员参加的咨询委员会的不同而有所不同:有的是州政府内阁组成部门(35个州),这可能对地方政府活动有较大影响,有的是在另一个州政府机构内设置(9个州),还有的是在州长办公室设置(6个州);有较大预算和人员编制的社区事务部门,一般影响更大些;但咨询委员会的作用则很难评估,有近一半的社区事务部设有(地方官员参加的)咨询委员会,但它们当中较少对州政府制定地方政策产生积极或有效的影响。

(3) 更为普遍的方式是,许多州的议会或政府设立专门的课题组(task forces),研究有关地方政府的问题。课题组由州和地方官员、社区领导和专家组成,负责收集资料,举行研讨和论证,提出报告和建议。如某一个州想了解修改地方合并立法细节问题,州立法机构可成立一个关于合并和边界变化的课题组,工作完成后,课题组解散。课题组成本低,研究问题集中,反应迅速。课题组的报告和建议,往往能对州立法或行政决策,特别是细节问题产生积极影响。①

在中国,国务院的行政机构根据它们管理的业务与省级地方人民政府工作部门或机构的关系,可以大致有以下几类:

一类是在省级地方人民政府中也有对口的工作部门的国务院行政机构,如国务院设公安部,省、自治区、直辖市的人民政府设公安厅或公安局。它们之间的关系,根据有关规定是业务指导关系或领导关系。其中属于业务指导关系的行政机构在国务院行政机构中占较大比例,如教育部、科技部等。这类国务院行政机构对省级地方人民政府中的相应工作部门是业务指导关系,同时省级地方人民政府工作部门受本级人民政府领导。其中属于领导关系的行政机构在国务院行政机构中占较小比例,如监察部等。这类国务院行政机构对省级地方人民政府中的相应工作部门实行与省级人民政府双重领导。在双重领导关系中一般要明确以一方领导为主。

另一类是业务上与省级地方人民政府直接关系较少的国务院行政机构,省级地方人民政府不设对口的工作部门或机构,由它们垂直领导这类行政机构设在地方的分支机构或者派出机构以及所属企事业单位。地方人民政府对国务院这类行政机构设在地方的分支机构或派出机构没有管理关系,但根据《地方各级人民代表大会和地方各级人民政府组织法》的规定,这些所属派出机构或分支机构以及企事业单位在遵守和执行法律和政策方面,接受所在地人民政府的监督,并在工作上得到所在地人民政府的协助。这类行政机构在国务院行政机构中占较小比例,如中国人民银行、中华人民共和国海关总署、国家外汇管理

---

① Ann O'M. Bowman, Richard C. Kearneg, *State and Local Government: The Essentials* (New York: Houghton Mifflin, 2000), pp. 236—237.

局等。

还有一类国务院行政机构,它们在地方设有分支机构或派出机构,同时地方各级人民政府中也有相应的工作部门,这类国务院行政机构对其在地方设立的分支机构或派出机构是直接领导关系,对地方政府中的有关工作部门是业务指导关系,类似的分支机构或派出机构有:农业部东海区渔政渔港监督管理局、黄渤海区渔政渔港监督管理局、南海区渔政渔港监督管理局,水利部长江水利委员会、淮河水利委员会、珠江水利委员会、松辽水利委员会、太湖流域管理局,交通部长江航务管理局、珠江航务管理局,财政部派驻各省(自治区、直辖市和计划单列市)的财政监察专员办事处,审计署跨地区派驻的审计特派员办事处等。

至于国务院2000年1月设立的中央人民政府驻香港特别行政区联络办公室和中央人民政府驻澳门特别行政区联络办公室,则是与特别行政区政府有联络关系的国务院派出机关。

(四) 中央政府部门的派出机构

派出机构是中央政府部门派驻地方的行政机构。随着经济和社会事业的发展,专业化和职业化的趋势日益增长,相应地,中央政府职能部门划分越来越细,机构也随之增多,但仅仅依靠中央政府和地方政府,还是不够的。因此,许多中央部门逐步倾向于在地方设置各自的派出机构,以处理各种事务,同时加强与地方政府的合作。但是,这些中央政府部门的派出机构在不同国家的情况不同。

在诸如卫生、教育、交通等一般事务在地方的行政管理方面,各国的情况不尽一致,有的侧重于由中央政府部门及派驻机构负责,有的侧重于由地方政府或其部门负责,并不是完全由地方政府专门负责。根据中央政府部门的派出机构与地方政府的关系程度,可以大致分为以下几种情况:

一是中央政府部门的派出机构与地方政府没有或仅有不密切的联系,而只负责执行中央政府部门的政策或计划。这种模式多见于英国和受英国影响较大的国家。日本中央省厅在地方也设置了若干分支机构。

同时,这种模式在许多国家的中央政府少数部门中也可见到,如外交部或国防部一般不设与地方政府有关的派出机构;邮电、铁道、航空等部门也倾向于设置与地方政府无关的派出机构。①

二是中央政府部门的派出机构与地方政府有较密切、较多的联系,这种模式多见于法国。法国中央政府部门的派出机构与大区议会和省议会联系密切,

① 但各国情况也不完全相同。如中国外交部在特别行政区设置了外交部驻特别行政区特派员公署;在日本,防卫省在地方设置了8个防卫局,而外务省则没有设派驻机构。

有些中央政府部门派出机构与大区长、省长、市长和大区、省、市议会一同共事，一起决定工程项目、规划并督促实施，中央政府的派出机构并受大区长、省长的领导、指挥或监督。

三是地方政府各部门与中央政府各部门关系密切，并受中央政府各有关部门的领导或业务指导。同时，地方政府部门又要受同级地方政府的统一领导，具有双重从属地位，而地方政府对中央政府部门的派出机构没有管理关系，仅为法律遵守和政策执行的监督关系和工作协助关系，这种模式多见于中国。

四是地方政府部门对各自的地方政府负责，中央政府各部门对中央政府负责，各部门之间纵向联系较少，而地方横向联系较多，中央政府部门的派出机构较少，通常由地方政府办理中央政府部门委托的事务，实际上是执行了在其他国家由中央政府的派出机构执行的职能，这种模式多见于德国。

二、地方政府及其他政府机构

在地方，地方政府及有关其他政府机构的自主权和作用有大有小。影响或决定地方政府及有关其他政府机构的自主权和作用的主要因素之一，是地方上是否存在一个拥有制定法规或决议权和编制预算权的民选的议会或代表大会。这些议会或代表大会与中央及各部门的体系不同，一般没有上下隶属关系。比较而言，拥有代议机构的地方政府的自主权和作用较大，而中央政府派出机构的自主权则较小。根据其自主权和作用的大小，一定行政区域内的各种行政机构可作如下分类。

（一）西方国家的地方政府及设在地方的相关机构

在西方国家，地方政府及设在地方的相关机构，主要有三种情况：

1. 与代议机构最少联系的中央部门的派出机构。这些派出机构完全隶属于中央各部门。作为中央职能部门在地方的官员，派出机构的首长是中央政府部门的行政下属，而非地方行政首长。这类派出机构在许多国家都存在。

2. 既有中央政府及部门派驻的行政机构，又有地方政府机构。它们是中央政府在地方上的延伸，但在本地方又存在一个民选的议会作为地方政府行政组织。如在法国，各大区、省有两套机构：一是大区议会、省议会，是大区、省的地方政府行政组织，其议会主席为大区、省的行政首长；二是在中央政府及各部在大区和省的派出机构，其大区长和省长是中央政府和国家代表，领导大区和省的地方国家行政机关，并依法对地方议会行使一定的监督权。

3. 在组织上不隶属于中央各部门和上级地方政府，并且有一定自治权限的机构，实际上是由地方议会行使行政权。这在西方国家地方政府中较普遍，如美国的许多市议会、英国的郡议会、德国的县议会等。

(二) 中国地方政府及设在地方的相关机构

1. 地方各级人民政府:国务院统一领导全国地方各级国家行政机关的工作。

2. 国务院派出机关:即中央人民政府驻香港特别行政区联络办公室、中央人民政府驻澳门特别行政区联络办公室。

3. 与国务院行政机构有业务指导关系的地方政府工作部门。如教育厅、局等。这类地方政府工作部门接受国务院相应行政机构的业务指导。

4. 与国务院行政机构有领导关系的地方政府工作部门,如监察厅、局等。这类地方政府工作部门接受国务院相应行政机构与本级政府的双重领导。在双重领导关系中一般要明确以一方领导为主。

5. 与国务院行政机构有垂直领导关系但与地方政府联系不多的行政机构,如国务院行政机构设在地方的分支机构或派出机构。这些所属派出机构或分支机构在遵守和执行法律和政策方面,接受所在地人民政府的监督,并在工作上得到所在地方人民政府的协助,如中国人民银行城市分行、海关总署在地方的分支机构等。

6. 与国务院行政机构有垂直领导关系但与地方政府工作部门有一定联系的行政机构。它们是国务院行政机构在地方设置的分支机构或派出机构,同时地方各级政府中也有相应的工作部门。国务院行政机构对其在地方设立的分支机构或派出机构是直接领导关系,对地方政府中的有关工作部门是业务指导关系。类似的分支机构或派出机构,如财政部派驻地方的财政监察专员办事处、审计署跨地区派驻的审计特派员办事处等。

第四节 中央对地方的监控

一、中央对地方监控的理由和方式

地方政府的活动要受到一系列监督或控制。首先,地方政府作为代议制政府机构,要受选民的监督;其次,地方政府要受社会舆论的监督;再次,在一些国家,地方政府还要受到司法监督,法院可以根据越权原则监督地方政府的活动。除了上述监督形式外,地方政府还要受到来自中央的监督或控制(以下简称"监控")。在对地方政府的监控体系中,中央的监控是最重要的一种。

地方政府是中央政府的产物,其权限来自中央的授予或特许,因而中央政府对地方政府的权限行使负有重要责任:

(1) 地方政府承担了许多重要职能,且这些职能呈日益增多的趋势。其中许多职能如警务、教育等具有全国性质,中央政府必须对此制定相应统一标准供各地一体遵循。

(2) 地方政府承担的具体职能中,一部分是自主性的事务或法律要求执行的事务,另一部分是中央政府委托执行的事务。对地方政府执行的委托性事务,中央政府必须进行监督,以防止事务的执行偏离中央政府预期的目标;对自主性的事务或法律要求执行的事务也应加以监控,以符合法律的规定和要求。

(3) 各地方政府用以履行职能的资源不尽一致,有的甚至相差很大,为使各地居民接受政府提供的基本公共服务的水准大体持平不致悬殊,有必要由中央政府予以调控,使各地方政府提供给居民的社会福利和服务设施,保持大致的水平。

(4) 地方政府控制着大量财富,地方政府的收入和开支,在全国总收入和开支中,占相当大的比例。对这样大的经济资源,中央政府必须监控。①

(5) 地方民主的发展和地方政府权限的扩大,固然有促进地方发展和有利于发挥地方积极性的作用,但也可能导致地方主义的倾向或分离主义的危险。中央政府对此须有对付手段,才能维护社会的稳定和国家的安宁。

概括地说,地方政府尽管可以拥有广泛权限,但地方政府毕竟不是一个具有相对独立主权的政治实体。中央政府对地方政府的监控,根本目的在于保证国家利益优于地方利益,整体利益优于局部利益。

当然,中央对地方监督或控制并不是无原则、可以随意进行或滥用的。根据《世界地方自治宣言》第七条:"对地方政府的监督程序只能根据宪法或法律启动之";"对地方政府监督的目的一般只能是为了确保地方政府的活动符合法律的规定。"即中央对地方实施监督或控制,要符合两项原则:一是监督权的来源要有宪法或法律依据;二是监督权行使的目的在于确保地方政府依法进行活动。

英国学者迈克·戈德史密斯对欧洲中央与地方关系进行了长期的研究。他认为,在欧洲,中央对地方的监督和控制大致可以分为正式和非正式两种,而且这两种方式在欧洲的单一制、联邦制和准联邦制国家的情形不尽相同。一般而言,地方政府在国家制度中的地位取决于宪法(成文或不成文的)的性质以及通过立法和司法判决对宪法的解释和正式的变化。但近年来,中央对地方的监督控制,有从直接的控制和干预向行政、财政等间接控制发展的趋势。②

---

① 王名扬:《英国行政法》,中国政法大学出版社 1987 年版,第 82 页。

② Mike Goldsmith (2002), "Central Control over Local Government: A Western European Comparison", *Local Government Studies*, Volume 28, Autumn, 2002.

按照上述观点，通常，中央对地方监控的方式有两类：一类是通过宪法、立法等正式方式进行；另一类是通过行政、财政、政党、利益集团等非正式方式进行。在西方国家，大都实行地方自治制度，中央与地方政府之间一般不存在上下隶属关系，立法等监控方式的成分更多一些，尽管行政、财政等监控方式也呈现发展的趋势。

在中国，国家机构实行民主集中制原则，不仅各级人民政府之间存在上下级领导关系，而且政府部门之间也有领导或业务指导的关系，因此，行政、财政等监督更侧重一些；而且重要的是，在中国，共产党通过各级地方组织实现对地方各级国家机构的领导。当然，随着法治化发展的进程，中央对地方监督的法治化将进一步提升。

总的来看，无论是中国还是西方国家，立法、行政、财政等监督方式，都是常用的方式，区别的主要是不同国家对不同方式更侧重一些而已。

二、立法监控

立法监控主要包括立法控制和对地方立法的监督两方面。

（一）立法控制

立法控制是指中央政府通过制定有关地方政府的产生、组织、权限和活动范围等法律、法规，来规范地方政府的行为。

通过立法规范地方政府活动，是现代国家法治发展的必然要求。世界上几乎所有的国家，都用法律或宪法对地方政府制度作出规定。这些规定是地方政府存在和活动的法律依据，也使中央政府获得据以控制地方政府的手段。可以说，地方政府是中央立法的产物。

在西方国家，立法控制主要表现为议会对地方政府的控制（parliamentary control）。如在英国，长期以来奉行议会主权原则（parliamentary sovereignty），所有地方政府的产生、性质等都出自议会。议会确定选民的结构、地方政府的组织机构、权限和活动范围。因为地方政府作为公法人组织，不同于私法人，私法人可做法律不禁止的事，而公法人只能做法律允许的事。因此，地方政府的各项职责，不论法定应办的或自愿决定的，都由各种法律或命令，包括一般通用法律、专门法律、私法案或临时命令、特别命令等予以确定。在授予这些职责时，议会使地方政府受到各种控制。

日本也是实行地方自治的国家。在日本，除了宪法原则规定地方实行地方自治以外，还有《地方自治法》、《地方财政法》、《地方公务员法》、《地方分权一览法》等各类法律，用以规范地方政府的行为。中央政府还制定大量法令来决定或影响地方公共团体的事务。中央政府可以在不违反宪法规定的地方自治宗旨的范围内根据国会制定的法律干预地方政府。①

在联邦德国，地方政府不仅有联邦基本法、州宪法的确认，并通常由地方宪章法加以规定。

中国实行人民代表大会制度，为了解决民族问题和香港、澳门问题，还实行民族区域自治制度和特别行政区制度。除《宪法》对上述制度作了原则规定外，中国还分别制定了《地方各级人民代表大会和地方各级人民政府组织法》、《民族区域自治法》和《香港特别行政区基本法》、《澳门特别行政区基本法》，对各类地方制度作了具体规定，从而为这些地方机构确立了基本的组织和活动原则，也为中央的监控提供了宪法和法律依据。

（二）对地方立法的监督

许多国家的法律或宪法规定，地方政府拥有立法权，并规定这些地方立法须以不得超越权限或不抵触中央立法为前提，否则中央有权要求地方进行修正、暂停实施或废止。

在一些西方国家，中央政府中设有主管地方事务的部门或有关机构。这些主管部门或有关机构可对地方立法等活动予以监督。如英国法律规定，郡和区议会可以制定地方规章（by-laws），但这些规章不得与有关法律相违背，并须经有关大臣批准。

根据2000年《俄罗斯联邦地方自治一般组织原则法修改补充法》的规定，地方自治代表机关、地方自治长官如通过被法院宣布为违反联邦宪法、宪法性法律和联邦主体宪法、宪章、法律和地方组织章程的规范性法律文件，必须在法院判决规定的期限内废除或使其部分失效。否则，联邦主体的立法（代表）权力机关可根据自己的动议或联邦主体最高公职人员的命令，向地方自治代表机关提出书面警告；如地方自治代表机关、地方自治长官自被警告之日起一个月不采取措施执行法院判决，则自法院判决生效六个月内，地方自治机关可被解散，地方自治长官可被弹劾。

美国的多数州宪法规定县或市可以制定自治宪章或地方规章，但这些宪章或规章须经州议会、州务卿或经州长批准。州议会可以决定地方政府自治权力的范围，确定哪些是州范围的事务，哪些是地方自治范围的事务；而且，尽管自治条款规定地方政府对一般事务有立法权，但当地方法规与涉及州利益的州法律发生冲突时，最后要以州法律为准。如根据《加利福尼亚州宪法》第十一条第七款，县或市可以在其职权范围内制定任何地方的、警务的、卫生的和其他方面

---

① 〔日〕财团法人自治体国际化协会编：《日本的地方制度》，2006年，第50页。

的法规和规章,但不得与一般法律相抵触。[①]

根据1947年通过并经多次修改的《意大利共和国宪法》第一百二十七条的规定,共和国政府如认为大区法律超越了大区权限范围,得在该法律公布之日起60日内向宪法法院提起违宪审查诉讼。

在中国,《宪法》和《地方各级人民代表大会和地方各级人民政府组织法》、《民族区域自治法》、《香港特别行政区基本法》、《澳门特别行政区基本法》、《立法法》,对地方立法的监督也作了明确规定,主要内容是:

(1) 全国人大常委会有权撤销省、自治区、直辖市国家权力机关制定的同宪法、法律和行政法规相抵触的地方性法规和决议;省、自治区、直辖市的人大及其常委会制定的地方性法规,须报全国人大常委会和国务院备案;省、自治区人民政府所在地的市,经济特区所在地的市以及经国务院批准的较大的市的人大及其常委会制定的地方性法规,在报省、自治区人大常委会批准实施后,并须报全国人大常委会和国务院备案。

(2) 自治区人民代表大会制定的自治条例和单行条例,须报全国人大常委会批准后生效;自治州、自治县人民代表大会制定的自治条例和单行条例,在报省或自治区人大常委会批准生效后,并须报全国人大常委会和国务院备案。

(3) 香港特别行政区、澳门特别行政区的立法机关制定的法律须报全国人大常委会备案,备案不影响该法律的生效;全国人大常委会在征询其所属的特别行政区基本法委员会的意见后,如认为特别行政区立法机关制定的任何法律不符合基本法关于中央管理的事务及中央和特别行政区的关系的条款,可将有关法律发回,但不作修改。经全国人大常委会发回的法律立即失效。

三、行政监控

(一) 行政监控的分类和机构

行政监控不同于立法监控,后者主要是通过制定法律进行事前控制或对超越权限的地方立法所进行的事后或事中监控,而行政监控则多是事后监控,它是中央对地方监控的最重要手段。

中央对地方的行政监控,在理论上可以分为对地方政府的监控和对地方政府的行政行为的监控两方面。前者如解散地方议会、停止其活动等。后者如对地方政府或议会通过的决定、命令的监督,以及对行政机关的其他行政行为的监控。实践中对地方政府的行政行为的监督是主要方式。

① 参见美国《加利福尼亚州宪法》第十一条第七款a项(SEC.7.(a),ARTICLE 11〔LOCAL GOVERNMENT〕,CALIFORNIA CONSTITUTION)。

中央政府或联邦主体政府，本身一般就是地方政府的行政监督机关。而且，在西方许多国家，中央政府多设有主管地方事务的部门或有关部门，如法国的内政、海外事务与领土单位部、德国各州的内政部、日本的总务省（过去为自治省）。英国的社区与地方政府部，是有关英格兰地方政府和地区事务等的中央部门，另设苏格兰事务部、北爱尔兰事务部和威尔士事务部专门负责各自地区有关地方方面的全国性政策，这些部门通常就是行政监控的有关部门。

（二）主要西方国家的行政监督和控制

《欧洲地方自治宪章》第八条规定了行政监督的原则：(1) 对地方政府的任何行政监督得根据宪法或法律规定的程序和情形行使之；(2) 对地方政府活动的任何行政监督，一般只能是为了确保其符合法律和宪法原则；对地方政府的行政监督，也得为地方政府执行上级机关的委托职责的需要而行使之；(3) 对地方政府的行政监督应以适当方式进行，以确保监督权的行使符合监督所要维护的利益。这些监督原则，对欧洲缔约各国中央对地方的行政监督，具有重要的指导作用。

在法国，长期以来，行政监控在中央对地方的监控中一直占主导地位。法国行政监控的方式，主要有：一是向地方派任国家代表，市镇则为市镇长为国家代表，负责执行国家法律、政策，领导派出机构并对地方议会有一定监督权；二是由中央有关部门分别在大区和各省市设立派驻机构，处理本部门在地方的有关事务。1982 年《关于市镇、省和大区的权利和自由法》实施后，扩大了地方议会的权限，但行政监督仍然存在。不过，对行政监督的方式、内容作了改变，根据法律规定，如大区长认为地方议会的某项行为违法或越权时，不能再像以前那样自己撤销这些行为或决定，而是由大区长按法定程序提交行政法院或大区审计院裁决等。

此外，1983 年 7 月 7 日的《关于地方混合经济企业的法律》授权省长对企业行为实施专门的监督。只有是为了保护地方领土单位的财政利益，大区才进行干预。

最后，公共合同调查部际委员会有权对省长的请求进行干预，也可以由委员会主席对地方领土单位缔结的某项公共合同的协商条件、转移和签署进行监督。①

但根据 2003 年修改后的宪法第七十二条第五款的规定，任何一个领土单位都不得对另一领土单位实施监护。因此，各领土单位之间不存在相互的优越

① 欧洲理事会编：《地方与地区民主的结构和运行——法国》（1997 年），法国斯特拉斯堡：欧洲理事会出版社 1998 年版，第 41 页。

性，各级地方政府之间的关系的基础是互相竞争与合作。

英国行政监控的主要方式有：(1) 中央有关部门的大臣有权发布规则、命令、规章，责成地方政府执行。此外，大臣可就有关私法案和地方规章等提出建议，还可发布临时命令。有时，大臣还可给有关地方政府发通报，要求地方政府采取或不采取某种行为。(2) 批准、认可地方政府制定的地方规章、计划或命令。地方政府通常是事先征询有关中央部门意见后才制定这些规章、计划或命令的，以便获得批准或认可。(3) 任命视察员对地方政府进行监督。地方工作要由视察员监督的，基本是在教育、儿童福利、治安和消防方面。视察员有权代表中央政府对地方政府提出建议，供地方政府考虑。(4) 中央有关部门有权宣布某个地方政府或官员没有履行委托给他们的责任。这时，大臣可把他们的某项职责改由自己亲自执行或授权给别的机构执行，费用由该地方政府或有关人员承担，尽管这种不履行责任的权力(default power)实践中很少使用。

在德国，乡镇和县受州监督，这种监督由法律监督机关实施。各州的地方宪章规定了何种机构为法律监督机构。由于地方政府的职责分地方自治的职责(联邦和州法律要求的和自行选择处理的)和上级政府委托执行的职责，因此，州对地方监督也主要分为对地方自治事务的法律监督和对委托事务的法律监督和职能监督：

(1) 法律监督限于保证地方政府的活动、程序和目的符合法律的规定。通常，对作为县的组成部分的乡镇的法律监督机构是县行政机关；而对县和县级市的法律监督机构，是州行政机关；如无该种行政机关，则州内政部通常是法律监督机关。此外，在许多情况下，州内政部是最高法律监督机关，如在石勒苏益格-荷尔石泰因州和萨尔州，则直接由州内政部监督地方政府。

(2) 职能监督是指对委托事项的执行进行合法性和适当性的监督。在职能监督方面，主要由职能监督部门向地方政府发布工作指示，确保某种职能履行的方式，但负责技术监督的机构一般不由地方宪章法规定，而是由专门的法律规定；如果没有专门的条款，法律监督机构也负责技术监督的工作，但各州情况不尽一致。通常，地方政府无权就职能监督部门发布的指示向行政法院起诉，但如果该指示侵犯了地方自治权除外。在德国，除了上述法律监督和职能监督外，行政监控还包括中央部门批准地方政府的某些行为，如土地利用计划等。

监督机构实施法律监督和职能监督的基本方式，包括调查情况、提出异议、发布工作指示、代履行权及任命专员执行乡镇的全部或部分职能，但监督的目的不在于克减乡镇的职权，而是在遵循尽可能不干预自治权前提下，当其他手段效果不佳时才采用较广泛的监督方式。①

日本与德国相类似，长期以来，日本地方公共团体的事务分为自治事务和中央及上级公共团体委任的事务（机关委任事务）。在机关委任事务中，中央政府委托的事务占绝大多数。在都道府县处理的事务中，委任事务占大多数。在处理机关委任事务时，都道府县知事要受中央主管大臣的监督。主管大臣如认为都道府县知事管理和执行委任事务违反法令规定或主管大臣的处分时，或怠于管理和执行委任事务时，可以书面形式向都道府县知事提出，命令限期改正，如不履行，主管大臣可向高等裁判所提出裁判请求。裁判所作出确认裁判后，主管大臣可以代替都道府县知事进行该项行为。此外，日本中央的自治省（现为总务省）和总理大臣有权对地方公共团体的组织和管理提出建议或指导或进行监督；自治大臣（现总务大臣）可以向普通地方公共团体提出认为适当的技术上的助言或劝告；自治大臣认为必要时可以向普通地方公共团体要求提供其有关组织和活动的合理化资料；内阁总理大臣认为普通地方公共团体处理或首长管理和执行事务违反法令，或认为不确保应确保的收入、滥用经费、不当处分财产而明显损害公共利益时，可向普通公共团体或其首长要求采取为纠正或改善上述行为所采取的必要措施。

但是，日本国会根据1999年7月制定的《地方分权一览法》对《地方自治法》进行修订，重新审定了中央对地方政府以及都、道、府、县对下级地方政府的总括性指挥监督权，并规定中央对地方的干预应被限定在法律或在法律基础上的政令所认可的范围内，同时，法律允许范围的干预应限制在其基本形式的最低程度上，必须顾及地方政府的自主性和自立性。新修订的《地方自治法》废除了“机关委任制度”。

同时，日本对地方自治的相关法律也进行修订。修订后的《地方自治法》废除了地方债审批制度；在地方税法方面，废除了法定之外的普通税许可制度等，

---

① 以巴伐利亚州为例，根据州《地方宪章法》的规定，法律监督机关对乡镇的法律监督与职能监督不同，仅限于保证乡镇执行任务和其行政活动要符合法律的规定，而不审查乡镇在自由裁量权范围作出决定的适当性：（1）根据《地方宪章法》第一百一十一条，法律监督机关有权审查乡镇的机构和设施，检查财务活动情况，并要求其报送报告和材料。根据《地方宪章法》第一百一十二条，法律监督机关有权对乡镇的违法决定和命令提出异议，并责成乡镇撤销或修改之。如乡镇不履行公法义务，法律监督机关可要求乡镇采取必要措施；如乡镇在规定的期限内没有遵守法律监督机关的要求，则后者可立即实施代执行权（Ersatzvornahme），费用由有关乡镇自理。（2）法律监督机构可任命专员；如因乡镇议会未能达成决定而使履行法律监督机构的指示严重影响了乡镇正常工作秩序，则法律监督机构可授权乡镇长代表乡镇工作，直到违法状态结束。（3）根据《地方宪章法》第一百一十四条，如果采取其他任何方法仍不能解决乡镇的违法问题，则法律监督机关（州政府）有权解散乡镇议会，并责令选举新的乡镇长或议会。对不属于县的市的法律监督机关，是州首席行政官办公室。

使中央与地方关系从过去的上下、主从关系向对等、协作关系转换。[①] 因此,行政机关干预是日本中央政府对地方政府干预的最一般形式。行政机关干预包括准立法干预(政府命令、省厅命令)、准司法干预(行政不服审查),但最重要是行政性干预,包括非权力性干预(建议、劝告、申报等)和权力性干预(审批、指示等)。同时,地方政府对中央政府的干预不服时,可以要求中央与地方争讼处理委员会进行审查。

在俄罗斯,地方自治机关根据联邦和各联邦主体立法的规定,可以拥有部分国家权限,并获得行使这些权限所必需的财政资金和物资。但是,这部分权限的行使,要受国家权力机关的监督。

在美国,20世纪以来,对地方的传统的直接立法监控逐渐减少。因为随着社会经济的发展,行政管理活动日益复杂化、专业化,非一般兼职的州议员所能了解和熟悉;州议会会议次数少、会期短,自然也无法对地方政府进行日常性的经常监督。因此,尽管议员们不大情愿,最终还是将监督地方政府的许多任务转移给了州行政管理部门。所不同的是,美国各州一般不设主管地方政府的部门,其对地方的监督是以职能部门的监督为特点的。美国各州对地方监控的方式,主要表现为说服、劝告、指导、教育或其他非强制性的手段;强制性的手段如发放或撤回许可证、颁发命令、规章、规则或技术守则、收回补助金等,各州使用得很少。在美国,使用说服、技术指导和劝告的方式,是州政府和地方政府都视为理想和更乐于接受的方式。这是美国州对地方政府监督的一大特点。

(三) 中国的行政监督和控制

中国在行政监控上具有不同于上述国家的特点。依照宪法的规定,地方各级人民政府是地方各级国家权力机关的执行机关,同时也是地方各级国家行政机关,并受国务院的统一领导。各级人民政府关之间有明确的上下级领导关系。在中国,中央人民政府中没有设置地方人民政府的主管部门。依照《地方各级人民代表大会和地方各级人民政府组织法》的规定,国务院和地方各级人民政府主管部门之间,存在着法定的领导关系或业务指导关系。

在中国,中央人民政府及有关部门对地方各级人民政府及其工作部门的领导或指导的方式很多,主要有:

(1) 国务院统一领导全国地方各级国家行政机关的工作;有权根据宪法和法律,规定行政措施,制定行政法规,发布决定各命令;根据全国人民代表大会及其常务委员会的授权决定,国务院还有权根据实际需要制定暂行条例和暂行规定;有权改变或者撤销地方各级国家行政机关的不适当的决定、命令和规章;有权批

---

① 〔日〕财团法人自治体国际化协会编:《日本的地方制度》,2006年,第7页。

准省、自治区、直辖市的区域划分,批准自治州、县、自治县、市的建置和区域划分。

(2) 各部、各委员会、中国人民银行、审计署和具有行政管理职能的直属机构以及国务院国有资产监督管理委员会,根据法律和国务院的行政法规、决定、命令,在本部门权限内,制定规章。①

(3) 省级和较大的市的人民政府制定的地方政府规章,在报全国人大常委会备案的同时,须报国务院备案,以保证地方政府规章不与国务院行政法规相抵触。

(4) 地方各级人民政府执行上级国家行政机关的决定和命令,办理上级国家行政机关交办的事项。

(5) 省、自治区、直辖市的人民政府的厅、局、委员会等工作部门的设立、增加、减少或合并,由本级人民政府报请国务院批准;省、自治区的人民政府在必要时可以设立若干派出机关,但须经国务院批准。

(6) 民族自治地方的自治机关依照国家的军事制度和实际需要,组织本地方维护社会治安的公安部队,依照国家规定开辟对外贸易口岸,与外国接壤的民族自治地方开展边境贸易,须经国务院批准;自治区对地方的各项开支标准、定员、定额,根据国家规定的原则并结合本地方的实际情况制定的补充规定和具体办法,须报国务院备案。

(7) 中央人民政府依法任命特别行政区行政长官和行政机关主要官员;特别行政区根据需要在外国设立官方或半官方的经济和贸易机构,须报中央人民政府备案;等等。

此外,许多专门法律、行政法规、规章、命令、决定和其他规范性文件,对中央人民政府及有关部门对地方各级人民政府及工作部门的领导或指导方式作了具体的规定。应该说,在中国,中央对地方的行政监控是十分广泛的。

四、其他监控方式

(一) 人事管理

人事管理也是西方国家中央控制地方的有效方式。如在美国,州政府通过规定某些地方政府职位的任职资格,或通过制定雇员养老金计划,可以对地方政府进行人事上的调控。②

在日本,许多的都、道、府、县长官是从中央省厅“下凡”而来,同时,从中央

---

① 国务院国有资产监督管理委员会根据 2003 年《企业国有资产监督管理暂行条例》的授权,可以制定部门规章。

② Ann O'M. Bowman, Richard C. Kearneg, *State and Local Government: The Essentials* (New York: Houghton Mifflin, 2000), p. 229.

派遣或转职的地方官员也很多。

为监督地方议会议员遵守行为准则,英国政府成立了标准委员会(Standards Board),标准委员会是中央政府的独立机构。法律规定,如果某一地方议会议员的行为违反了《地方议员行为准则》的规定,标准委员会有权进行调查,并可处以从公开谴责到暂停委员会委员资格直至地方议会议员资格,或取消地方议会议员5年以内资格的处罚。

中国对地方进行人事管理,也是中央控制地方的重要方式,其主要表现:

1. 协同省级人民政府对省级地方政府有关机构实行双重领导,如根据《公安机关组织管理条例》第十七条,县级以上地方人民政府公安机关正职领导职务的提名,应事先征得上一级公安机关的同意。县级以上地方人民政府公安机关副职领导职务的任免,应事先征求上一级公安机关的意见。

2. 在干部人事方面,中央对地方的人事管理,更重要的方式是建立在党管干部的基础之上。[①]

(二) 司法机关干预

为确保地方政府充分和有效履行其职能,许多西方国家的宪法和法律还规定了司法机关对实施地方自治制度的干预。

在英国,没有独立的负责对地方政府实施一般行政监督的政府机构。地方政府与任何其他法人或任何自然人一样,更多地受法院的监督和制约,也即,如何地方政府侵犯了私人的权利或违反合同,则可依侵权法或合同法被起诉;如果地方政府触犯刑律,则可能被作犯罪指控。

在西班牙,根据1985年《地方政府法》,如中央或自治区政府行政部门在其职权范围内,认为某一地方政府的法规或决定违法,可依法向行政法院提起诉讼,请求法院中止其法规或决定。

司法机关干预是日本中央政府对地方政府监督和干预的形式之一。在日本以地方政府为当事人的有关诉讼,都必须服从司法机关的判决。机关诉讼等难以作为法律诉讼的事件也可提交司法诉讼。

---

① 根据1990年5月10日中共中央组织部《关于修订〈中共中央管理的干部职务名称表〉的通知》,中央对地方干部管理主要采用由中共中央管理和由中共中央备案管理两种方式。参见中共中央组织部干部调配局编:《干部管理工作文件选编》,党建读物出版社1995年版,第18页。

第五节 中央对地方自治的保障和与地方的合作

一、中央对地方制度的保障和对地方的指导、服务

(一)中央对地方制度实施的保障

中央与地方的关系,不仅包括中央对地方的监督、干预和控制,还包括中央对地方制度的保障和与地方的合作。

中央政府或联邦和联邦主体政府不仅规定地方制度的法律和基本原则,而且为实施地方制度提供保障。

在西方国家,宪法或法律多确定了地方自治的原则,并规定了地方政府的权力、地方政府财政及地方政府与中央或联邦及联邦主体的关系等事项。

根据《俄罗斯联邦宪法》的规定,地方政府不属于国家机关体系,其机构设置根据联邦和联邦主体的宪法和法律规定,由居民自主决定;联邦及其主体不得限制地方自治机关根据宪法和法律享有的地方自治权。地方自治机关有权要求补偿因实施国家权力机关通过的决定造成的任何额外开支。

1947 年《日本国宪法》对地方制度作了原则规定,确定地方公共团体的职权是管理财产、处理事务和执行行政,并可以在法律范围内制定条例。日本国会根据宪法确定的原则制定了以《地方自治法》为首的一系列法律,具体规定了地方公共团体的形式、组织和活动原则以及地方公共团体与中央政府的关系,为实施地方自治奠定了宪法和法律基础,并提供制度上的保障。

在中国,根据民主集中制,坚持在中央统一领导下充分发挥地方主动性和积极性的原则,并对民族自治地方实行区域自治,对特别行政区实行高度自治。依照有关法律的规定,中央对实施地方制度的保障,主要有:

(1)规定省、直辖市、县、市、市辖区、乡、民族乡、镇设立人民代表大会和人民政府。地方各级人民代表大会是地方国家权力机关;地方各级人民政府是地方各级国家权力机关的执行机关,是地方各级国家行政机关。省级和较大的市有权制定地方性法规和规章。

(2)国务院依照宪法的规定,有保障民族自治地方自治权的职责。

(3)根据《民族区域自治法》,上级国家机关保障民族自治地方的自治机关行使自治权,并且依据民族自治地方的特点和需要,努力帮助民族自治地方加速发展建设事业。

(4)根据《特别行政区基本法》,中央人民政府所属各部门不得干预特别行政区根据基本法自行管理的事务;中央人民政府派驻特别行政区负责防务的军

队不干预特别行政区的地方事务，特别行政区政府在必要时，可向中央人民政府请求驻军协助维持社会治安和救助灾害；中央人民政府协助或授权特别行政区政府与各国或各地区缔结互免签证协议等。

（二）中央对地方的指导和服务

中央对地方的指导和服务，从领域上看，主要有政治、经济、财政、技术等方面；从方式上看，主要有说服、指导、协助、财政帮助、技术服务、共同开发等方式。随着社会经济的发展，中央与地方的合作领域日益扩大，中央政府不仅仅是监督者、控制者，同时也是合作者、服务者、说服者、顾问者了。

在西方国家，从正式的法律意义上看，许多的地方政府与中央政府之间没有上下隶属关系；他们共同执行着许多方面的任务，如教育、住房、交通和社会福利等工作。

以美国为例，近十几年来，各州的活动范围日益扩大，常常超出地方政府所能承担的程度，地方政府日益倾向于依靠州政府提供财政援助，州在许多方面也要与地方政府一道合作才能完成有关任务。因此，许多州政府为地方政府提供技术指导、信息服务和财政支持。如许多州政府设立了社区关系部，其职责是为地方政府提供范围广泛的规划和服务，工作涉及住宅、城市振兴、扶贫规划、经济开发，并为地方政府提供计划、管理、财政援助等。在美国，可以说，如果没有州的指导、财政支持、技术援助，一些地方政府事务将无法执行。一般而言，在美国，州与地方政府更乐于使用指导和技术援助、说服的方式，很少使用强制性的监督方式。

在中国，依照有关法律的规定，中央与地方有许多合作或服务的方式：

（1）地方各级人大及其常委会在本行政区域内，保证宪法、法律、行政法规和上级人大及其常委会的决议的遵守和执行。

（2）地方各级人民政府执行上级国家行政机关的决定和命令，办理上级国家行政机关的交办事项。

（3）省、自治区、直辖市的人民政府的各工作部门受人民政府统一领导，并且依照法律或行政法规的规定受国务院主管部门的业务指导或领导。

（4）省、自治区、直辖市、自治州、县、自治县、市、市辖区的人民政府应当协助设立在本行政区域内不属于自己管理的国家机关、企业、事业单位进行工作。

（4）民族自治地方的建立、区域界线的划分、名称的组成，由上级国家机关会同有关地方的国家机关和有关民族的代表充分协商拟定，按照法律规定的程序报请批准。民族自治地方一经建立，未经法定程序，不得撤销或者合并；民族自治地方的区域界线一经确定，未经法定程序，不得变动；确实需要撤销、合并或变动的，由上级国家机关的有关部门和民族自治地方的自治机关充分协商拟定,按照法律规定的程序报请批准。

二、地方对中央的影响

中央与地方关系不是单向的,而是双向运作的关系。它不仅表现为中央对地方的监控,还表现为地方对中央的影响。由于各国的具体情况不同,地方对中央影响的方式、途径也不尽相同。但总的来看,不外包括正式法定的方面和非正式的方面。

从正式法定方面看,西方国家地方对中央施加的影响主要表现为:

(1) 通过议会中的地方代表。如目前英国议会下院 646 名众议员中,英格兰地区的议员有 529 名,苏格兰地区有 59 名,威尔士地区有 40 名,北爱尔兰地区有 18 名。有的是以全国普选方式作为政党代表选出的,如法国国民议会中有不少是在地方有影响的市镇长。

(2) 通过议会中的有关机构。如英国议会下院中,先后成立社区与地方政府委员会、苏格兰事务委员会、北爱尔兰事务委员会等。这些议会的委员会不少是由各地区选出的议员组成的,常常能对下议院审议的有关地方和地区事务的决策产生影响。

(3) 通过提出私法案。如在英国,除了通过非官方的地方政府联合会外,主要是通过提出私法案以影响有关地方问题的立法。往往是,一个地方政府提出私法案被批准后,其他地方政府也随之提出类似的私法案,从而促成统一的示范条款,最终被一般法律所采用。

(4) 通过司法救济途径。如在德国,法律监督机关可以对地方政府履行职务的行为进行监督,甚至可以由州政府解散乡镇议会,但乡镇议会有权表示异议,并可向行政法院起诉。

在俄罗斯,地方自治受司法保护,地方自治机关有权向法院控告国家机关拒绝登记其章程的行为。国家权力机关若侵犯了地方自治机关的权利或地方自治机关管辖范围内居民的权利和自由,地方自治机关有权向法院提出宣告上述文件无效的要求;在司法机关作出裁决之前,地方自治机关有权中止该文件的执行。

从非正式的方面看,西方国家地方对中央施加的影响主要表现为:

(1) 通过非官方的地方政府联合会。如英国的地方政府联合会、伦敦地方政府联合会、威尔士地方政府联合会、北爱尔兰地方政府联合会,[1]美国的全美县联合会、全美市联合会,俄罗斯的地方政府联合会、小城市联合会、城市联合会等。这些组织在影响中央立法、行政决策,以及充当协调者和意见沟通者方面,能起一定作用。

(2) 通过利益集团或院外活动分子等方式。如美国许多州议会开会时,就有一些地方政府官员组成的院外人员从事游说活动,以此影响州议会有关地方问题的决策或立法。

(3) 通过议会中的政党组织影响议会有关地方问题的决策。这在西方国家比较普遍。

有些顾问组织,如英国的地方政府财政顾问委员会,在影响中央政府制定政策及为地方政府提供与中央部门及官员接触机会方面,也起一定作用。

中国在地方对中央的影响方面,有自己的特点。具体说来,也可以分为法定正式和非正式的两方面。主要有:

(1) 根据《宪法》和《全国人民代表大会组织法》和有关规定,全国人民代表大会由省、自治区、直辖市和特别行政区及军队的代表组成。全国人民代表大会代表按照选举单位组成代表团。一个代表团或30名以上的代表,可以向全国人民代表大会提出属于全国人民代表大会职权范围内的议案(包括法律案);一个代表团或30名以上的代表,可以书面提出对国务院和国务院各部、各委员会的质询案;三个以上的代表团或1/10以上的代表,可以提出对于全国人大常委会的组成人员,中华人民共和国主席、副主席,国务院和中央军事委员会的组成人员,最高人民法院院长和最高人民检察院检察长的罢免案。各省、自治区、直辖市(含特别行政区)等选举单位选出的代表组成的代表团,能依法代表本地方的利益,反映本地方的意愿。各代表团成员依法采用投票表决、举手表决或其他方式进行选举和通过议案,从而影响全国人民代表大会的立法或对全国性重大国家事项的决定。此外,全国人大常委会举行会议时,可以由各省、自治区、直辖市的人大常委会派主任或副主任一人列举会议,发表意见,从而为各省级人大及其常委会提供沟通意见、提供经验的机会。

(2) 国务院召开有各省、自治区、直辖市以及计划单列市或副省级城市人

---

[1] 在英格兰和苏格兰,所有地方政府均从属于地方政府联合会(LGA);威尔士地方政府联合会(WLGA)是地方政府联合会的一部分,但在处理威尔士事务方面有充分的自治权。在苏格兰,设立了苏格兰地方政府会议(SoSLA),但并非所有的苏格兰地方政府都是其成员,且苏格兰社区议会联合会代表了苏格兰将近一半的社区议会。在北爱尔兰,则由北爱尔兰地方政府联合会(NILGA)代表地方议会。伦敦地方议会的联合组织是伦敦地方政府联合会(ALG),代表32个伦敦自治市和伦敦城公团。全国地方议会联合会(NALC)代表80%在英格兰和威尔士的社区、教区和城镇议会。全国地方议会联合会为地方政府提供专家咨询意见,并处理全国性问题,其下属的52个郡议会联合会则更多地提供一般性的服务。

民政府领导人员参加的全国性会议，就有关重大问题征求意见。国务院各部门召开有各省、自治区、直辖市人民政府工作部门负责人参加的全国性专业会议，就本部门的重大问题听取意见。

（3）中共中央、全国人大常委会、国务院等常就有关重要法律案、行政法规送审稿或中共中央文件草案下发各地，征求意见。

（4）一些由国家立法条件暂不成熟的事项，可以由地方先行一步，为制定法律准备条件、提供经验。如《环境噪声污染防治法》、《消费者权益保护法》以及《人口和计划生育法》等，就是先由地方人大常委会制定地方性法规，积累经验，再制定全国性法律的。许多改革开放方面的做法，可先在一些地方试点，取得经验后，向全国推广。

（5）根据《立法法》第九十条，各省、自治区、直辖市的人大常委会认为行政法规同宪法或法律相抵触的，可以向全国人大常委会书面提出进行审查的要求；其他地方国家机关认为行政法规同宪法或法律相抵触的，可以向全国人大常委会书面提出进行审查的建议；根据《规章制定程序条例》，地方国家机关认为规章同法律或行政法规相抵触的，可以向国务院书面提出审查的建议。

此外，通过中国共产党组织内部系统的上下沟通，也是地方影响中央的一条重要渠道。

第十二章

地方选举与公民直接参政

第一节　地方民主概述

一、民主的内涵

民主是一种政治理念，这个理念是：国家权力来源于全体人民，人民并不是被国家统治的对象，而是统治国家的主人，因此，人民有权参与国家政治。基于这个政治理念而形成的政治形态被称为民主政治，是现代许多国家所采行的政治形态。在一定行政区域范围实施的民主，即为地方民主。

民主制度经历了漫长的历史发展。最有代表性的古代民主制度是希腊的民主制度，这是一种直接民主制度。古代希腊的民主制度与现代民主制度，存在着很大的差异。

近代西方民主的观念，在19世纪末才传入中国。但早在这以前，古代中国即有孟子等提出“民为贵，君为轻”等概念，只是这并不被认为可与现代西方民主观念相提并论。

欧洲的启蒙时代是现代民主概念的发轫期，这个时期的学者如卢梭等人提出的社会契约论，直到现在都还被认为是民主的基本理论之一。

各种不同政治思想对于民主的定义均有不同，但一般认为，民主应该包括以下的内涵：(1) 人民主权：国家的一切权力属于人民，这个概念使民主与独裁制（统治权仅归君主或单一领导人）、寡头制或贵族制（统治权仅归少数人）有所区别。(2) 政治平等：每个公民享有均等的机会参与政治，其表现就是普遍和平等选举权，此外，人民应有充分获取政治信息、充分表达（包括不表达）政治意见的权利。(3) 公民参与：政府根据制度的安排，了解人民对公共政策的看法、意见，并通过法律确保政府执行人民已表达的意愿。换言之，这个概念强调由“人民自己”来治理国家或地方。(4) 多数人统治:民主指全民共同统治,但如经商议仍不能达成共识时,则需要在作出权威性决定时,依据多数人的意见。这一概念仅适用于全民不能达成共识、争议性较大之时,而非指多数人享有优势地位,可以任意行事。

二、地方民主和地方自治的形式

根据民主实施的情形的不同,一般而言,可将民主的形式分为直接民主与间接民主。

直接民主,是由人民直接决定并且执行国家事务。在古代,小国寡民,公共事务简单,较易实施直接民主,而现今社会分工细密,且公共事务的复杂性甚高,实现直接民主可能有困难。但在采行间接民主的同时,就某些争议性较大的、重大的公共事务,交由全体国民表决,诉诸直接民意,则可弥补代议制度的缺失。

当然,直接民主必须有相当的配套措施,通过宣传、说服和民主教育,以使民众充分得知决策所应考虑的事项,并且有赖于公民的积极参与。

由当地居民直接决定并执行地方性事务,则为地方直接民主,也是地方自治的题中应有之义。不少国家以直接民主方式处理地方上重大事务,如日本、瑞士联邦、德国和美国的有些州、英国等;有的国际公约,如《欧洲地方自治宪章》明确规定地方自治包括团体自治和居民自治。

间接民主,是现代民主国家实施民主的主要方式,即人民不是自己直接参与公共事务的决定,而是通过选举,选出议会议员或人民代表大会代表及行政官员处理公共事务。

依照地方议员或代表是否受选民意见约束,可将间接民主再分为委任代表和法定代表两种形式,前者系指地方议员或代表的表决或投票均应依照其选区选民的约束,地方议员或代表代表本地区利益;后者系指地方议员或代表的表决或投票均依自己的意志,行使宪法赋予的职权,地方议员或代表并非仅该选区所委托之人。

因此,居民选举与直接参与,都是地方民主的主要实现方式,也是地方自治的方式之一。

第二节 地方选举

一、选举制度与地方民主

选举制度,即公民普遍选举权的自由表达,从广义上说,是指关于选举代议机关议员或人民代表大会代表和政府官员的原则、方法和程序的总和。选举制度是民主社会的基本要素之一。选举制度的民主性不仅体现在对国家领导人的产生上,而且也影响地方议会或人民代表大会代表和地方行政首长的产生方式。选举制度与地方民主之间有十分密切的关系。

根据联合国《公民权利和政治权利国际公约》第二十五条的规定,在现代民主社会中,公民所享有的参与公共事务的权利通常包括选举权、被选举权和担任公职等权利;1985 年《欧洲地方自治宪章》第三条规定,地方政府管理地方性重大事项的权利,应"通过直接、平等、普遍选举权基础上实行秘密投票方式产生的议员组成的地方议会来实施"。

由于各国文化、法律传统和公民与政党历史关系等因素,各国选举制度不尽相同,但关于选举制度的一些基本原理,地方政府的选举与全国性政府的选举是基本一样的。

在地方选举中,影响地方民主性的因素,主要有以下几个:

(1) 代表性。地方议会或人民代表大会的代表性足以充分体现地方代议机构或代表机构的社会利益和政治观点。地方议会或人民代表大会的代表性有双重意义:一方面,代表性要以议会或人民代表大会中所有不同政治力量都满意的方式(包括少数民族、妇女等),来体现对所有政治力量的代表;另一方面,公平的代表制应保证获得较多选票的政治力量在地方议会或人民代表大会中占有较多议席。

(2) 集中度。地方议会或人民代表大会的集中度,表现在地方议会或人民代表大会的决定的作出方式上,体现了社会利益和政治观点的集中程度。选举被认为是政治意志的表达,而非占主流意见的复述。确定地方议会或人民代表大会的集中度通常可以考虑以下因素:在地方议会或人民代表大会中获得席位的政党或党派的数目;在地方,是否在议会或人民代表大会多数制基础上形成了较稳定的政府或联合政府。在一个多党制基础上产生不稳定的地方政府,则这种情况可能是有问题的。

地方议会或人民代表大会的集中度,也反映选举制度的效率。如果一项选举制度有利于促进地方政府的稳定,则它是有效率的制度。并不是所有稳定的地方政府都是好政府,但认为不稳定能够产生好的地方政府,则是令人质疑的。

(3)参与度。这里的参与度不是指一般意义上的参与,因为选举本身就是居民的一种政治参与,而更多是指居民在多大程度上有表达自己意志的机会。这涉及选民对当选者的更强或更弱的关系、责任、知识和甄别。确定地方居民的参与度通常要考虑的主要因素,是选举采用的投票方式,是政党名单选举制,或是选择投票制。如果选民没有充分的选择权,则居民参与度是受较大限制的。

(4)通俗性和透明度。与上述代表性、集中度和参与度相一致,将不可避免地造成了地方选举制度的复杂性,但选举本身应当是便于居民参与的,这就要求地方选举要简化、通俗、具有可操作性;而且,有必要让选民知悉选举制度的原则、方法和程序,增加透明度,使选民在地方选举中知情,为此,选举过程要公开,如对大众媒体开放、建立监督程序和对选举权案件的申诉制度等。①

当然,抽象地对上述因素进行评判是困难的。这取决于立法机关根据本国具体情况和实际需要进行的平衡;同时,还要依据居民的要求和期望对相关制度加以完善。

实际上,还有一个包含上述所有因素的、最终要考虑的评价因素,即选举的正当性基础,它是指公民对选举结果、选举制度,乃至整个政治制度,是否认同和接受。

应当注意的是,上述因素和整个选举制度在地方层面与在国家层面上,具有不同的特定价值,因此,地方居民对地方议会议员或人民代表大会代表选举的日益参与,将比国家层面的政治参与具有更加重要的意义。理由是:(1)地方选举多按一定范围的地域进行,由于地区范围较小,当地居民一般更熟悉地方性事务,更了解当地官员,更实际地而不是从政治上思考和解决问题。(2)在地方,政党或党派并非是形成政治意志和组成政治集团的唯一渠道。候选人作为公众人物的政治特征和人格魅力,以及其是否值得信赖,可能是更重要的因素。地方居民有机会形成自己对候选人的看法,他们更了解候选人。(3)地方政治具有与国家政治不同的实施方式:地方议会或人民代表大会的审议或讨论问题的过程,常常更易于发现和解决实际问题,地方议会或人民代表大会对地方事务的决策不一定严格遵循全国性议会或人民代表大会的决策行事。

另外,还要注意的是,选举的代表性与地方民主的效率并不必然是相互促进的关系。实际上,两者常常是互为消长的关系。选举制度代表性的加强,可能会削弱效率的提高。因此,考察地方选举代表性增强时,应当联系地方议会

---

① 参见欧洲理事会编:《地方选举制度与投票程序》,欧洲理事会出版社1999年版,第6—9页。

或人民代表大会工作效率是否降低。地方民主的发展方向,应当是在这两个方面都加以完善。

但无论如何,选举的透明度都应得到保障,它是确保选举制度正当性和符合选民意志的必要条件。事实证明,缺乏透明性的选举制度是令人难以接受的。

最后,还应注意,对选举制度的认同与参选率有时也有某种联系。参选率低,可能表明选举正当性和选举结果是令人怀疑的。孤立地看,参选率低可能是对作为地方政治家的候选人不满,而不是对选举制度本身不满,但如果参选率老是很低,而不是偶然很低,则需要认真考虑完善选举制度以激发公民参与地方选举的热情。

二、地方选举的地区性因素

如果不考虑地方选举的地域特点,就无法正确分析和全面理解地方选举制度中的不同方法。事实上,地方选举要受地方的人口数量、地方政府的性质、数目等地区性因素的影响和制约。

(一) 地方议会或人民代表大会的数目和地方人口规模

地方议会或人民代表大会的数目和地方人口数量,可能是影响地方选举特征的一个重要因素。国外的研究表明,如果地方议会很多,而平均人口数较低,则可能表明地方选举呈现出更多的地方性特征,地方政党的影响要受限制;相反,如果地方议会很少,而平均人口数较高,则可能表明地方选举呈现更多的全国性特征,全国性政党对地方代议机构的渗透得到了加强。但是,如果人口高度集中在大城市,平均人口数也可能不一定会影响到地方选举的地方性特征。①

(二) 人口规模与地方议会或人民代表大会的规模

地方议会或人民代表大会的规模取决于地方议会或人民代表大会管辖范围内居民人口的规模。人口数越高,地方议会或人民代表大会的议席也越多。

一般来说,地方议会或人民代表大会的规模由法律规定,如根据日本《地方自治法》的规定,都、道、府、县议会议员 40 人至 120 人不等(其中东京都的议员人数是按特别地区人口除以 100 万决定的;议员数可以随地方法规而增加,但不得超过 130 名);市町村议会议员人数从 12 人到 96 人不等。又如根据 1977 年《法国市镇法典》的规定,市镇议会的规模,根据市镇人口数确定,一般有 9 名(人口少于 100 个居民的市镇)至 69 名(人口在 30 万以上的市镇)议员,依具体

---

① 参见欧洲理事会编:《地方选举制度与投票程序》,欧洲理事会出版社 1999 年版,第 9—10 页。

规定而定，但里昂73名，马赛101名，巴黎163名。

也有的国家地方议会的规模由国会决定或中央政府决定，如在英国的英格兰，地方议会的席位由社区和地方政府事务大臣根据地方政府委员会的建议确定。

（三）地方议会或人民代表大会的规模与选举制度的类型

一般而言，在同一级的地方议会或地方人民代表大会，实行同样的选举制度，而不考虑人口的多寡。如根据中国《全国人民代表大会和地方各级人民代表大会选举法》的规定，虽然省、自治区、直辖市的代表名额，设区的市、自治州的代表名额，县、自治县、不设区的市、市辖区的代表名额，乡、民族乡、镇的代表名额，都不相同，而且在县和县以下实行直接选举，但并没有因为人口数的不同而采用不同的选举方法。但有的国家，则根据人口的不同，实行不同的选举方法，如在法国市镇选举中，根据市镇人口采取不同的选举方法：在少于3 500人的市镇，采用二轮多数投票制选举市镇议会议员；在3 500人以上的市镇，采用二轮名单投票制；在少于2 500人的市镇，采用单名候选人制。

（四）选区

对选举结果影响最大的因素之一是选区的规模，即每一选区产生的地方议会议员或人民代表大会代表的名额。众所周知，在国会议院选举中，当选区规模可能对少数党的选票造成影响时，有时可通过操纵选区划分的方式影响选举结果，如有名的“不公正划分辖区”（gerrymandering）。①

在许多国家，地方议会议员的选举，大多实行多名选区制，即一个选区产生多名议员。地方区划的数目和规模与地方代议制的结构息息相关，特别是选票与议会席位之间是否按比例分配与地方区划的数目和规模有较大关系。

在多名选区实行的比例代表制，是以地方议会的规模为基础实施的选举体制；但在多名选区，也可以实行多数代表制。如在英国，除了在北爱尔兰按多名选区单记选票转让制选举地方议会议员外，其他地方的议会议员，是按一轮多数投票制选出的；又如前述法国市镇议会议员的选举。

实际上，如果投票程序是确定的，则选区规模是影响选举结果的最重要的变量。例如，政党之间在地方议会的席位是否按获得票数的比例进行分配以及政党制度的结构，是由与地方区划规模相关的地方议会的规模决定的。

---

① 该词是19世纪早期由马萨诸塞州州长埃尔布里奇·格里（Elbridge Gerry）的姓与“salamander”一词后缀合并而成的具有讽刺意味的混合词。当1812年格里所属政党为支持反联邦主义者而重新划分选区后，埃塞克斯县被划分得形如蝾螈〔salamander〕。自此，gerrymandering指通过划分选区，削弱对手党的投票能量，而使某一政党获得不公平的优势。参见薛波主编：《元照英美法词典》，法律出版社2003年版，第601—602页。

因此,在实行比例选举制的框架下,如选区越大,即当选的地方议会议员越多,实行比例代表制的可能性就越大;相反,如选区越小,则实行比例代表制的可能性就越小。

(五) 全国地方选举是否同步

通常,地方议会议员或地方人民代表大会代表的选举是全国同时进行的。但在联邦制国家,地方议会议员的选举日期因联邦主体(州、邦、共和国、省等)而异。地方议会议员选举时间上的差异,主要是由于在多数联邦制国家,规定地方议会选举的立法权属于各联邦主体。

另外,作为一种特殊情况,地方议会议员选举时间上的差异,也可能是因为有的地方议会被解散或议员集体辞职需要进行新的选举所致。解决这种选举不同步的常用办法,是由新产生的地方议会任满剩余的年限,使其与其他地方议会保持同步。

三、地方选举中的选举权

选举权指公民享有选举代议机关议员或人民代表机关代表或其他公职人员(如各级政府首长)的权利。选举权是公民一项重要的宪法权利,许多国家宪法和选举法对公民选举权作了明确规定。

(一) 可能影响公民选举权的因素

从历史或现实的情况看,可能影响公民选举权的因素有:年龄、国籍、民族、种族、性别、职业、宗教信仰、教育程度、财产状况、居住地或居住期限,以及是否精神病、刑事犯罪等。但主要有以下的限制。

(1) 年龄的限制:各国一般规定享有选举权的年龄资格是在 18 周岁以上。但在有的国家或联邦主体,享有选举权的年龄资格不是 18 周岁。

(2) 国籍的限制:各国一般规定,只有本国公民才有选举权。英国规定,英联邦国家和海外殖民地的常住居民,有在英国参加地方选举的权利。欧盟法律要求,每一个居住在非本国的其他欧盟成员国的公民有在该成员国同等参与地方选举的权利。根据这一要求,欧盟各国相继修改了本国的选举法,有的国家取消了国籍的限制。如比利时法律规定,非欧洲移民在市政选举中享有投票权,但符合条件的外国人在获得投票权前,还须填写一份声明,表示尊重相应的民主原则。

在欧洲,挪威、丹麦、瑞典、爱尔兰和荷兰已赋予在国内定居的非欧洲居民以投票权,英国则只赋予来自英联邦的居民的投票权。

在中国特别行政区,根据特别行政区基本法的规定,只有香港和澳门特别行政区永久性居民依法享有选举权。[①]

(3) 财产状况的限制:第一次世界大战前,西方国家选举法中都有财产状况的规定;战后,多数国家陆续废除了这一规定,但有些国家仍有变相的财产状况限制,如英国规定,选民在选举 12 个月前应拥有或租赁了地方议会所在区域内的土地或其他财产。

(4) 性别的限制:19 世纪中叶以前,各国妇女普遍没有选举权。1918 年英国才给 30 岁以上的妇女以选举权;美国于 1920 年才赋予男女同等选举权;日本于 1945 年、法国于 1946 年,妇女才取得选举权。但现在,绝大多数国家已经没有性别的限制。

(5) 居住期限的限制:西方国家一般规定,选民必须在他或她的选区或某一地区住满一定期限后才能获得选举权。这种居住期限的要求,一般为 3 个月至 1 年。美国多数州规定必须在该州居住 1 年以上才有选举权,有些州规定 2 年以上。对外国人,则一般规定更长的居住期限。如瑞典、丹麦和挪威规定,在本国居住的欧盟其他成员国居民至少应居住 3 年以上,才有选举权。

(6) 其他限制:如各国一般都规定精神病患者、被剥夺政治权利者不享有或不行使选举权。

在中国,根据 1982 年《宪法》和现行《全国人民代表大会和地方各级人民代表大会选举法》的规定,年满 18 周岁的中国公民,不分民族、种族、性别、职业、家庭出身、宗教信仰、教育程度、财产状况和居住期限,都有选举权。依照法律被剥夺政治权利的人没有选举权。因此,在中国,公民只要具备以下条件就可以依照法律享有选举权:具有中国国籍;年满 18 岁,不分民族、种族、性别、职业、家庭出身、宗教信仰、教育程度、财产状况和居住期限;未被依法剥夺政治权

① 香港特别行政区居民,包括永久性居民和非永久性居民。香港特别行政区永久性居民为:在香港特别行政区成立以前或以后在香港出生的中国公民;在香港特别行政区成立以前或以后在香港通常居住连续七年以上的中国公民;上述两项所列居民在香港以外所生的中国籍子女;在香港特别行政区成立以前或以后持有效旅行证件进入香港、在香港通常居住连续七年以上并以香港为永久居住地的非中国籍的人;在香港特别行政区成立以前或以后、第(四)项所列居民在香港所生的未满二十一周岁的子女;第(一)至(五)项所列居民以外在香港特别行政区成立以前只在香港有居留权的人。香港特别行政区非永久性居民为:有资格依照香港特别行政区法律取得居民身份证,但没有居留权的人。

澳门特别行政区居民,包括永久性居民和非永久性居民。澳门特别行政区永久性居民为:在澳门特别行政区成立以前或以后在澳门出生的中国公民及其在澳门以外所生的中国籍子女;在澳门特别行政区成立以前或以后在澳门通常居住连续七年以上的中国公民及在其成为永久性居民后在澳门以外所生的中国籍子女;在澳门特别行政区成立以前或以后在澳门出生并以澳门为永久居住地的葡萄牙人;在澳门特别行政区成立以前或以后在澳门通常居住连续七年以上并以澳门为永久居住地的葡萄牙人;在澳门特别行政区成立以前或以后在澳门通常居住连续七年以上并以澳门为永久居住地的其他人;第(五)项所列永久性居民在澳门特别行政区成立以前或以后在澳门出生的未满十八周岁的子女。澳门特别行政区非永久性居民为:有资格依照澳门特别行政区法律领取澳门居民身份证,但没有居留权的人。

利。另外,根据《全国人民代表大会和地方各级人民代表大会选举法》第二十六条,精神病患者不能行使选举权利的,经选举委员会确认,不列入选民名单。

(二) 投票的义务

有的国家有强制性投票的要求,如荷兰和意大利原来规定,公民有投票的义务,但后来废除了这个规定。目前,比利时仍规定,居民有投票的义务。

废除强制性投票的义务,符合西方国家民主发展的趋势,也可能考虑到有的公民对选举权漠不关心,或反抗强加给他们的压力等因素;而规定公民有投票的强制性义务,则可能是为了提高参选率。一般认为,要求公民强制性投票,似乎不是妥当的办法,因为参选率不高可能有多方面的原因,规定公民强制性投票,可能会妨害地方民主的实行。

(三) 对行使选举权提供的帮助

保障选举权的实现,与规定选举权一样重要。因此,对有困难行使选举权者提供必要条件,有助于保障选举权的行使。有的国家在地方选举中采取了一些特殊的措施为有困难者提供帮助,如意大利规定,选民如因健康原因无法投票,可以由他或她信任的人提供帮助。另外,有的国家还采用在家投票、提前投票、邮寄投票、委托投票、在医院、护理所或监狱投票等措施。

中国《全国人民代表大会和地方各级人民代表大会选举法》规定,各选区应当设立投票站、流动票箱或召开选举大会进行选举。选民如果是文盲或因残疾不能写选票的,可以委托他信任的人代写。

(四) 对选举的监督

各国监督投票的规定基本相同,如首先,由投票站的官员检查选民身份;然后,选民在投票站或投票点投票,官员监督选票的分发、投票和计票。

对无效票的规定也大体一致,一般是,如选票不正规,或选民决定不清楚的,选票无效。意大利规定,如选票带有某种可能分辨出投票人的标记或标识,则选票无效。

许多国家法律规定,对选举权案件,公民可以向普通法院、行政法院或宪法法院提出申诉。如法国规定,对选举申诉,由行政法院受理;如对行政法院的判决不服,可向最高行政法院提出上诉。

中国《全国人民代表大会和地方各级人民代表大会选举法》没有对选举权案件的一般性规定,只规定对于公布的选民名单有不同意见的,可以向选举委员会提出申诉。申诉人如果对处理决定不服,可以在选举日的五日以前向法院起诉。为保障选民自由行使选举权,《选举法》规定对有下列行为之一的,要依法给予行政处罚、行政处分或刑事责任:以金钱或其他财物贿赂选民,妨害选民自由行使选举权的;以暴力、威胁、欺骗或其他非法手段妨害选民自由行使选举权的;伪造选举文件、虚报选举票数或有其他违法行为的;对于控告、检举选举中违法行为的人,进行压制、报复的。

第三节 公民直接参政

一、公民直接参政概述

如前所述,与间接民主相对应的是直接民主,即由人民直接决定并且执行国家事务;而由当地居民直接决定并执行地方性事务,则为地方直接民主。

根据宪法原理,直接民主应是民主政治最理想的形式,但随着人类社会的发展,社会结构日趋复杂,事务分工日益细密,不可能也没有必要让社会全体成员都参与公共政策的决定和修正。因此,代议性的政府应运而生,并成为民主国家一种普遍可行的政治制度。但是代议性的政府制度并非完美无缺的政治形式,人民希望更某种直接的、真正的民主,希望在"选人"之外,还能直接"决事",以弥补当今代议性政府制度的不足。

一般认为,相对于被称为间接民主的选举而言,公民复决与罢免、创制权,构成直接民主的主要形式。其中,公民投票作为直接民主的重要形式,是落实人民主权原则和政治理念的重要措施。

公民投票(referendum),也叫"公民复决",其定义相当混乱,一般是指将宪法、法律或重要的公共问题交由公民投票批准的制度。[①] 具体而言,是指一国或一地区公民针对全国或地区性相关事务和特定问题,举行全体公民直接投票,以"赞成"或"反对"两种选择,决定政府的施政措施或限制政府的特定作为。其适用范围包括有关宪法问题、重大公共政策或法律案及地方层级事项的决定。

法国在1793年时曾就当时国民议会所制定之宪法(1793年宪法),提交全国公民投票。19世纪中叶瑞士已实行公民投票制度,其后导入改革主义时代的美国,并于20世纪初为美国多州所采用。二战后,实施公民投票制度的国家有所增加。

公民投票制度在有关地方自治的国际公约或宣言中也有体现,如《欧洲地方自治宪章》将地方政府就规划和决策过程在适当时间、以适当方式与当地居民进行协商,作为地方自治的内容之一。《欧洲地方自治宪章》第五条还规定,未经与当地居民协商,并合理地以法律允许的公民投票方式,不得改变地方政

---

① 《元照英美法词典》,法律出版社2003年版,第1164页。

府的边界;《世界地方自治宣言》第四条也要求,地方政府边界,只有经法律允许并与当地居民协商后,包括采取允许的公民投票的方式,始得变更。

除了公民投票外,还有其他直接民主形式,如选举权,解散议会请求权,对首长、议员和其他公务员的解职请求权,请求制定、废改条例权等。

二、公民投票制度

(一) 英国

在英国,虽然有一些地方政府基于自愿原则,在地方决策过程中与居民协商,但直到 2000 年,还没有法律强制性地要求地方政府在地方决策过程中要举行公民投票。但根据 2000 年《地方政府法》,在某些情况下可举行居民投票,如居民可就涉及直接选出的市长的新的地方治理模式向地方政府要求举行居民投票;如 15% 以上的选民要求,地方议会有责任根据居民要求起草详细的议案,并在规定时间内举行居民投票。

(二) 美国

在美国,联邦宪法或法律没有规定在联邦一级要举行公民投票,但有 24 个州的宪法和许多的地方政府和城市政府规定了公民投票制度。如根据美国《加利福尼亚州宪法》第十一条第一款、第二款和第三款,县的设立或合并、市的合并及县或市的宪章,必须得到有关县或市的大多数居民就设立或合并、制定县或市宪章而举行的公民投票的批准。

(三) 法国

在市镇一级征询居民意见在法国行政历史中已有实践,但是,这种居民意见只具有参考的效力。[①] 2003 年 3 月 28 日对宪法修改的《关于法国国家结构改革的宪法修正案》规定:"依照组织法规定的条件,属于领土单位权限范围的审议草案或者文件草案,在领土单位的提议下,通过公民投票的方式,提交该领土单位内的选民决定。"修改后的宪法将地方公民投票作为对地方事务进行决策的一种途径,而不仅仅只构成一种意见。

(四) 德国

在德国所有的州,居民可以提出居民陈请书(Bürgerentscheid)的形式对地方事项进行居民投票。州宪章规定了能够由或不能够由居民陈请书决定的范围。在此范围内,乡镇可通过地方法典决定重大地方事项。居民陈请书可因乡镇议会决定,或达到某种要求的人数,或在居民请愿(Bürgerbegehren)后提起。对该请愿,也要求达到有关城市法典规定的法定人数(例如在巴登-符腾堡州、

---

① 张丽娟:《法国修宪扩大地方分权》,载(京)《法制日报》,2005 年 3 月 24 日。

莱茵兰-普法尔茨州和萨克森-安哈特州，是15%；在梅克伦堡-前波莫瑞州，是10%；在图林根州，是20%）；只有巴伐利亚州宪章未对法定人数作出规定。在某一地区，如果获得地方宪章法规定的最低选民比例人数的赞同或反对，可直接就某项居民条例进行表决；如表决不被通过，则乡镇议会必须就该事项再次审议。居民条例具有与乡镇议会最终决议同样的法律效力。在居民条例生效后2—3年内，可通过直接民主形式修改，如制定另一居民条例取而代之；一旦期限届满，乡镇议会可通过决议补充或修改居民条例。

（五）日本

作为对间接民主制的补充，在日本，除由居民选举产生议会和首长（自治团体），通过他们管理本行政区域内的事务外，还有居民投票等。根据《日本国宪法》第九十五条，当地居民有权直接对那些仅适用于某一地方公共团体的特别法进行直接表决。如经过半数以上的人同意，则国会可制定该特别法。随着公民意识及政治环境的改变，有的日本地方政府通过地方法令允许居民对本地方的重大事件投票表示其赞成或反对意见。目前，一些地方政府以上述方式制定了一些关于核电站兴建、废物处理设施的建设、填海计划以及在日本继续保留美军基地等方面的地方法令。

（六）俄罗斯

在俄罗斯，事关地方居民利益的最重要问题，可提交公民投票。公民投票的举行，由地方自治代表机关动议决定，或应有选举权的公民要求由地方自治代表机关决定。各地方自治章程规定了要求提交公民投票需要达到的法定选民人数。

《俄罗斯联邦选举权利保障法》和《俄罗斯联邦公民投票法》，为地方公民投票提供了法律基础。截至2000年1月1日，已有65个联邦主体通过了各自的《地方公民投票法》，使地方公民投票制度得到了实施。

24个联邦主体按照公民投票方式通过了各自的地方自治章程。在阿斯特拉罕州、摩尔曼斯克州、梁赞州和犹太自治州，地方自治组织由居民创制设置；在阿尔泰边疆区，如为其他用途而使用农业土地，要举行公民投票并得到至少80%居民的赞成。

三、其他直接参与方式

（一）英国

在英国，当地居民可就他们关心的问题对堂区议会或社区议会的议员施加影响，也可以通过各种全国性的自愿组织代表自己的利益，当地居民还有机会在土地利用规划制定过程中就有关问题发表意见。地方政府必须公开拟议中的规划的内容并听取意见，当地居民如对规划有异议，地方政府必须举行听证并依法处理。在某些情况下，异议者有权向独立审查机关提出公开质询。许多地方政府通过发送传单、举办展览、回答咨询等方式，让居民知情。法律还要求，地方议会应建立与当地居民协商的新机制。例如，根据法律规定，在确定地方政府如何提供有效的地方服务时，地方政府应当与居民代表（包括纳税人代表）进行协商。

（二）美国

美国许多州，根据州宪法和地方自治章程，居民有直接参与地方事务的权利。如根据《伯克利市宪章》，一定数目的市民可以联名向议会提出议案。如果署名参加提案的公民人数达到或超过最近一次市政选举中各个市长候选人得票总数的10%，那么议会或表决通过该议案，或在下一次州选举或市政选举时将该提案交付全体选民投票表决。如果署名参加提案的市民超过各个市长候选人得票总数的5%而不到10%，而该议案又被议会所否决，则应当在下一次市政选举中（而不应当在州选举中）由全体选民对其进行表决。伯克利市市民还可以行使上述提案权修改市宪章。

（三）法国

根据1958年《法兰西第五共和国宪法》，领土单位由选举产生的议会按照法律规定的条件自由地进行管理。因此，在法律上没有规定法国的公民直接参与地方决策过程，公民有权经其直接选举产生的地方议员间接参与管理地方事务。但1992年2月6日的法律授权市镇可以就市镇范围内的地方事务的处理征询地方居民的意见。

2003年3月28日对宪法修改的《关于法国国家结构改革的宪法修正案》规定了公民的请求权，规定“每一领土单位的选民可以通过行使请求权的方式，要求将属于领土单位权限的问题登记于审议大会议事日程的条件，由法律规定。”即领土单位的选民可以通过行使请求权的方式，请求将与领土单位权限有关的事项登记在审议大会议事日程上。

（四）德国

在德国，公民投票以外的其他直接参与地方决策的方式包括三种：（1）公民请求权（Bürgerantrag/Einwohnerantrag）：公民可请求乡镇议会处理议会职责范围内的具体事务。州地方宪章可规定公民请求要获得一定比例选民的赞同。北莱茵-威斯特法伦州的城市法典还规定，公民可以个人或联名书面向乡镇议会提出议案或陈情书。（2）请求召集公民大会：公民大会要定期举行，以使公民能讨论决定重大的地方事务；公民大会可由议会召集，也可由达到最低比例居民的书面请愿召集（如在巴登-符腾堡州，是10%）。居民大会可提出建议和议案,由乡镇有关机构在规定期限内(通常为三个月)处理。(3) 与当地专家协商:乡镇、县议会可以就具体事项与当地专家协商或任命专家作为乡镇、县议会决策和审议委员会的常任顾问。

(五) 日本

现行地方自治制度包括地方团体自治与居民自治,以间接民主的团体自治为原则,但作为间接民主制度的补充,公民直接要求等数项直接参与地方政治的方式也得到认可。除了公民投票外,公民直接参政的方式主要有:(1) 要求制定、修订和废除条例;(2) 要求监查行政事务;(3) 要求解散议会;(4) 要求免去议员和首长职务。

除了"直接要求"和居民投票外,居民还可以通过以下形式直接参与地方政府的政治活动。如:(1) 居民监查要求;(2) 居民诉讼。

(六) 俄罗斯

在俄罗斯,除了公民投票制度外,公民还有其他的直接参政方式,如在街区、街道或楼房居民会议上,成立街区委员会、街道委员会或楼房委员会等区域性社会自治组织,处理地方利益事项。它们具有法人资格,任期在两年以上。区域性社会自治组织的权力和责任,由地方自治机关批准的自治章程规定。

四、中国公民直接参与地方政治的方式

中国 1982 年《宪法》对公民直接参与政治,作了明确肯定,规定除了人民代表大会的间接民主形式以外,人民还通过各种形式和途径,依法管理国家事务和社会、经济、文化事业;有关法律、法规对公民直接参与地方政治的形式,也作了具体规定;党的十七大报告还要求健全民主制度,丰富民主形式,从各个层次、各个领域扩大公民有序的政治参与。

中国公民直接参与地方政治,主要有如下几种方式。

(一) 直接选举和罢免

根据宪法和有关法律的规定,县级以下(包括县级)地方人民代表大会的代表由选民直接选举产生,其选举过程接受选民的监督,选民可以对公布的选民名单提出异议,可以依法提出代表候选人,依法监督选举投票,对不称职的代表依法罢免等等。对县级人大代表,原选区选民 50 人以上联名,对于乡级的人大代表,原选区选民 30 人以上联名,可向县级人大常委会书面提出罢免要求。

(二) 对地方国家机关及其工作人员活动的监督

中国《宪法》第二十七条规定:"一切国家机关和国家工作人员必须依靠人民的支持,经常保持同人民的密切联系,倾听人民的意见和建议,接受人民的监督,努力为人民服务。"为了切实保证公民对国家机关及其工作人员的监督权,

《宪法》第四十一条规定:“公民对于任何国家机关和国家工作人员,有提出批评和建议的权利;对于任何国家机关和国家工作人员的违法失职行为,有向有关国家机关提出申诉、控告或者检举的权利。”

（三）信访

信访制度是中国公民行使宪法所规定的“提出批评、建议、申诉、控告和检举”这五项权利的重要途径之一。根据2005年1月10日国务院发布的《信访条例》的规定,公民、法人或者其他组织可以采用书信、电子邮件、传真、电话、走访等形式,向各级人民政府、县级以上人民政府工作部门反映情况,提出建议、意见或者投诉请求,由有关行政机关依法处理。

（四）基层群众自治

基层群众性自治组织指居民委员会和村民委员会。它们依照有关法律规定,以城乡居民一定的居住地为纽带和范围设立,并由居民(村民)选举产生的成员组成,实行自我管理、自我教育、自我服务。

（五）听证会

主要有立法听证、价格决策听证、行政处罚听证、行政许可听证和信访听证等。如根据2001年11月16日国务院发布的《规章制定程序条例》,起草的地方政府规章直接涉及公民、法人或者其他组织切身利益,有关机关、组织或公民对其有重大意见分歧的,应当向社会公布,征求社会各界的意见;起草单位也可以举行听证会,认真研究听证会反映的各种意见。又如,根据《价格法》,制定关系群众切身利益的公用事业价格、公益性服务价格、自然垄断经营的商品价格等政府指导价、政府定价,应当建立听证会制度,由政府价格主管部门主持,征求消费者、经营者和有关方面的意见,论证其必要性、可行性。

近几年来,一些地方人大常委会和地方政府在制定地方性法规、规章过程中,采取聘请顾问、公民旁听、立法听证会、讨论法规草案等形式广泛征求意见;有的地方还公开征集立法项目。如根据2001年3月31日深圳市三届人大一次会议通过的《深圳市制定法规条例》,公民可以提出制定法规议案的建议。此外,有的地方还采取市民评议政府、市民评议人大代表等形式。

第十三章
地方政府人员

第一节　地方议会议员

一、选举权与被选举权的关系

公民享有选举权与被选为地方议会议员或人民代表大会代表和地方政府官员的权利资格条件之间，有着密切联系。一般是，所有经登记的选民享有被选为地方议会议员或人民代表大会代表的权利。在有的国家，公民选举权与被选举权的资格条件完全一致，不作区分。如根据中国1982年《宪法》和《全国人民代表大会和地方各级人民代表大会选举法》的规定，年满18周岁的中国公民，除被剥夺政治权利者，均有选举权和被选举权。有的国家则在被选举权享有者的年龄、国籍和居住期限等资格条件方面略有区别。

在地方选举中，被选举权享有者的年龄通常在18周岁以上，与享有选举权的年龄资格条件基本一致，如中国；但也有例外，如在俄罗斯、英国等国，年满18周岁者享有选举权，而年满21周岁者才享有被选举权；在日本，年满20周岁者享有选举权，而年满25周岁者才享有被选为地方议会议员的权利。

在西方国家，被选举权享有者的国籍资格条件与选举权基本相同；有的国家对外国人的选举权和被选举权作不同的规定，如比利时法律规定，已在欧洲定居超过5年的外国人将获得地方议会选举的投票权，但他们不享受被选举权。

在中国特别行政区，根据特别行政区基本法的规定，只有香港和澳门特别行政区永久性居民依法享有选举权和被选举权。

二、当选资格和任期

根据《欧洲地方自治宪章》第七条和《世界地方自治宣言》第六条，地方民选代表的当选资格条件应确保他们能够自由地行使其职责；而且这些当选资格条件应具体规定提供合适的履行服务补偿和社会福利保障；任何被认为不符合地方选任官员当选资格条件的职能和活动，只能根据法律来确定。

（一）英国

在英国，地方议会议员由选民按直接、普遍选举原则和秘密投票方式选举产生。在郡级地方，选举的区域称“选区”（division）；在郡以外的主要地方政府，称“小选区”（ward）。每一选区产生的地方议会议员的人数依地方议会的类型的不同而有所不同：郡议会议员选举中，每一选区产生1名议员；都市区议会议员选举中，每一小选区产生3名议员；其他地方议会选举中，每一小选区产生1—3名议员，依小选区的选民人数确定。在苏格兰，每一小选区产生1名议员；在威尔士，每一选区产生3—5名议员；在北爱尔兰，每一小选区产生5—7名议员。

根据法律规定，地方议会议员的候选人必须年满21周岁且是联合王国公民或另一英联邦国家的公民，或是爱尔兰共和国的公民或其他欧盟成员国的公民。

地方议会议员的候选人应是其希望当选的议员所属的地方议会所在区域内的选民，或在选举12个月前拥有或租赁了地方议会所在区域内的土地或其他财产，或候选人居住或主要工作地在地方议会所在区域内。

地方议会议员的任期四年。选举议员的时间依地方议会的类型的不同而有所不同。郡议会和伦敦自治市议会议员的选举，每四年举行一次，所有议员的选举同时进行。都市区议会议员的选举在四年任期内的第三年进行，每年经选举更替1/3；非都市区议会的议员选举可以全部选举，也可每年更替1/3。

英国中央政府希望通过使每一个选区的选民都能有更多的机会监督地方议会的议员，更频繁地进行地方选举，以增强选民直接参与政治的责任。

英国选举法对同时参加一个以上地方议会议员的选举，没有限制性的规定。地方议会议员可以随时以书面方式向议会提出辞职，并从收到辞职通知时起辞职生效。对前地方议会议员的活动没有限制性规定，对未能连任的地方议会议员也不提供补偿。地方议会议员职务是自愿无偿的，但他或她可以从事其他有偿的工作。

（二）法国

在法国，当选地方议会议员的条件是：具有法国国籍；年满18周岁（如参选省、大区议会议员则需年满21周岁）；候选人必须是其参选选区的选民，或是直接税纳税人；如参选大区议会议员，可以不是原选区选民，但必须在选举日前进行选民登记；但不住在原市镇的当选议员不得超过议会全部议员的1/4（如少于

500 人的市镇议会则不得超过一半）；省议会选举也适用以上规则。

地方议会每届任期六年；地方议会议员在各级地方议会的连续任职不得超过两届（不包括担任巴黎以外的市镇议会议员、居民人数少于 10 万人的市镇的副市镇长或居民人数少于 2 万人的市镇长）。

地方议会议员不得兼任：军职；省长、副省长或省政府秘书长；警察；医院院长等。

同时，省长、副省长或省政府秘书长，在其任职的省或区停止职务后三年内，不得担任市镇议会的议员。此外，上诉法院法官、行政法院法官、大区审计院审计员、海陆空军官、警官、省长办公厅和专区行署主任、省议会和大区议会议长办公室成员、省议会和大区议会所属部门主任、副主任等，不得被选为其任职所在市镇或其以前 6 个月内任职所在市镇的议会议员。

市镇有薪酬的雇员不得当选其任职所在的市镇议会的议员，但这一限制不适用于因其提供特殊服务而从市镇获得报酬的公共官员或个人，或人口少于 1 000 人的市镇中纯粹提供季节性或临时性服务的雇员。

市镇议会议员如果要辞职，应向市镇长提出辞职报告，但无须经过市镇长批准；如果是市镇长或副市镇长要辞职，应向省长提出，并经省长批准。

（三）德国

在德国，当选地方议会议员的资格条件由有关选举法规定。主要条件包括：具有德国国籍或欧盟成员国国籍；年满 18 周岁；在选举地居住 6 个月以上。

当选的地方议会议员是自愿服务，不享受薪金，也不是公务员，其法律地位的特点是：(1) 接受选民的委托；(2) 在规定期限内履行职责；(3) 不得担任乡镇、县的雇员或某些法律监督机构的雇员；(4) 对涉及利益冲突的事项要回避；(5) 依公务员法享受意外事故保险；(6) 享有地方议会议员的成员资格和相应权利，包括参加会议权、发言权、提案权、表决权和要求召开会议权等。

乡镇议会或县议会的议员可以同时兼任州议会或联邦议会的议员。但选举法规定，全职的乡镇长或县议会议员，不得兼任州议会或联邦议会的议员。

与联邦或州议会议员的选举不同的是，公共机构不得为地方议会议员选举中的任何政党或候选人提供资助或经济支持，但对私人资助候选人，法律未作规定。

在德国，地方议会议员的任期由地方宪章法规定，各州不尽相同，4—6 年不等：在黑森州和石勒苏益格-荷尔斯泰因州，任期四年；在巴伐利亚州，任期六年；其他州任期五年。

关于地方议会议员的辞职条件，由各州的地方宪章法规定。通常是，乡镇议会议员如果要辞职，应向乡镇长提出书面辞职报告，但必须说明理由。

(四) 日本

日本地方议会由居民直接选举产生的议员组成。当选地方议会议员的资格条件包括:具有日本国籍;年满25周岁;具有参加该地方议会议员选举的权利等。议员任期四年,但也有因议会解散或辞职等一定事由而在任期中失去议员身份的。

地方议会议员不得同时兼任国会议员、其他地方政府的议员、地方政府的首长、地方政府的正式职员等,否则将影响其职权的行使,或造成不同职务之间的制度性矛盾。同时,为了保证公正地执行职责,作为议员不得插手与该地方政府有承包关系的任何事务。①

(五) 俄罗斯

在俄罗斯,年满21岁的公民有被直接选为地方自治代表机关代表的权利。在大多数的联邦主体,地方自治代表机关代表的任期为四年;但在某些联邦主体,如莫尔多瓦共和国、滨海边疆区、弗拉基米尔州、伊尔库茨克州、堪察加州、普斯科夫州、特维尔州和科里亚克自治区,地方自治代表机关代表的任期为二年;在鞑靼斯坦共和国的某些边疆区、斯塔夫罗波尔边疆区和特维尔州,地方自治代表机关代表的任期为五年。

在59个地方自治长官是居民直接选举产生的联邦主体中,地方自治长官同时是相应地方自治代表机关的代表,并主持代表机关的会议。②

三、地方议会议员的义务和职责

(一) 英国

在英国,所有当选的地方议会议员应披露其与地方议会审议事项有关的财产利益;在这种情况下,如果他或她有发言或投票机会,应回避。法律要求,当选的地方议会议员应在专门的登记簿中申报其财产利益,包括他们与地方事务相关的财产、公司股份。地方议会议员还要披露其与议会审议事项有关的非金钱利益,尽管这不是强制性的。

地方议会议员有为地方政府的利益服务的一般责任。如未能披露其与议会有关的财产利益,应受惩戒;如某一个地方议会议员赞成地方议会某项非法开支行为,则该议员要对议会的非法开支,承担个人或连带的补偿责任。地区审计机构可以将案件提交法院;如果数额超过2 000英镑,地方议会议员将丧失

---

① 〔日〕财团法人自治体国际化协会编:《日本的地方制度》,2006年,第48页。

② 欧洲理事会编:《地方与地区民主的结构和运行——俄罗斯》(1999年),法国斯特拉斯堡:欧洲理事会出版社2000年版,第15页。

议员资格，且在五年之内不得参加地方议会议员的选举。另外，地区审计机构可向法院起诉，要求地方议会议员赔偿非法的开支项目。地方议会议员非经批准，连续6个月未能出席地方会议会议，将被停止议员资格。

英国议会制定了《地方议会议员行为准则》(Codes of Conduct)。《地方议会议员行为准则》规定了议会议员履行议员职务行为的责任、地方议会议员的回避义务、议员使用开支、获得津贴或使用议会设施的规则。地方议会是实施地方议员行为准则的主要责任者，应建立本议会实施《地方议会议员行为准则》的标准委员会，由其负责监督地方议员的道德问题，对地方议会议员的行为进行指导并提出建议，所有的地方议员的行为都要符合《地方议会议员行为准则》的要求。

为监督地方议会议员遵守行为准则，英国政府成立了标准委员会(Standards Board)，标准委员会是中央政府的独立机构。法律规定，如果某一公民认为某一地方议会议员的行为违反了《地方议会议员行为准则》的规定，可书面向标准委员会报告，由标准委员会进行调查。除了涉嫌刑事犯罪或造成公共财产损失，由警务机关或地区审计机构处理外，标准委员会的审理机构可处以从公开谴责到暂停委员会委员资格直至地方议会议员资格，或取消地方议会议员5年以内资格的处罚。地方议会议员如果不服，有权向英国高等法院起诉。

（二）法国

根据法律，大区议会或省议会、科西嘉议会、海外省(大区)议会主席，居民人数超过3万人的市镇长等，必须公布其财产状况。

地方议会议员对涉及个人或议员身份的利益的事项的审议和决定，要进行回避，也不得参与决定违法事项，否则，将被判处6个月到2年的监禁，处以罚款并终身不得担任公职。

上诉法院刑事审判庭可对地方议会议员执行职务的犯罪行为提出指控；对执行职务以外的犯罪行为，地方议会议员不享有豁免权，但享有管辖的特权，即案件可以在其任职的选区以外的法院审理。另外，市镇议会或省议会议员，因无正当理由拒绝履行法定职责将被行政法院解除职务，并在一年内不得参加选举。

（三）德国

地方议会议员的主要职责是：为公共利益而不是个人利益负责任地履行职务；保守秘密；除非重大事项的阻挠，一般应出席地方议会会议。没有要求地方议会议员申报个人或财产状况的一般性规定，《北莱茵-威斯特法伦州宪法》，是唯一要求地方议会议员应申报个人或财产状况的宪法。该宪法要求，乡镇议会议员或县议会议员，应向乡镇长或县长通报为履行职务所必需的经济和个人状况。

地方议会如通过损害地方利益的决议,相关的地方议会议员应受惩戒。如有下列情形之一,地方议会议员应承担责任:(1) 故意或过失不履行法定职责;(2) 明知法律禁止而参与地方议会的某项决策过程;(3) 未经法律和预算法授权而擅自批准开支。

另外,大多数州的宪法规定,如地方议会议员经常性地扰乱议会会议秩序,会受到惩戒。《巴伐利亚州宪法》第五十三条规定,如有乡镇议会议员扰乱会议秩序而其他议员同意,乡镇长可责令该议员退出会场。

根据《巴伐利亚州宪法》第四十八条的规定,如果市镇议会议员无正当理由未能参加市镇议会会议或投票,市镇议会可处以罚款。如果议员因拒绝履行法定职责且在 6 个月内未参加会议被罚款两次以上,市镇议会可解除其议员职务。

对职务届满后议员的行为和活动,法律没有作限制性的规定。而且,议员在担任议员职务后,他或她仍可从事原先的职业,或进行原来的活动,所以,一旦议员职务到期,他或她不能享受职业复兴方面的特别照顾。

(四) 俄罗斯

在俄罗斯,对地方自治代表机关的代表和地方自治长官的罢免,由各联邦主体法律和地方自治章程规定。提出罢免的理由是因为他们违反了法律或未能履行选举诺言或义务。但截至 2000 年 1 月 1 日,仅有 15 个州有关于罢免地方自治机关代表的法律规定;在某些市的地方法规性文件中也有一些关于罢免地方自治代表机关代表的规定,但程序不够明确、具体。

对供职于地方自治代表机关的人员兼任地方自治长官的问题,还没有明确地解决。①

四、工作条件和报酬

(一) 英国

在英国,法律要求地方议会每年至少要举行一次年会。地方议会议员除了参加议会全体会议和委员会会议外,还要会见选区的选民。地方议会议员工作负担的大小,很大程度上取决于其任职的地方议会的规模和类型,以及地方议员是否积极参加议会的活动。只有委员会主席和政党领导人才有办公室,且委

---

① 1997 年,在卡哈斯共和国的 3 个地方,阿尔泰共和国的 16 个地方,普斯列夫州的 2 个地方,伊尔库茨克州、下诺夫哥罗德州和斯维尔德洛夫斯基州各有 1 个地方,当地居民投票罢免了地方自治长官。参见欧洲理事会编:《地方与地区民主的结构和运行——俄罗斯》(1999 年),法国斯特拉斯堡:欧洲理事会出版社 2000 年版,第 16 页。

员会主席可享有秘书服务；经地方议会决定，其他地方议会议员也可享受秘书服务。如地方议会议员执行议员职务，可以使用地方议会的用房，但议员经常是在自己的家里进行工作。

地方议会议员被认为是自愿履行公共事务，一般没有薪酬，但通常可以获得履行职务行为的各种职务津贴。英国法律规定，津贴数额由各地方议会自行确定。每个地方议会议员可获得基本津贴；有的议员还可获得出勤津贴和特别责任津贴。另外，还有差旅费和生活费，但不得超出国家规定的标准。

地方议会议员所在的机构或公司在法律上有义务为议员执行职务的行为准假，但要扣除假期薪酬（实际上多数是付酬的）。英国中央政府打算对地方议会中履行执行职务的市镇长和其他有执行职务者或审查职能者，实行养老金工资制（pensionable salaries），以鼓励他们把时间主要用在议会事务上。

（二）法国

在法国，领土单位自由管理各自的事务，包括规定领土单位议会议员的地位，但各领土单位议会情况不尽一致。平均来说，每个市镇的委员会的数目是四个。市镇议会会议一般在周末或晚上举行；而省议会和大区议会会议一般在工作时间举行。

尽管议会议员的工作时间不能量化，但由于实行地方分权，大大增加了其工作负担。领土单位议会议员可以享受秘书服务，并使用议会的办公用房。如果领土单位议会议员是公务员，可以获得执行职务的时间保障，其执行职务的行为被视作出勤。

法国地方公务员全国管理中心（CNFPT），是承担培训领土单位议会议员的公共机构。市镇议会可自愿参加培训，市镇议会议员有每年接受6个学时培训的待遇，开支被纳入市镇预算。

议员的收入要交纳收入税。由于没有专门的法律对地方议会议员离职后的待遇作出规定，地方议会议员要参加退休补充福利计划。

法国所有领土单位议会议员职务都是没有薪金的，但市镇长和副市镇长享有职务津贴，数额依市镇居民人口数由法律规定；省议会和大区议会议员享有出勤津贴，主要用于弥补开支，但有时被认为是对议员因花费时间于议会事务造成收入损失的部分补偿。

省议会和大区议会议员的差旅费和执行特别职务的开支，可以报销；在市镇议会，由市镇议会决定付给市镇长的费用，在有些情况下津贴要纳税。

（三）德国

由于地方议会议员在担任职务后，仍可从事原先的职业或进行原来的活动，所以地方议员在议会不享有薪金。但各州宪章法都规定，地方议会议员可享受职务津贴，并得到因执行职务造成收入损失的补偿；对特殊开支还准予报销。职务津贴按规定的标准额度发放和/或根据开会情况发放，用于补贴执行议员职务的开支，如电话费、邮费、文印费、会议招待费等。地方议会议员还有权要求补偿因工作时间以外执行职务造成的收入损失。收入损失补偿金按议员标准时间以外工作的小时数计算，或按实际的收入损失补偿。如《北莱茵-威斯特法伦州地方宪章法》规定，如果议员没有固定职业或是自雇，且供养的家庭成员在两人以上，则可按离家执行职务的小时数获得补偿金，或按其申报的实际的费用补贴家用。

职务津贴的数额由州政府法律规定，或由地方议会根据州政府规定的标准确定。职务津贴通常是免税的，但由于职务津贴是按标准而不是按实际发生的费用计算的，因此对担任荣誉职位的地方议会议员的职务津贴有最高免税额的限制，对超出部分要纳税；对全职地方议会议员，则全额职务津贴都是免税的。

全职的乡镇长和县长是公务员，可以获得薪金，其数额按居民人口数确定，但要照章纳税。

如果地方议会议员获得收入损失补偿金，则该补偿是其个人正常收入的一部分，应全额照章纳税。

收入损失补偿金被认为是个人收入的一部分，而个人收入是确定地方议会议员是否参加强制性人寿保险要考虑的因素，而职务津贴没有这方面的考虑。

全职乡镇长和县长与其他公务员一样，不必为养老付费。因为他们不参加强制性人寿保险，不需扣减其薪金用于人寿保险和退休养老计划。

地方议会议员的医疗费，通常由地方政府依法按比例分摊，并从个人自愿强制性附加保险金中支付。

五、选举经费和地方议员的性别比例

（一）英国

在英国，候选人或其所在政党不得接受任何公款用作选举经费，而且对候选人在选举期间所能开支的经费数额有严格的限制。经费通常由两部分组成：固定经费和其他经费。法律规定了选举经费的限额，要求经常审查经费的限额并可以根据通货膨胀情况在必要时增加。

除了候选人或其代理人（或其代理人授权的人）以外，任何人不得为候选人竞选提供任何经费。

（二）法国

在法国，根据 1990 年 1 月 15 日制定、1995 年 1 月 15 日修改的法律的规定，对选举经费要依选民人数进行限制。这一法律规定适用于市镇、省和大区

议会议员的选举。

候选人必须提出竞选财务报告,确定其总开支,行政法院有权对报告进行审查。有关立法还对政党的资助作了规定。

在法国,法律没有对地方议会中的男女比例作硬性的要求,实践中,女性地方议员大大低于男性地方议员的数目。

（三）德国

在德国,虽然经过努力,但地方议会中男女议员的比例并没有与居民人口中的男女比例相吻合。1998 年的统计显示,在人口超过 1 万人的乡镇中,女性议员占 21.8%;在人口超过 10 万人的大城市,女性议员约占 31%;在人口 5—10 万人的市镇中,女性议员占近 25%;在人口 1—2 万人的乡镇中,女性议员约占 19%。

第二节 中国地方各级人大代表和特别行政区立法会议员

一、地方各级人大代表的产生和任期

（一）地方各级人大代表的任职资格

中国的地方各级人民代表大会代表,简称地方各级人大代表,依照《全国人民代表大会和地方各级人民代表大会选举法》(下称《选举法》)的规定选举产生。条件是:(1) 中国公民;(2) 年满 18 周岁的公民,不分民族、种族、性别、职业、家庭出身、宗教信仰、教育程度、财产状况和居住期限;(3) 享有政治权利。

（二）地方各级人大代表的产生方式

在中国,省、自治区、直辖市、设区的市、自治州的人民代表大会的代表,由下一级人民代表大会选举;不设区的市、市辖区、县、自治县、乡、民族乡、镇的人民代表大会的代表,由选民直接选举。

不设区的市、市辖区、县、自治县、乡、民族乡、镇的人民代表大会的代表名额分配到选区,按选区进行选举。选区可以按居住状况划分,也可以按生产单位、事业单位、工作单位划分。选区的大小,按照每一选区选 1—3 名代表划分。

地方各级人大代表的选举,一律采用无记名投票的方法。选举人对于代表候选人可以投赞成票,可以投反对票,可以另选其他任何选民,也可以弃权。

在选民直接选举人民代表大会代表时,选区全体选民的过半数参加投票,选举有效;代表候选人获得参加投票的选民过半数的选票时,始得当选;地方各级人民代表大会在选举上一级人民代表大会代表时,代表候选人获得全体代表过半数的选票时,始得当选。

获得过半数选票的代表候选人的人数超过应选代表名额时，以得票多的当选。如遇票数相等不能确定当选人时，应当就票数相等的候选人再次投票，以得票多的当选。

（三）地方各级人大代表的任期

根据1982年《宪法》，省、自治区、直辖市和设区的市人民代表大会每届任期五年；县、自治县、不设区的市、市辖区、乡、民族乡、镇的人民代表大会每届任期三年。1993年第二次修改宪法后，县、自治县、不设区的市、市辖区的人民代表大会每届任期改为五年。2004年第四次修改宪法后，乡、民族乡、镇的人民代表大会每届任期也改为五年。这样，地方各级人民代表大会代表的每届任期一律为五年。

（四）关于竞选问题

与西方国家不同，中国《选举法》没有明确规定实行竞选，但规定，选举委员会或人民代表大会主席团应向选民或代表介绍代表候选人的情况。推荐代表候选人的政党、人民团体和选民、代表可以在选民小组或代表小组会议上介绍所推荐的代表候选人的情况。但是，在选举日必须停止对代表候选人的介绍。为了密切代表候选人与选民的联系，2004年修改的《选举法》，增加规定："选举委员会可以组织代表候选人与选民见面，回答选民的问题。"[①]

二、地方人大代表的职责和工作

（一）地方人大代表的职责

根据中国《全国人民代表大会和地方各级人民代表大会代表法》（下称《代表法》）的规定，地方人民代表大会的代表必须模范地遵守宪法和法律，保守国家秘密，在自己参加的生产、工作和社会活动中，协助宪法和法律的实施；与原选区选民或者原选举单位和人民群众保持密切联系，听取和反映他们的意见和要求，努力为人民服务；接受原选区选民或者原选举单位的监督。

（二）地方人大代表的工作

地方人大代表在本级人民代表大会会议期间的工作：出席会议，依法行使代表职权；审议议案和报告；提出议案；参加各项决定人选活动；提出质询案和进行询问；提出罢免案；提议组织关于特定问题的调查委员会；参加表决；提出建议。

---

① 1979年《选举法》第三十条曾规定，各党派、团体和选民，都可以用各种形式宣传代表候选人。但1982年修改《选举法》时，改为"选举委员会或人民代表大会主席团应当向选民或代表介绍代表候选人的情况。推荐代表候选人的政党、人民团体和选民、代表可以在选民小组或代表小组会议上介绍所推荐的代表候选人的情况"。

地方人大代表在本级人民代表大会闭会期间的工作：组成代表小组；视察；依法提议临时召集地方人大会议；列席或应邀列席有关会议；与原选举地位和人民群众保持联系；提出建议。

三、地方人大代表执行职务的保障

根据《代表法》，地方各级人大代表享有以下保障：

（一）言论免责权

地方人大代表在人民代表大会各种会议上的发言和表决，不受法律追究。

（二）人身特别保护权

县级以上地方各级人大代表，非经本级人民代表大会主席团许可，在本级人民代表大会闭会期间，非经本级人民代表大会常务委员会许可，不受逮捕或者刑事审判。如果因为是现行犯被拘留，执行拘留的机关应当立即向该级人民代表大会主席团或常务委员会报告。

对县级以上地方各级人大代表，如果采取法律规定的其他限制人身自由的措施，应当经该级人民代表大会主席团或常务委员会许可。

乡、民族乡、镇的人大代表，如果被逮捕、受刑事审判或被采取法律规定的其他限制人身自由的措施，执行机关应当立即报告乡、民族乡、镇的人民代表大会。

（三）执行代表职务的时间保障

地方人大代表在本级人民代表大会闭会期间，参加由本级人民代表大会或其常务委员会安排的代表活动，代表所在单位必须给予时间保障。

（四）执行代表职务的物质保障

地方人大代表按照法律规定执行代表职务，其所在单位按正常出勤对待，享受所在单位的工资和其他待遇。

无固定工资收入的代表执行代表职务，根据实际情况由本级财政给予适当补贴。

（五）执行代表职务的服务保障

根据《代表法》的有关规定，地方人大常委会办事机构要为本行政区域内的代表执行代表职务提供必要的条件，为代表执行代表职务提供服务；地方各级人民代表大会可以为本级人民代表大会代表制发代表证；少数民族代表执行代表职务时，有关部门应当在语言文字、生活习惯等方面给予必要的帮助和照顾。

四、停止执行代表职务和代表资格终止

（一）停止执行代表职务

地方人大代表有下列情形之一的，暂时停止执行代表职务：因刑事案件被羁押正在受侦查、起诉、审判的；被依法判处管制、拘役或者有期徒刑而没有附加剥夺政治权利，正在服刑的。上述所列情形在代表任期内消失后，恢复其执行代表职务，但代表资格终止者除外。

（二）代表资格终止

地方人大代表有下列情形之一的，其代表资格终止：代表迁出或者调离本行政区域的；辞职被接受的；未经批准两次不出席本级人民代表大会会议的；被罢免的；丧失中国国籍的；依法被剥夺政治权利的。

五、特别行政区立法会议员

（一）特别行政区立法会议员任职资格、产生方式和任期

特别行政区立法会由在外国无居留权的香港特别行政区永久性居民中的中国公民组成，或由澳门特别行政区永久性居民组成。但非中国籍的香港特别行政区永久性居民和在外国有居留权的香港特别行政区永久性居民也可以当选为香港特别行政区立法会议员，其所占比例不得超过立法会全体议员的20%。

根据两个特别行政区基本法的规定，香港特别行政区立法会由选举产生；澳门特别行政区立法会多数议员由选举产生。香港特别行政区立法会除第一届任期为二年外，每届任期四年；澳门特别行政区立法会除第一届另有规定外，每届任期四年。

（二）特别行政区立法会议员的权利

立法会议员有权依照基本法规定和法定程序提出议案，有权依照法定程序对政府的工作提出质询；特别行政区立法会议员在立法会的会议上发言，不受法律追究；香港特别行政区立法会议员在出席会议时和赴会途中不受逮捕，澳门特别行政区立法会议员非经立法会许可不受逮捕，但现行犯不在此限。

（三）特别行政区立法会议员资格的丧失

香港特别行政区立法会议员如有下列情况之一，由立法会主席宣告其丧失立法会议员的资格：因严重疾病或其他情况无力履行职务；未得到立法会主席的同意，连续3个月不出席会议而无合理解释者；丧失或放弃香港特别行政区永久性居民的身份；接受政府的委任而出任公务人员；破产或经法庭裁定偿还债务而不履行；在香港特别行政区区内或区外被判犯有刑事罪行，判处监禁1个月以上，并经立法会出席会议的议员2/3通过解除其职务；行为不检或违反

誓言而经立法会出席会议的议员2/3通过谴责。

澳门特别行政区立法会议员如有下列情况之一，经立法会决定，即丧失其立法会议员的资格：因严重疾病或其他原因无力履行职务；担任法律规定不得兼任的职务；未得到立法会主席同意，连续5次或间断15次缺席会议而无合理解释；违反立法会议员誓言；在澳门特别行政区区内或区外犯有刑事罪行，被判处监禁30日以上。

第三节　地方政府行政人员

一、主要西方国家地方政府行政人员

根据《世界地方自治宣言》第五条，地方政府雇员的雇用和培训的机会，应确保地方政府的职位是具有吸引力前景的职业。中央政府和/或上级政府应鼓励和促进地方政府实行功绩制。

《欧洲地方自治宪章》第六条要求："地方政府雇员的任职资格条件，应确保根据品行和能力录用到高素质的人员；为实现这一目的，应提供充分的培训机会、报酬和职业前景。"但各国的情况不尽一致。

（一）英国

在英国，地方政府工作人员，不是"国王的公仆"，不是公务员。除了对地方政府某些高级职位有法律要求外，如市长由选民直接选举产生，执行机关领导人由议会从议员中任命，主任消防员、社会事务主任、主任教育官等须依法设立等，一般地方政府行政人员，由地方政府自行确定规模、组成和管理。

地方政府一般官员和其他行政人员，由地方政府直接录用，并根据职业表现晋升。地方政府行政人员的薪酬和服务条件由地方政府与代表雇员的工会通过谈判协商确定。

权力下放机构（如苏格兰议会的执行机关和威尔士国民议会）由国内文官署（Home Civil Service，负责文官管理的内阁直属机构）的官员领导，因此，权力下放机构的行政人员要向国内文官署提出成员资格申请。[①]

（二）法国

1. 地方政府公务员属于公务员系列。在法国，公务员分为国家公务员（由1984年1月11日的法律调整）、地方公务员（由1984年1月26日的法律调整）

---

① 欧洲理事会编：《地方与地区民主的结构和运行——英国》（1999年），法国斯特拉斯堡：欧洲理事会出版社2000年版，第26页。

和医疗部门公务员（由 1986 年 1 月 9 日的法律调整）三大类。地方领土单位（市镇、省和大区）的公职人员，大致分为地方政府公务员与合同制或临时雇员两大类。地方政府公务员的权利义务适用 1983 年 7 月 13 日《国家和地方公务员一般地位法》规定的公务员权利和义务。此外，地方政府公务员还受 1984 年 1 月 26 日《地方公务员地位法》的管辖，该法适用于被任命为市镇、省、大区或隶属的公共机构职位的人员。

法国地方政府公务员分为不同的职界①（相当于国家公务员的职系），并从高到低依次分为 A、B、C、D 四个职类。② 与国家公务员一样，地方公务员的职位和职等（可在职等下再分若干职级）是分开的。1983 年 7 月 13 日的法律明确规定“职等不同于职位”。如果地方公务员所在的职位不存在了，但其公务员身份和职等仍然保留，可被任命到其他相应职等的职位上任职。这与欧洲其他国家不同。

如果地方领土单位不能提供新的职位，则由法国地方政府全国管理中心（A 职类和 B 职类公务员）或地方政府省管理中心（C 职类和 D 职类公务员）处理。

除了地方政府公务员以外，根据 1984 年 1 月 26 日的法律第三条的规定，如出现公务员被允许部分时间工作、职位空缺不能立即填补、满足季节或临时性需要、在职系内没有能履行要求职能的公务员、为 A 职类的职位的性质或职务的需要所要求等情形，地方政府可以聘用合同制雇员。1984 年 1 月 26 日的法律第四十七条还规定，对符合条件者可直接录用到高级职位上。

此外，1984 年 1 月 26 日的法律还规定地方领土单位可以随时录用一名或一名以上的助理协助其工作，并可随时终止其职务。但 1987 年 12 月 16 日的法律对地方领土单位雇用临时雇员的人数作了限制。

合同制雇员或临时雇员不享有行政职等和职级，不属于地方公务员。

2. 对地方公务员依法管理的权限。关于地方政府公务员管理的法律和法规性文件，具有全国性质。

根据法国宪法规定的原则，由地方政府对地方领土单位依法自由进行管理。因此，只有法律才能对地方政府的自由管理进行规范。1984 年 1 月 26 日的法律，规定了地方政府公务员管理的基本内容；以后的法律，如 1984 年 7 月 12 日《关于对地方公务员培训的法律》，对其实施作了具体规定。

自 1984 年 1 月 26 日《地方公务员一般地位法》实施以来，中央政府还制定

① 法国对地方政府公务员采用按职界，而非国家公务员按职系进行组织，主要是考虑到按职系进行划分过于琐细，不适合于地方政府公务员的管理。

② 1990 年 2 月 9 日《关于修改公务员职位分类和三类公务员报酬的谅解备忘录》要求废除 D 职类公务员。

了一系列的法规性文件,具体规定了包括地方公务员在内的公务员的录用条件、职务晋升、违纪惩戒等事项;1987 年以后,中央政府还根据 1984 年 1 月 26 日法律第四条的规定,对地方公务员的职界作了专门规定。

地方政府公务员职界,按活动部门可以分为:行政职界、技术职界、文化职界、体育职界、安全职界等。对每一职界的地方政府公务员都有一套关于录用、培训、晋升和薪酬的具体规则。

法国宪法明确地方政府对地方领土单位依法自由管理的原则,因此对地方公务员的自由管理权也在地方政府。如地方领土单位的职位由地方政府设定,地方政府可以在法律或法规性文件规定的框架内,决定个别地方公务员的录用和职业生涯等。

根据 1984 年 1 月 26 日法律第四条的规定,专属于地方政府管理的公务员事项有:地方公务员职等和职位的任命;地方政府范围内公务员的轮换;地方公务员考核、晋升(职级和职等)和惩戒。

3. 地方政府公务员的报酬。根据 1983 年 7 月 13 日《国家和地方公务员一般地位法》第二十条的规定,公务员执行职务后,有权获得报酬。公务员报酬可大致分为工资和津贴两部分。

根据 1985 年 7 月 17 日的法令,国家公务员和地方公务员的报酬计算方法、住房津贴和家庭津贴,适用同样的规定。

法国对公务员实行动态性的指数工资制。确定工资的主要依据是公务员的职务和职级。法令规定了适用于包括地方政府中担任 A 类公务员和 B 类公务员在内的公务员的工资指数;1987 年 12 月 30 日的法令则规定了适用于包括地方政府中担任 C 类公务员和 D 类公务员在内的公务员的工资指数。地方政府无权确定公务员工资的水平。

公务员津贴主要包括住房津贴、家庭津贴和法律或法规文件规定的津贴。为了维持提供类似服务的地方公务员之间、国家公务员与地方公务员之间津贴的大致平衡,根据 1990 年 11 月 28 日的《地方政府服务法》的规定,地方政府应在国家不同的公务员享有的津贴水平的限度内,确定地方公务员的津贴制度。1991 年 9 月 6 日的法令则对此作了具体的实施性规定。

4. 地方政府公务员的人事交流。1983 年 7 月 13 日的《国家和地方公务员一般地位法》和 1984 年 1 月 26 日的《地方公务员地位法》规定了地方公务员的权利(如言论自由、罢工权、参加工会的权利等)和义务(如保守职业秘密、向公众通报信息等)。

1983 年 7 月 13 日的法律还规定了公务员职业生涯制度,其中,确立了职级与职位分离的原则。依照规定,国家公务员之间、地方公务员之间以及国家公务员与地方公务员之间可以互相流动,这构成对公务员职业生涯的保障。

依据1983年7月13日的法律第十四条,公务员之间的互相流动可以通过调任方式实现。法规性文件还规定了可以通过内部竞争考试或必要时通过公开考试来进行。

依照有关职系的法规性文件的规定,在相关职类中具有一定职级或职位且薪酬水平相当的国家公务员和医疗部门公务员,可以通过调任进入到地方公务员系列;但只有很少的地方公务员职等能够通过调任进入。调任后要进行职位转换。

国家公务员职位对地方公务员的开放,要求对与职系和职位相关的法规性文件进行修改。根据修改的法规性文件的规定,目前,地方公务员已经有机会通过调任,进入到有些国家公务员职系。如内政、海外事务与领土单位部所属的副省长职系,教育部、高等教育与研究部所属的有教师资格的教师职系、普通初中教师职系、高级教学顾问职系等。

1984年1月11日的法律第十九条关于国家公务员的规定,也为地方政府公务员依照有关法规性文件规定的条件参加国家公务员内部竞争考试,提供了可能。如某些教学人员职系等内部竞争考试。

5. 地方公务员的录用和任命。1789年《法国人权宣言》第六条明确提出"所有公民均能平等地按其能力获得一切荣誉、地位和公职,除德行和才能的差别外不应有其他差别"的原则,因此,1983年7月13日的法律,规定了被录用为公务员应满足的条件:(1) 享有公民权;(2) 在警务部门没有与履行职务不相容的违法或犯罪记录;(3) 符合国民兵役法规定的要求;(4) 具备履行职务的身体条件;(5) 具有法国国籍。但1991年7月26日的法律,修改了公务员的国籍条件,把有关的公职向欧盟其他国家公民开放。

此外,根据1983年7月3日法律第十六条的规定,除非法律另有规定,公务员通过竞争性考试录用。竞争性考试分两种:一种外部竞争考试,面向持有某种文凭或完成某种研究课程者;另一种外部竞争考试,面向符合法定条件、达到一定年限的公务员。

组织竞争性考试的责任,由地方领土单位与地方公务员全国管理中心共同承担;如果设立了一个职位或出现职位空缺,由地方领土单位通知地方公务员全国管理中心,由后者发布新职位或空缺职位招聘广告。这使在竞争考试前通过转任、调任或内部晋升和职级晋升填补空缺成为可能。

地方公务员全国管理中心负责协调A职类和B职类公务员的竞争考试;C类公务员的竞争考试,由公务员地方管理中心或地方领土单位组织。

对公务员的任命权属于地方领土单位。任命是有条件的,被录用者在正式任职前需要按规定完成实习期,才能被任命。[①]

（三）德国

德国乡镇地方政府与联邦政府和州政府一样,其行政人员也分为三类:(1) 公务员:属于德国公法下具有服务和信托的特殊关系的职员。他们被赋予法定职权和职责。公务员与国家的特殊关系多由法律规定。(2) 雇员:是根据私法被地方政府雇用的人员,主要从事脑力劳动。(3) 工勤人员:也是根据私法被地方政府雇用的人员,但主要从事体力劳动。

雇员和工勤人员的录用要求和薪酬通过协商由集体合同约定。

另外,还有兼职的公务员、雇员和工勤人员。

在乡镇,通常由乡镇长负责乡镇执行机关的行政、财政和人事事项;在县一级,由县长或首席执行官负责;对某些个别的人事事项,如法律规定以外的特殊事项,则由州的人事委员会负责,或州在乡镇的监督机关负责。[②]

（四）日本

日本地方政府的所有职员均被称为地方公务员。

地方公务员的职务分为特别职务和一般职务。由居民直接选举产生的地方政府首长、议员和委员会的委员、临时或非专职的顾问、调查员等,被称为特别职务,《地方公务员法》不适用于特别职务。特别职务以外的一般职务,适用于《地方公务员法》。

除了专门法律对地方公务员作了规定外,地方政府可以依据《地方公务员法》规定的基本标准,以条例形式对其职员的有关事项作出必要的规定。

1. 人事机构。对地方公务员拥有任命权的,有地方行政首长,议会的议长,委员会(如教育委员会等),都、道、府、县警察本部长,市、町、村的消防长等。他们依据法令、条例或规则等,行使对职员的任命、停职、免职、警告处分等权限。

同时,在地方政府内还设有人事委员会(都、道、府、县、政令指定市和特别区及人口15万以上的部分市)或公平委员会(未设立人事委员会的市、町、村)。人事委员会和公平委员会独立于各地方行政首长,执行有关职员的工作条件改善、申诉等的人事行政事务。其中,人事委员会拥有在人事行政运营上对行使任命权的地方行政首长的建议(规劝)权,通常是每年就该地方政府职员的工资水平向地方政府首长提出建议(规劝)(其内容大多与人事院关于国家公务员的有关建议(规劝)基本相同)。地方议会根据建议(规劝)内容对有关条例进行

---

① 参见欧洲理事会编:《地方与地区民主的结构和运行——法国》(1997年),法国斯特拉斯堡:欧洲理事会出版社1998年版,第41—48页。

② 欧洲理事会编:《地方与地区民主的结构和运行——德国》(1998年),法国斯特拉斯堡:欧洲理事会出版社1999年版,第44页。

修订,并重新规定职员的工资。

2. 地方公务员的录用和晋升。对地方公务员的录用,原则上通过设有人事委员会的地方政府实行的择优考试进行。在得到人事委员会承认的一定情况下,或是在设有公平委员会的地方政府中,也可实行择优考试以外的选考方式。通常,大多数地方公务员的录用没有任期规定。法律规定,在录用、晋升等有关公务员身份、职位的处理(任用)方面实行平等原则,禁止人种、性别、宗教、社会身份等歧视。同时,除组织或加入主张以暴力摧毁宪法及根据宪法成立的政府的团体者外,禁止因政治见解的差异而有所歧视。但权威解释认为,这种平等原则只适用于日本国民。

3. 地方公务员的福利保健、互助制度和公务灾害补偿。地方政府有义务为职员提供娱乐、体检、宿舍、疗养所等方面的福利待遇;特别是在解决住房困难问题上,很多地方建立了由地方政府负担费用的职员宿舍,并以低价租借给职员。

同时,为使职员及其家属在遇到生病、受伤或死亡等情况时能够得到适当的补助,地方政府建立了互助制度,并设置了互助工会。互助制度提供的补助分为长期补助和短期补助两种:前者指职员在退休、残疾或死亡时支付给本人或其遗属的养老金;后者是指对会员及其扶养家属的医疗费、疗养费等补助。用于短期补助和长期补助的资金的50%由地方政府负担,其余50%来自会员每月缴纳的会费。

职员因公死亡或负伤时,地方政府有义务对职员及其家属所蒙受的损害给予补偿,补偿内容和标准由法令规定;而且,由于实际支付补偿金的机构是作为地方政府互助组织的地方公务员灾害补偿基金,因此,各地方政府之间不存在任何差别。补偿金原则上由地方政府负担。地方政府根据各职员的不同职务类别、工资总额,将应负担的费用支付给地方公务员灾害补偿基金。①

4. 地方公务员的人事交流。地方公务员是地方政府的职员,在被录用的地方政府中任职。但近年来,地方政府与中央政府之间以及地方政府相互之间的交流不断增加,出现多种形式的人事交流,如地方公务员以研修为目的并保留原职到中央政府或其他地方政府工作;一些有丰富知识和经验的地方公务员辞职并被录用为国家公务员或其他地方政府职员。另一方面,国家公务员也有被派遣到地方政府工作的。通过彼此的人事交流,中央政府与地方政府及地方政府之间建立了密切的关系。

同时,也有地方公务员被派往外国政府或外国地方政府(多为友好城市)、

---

① 〔日〕参见财团法人自治体国际化协会编:《日本的地方制度》,2006年,第57—58页。

国际机构中工作,法律对这些外派职员的待遇也作了规定。[①]

此外,《地方公务员法》还规定了地方公务员的权利和义务。

二、中国地方政府公务员和特别行政区政府公务人员

(一) 中国地方政府公务员

1. 中国公务员的概念、范围和分类。依据2005年《公务员法》的规定,中国的公务员是指依法履行公职、纳入国家行政编制、由国家财政负担工资福利的工作人员。

中国是统一的单一制国家,对公务员没有国家(中央)公务员和地方公务员的区分。另外,中国也没有政务类公务员和业务类公务员的区分。公务员的义务、权利和管理,适用《公务员法》,但法律对公务员中的领导成员的产生、任免、监督另有规定的,从其规定。

2. 地方政府公务员的行政职务关系。包括地方政府公务员行政职务关系的产生、变更和终止。

地方政府公务员行政职务关系的产生,主要方式有:(1) 选任:即由地方各级人民代表大会分别选举本级人民政府的省长和副省长、市长和副市长、县长和副县长、区长和副区长、乡长和副乡长、镇长和副镇长。它适用于地方各级人民政府领导人员行政职务关系的产生,有一定任期。(2) 决定任命:即由县级以上地方各级人大常委会根据省长、自治区主席、市长、州长、县长、区长的提名,决定本级人民政府秘书长、厅长、局长、委员会主任、科长的任命。它适用于县级以上地方各级人民政府领导人员以外组成人员行政职务关系的产生。(3) 委任:即由县级以上地方各级人民政府及其工作部门按照规定的权限和程序对非政府组成人员进行直接任命。这是地方政府公务员行政职务关系产生的最主要方式。(4) 聘任:机关根据工作需要,经省级以上公务员主管部门批准,可以对专业性较强的职位和辅助性职位,通过公开招聘或直接选聘方式聘任符合条件者担任公务员。(5) 公开选拔:厅局级正职以下领导职务或者副调研员以上及其他相当职务层次的非领导职务出现空缺,可以面向社会公开选拔,产生任职人选。(6) 调入:国有企业事业单位、人民团体和群众团体中从事公务的人员可以调入地方行政机关担任领导职务或者副调研员以上及其他相当职务层次的非领导职务。

地方政府公务员行政职务关系的变更,主要方式有:(1) 晋职:公务员晋升职务,应当具备拟任职务所要求的思想政治素质、工作能力、文化程度和任职经

---

① 〔日〕财团法人自治体国际化协会编:《日本的地方制度》,2006年,第60页。

历等方面的条件和资格。公务员晋升职务,应当逐级晋升。特别优秀的或者工作特殊需要的,可以按照规定破格或者越一级晋升职务。(2) 降职:公务员在定期考核中被确定为不称职的,按照规定程序降低一个职务层次任职。(3) 免职:选任制公务员任期届满不再连任,或任期内辞职、被罢免、被撤职的,其所任职务即终止;委任制公务员职务发生变化、不再担任公务员职务以及其他情形需要免去职务的,应按照管理权限和规定的程序免去其职务。(4) 撤职:对不是领导成员的公务员,是一种处分;对县级以上地方各级人民政府领导成员,则是取消其所任领导职务。(5) 罢免:即由地方各级人民代表大会罢免本级人民政府的组成人员。它适用于地方各级人民政府组成人员行政职务关系的变更。

地方政府公务员行政职务关系的消灭,主要有:(1) 辞退:即由公务员所在单位根据法定情形,解除公务员与原单位的职务关系。(2) 辞职:包括辞去公职和辞去领导职务。前者属于行政职务关系消灭;后者属于行政职务关系变更,可分为因公辞职、自愿辞职、引咎辞职和责令辞职。(3) 退休:即公务员因年龄或工作能力原因与原行政机关终止行政职务关系,包括强制退休和自愿提前退休。(4) 开除:即对严重违反公务员纪律尚未构成犯罪或虽然构成犯罪但依法不追究刑事责任的公务员,解除其与原行政机关的行政职务关系。是最严厉的一种行政处分。(5) 调出:即公务员调出机关而终止与原单位行政职务关系和公务员身份。属于公务员交流的一种。

3. 公务员职位分类。中国国家机关实行职位分类制度。公务员职位类别按照公务员职位的性质、特点和管理需要,划分为综合管理类、专业技术类和行政执法类等类别。另外,国务院对于具有职位特殊性,需要单独管理的,可以增设其他职位类别。

公务员分为领导职务和非领导职务。领导职务层次分为:国家级正职、国家级副职、省部级正职、省部级副职、厅局级正职、厅局级副职、县处级正职、县处级副职、科级正职、科级副职;综合管理类的非领导职务分为:巡视员、副巡视员、调研员、副调研员、主任科员、副主任科员、科员、办事员。

4. 地方政府公务员的录用。录用担任主任科员以下及其他相当职务层次的非领导职务公务员,采取公开考试、严格考察、平等竞争、择优录取的办法。地方各级机关公务员的录用,由省级公务员主管部门负责组织,必要时省级公务员主管部门可以授权设区的市级公务员主管部门组织。

5. 地方政府公务员的考核。按照管理权限,对公务员的德、能、勤、绩、廉进行全面考核,重点考核工作实绩。公务员的考核分为平时考核和定期考核。定期考核的结果分为优秀、称职、基本称职和不称职四个等次。

6. 地方政府公务员的奖惩。对工作表现突出,有显著成绩和贡献,或者有其他突出事迹的公务员或者公务员集体，给予奖励。奖励坚持精神奖励与物质奖励相结合、以精神奖励为主的原则。奖励分为：嘉奖、记三等功、记二等功、记一等功、授予荣誉称号。对受奖励的公务员或集体予以表彰，并给予一次性奖金或其他待遇。

公务员执行公务时，认为上级的决定或者命令有错误的，可以向上级提出改正或者撤销该决定或者命令的意见；上级不改变该决定或者命令，或者要求立即执行的，公务员应当执行该决定或者命令，执行的后果由上级负责，公务员不承担责任；但是，公务员执行明显违法的决定或者命令的，应当依法承担相应的责任。

公务员因违法违纪应当承担纪律责任的，依法给予处分；违纪行为情节轻微，经批评教育后改正的，可以免予处分。处分分为：警告、记过、记大过、降级、撤职、开除。对公务员的处分，应当事实清楚、证据确凿、定性准确、处理恰当、程序合法、手续完备。

7. 地方政府公务员的职务升降。公务员晋升职务，应当具备拟任职务所要求的思想政治素质、工作能力、文化程度和任职经历等方面的条件和资格。

公务员晋升职务，应当逐级晋升。特别优秀的或者工作特殊需要的，可以按照规定破格或者越一级晋升职务。

降职主要适用于定期考核中被确定为不称职或不胜任现职又不宜转任同级其他职务的公务员。

8. 地方政府公务员的职务任免。公务员职务实行选任制和委任制。领导成员职务按照国家规定实行任期制。选任制公务员在选举结果生效时即任当选职务；任期届满不再连任，或者任期内辞职、被罢免、被撤职的，其所任职务即终止。委任制公务员遇有试用期满考核合格、职务发生变化、不再担任公务员职务以及其他情形需要任免职务的，应当按照管理权限和规定的程序任免其职务。公务员任职必须在规定的编制限额和职数内进行，并有相应的职位空缺。公务员因工作需要在机关外兼职，应当经有关机关批准，并不得领取兼职报酬。

9. 地方政府公务员的培训。地方政府根据公务员工作职责的要求和提高公务员素质的需要，对公务员进行分级分类培训。

公务员的培训分为：对新录用人员在试用期内进行的初任培训；对晋升领导职务的公务员在任职前或任职后一年内进行的任职培训；对从事专项工作的公务员进行的专门业务培训；对全体公务员进行的更新知识、提高工作能力的在职培训，其中对担任专业技术职务的公务员，按照专业技术人员继续教育的要求，进行专业技术培训；对后备领导人员进行的培训。

10. 地方政府公务员的交流。公务员可以在公务员队伍内部交流，也可以与国有企业事业单位、人民团体和群众团体中从事公务的人员交流。主要形式有:(1) 调任:国有企业事业单位、人民团体和群众团体中从事公务的人员可以调入机关担任领导职务或者副调研员以上及其他相当职务层次的非领导职务;(2) 转任:公务员在不同部门、地区之间的平级调动或公务员在机关的职位转换;(3) 挂职锻炼:根据培养锻炼公务员的需要,选派公务员到下级机关或上级机关、其他地区机关以及国有企业、事业单位担任一定职务。

11. 地方政府公务员的回避。公务员回避可分为以下类型:

(1) 任职回避:公务员之间有夫妻关系、直系血亲关系、三代以内旁系血亲关系以及近姻亲关系的,不得在同一机关担任双方直接隶属于同一领导人员的职务或者有直接上下级领导关系的职务,也不得在其中一方担任领导职务的机关从事组织、人事、纪检、监察、审计和财务工作(因地域或者工作性质特殊,需要变通执行任职回避的,由省级以上公务员主管部门规定);①

(2) 公务回避:公务员执行公务时,有下列情形之一的,应当回避:涉及本人利害关系的;涉及与本人有以上列举的亲属关系人员的利害关系的;其他可能影响公正执行公务的;

(3) 地区回避:公务员担任乡级机关、县级机关及其有关部门主要领导职务的,应当实行地域回避,法律另有规定的除外。

12. 地方政府公务员的工资保险福利。公务员实行国家统一的职务与级别相结合的工资制度。公务员工资制度贯彻按劳分配的原则,体现工作职责、工作能力、工作实绩、资历等因素,保持不同职务、级别之间的合理工资差距。公务员工资包括基本工资、津贴、补贴和奖金。公务员按照国家规定享受地区附加津贴、艰苦边远地区津贴、岗位津贴等津贴。

公务员按照国家规定享受住房、医疗等补贴、补助。公务员在定期考核中被确定为优秀、称职的,按照国家规定享受年终奖金。

公务员按照国家规定享受福利待遇。国家根据经济社会发展水平提高公务员的福利待遇。公务员实行国家规定的工时制度,按照国家规定享受休假。公务员在法定工作日之外加班的,应当给予相应的补休。

国家建立公务员保险制度,保障公务员在退休、患病、工伤、生育、失业等情况下获得帮助和补偿。公务员因公致残的,享受国家规定的伤残待遇。公务员因公牺牲、因公死亡或者病故的,其亲属享受国家规定的抚恤和优待。

13. 地方政府公务员的辞职辞退。公务员辞去公职,应当向任免机关提出

---

① 直系血亲关系,包括祖父母、外祖父母、父母、子女、孙子女、外孙子女;三代以内旁系血亲,包括伯叔姑舅姨、兄弟姐妹、堂兄弟姐妹、表兄弟姐妹、侄子女、甥子女;近姻亲关系,包括配偶的父母、配偶的兄弟姐妹及其配偶、子女的配偶及其子女配偶的父母、三代以内旁系血亲的配偶。

书面申请。任免机关应当自接到申请之日起30日内予以审批,其中对领导成员辞去公职的申请,应当自接到申请之日起90日内予以审批。

担任领导职务的公务员,因工作变动依照法律规定需要辞去现任职务的,应当履行辞职手续;担任领导职务的公务员,因个人或其他原因,可以自愿提出辞去领导职务;领导成员因工作重大事故、失职造成重大损失或恶劣社会影响的,或对重大事故负有领导责任的,应引咎辞去领导职务;领导成员应引咎辞职或因其他原因不再适合担任现任领导职务,本人不提出辞职,应责令其辞去领导职务。

公务员有下列情形之一的,予以辞退:在年度考核中,连续两年被确定为不称职的;不胜任现职工作,又不接受其他安排的;因所在机关调整、撤销、合并或缩减编制员额需要调整工作,本人拒绝合理安排的;不履行公务员义务,不遵守公务员纪律,经教育仍无转变,不适合继续在机关工作,又不宜给予开除处分的;旷工或因公外出、请假期满无正当理由逾期不归连续超过15天,或一年内累计超过30天的。

对有下列情形之一的公务员,不得辞退:因公致残,被确认丧失或者部分丧失工作能力的;患病或者负伤,在规定的医疗期内的;女性公务员在孕期、产假、哺乳期内的;法律、行政法规规定的其他不得辞退的情形。辞退公务员,按照管理权限决定。辞退决定应当以书面形式通知被辞退的公务员。被辞退的公务员,可以领取辞退费或者根据国家有关规定享受失业保险。公务员辞职或者被辞退,离职前应当办理公务交接手续,必要时按照规定接受审计。

14. 地方政府公务员的退休。公务员达到国家规定的退休年龄或完全丧失工作能力的,应当退休。公务员符合下列条件之一的,本人自愿提出申请,经任免机关批准,可以提前退休:工作年限满30年的;距国家规定的退休年龄不足5年,且工作年限满20年的;符合国家规定的可以提前退休的其他情形的。公务员退休后,享受国家规定的退休金和其他待遇。

15. 地方政府公务员的申诉、控告。公务员对处分,辞退或者取消录用,降职,定期考核定为不称职,免职,申请辞职、提前退休未予批准,未按规定确定或者扣减工资、福利、保险待遇以及法律、法规规定可以申诉的其他情形,可以提出申诉。

公务员认为机关及其领导人员侵犯其合法权益的,可以依法向上级机关或者有关的专门机关提出控告。受理控告的机关应当按照规定及时处理。[①]

---

① 申诉是指公务员对所在机关或有关机关作出的涉及本人权益的人事处理决定不服,向所在机关或有关机关提出意见和要求;控告是指公务员对机关及其领导人员侵犯其合法权益的行为,向上级机关或(纪检)监察机关提出指控。

(二) 中国特别行政区公务人员

1. 任职资格。在特别行政区政府各部门任职的公务人员必须是香港或澳门特别行政区永久性居民。但基本法第一百零一条对外籍公务人员另有规定者或法律规定某一职级以下者不在此限(香港);基本法第九十八条和九十九条规定的公务人员,以及特别行政区聘用的某些专业技术人员和初级公务人员除外(澳门)。

特别行政区政府可任用原香港或澳门公务人员中的或持有特别行政区永久性居民身份证的外籍人士担任政府部门的各级公务人员,但基本法另有规定者除外。特别行政区政府或有关部门还可聘请外籍人士担任政府部门的顾问和专业技术职务。上述外籍人士只能以个人身份受聘,对特别行政区政府负责。

2. 工资福利待遇。特别行政区成立前在香港或澳门政府各部门,包括警察部门任职的公务人员均可留用,其薪金、津贴、福利待遇等不低于原来的标准。原来享有的年资予以保留。

3. 任用和提升。公务人员应根据其本人的资格、经验和才能予以任用和提升,香港或澳门原有关于公务人员的录用、纪律、提升和管理等制度,予以保留。

第十四章
地方政府制度改革

第一节　西方国家地方政府制度改革

一、主要欧洲国家地方制度的新发展

（一）《里斯本条约》对地方制度的发展

2004年10月29日，欧盟25个成员国的领导人在意大利的罗马签署了旨在保证欧盟有效运作及欧洲一体化进程顺利进行的《欧盟宪法条约》。但该条约2005年在法国和荷兰的全民公决中先后被否决。经过两年多的协商，2007年12月13日，欧盟各国首脑在葡萄牙的里斯本签署了《欧盟宪法条约》的简化版新条约草案，即《里斯本条约》，如经欧盟27国批准，新条约将得以生效实施。欧盟机构主要有：欧洲代表大会、欧洲议会、部长会议、欧洲委员会、欧盟法院等。

《里斯本条约》对地方制度的发展，主要表现在以下6个方面。

1. 明确承认地方自治和地区自治

根据《里斯本条约》第三条第一款的规定："欧盟应当尊重各成员国在条约上的平等以及它们各自在基本结构上、政治上和宪法上，包括在地区自治和地方自治方面所固有的民族特性。"这是首次在欧洲条约中提到地方自治和地区自治的概念，具有十分重要的政治意义。这一规定表明，欧洲不仅是一个自上而下的体系，而且也将照顾到各国的不同特点和利益，并要求欧盟立法不得损害地方自治的普遍原则。而这一原则具体体现在1985年10月15日由欧洲理事会通过、1988年9月1日生效、已经40多个欧洲国家（包括欧盟全体成员国）批准的《欧洲地方自治宪章》中。

2. 将"从属性"原则扩大到包括地方政府和地区政府

自从1992年《马斯特里赫特条约》签署以来，欧盟条约中就确立了"从属

性"的原则,即欧盟只在成员国不能有效行动实现其目标时,才能采取行动。这表达了这样的一个理念:按照从属性原则,应由最接近居民的政府(通常是地方政府和地区政府)来决定和行动,才能提高工作效率。根据《里斯本条约》第八条规定的从属性原则的要求,如果由成员国的中央或地区政府和地方政府能更好地实现其目标,欧盟则不得采取行动。另外,根据《里斯本条约》,各国所作的决定应公开进行并尽可能贴近居民,这也体现了从属性原则。

3. 与地方政府和地区政府更有效的合作

《里斯本条约》要求欧盟保持与有代表性的非政府组织和公民社会的经常对话,并与有关政党进行广泛的协商。这意味着,像欧洲城市和地区理事会这样的代表欧洲地方和地区政府的非政府组织将获得更重要的法律地位。《里斯本条约》还包括一份《关于适用从属性原则和比例原则的议定书》,根据该议定书,欧盟委员会应在提出欧盟立法前广泛征求意见;在征求意见时,还要考虑拟议行动对地方政策和地区政府的影响。

4. 更多地考虑对地方和地区政府的财政影响

议定书还要求,欧洲委员会应起草一个具体的关于拟议中的新法律如何满足从属性原则和比例原则的声明。该声明须评估新法对财政的影响,包括对成员国国家立法和地方立法的影响。起草新法,还须确保其对地区和地方政府在财政上和行政上的影响要减到最低程度,并符合政策目标。

5. 司法救济权

《里斯本条约》首次规定欧盟地区委员会(欧盟咨询机构之一)向欧盟法院起诉的权利,即,如果地区委员会认为欧盟违反了"从属性"原则,可向法院起诉;另外,如地区委员会的合法权利受到侵犯(如应与之协商而未进行协商),也可提起诉讼。这为地方政府和地区政府提供了用以维护"从属性"原则的必要手段。

6. 加强区域合作

地方政府和地区政府在欧盟的合作政策和结构基金中具有特殊利益。迄今为止的欧洲条约主要是指的经济和社会合作,但《里斯本条约》第二条所述的新目标,包括促进经济的、社会的和"区域的合作";地方政府和地区政府成为"区域合作"的主要角色。这些也要求欧盟在制定和执行政策时应更多地考虑其对地区的影响。

(二) 主要欧洲国家地方制度的改革

1. 法国

法国传统上是一个中央集权的单一制国家。1982 年以来,法国进行了地方分权改革,将中央的权限向地方转移。以相关法律和宪法修正法的颁布为标志,法国 1982 年以来的中央地方关系改革大致可以分为三个阶段。

第一阶段以1982年3月2日《关于市镇、省和大区权利和自由法》的颁布为标志。这一阶段改革的重点是完善地方行政管理体制，中央政府向地方政府转让权力，目的在于减少中央集权带来的弊端，充分调动地方的积极性，使地方政府在行政管理和财政上享有更大的自主权。

第二阶段以1992年2月3日《关于行使地方议员职务条件法》和2月6日《共和国地方行政指导法》的先后颁布为标志。这一阶段改革的重点在于加强地方民主，扩大公民对地方生活的参与，目的在于提高地方事务管理的透明度，加强地方管理的民主化，促进各地区平衡协调发展。

第三阶段以2003年3月28日《关于法国国家结构改革的宪法修正案》为标志。①

法国这次对宪法进行的修改，重新定义了国家与领土单位关系的性质，宣称法国是一个“地方分权”的国家，进一步扩大了地方自主权。

这次宪法修改，在法国中央与地方关系安排上进行了重大调整，甚至对法国自大革命传承下来并以领土统一为中心建立的政治-行政体制的本质产生重要影响。

2003年3月28日对法国宪法进行修改的《关于法国国家结构改革的宪法修正案》(2003年第276号宪法性法律)，共计12条。② 其主要内容可以概括为以下五个方面：

(1) 确认“分权单一制”。修改后的宪法第一条规定：“法兰西是不可分离的、非宗教的、民主的社会共和国。……它的组织是分权化的。”对法国的国家结构作了总括规定，明确了法国是一个“分权单一制”国家。

(2) 肯定“从属性”原则。修改后的法国宪法第七十二条第二款规定：“在其层级能得以最好实施的全部权限，由领土单位负责作出决定。”这一规定，将1992年《马斯特里赫特条约》中的“从属性”原则转化为共和国宪法的内容。③

(3) 宪法将禁止领土单位之间的监护关系，作为处理领土单位关系的基本原则。修改后的宪法第七十二条第五款明确规定：“任何一个领土单位都不得对另一领土单位实施监护。”因此，各领土单位之间不存在相互的优越性，各级

---

① 潘小娟：《法国中央与地方关系改革比较研究》，载(京)《国家行政学院学报》，2005年第3期，第80页。

② http://www.legifrance.gouv.fr/Waspad/UnT

③ 法国宪法肯定了从属原则作为其处理中央与地方关系的基本准则，在理念上，已经转变了传统的“先中央后地方”的思维，而将地方置于中央之先，符合从属原则中“决策应尽可能由最接近老百姓人格者作出”的理念，“实质上就是用来维护较低层次政府机构权力的一种根本性原则。其目的是严格限制公共政策和国家在社会生活中的地位和作用，保障公民最大限度地行使自己的权利，保障决策在最接近人民群众的下层政治机构作出，防止过度集权和滥用权力。”参见张丽娟：《法国修宪扩大地方分权》，载(京)《法制日报》，2005年3月24日。

地方政府之间的关系的基础是互相竞争与合作。这也区别于传统中央集权制下自上而下的领导与从属关系。

(4) 宪法进一步扩大地方自主权,充实地方自治。

首先,承认领土单位具有条例制定权。修改后的宪法第七十二条第三款规定:"依照法律规定的条件,这些领土单位由选出的议会自主管理,并且,为行使其职权,其拥有条例制定权。"宪法则赋予了领土单位自主性条例制定权,使得领土单位的自治权限进一步扩展至中央政府传统保留领域,实际上是授予地方一定限度的立法权。

其次,承认领土单位的实验权。新增加的宪法第七十二条第四款规定:"根据情况,当法律或者条例已有规定,领土单位或者其组合可以依照组织法规定的条件,为特定目的并在确定期限内,实验性地减损调整其权限行使的该立法性或者条例性条款,但涉及行使公共自由或者宪法所保障权利的实质条件的除外。"

第三,明确规定了地方自治的财政保障——财政自治与平衡原则。修改后的宪法将领土单位的财政自治上升为宪法原则,分别规定:"领土单位享有可依法律规定条件自由支配的收入"。"对于每一类领土单位,税收收入和其他自有收入代表其全部收入的决定性的一部分。"

以财政自治来保障领土单位自治权的行使,同时也必然带来不同领土单位之间不平等的加剧。法国宪法规定了平衡机制,以保障领土单位有足够的收入来完成其使命,并促进各领土单位之间的平等。通过国家干预的方式,防止地区间不平等出现。

(5) 进一步扩大直接民主形式。

第一,构建了法国真正的地方公民投票。宪法规定:"依照组织法规定的条件,属于领土单位权限范围的审议草案或者文件草案,在领土单位的提议下,通过公民投票的方式,提交该领土单位内的选民决定。"在市镇一级征询居民意见在法国行政历史中已有实践,但是,这种居民意见只具有参考的效力,修改后的宪法将地方公民投票作为对地方事务进行决策的一种途径,而不仅仅只构成一种意见。

第二,规定了公民的请求权。在肯定地方公民投票具有决定性意义的同时,宪法还承认了地方居民的请求权,规定"每一领土单位的选民可以通过行使请求权的方式,要求将属于领土单位权限的问题登记于审议大会议事日程的条件,由法律规定。"领土单位的选民可以通过行使请求权的方式,请求将与领土单位权限有关的事项登记在审议大会议事日程上。

宪法修改引入了两种全新的直接民主形式:地方公民投票与请求权。地方公民投票以前只是建议性的,而今成为决定性的。而请求权则是在法国前所未闻的新鲜事物。如果说地方自治将决策贴近人民,则直接民主形式就是将决策权还原于人民。

在法国这样一个传统中央集权的国家,实现地方分权并将之宪法化,其既是对传统的突破与挑战,同时也必然要保留传统的痕迹。正如法国学者所言,"这一次改革割断了法国模式的某些经典特征,至少在一定程度上趋向于西班牙或者是意大利的大区主义者的逻辑,甚至是德国的联邦制。"①

2007年1月,法国国民议会批准《欧洲地方自治宪章》。

2. 英国

英国是一个具有地方自治悠久历史的国家,英国的地方政府制度被认为是最富有自治精神和传统的。但在1997年前的近20年中,英国一直朝着集权的方向发展,其主要表现:一是1972年对北爱尔兰实施直接治理;二是将民选的地方政府的许多职能转由大臣或实际上由大臣控制的非民选的准公共机构,包括城市振兴、交通、住宅和规划等职能;三是财政部门对公共服务资金提供的日益严格的控制;四是1985年修改《地方政府法》,并于1986年撤销了大伦敦议会和六个都市郡议会。但是,这个集权的趋势受到了遏制,特别是在1997年大选以后。②

工党自1997年5月执政以来,中央与地方关系发生了重大变化。工党政府积极推行分权改革,其主要表现之一就是使威尔士、苏格兰和北爱尔兰三个地区组成了具有自治地位的一级政府。目前,在英国,除了中央政府和地方政府以外,还有次中央级政府——地区性政府。同时,对地方政府制度也作了较大的改革。

1999年3月25日,环境、交通和地区部(最后改为"社区与地方政府部")发表了名为《地方领导、地方选择》的地方政府改革报告,其中一个核心内容是认为传统的地方议会的运行方式已不能服务于地方人民、社区和议会本身,因此要从人民应当有如何被治理的选择权的宗旨出发,提出新的地方治理模式。报告认为应着手对近百年来的英国议会-委员会制进行改革,建立一种能给地方社区提供强有力的领导、在变化迅速的世界中及时作出决定以及提供高水准地方服务的地方政府机构。

2000年联合王国议会通过新的《地方政府法》,对英格兰和威尔士地方政府机构作了重大改革。根据该法的规定,地方政府应当依法施行有关建立和运作地方议会"执行机关的制度安排",并使议会的某些职能成为执行机关的职责。地方议会的执行机关必须采取以下几种地方治理模式中的一种:(1)执行机关由市长和内阁组成的市长-内阁制;(2)执行机关由领导人和内阁组成的领导人-内阁制;(3)执行机关由市长和议会管理人组成的市长-议会管理人制;(4)由主管大臣发布的规章中规定的任何形式。

① 转引自张丽娟:《法国修宪扩大地方分权》,载(京)《法制日报》,2005年3月24日。

② 董礼胜著:《欧盟成员国中央与地方关系比较研究》,中国政法大学出版社2000年版,第278页。

2000 年 5 月大伦敦地区举行第一次选举,产生了伦敦市长和全伦敦议会;2004 年 6 月举行了第二次选举;2008 年 5 月举行了第三次选举。

在英国,已经或正在进行的地方制度改革主要有:(1) 进一步向北爱尔兰下放权力;(2) 建立新的全伦敦的政府机构;(3) 完成在英格兰设立新的地区发展署的制度安排;(3) 必要时在英格兰建立由选民直接选举产生的地区政府;(4) 改革地方议会的委员会制,实行新的地方治理模式,明确划分执行和监督职能,加强政治领导和公民参与;(5) 建立地方政府与公民的新的协商机制,实行地方政府为地方利益而与其他有关机构的合作行动;(6) 实行更短的议会议员任期制和经常的选举制;(7) 通过新的立法,对地方政府实行更严格的行为准则;(8) 加强对英格兰地方政府拨款分配的监督审查,以建立更简便、稳定、有力和公正的制度;(9) 建立新的地方议会的新的制度框架,包括实行新的行为准则,设立地方议会自己的标准委员会和调整委员会,对地方政府实行更高的行为和禁止性标准。

2003 年《地方政府法》,是中央政府对地方政府进一步放松规制政策的重要体现。该法减少了中央对地方政府的计划、许可和绩效指标,简化了监督程序,旨在帮助地方政府提供更好的服务;该法确定了对地方政府综合性绩效评估制度的改革措施,加强了中央政府对怠于履行职责的地方政府的干预和对绩效较差的地方政府的纠正,并减少了对绩效较好地方政府的管制和检查。该法还对地方政府财政进行改革,引进了一种新的审慎财政制度。

2003 年《地方政府法》允诺,将在英格兰地区通过公民投票方式决定是否建立本地区的议会。2004 年 11 月 4 日,一项关于在英格兰建立民选地区议会的提议在东北郡的全民公决中被否决。在近 48% 的参加公决投票的居民中,赞成者占 22%;反对者占 78%。为此,英国政府决定延期或暂不举行在英格兰其他地方的全民公决。但英国政府表示,将继续推进权力下放进程,并通过改革地方政府和加强英格兰地区,提高工作绩效。

由于按 2000 年《地方政府法》规定有的地方实行行政首长直选,但效果不尽理想,2007 年 11 月 13 日议会通过的《地方政府与公众参与卫生法》,要求实行地方政府行政首长直选的地方,四年后可实行领导人由本地方议会产生。

3. 德国

原德意志民主共和国实行单一制,地方国家机关实行民主集中制的地方制度,即各专区(1954 年前为州)、县、市、市区、乡镇或联合乡镇设立地方人民代表机构(die örtlichen volks vertungen)——专区议会、县议会、市议员代表大会、市区(乡镇或联合乡镇)人民代表大会,作为地方国家权力机关,由各地有选举权的公民通过民主、自由和无记名投票方式直接选举产生,任期五年,向上一级机构和选民负责并报告工作；为了履行职责，各级地方议会或代表大会选举各级地方政府和各常设委员会，地方政府成员尽可能由议员担任，非议员也可被任命为地方政府各委员会的委员。地方政府确保人民代表机构工作的顺利开展，并组织和领导其职权范围内的社会发展工作，对地方议会负责并向上一级政府报告工作。地方政府各委员会组织公民在准备和执行各级地方议会的决议时进行专门性的合作，监督政府及其机关执行法律、法令和人民代表机构的决议。1990 年 3 月 28 日，原东德人民议院（1990 年 3 月 28 日自由选举产生）通过了一项关于恢复五个州的法律；1990 年 10 月 14 日完成五个州议会的选举，原德意志民主共和国作为一个联邦制加入到统一的德意志联邦共和国。德国统一后，加入到德意志联邦共和国的五个州的地方制度也随之改造，主要是根据《德意志联邦共和国基本法》的规定，对新加入的五个州也实行地方自治，重新赋予地方政府一定的自治权力，并对地方政府进行改革，实行与原德意志联邦共和国类似的地方政府体制；同时，对州与地方政府之间的职能进行了再分配，减少了中央集权，扩大地方分权。但是，原民主德国在统一巨变后，才恢复了自治的乡镇，对原联邦德国开展的“地方区域改革”（扩大“单元乡镇”，将县改为行政团体、协会组织，减少县的数目，合并乡镇等），并没有盲目追从，但有可能将小的乡镇合并为某种官方机关（或行政联合体）；而在县一级，基本上根据西德的模式，县的改革在整个德国得以实现。因而，在基层的行政方面，人们至今仍会发现各州之间相当的差异。①

几年来，在德国有的州，已经进行地方宪章法的改革，如废除双头制（下萨克森州、北莱茵-威斯特法伦州），采用市长直接选举制和公民直接参与的因素如全民公决等。在近年来的行政改革过程中，许多州宪章法采行了所谓的“试验条款”，允许地方政府经申请后免除某些预算法和组织法。结果，地方政府有可能引入新公共管理模式，寻求政策创新来应付财政短缺。目前，各级政府正在酝酿新的行政改革，这涉及中央和地方政府职权的重新划分。分配更多的职责给地方，并将现有的政府机构合并为县政府和乡镇政府，是一个明显的发展趋势。②

4．俄罗斯

苏联是一个联邦集权的国家，在地方实行民主集中制的地方制度，即各级地方设立由选举产生的人民代表苏维埃，任期一般为两年半；地方各级人民代

---

① 参见〔德〕平特纳：《德国普通行政法》，中国政法大学出版社 1999 年版，第 25—26 页。

② 欧洲理事会编：《地方与地区民主的结构和运行——德国》（1998 年），法国斯特拉斯堡：欧洲理事会出版社 1999 年版，第 45 页。

表苏维埃解决辖区内的所有地方性问题,贯彻上级国家机关的决定,领导下级人民代表苏维埃的工作,并享有广泛的职权。地方各级人民代表苏维埃选举产生执行委员会,作为地方各级人民代表苏维埃执行和发布命令的机关。执行委员会直接向地方各级人民代表苏维埃和上级执行和发布命令的机关报告工作,并每年向本级人民代表苏维埃、劳动集体大会和公民居住地报告工作一次。执行委员会有权解决属于地方各级人民代表苏维埃会议上解决的问题以外的属于苏维埃管辖的一切问题。

1990 年 4 月 9 日,苏联最高苏维埃通过了第一部《苏联地方自治和地方经济一般原则法》,规定苏联的地方自治是人民社会主义自治的组成部分,其使命是保证公民权利和自由的行使,直接或通过他们选举产生的机关自主地解决本地区的社会经济发展问题和环境保护问题;地方自治制度的内容包括:地方人民代表苏维埃,区域性社会自治机关,地方公决、地方公民大会、村会等直接民主形式;地方自治均在各行政区域单位内实施。该法明确规定在市、镇、村苏维埃等基层行政区域单位内实行地方自治,并授权各加盟共和国和自治共和国对需要实行地方自治的其他行政区域单位自行作出规定。1990 年 12 月 26 日,第四次苏联人民代表大会通过的《鉴于完善国家管理机关修改补充苏联宪法〈基本法〉法》将地方自治提到宪法原则的高度。

1991 年上半年,各加盟共和国根据苏联宪法确认的地方自治原则,对本共和国宪法进行了修改补充,并制定颁布了本共和国的地方自治法。1991 年 5 月 24 日通过的《俄罗斯苏维埃联邦社会主义共和国宪法〈基本法〉的修改补充法》确认了地方自治原则,并规定在区、市、市辖区、镇、村苏维埃等行政区域单位内居住的居民,可以通过代表权力机关(地方人民代表苏维埃)和相应的管理机关(地方行政机关)、区域性社会自治机关以及地方公决、公民大会等直接民主形式,实行地方自治。

1991 年底,苏联解体、俄罗斯联邦独立。1993 年 10 月 26 日俄罗斯联邦总统叶利钦发布命令,批准了《俄罗斯联邦在分阶段宪法改革时期的地方自治组织原则条例》。1993 年 10 月 29 日,叶利钦又发布总统令,批准了《地方自治机关选举的基本条例》。1993 年 12 月 12 日俄罗斯联邦以全民公决形式通过的新宪法,确认了地方自治原则,并专章对地方自治机关作了明确的规定。1995 年 8 月 12 日俄罗斯联邦国家杜马通过、同年 9 月 1 日生效的《俄罗斯联邦地方自治一般组织原则法》,把地方自治宪法原则进一步具体化。1996 年 12 月以前,大多数俄罗斯联邦主体颁布了自己的地方自治问题法,并随后举行了地方自治机关的选举。至此,在俄罗斯,地方自治制度得以建立并发展。

但由于《俄罗斯联邦宪法》是过渡时期的宪法,其所确认的地方自治是发展中的地方制度,不可避免地存在各种问题和不足,有的联邦主体立法与联邦立法不符、对地方自治机关的选举不够重视等问题;也还存在制约地方自治发展水平的各种因素,如地方自治的财政经费和物资保障不足等。

在完成前一阶段地方制度改革、实行地方自治的任务,包括制定联邦和联邦主体的有关立法、设立地方自治机关、明确国家权力机关与地方自治机关的关系,并加强对联邦主体和地方自治机关的工作的基础上,俄罗斯联邦政府不断总结经验,完善地方自治。在这一阶段,俄罗斯联邦事务、民族和移民政策部的主要任务是,推进地方自治机关组织的法定化和和程序化,协调联邦执行权力机关有关地方制度改革的活动,并推动地方自治的联邦计划的实施。[①]

随着俄罗斯经济状况的逐步好转,地方自治的财政基础逐步增强,地方自治制度也逐步完善。1999 年 10 月 20 日和 21 日,俄罗斯联邦公布了《地方自治发展国家政策的基本原则》。为了加强对联邦主体和地方自治制度的监督,2000 年 7 月,俄罗斯联邦国家杜马通过《俄罗斯联邦主体一般组织原则法的修改补充法》和《俄罗斯联邦地方自治一般组织原则法修改补充法》,并于同年 8 月由俄罗斯总统签署生效。其中,《俄罗斯联邦地方自治一般组织原则法修改补充法》规定了地方自治代表机关、地方自治长官如通过违反联邦宪法、宪法性法律和联邦主体宪法、宪章、法律和地方组织章程的规范性法律文件,必须承担的被解散或被弹劾的法律责任。

目前,俄罗斯联邦正在酝酿联邦结构的改革。联邦对联邦主体实行垂直领导,使联邦主体立法与联邦立法相符合的机制,或将建立起来;与此相对应,俄罗斯地方自治制度也在酝酿着一系列改革。

二、其他西方国家地方政府改革

(一) 日本

自 1949 年的《休普建议》(联合国有关日本税制的调查报告)以来,在日本,对于推动地方分权的问题,提出过很多方案。特别是近几年来,国际社会不断发生变化,为适应这种国际形势的变化并适应高龄化社会的到来,日本需要改变社会功能过分集中于东京的状况并建立其富于个性的地区社会,人们呼吁从根本上重新认识以往的中央集权型行政体系,建立能使国民有充裕感的地方分权型社会。

1. 推进地方分权

日本虽然实行地方自治制度,并在宪法上作了明确的规定。但长期以来中

---

① 欧洲理事会编:《地方与地区民主的结构和运行——俄罗斯》(1999 年),法国斯特拉斯堡:欧洲理事会出版社 2000 年版,第 24 页。

央政府对地方的控制很严。中央的控制手段,一是“机关委任事务制度”,即中央政府各省厅委任地方政府办理的事务,中央政府各省厅有权进行指挥、控制或监督。在都、道、府、县一级,“机关委任事务”占到全部事务的70%—80%。二是地方交付税制度,即转移支付制度。以往,国税约占全部税收的2/3,地方税占1/3,而国税的50%左右要通过“地方交付税”的形式返还地方,但返还时不是等比例返还,而是根据地方的实际情况由中央决定返还多少;三是在人事方面,大多数的都道府县长官是从中央省厅“下凡”而来,同时,从中央派遣或转职的地方官员也很多。原自治省是中央与地方的联结点,权力很大,中央资金主要通过自治省一个渠道下到地方。中央与地方名义上是对等的行政实体,实际上是上下级关系。因此,多年来,改革中央集权制扩大地方分权的呼声一直很高,地方分权运动的时机趋于成熟。①

1993年6月,日本参众两院一致通过了《关于推进地方分权改革的决议》。1994年1月,内阁设立了行政改革推进本部,并在其之下设立了地方分权部会。该部会提出的“意见书”中写明应该废止机关委任事务。1994年12月25日,日本村山内阁通过《关于推动地方分权的大纲方针》,确定了地方分权改革的基本方向,并决定制定关于促进地方分权的基本法律。1995年5月19日,日本国会通过《地方分权推进法》,同年7月3日,《地方分权推进法》实施。

《地方分权推进法》的内容共四章和一个附则。四个章节为:(1) 包括目的、基本理念、职责在内的总则;(2) 关于推动地方分权的基本方针;(3) 地方分权推进计划;(4) 地方分权推进委员会。其有效期为5年(2000年5月延长了一年)。

根据《地方分权推进计划》,1999年7月8日,日本国会通过了《有关推动地方分权相关法律建设的法律》(《地方分权一览法》),同月16日,政府公布了该法,并从2000年4月1日开始施行(除部分内容外)。

《地方分权一览法》对《地方自治法》以及有关法律进行了必要的修正,其内容大致如下:(1) 明确了中央政府和地方公共团体的作用分工。作用分工的基本方针是:中央政府主要承担在国际社会中的国家事务,以及那些以实行全国性统一规定为宜的事务等,而有关居民日常生活方面的行政事务则尽量由地方政府承担。(2) 废除机关委任事务制度。为建立中央政府与地方公共团体之间对等、协作的新关系,废除机关委任事务制度,将地方公共团体的事务内容重新调整为“自治事务”和“法定委托事务”。同时,废止地方事务官制度。(3)

① 中编办赴日本考察团:《日本行政改革的最新走向》,载《中国机构》,2001年第3期。

重新审视中央政府的干预等。《地方自治法》规定了有关干预的基本原则、对每一新种类事务的干预的基本模式、干预的程序及对干预过程中产生的讼争的处理方式,同时,还规定依据个别法律进行的干预应在基本模式的最小限度内。(4) 推动权限的委让。通过个别法律的修订,将中央政府的权限转移到都、道、府、县,同时将都、道、府、县的权限下放给市、町、村。与此相关联,通过《地方自治法》的修订,建立了特例市制度。(5) 重新审定"必置规制"。通过个别法律的修订,废除或放宽关于地方公共团体的人员配置、组织构成等的硬性规定,尊重地方公共团体的自主性组织权并推动行政工作的综合化和高效化。(6) 建立健全地方公共团体的行政体制。促进市、町、村的自主性合并,提高地方议会的活力,放宽核心市的指定条件等,以进一步提高地方公共团体的行政、财政能力并建立健全行政体制。

在此次地方分权改革中,日本对地方财政制度也进行了改革和调整,如对地方交付税和国库补助金制度进行改革,扩大地方财权。根据 2000 年 4 月实施的《地方分权一览法》,从 2006 年 4 月起,地方债的发行从原来的审批制改为协议制。①

2. 建立健全地方行政体制

(1) 核心市制度:通过 1994 年 6 月对《地方自治法》的修改,日本开始实行核心市制度。目的在于,对于具有较大规模能力且在地域中发挥中心城市作用的市,强化其事务权限,使其能够在与居民日常生活密切相关的方面为居民提供相应的行政服务。②

(2) 特例市制度:随着《地方分权一览法》的制定,《地方自治法》得到了修订,并从 2000 年 4 月 1 日起开始实施特例市制度。特例市制度的目的在于以市、町、村为对象实行权限委让。③

(3) 广域联合体制度:在实行核心市制度的同时,经修订的《地方自治法》还规定实行广域联合体制度。广域联合体制度的目的在于,对地方公共团体面临的多样化的广域行政需求作出切实有效的对策,同时,对接受中央政府权限

---

① 〔日〕财团法人自治体国际化协会编:《日本的地方制度》,2006 年,第 55 页。

② 成为核心市必须具备的条件是:人口在 30 万以上且面积在 100 平方公里以上;由符合上述条件的市提出申请,经政令批准后成为核心市。政令指定的核心市能够处理政令规定的事务,但由都、道、府、县进行地区统一处理更有效的事务除外。核心市的行政事务包括对养老院开设的审批和监督,对街区化地区或街区化整顿区域的开发工程的审批,对一般废弃物处理设施建设的审批和现场检查等。截至 2008 年 4 月 1 日,全国共有 39 个核心市。

③ 成为特例市必须具备的条件是:人口在 20 万以上;由符合条件的市提出申请,经政令批准后成为特例市。特例市能够处理与核心市同样的行政事务,但由都、道、府、县进行地区统一处理更有效的事务除外。特例市的行政事务包括对开发行为的审批等。截至 2008 年 4 月 1 日,全国共有 43 个特例市。

委让进行相应的体制建设。

普通地方政府以及特别区为能够切实地处理涉及广域地区的行政事务，通过协议制定有关的规约而建立"广域联合体"。都、道、府、县加入的"广域联合体"须经中央政府总务大臣批准；其他的"广域联合体"则须经都、道、府、县知事的批准。①

(4) 市、町、村合并特例法：1965 年制定的《关于市、町、村合并特例的法律》(《旧合并特例法》)规定了有关法律的特例措施，以推动市、町、村顺利地实行自主合并。② 1999 年，在不变更有效期限的情况下，日本国会根据《地方分权推进计划》对《旧合并特例法》作了必要的修改。《合并特例法》作了有关推进市、町、村自主合并的规定，其宗旨在于：不是以中央政府或县为指导，而是在尊重市、町、村自主性前提下积极创造有利于市、町、村合并的环境条件。根据《合并特例法》，对于合并后的市、町、村的各方面工作实行特例措施，并形成制度。同时，还设立了居民提议制度，根据规定，如果具有参选权的居民的 1/50 以上的居民的签名，可以要求设置合并协议会，同时，居民可以直接参与实施合并的有关程序。合并协议会是在《地方自治法》意义上的协议会，准备实行合并的市、町、村就合并是否适当等各种合并条件进行协议。目前，所有符合《合并特例法》的合并都曾设有合并协议会。

(5) 行政改革的措施：地方分权的发展，要求作为地方分权主体的地方公共团体建立起精简、高效的行政体系。同时，地方公共团体处于非常困难的财政状况。因此，人们强烈期望地方公共团体进行彻底的行政和财政改革。③ 在这种情况下，各地方公共团体根据各自以居民意见为基础制定的行政改革大纲，对行政事务和有关事业及组织和机构进行重新审视，在职员定员、工资合理性、职员能力开发和理念更新等各方面采取了相应的改革措施。

---

① "广域联合体"是属于以往的"地方公共团体组合"的一种类型，但它与"部分事务组合"等有所不同。都、道、府、县加入的"广域联合体"能够从中央政府直接接受权限或事务委任，而其他的"广域联合体"能够从都、道、府、县直接接受权限或事务委任。同时，为提高权限委让的实效性，"广域联合体"可以向中央政府等提出权限或事务委任的要求。此外，"广域联合体"议会的议员以及首长通过直接选举或间接选举产生，与普通地方公共团体相同，居民可对"广域联合体"直接提出要求。截至 2004 年 3 月，全国共有 82 个"广域联合体"。

② 《旧合并特例法》于 2005 年 3 月 31 日失效，但规定在该日前申请合并并在 2006 年 3 月 31 日前合并的市町村仍适用该法。另外，为继续推进市町村合并，于 2004 年 5 月制定了《关于市、町、村合并特例等的法律》(《新合并特例法》)。

③ 以 2003 年为例，整个地方公共团体的债务余额达到 198 兆日元，加上中央政府债务余额，共约达 692 兆日元(除去交付税特别会计的重复部分)。见〔日〕财团法人自治体国际化协会编：《日本的地方制度》，2006 年，第 65 页。

3. 改革财政体制

为推动地方分权,有必要在构建地方公共团体稳定财政收入来源体系的同时,在地方财政收支两方面,提高地方自由度。因此,日本在国库补助负担金、税源分配方法、地方交付税等方面进行改革。

(1) 改革国库补助负担金。通过改革废除、缩减国库补助负担金。

(2) 重新审定包括税源转让在内的税源分配。在必要的废除国库补助负担金的对象事业中,继续实施以地方为主体的税源转让。

(3) 改革地方交付税,缩小地方交付税的财源保障功能。[①]

(二) 美国

美国是一个典型的联邦制国家,联邦与州各自的权力在联邦宪法上有明确的划分,但联邦宪法对地方制度没有涉及,而是由各州宪法加以规定。

长期以来,美国实行二元联邦主义,依照联邦宪法的规定划分联邦与州的权力,联邦政府不干预州的事务,州政府有较大的自主权。但到了 20 世纪 30 年代以后,开始转向合作联邦主义,联邦政府通过财政等方式,影响到对州和地方政府事务的管理。60 年代以后,约翰逊提出“创造性联邦主义”,认为美国联邦政府不仅要和州合作,还要把合作的范围扩大到县、市、镇、学校区和非赢利的私人组织等。实行创造性联邦主义的结果是,联邦政府干预了州与地方的事务,使联邦各级政府的关系复杂化,也使联邦的财政支出大大增加。1969 年尼克松政府反对联邦政府干预过多,认为这是造成经济危机的根源。经过 80 年代的调整,州和地方政府又从联邦获得较大的权力。

在世界各国进行行政改革的过程中,美国的政府体制也受到了批评。人们普遍认为政府机构效率低下、官僚主义严重,选民对政府和政治的不满在持续增长。为了追求一种更好的政府治理模式,各级政府不得不改革政府工作,进行体制创新,学习企业式的管理方式,创造企业式的政府。这些企业式政府机构的特点是:实行一种把政策制定与社会服务分开的体制,它负责给各种公营或私营的执行机构提供资金,并评估他们的绩效,服务社会的公共部门由公营或私营机构或第三部门提供;政府的职责是授权而不是直接提供服务;政府把竞争性引入公共服务领域;政府能像企业服务顾客那样服务于民众;通过参与管理分散各个机构的权力,也使州和地方政府展开竞争等等。目前,美国的一些州已经出现了企业化的地方政府。

在美国,地方政府的职权范围多由州宪法和自治宪章规定,州政府一般不轻易干预地方事务。但近十几年来,有的州进行城市改革,接管了一些地方政

---

① 〔日〕财团法人自治体国际化协会编:《日本的地方制度》,2006 年,第 56—57 页。

府的职权,如从1989年以来至少有20个学校区由所在的州政府接管了公立学校制度(如伊利诺伊、新泽西、俄亥俄州);另外,马萨诸塞和纽约州承担了原先由部分城市政府行使的一些职权。

但从总体上看,美国的地方政府制度的改革不及其他西方国家。对此,有美国学者认为,以下几个因素限制了美国地方政府的改革:(1) 根据美国宪法,联邦政府对地方政府没有管辖权,地方政府改革的发动者只能是州与地方政府;(2) 各州宪法明确规定了地方政府的产生、结构和职能以及民选官员的产生和职权,并授予地方政府专门甚至在许多情况下是排他的管辖权,从而使地方政府受到州宪法的保障;(3) 许多州认为,地方事务应由地方政府或居民自己去决定、去管理,而且许多州一级的官员是从地方政府中开始其政治生涯的,认为不应也不愿去干预地方政府事务;(4) 美国政治传统向来认为,离居民最近的政府才是最好的政府,而只有地方政府能够做到这一点;(5) 美国人十分崇尚地方自治,尽管地方政府在法律上是州的创造物,但它拥有相当大的自治权,地方自治得到了广泛的实现;(6) 在美国,反对改革地方政府制度特别是反对城市改革的势力要大大超过赞成改革的势力。①

三、西方国家地方政府制度改革的特点、趋势和启示

以上西方国家地方制度的改革,其具体背景、条件、重点各有不同,因此很难概括出适用于所有国家地方制度改革情况的结论。但总的来说,西方主要国家地方制度的改革或多或少地表现出如下的特点或发展趋势。

(一) 西方国家地方政府制度改革的特点和趋势

1. 一些原来实行中央集权的传统西方国家逐步实行权力下放和地方分权,增强了地方政府的自治权力。

如法国是一个长期实行中央集权的国家,重要的行政事务掌握在中央政府及其部门手中,中央政府向领土单位派任国家代表或由中央各部门分别在大区和各省市设立派驻机构,处理本部门在领土单位的有关事务。1982年以来的权力下放和分权改革,将许多中央政府职权下放给中央在领土单位的国家机构或移转于领土单位议会,增加了领土单位议会的行政权,并改变了国家对领土单位议会的监督方式,省长不再是领土单位行政首长和自治行政的执行官;1992年2月3日和2月6日《关于行使地方议员职务条件法》和《共和国地方行政指导法》颁布后,改革的重点在于加强地方民主,扩大公民对地方生活的参与;

① Donaid F. Norris (1997), "Local Government Reform in the US—and Why it Differs so Greatly from Britain", *Local Government Studies*, Volume 23, Autumn, 1997.

2003年3月28日《关于法国国家结构改革的宪法修正案》通过后的改革,进一步扩大了地方自主权,充实了地方自治和地方直接民主制度。

又如,日本在改组中央省厅前后,一直在进行地方分权的改革;为依法保障改革顺利进行,国会制定了专门的《地方分权一览法》。改革的重点是废除机关委任事务,然后地方制定条例,扩大自治权。这些都使中央与地方关系发生了较大的变化。

2. 随着东欧的剧变和苏联的解体,这些国家都致力于改革原先的政治体制和经济体制,多元化、民主化、市场化和私有化成为其努力追求的目标;东欧的剧变和前苏联的解体,也使苏联、东欧国家的地方制度发生了很大的改变。在西方宪政制度影响、各种政治力量进行复杂斗争背景和其他因素作用下,各国先后都放弃了原高度集权下实行的地方制度,建立了地方自治制度,如苏联等国。原来的苏联型地方制度模式已经不复存在。

3. 英国素有"地方自治之家"的称号,英国的地方政府制度被认为是富有自治精神和传统的。但在1997年前的近20年中,英国一直朝着集权的方向发展。自1997年5月以来,工党政府积极推行分权改革,其主要表现之一就是使威尔士、苏格兰、北爱尔兰甚至英格兰四个地区都组成了具有自治地位的一级政府。同时,对地方政府制度也作了较大的改革,特别是2000年《地方政府法》的实施,加强了地方议会的执行机关和地方行政首长的权力,改变了传统的英国地方议会以委员会为主导的地方制度模式。

4. 在全球日趋一体化的今天,各国的地方政府制度不断经历着变革,呈现出某些协同的趋势,分权化已成为一种世界性现象。特别是在欧洲,随着欧洲一体化进程的加快和《欧洲地方自治宪章》的实施,欧盟成员国的地方制度表现出某种共同的发展趋势,如强化地方自治、实行地方分权和从属性原则、鼓励多样性、非官僚化、服务提供的变化、对民众的负责性、公民参与、减少调控和强调中央与地方的合作等等。

5. 西方国家根据本国情况对地方政府体制进行改革,使之能适应不断变化的政治、经济环境。做法大体是精简机构、调整职能、简化手续、放松规制、实行公开化等。但每次改革之后又会出现新的问题,因此,地方政府制度会不断改革,不断完善。

(二) 西方国家地方制度改革对我国的启示和借鉴意义

与西方发达国家相比,我国处于较低的经济发展和政治文明建设阶段,具有不同的国情,因此,我国的地方制度和改革不可能与西方国家完全一样。但另一方面,西方大多数国家地方制度经历了几十年甚至是几百年建设,其有益经验应作为全人类的共同宝贵财富为我国学习、借鉴;西方国家地方制度的改革一定程度上反映了时代的要求,权力下放和地方分权也可以说是为了适应形势发展的要求而作出的理性选择。在全球日趋一体化的今天,我国与西方国家所处的时代条件并不存在多大的差异。西方国家在改革地方制度中面临的一些问题,同样不同程度地困扰着我国各级机关;而且随着市场经济的形成和政治文明的进一步发展,职能调整、权力下放和地方分权的问题也将作为制度创新和政治体制改革的重点而提上议事日程。因此,西方国家地方制度改革的新思路将会给我国的地方制度改革的理论研究以启发;西方国家地方制度表现出的一些共同趋势,值得我们在地方制度创新中加以研究、借鉴。

第二节　中国地方制度改革

一、中国地方制度改革的回顾

新中国成立以来,中国的地方制度,伴随国家的经济建设和民主政治建设的艰难发展,走过了曲折的历程。

(一) 我国地方制度发展的三个阶段

从宪法角度看,建国后我国地方制度的发展经历了三个阶段。

第一阶段的法律表现形式是起临时宪法作用的《共同纲领》。其在中央与地方权限划分上的规定是:"中央人民政府与地方人民政府间职权的划分,应按照各项事务的性质,由中央人民政府委员会以法令加以规定,使之既利于国家统一,又利于因地制宜";中央政府应"规定中央和地方在经济建设上分工合作的范围";"关于财政:建立国家预算决算制度,划分中央和地方的财政范围"。

以1954年宪法为标志,地方制度的发展进入了第二阶段。1954年宪法确立了我国中央高度集权的体制。值得注意的是,在这种体制下,1954年宪法(及以后的1975年宪法和1978年宪法)取消了《共同纲领》中关于中央与地方职权划分的法律规定。

1978年12月十一届三中全会以后,地方制度发展到第三个阶段。

作为这一阶段的法律表现形式,1982年宪法确立了地方制度的基本内容:

1. 在单一制的基础上,设立民族自治地方和特别行政区:1982年宪法规定,我国是"统一的多民族国家","各少数民族聚居的地方实行区域自治","国家在必要时得设立特别行政区";

2. 民主集中制:1982年宪法规定:"国家机构实行民主集中制的原则。"其重要内容之一是"中央和地方的国家机构职权的划分,遵循在中央的统一领导下,充分发挥地方的主动性、积极性的原则"。

1982年宪法原则列举了全国人大及其常委会、国务院等中央国家机构的职权。同时,《地方组织法》、《民族区域自治法》和两个《特别行政区基本法》,还分别列举了一般地方国家机构、民族自治地方的自治机关以及特别行政区的具体职权。

(二)新时期的地方制度改革

党的十一届三中全会以后,随着党和国家工作重点的转移和经济体制改革的深入进行,改革和加强地方制度被提上了议事日程。

1. 加强了地方人大及其常委会的工作。1979年前,只有全国人民代表大会设置常务委员会,并由它行使国家立法权,在地方则设立各级人民代表大会,由本级地方人民委员会行使地方国家权力机关常务机关的职权。1979年修改的宪法和制定的《地方组织法》对此作了改革,规定县级以上的地方各级人民代表大会设立常务委员会,并规定省级人大及其常委会可以制定和颁布地方性法规。按照1986年《关于修改〈中华人民共和国地方各级人民代表大会和地方各级人民政府组织法〉的决定》的规定,省、自治区人民政府所在地的市和经国务院批准的较大的市可以制定地方性法规,报省级人大常委会批准实施。2000年《立法法》规定,经济特区所在地的市的人大及其常委会可以制定地方性法规,报省人大常委会批准实施。这些规定,为县级以上地方各级人民代表大会闭会后的经常性工作提供了宪法和法律依据,也赋予并扩大了省级和较大的市制定地方性法规的权力。2004年10月27日,十届全国人大常委会第十二次会议根据2004年《宪法修正案》的有关规定修改《地方组织法》,统一了地方人大的任期。2006年8月27日,十届全国人大常委会第二十三次会议通过《各级人大常委会监督法》,对包括地方人大常委会在内的监督工作进行了规范。

2. 改进选举制度。一是直接选举扩大到县一级;二是扩大了选民和代表的提名权;三是普遍实行了差额选举;四是在直接选举中引入了预选程序;五是规定选举委员会可以组织代表候选人与选民见面,回答选民的问题;六是完善了罢免制度;七是加大对贿选的处罚力度。

3. 改革县级以上地方各级人民政府的组成和任命方式。1979年以前,县级以上地方各级人民政府(人民委员会或革命委员会)分别由各该级人民政府正副职领导人员和委员若干人组成。1979年制定的《地方组织法》作了改革,采取了类似于国务院全体会议的形式,把县级以上地方各级人民政府工作部门的正职负责人也包括进人民政府,他们的产生不再由国务院或上一级地方国家行政机关任命,而是由本级人大常委会决定任免,并报国务院或上一级地方国家行政机关批准。1982年修改的《地方组织法》,将县级以上地方各级人民政府工作部门正职负责人由本级人大常委会决定任免后报请批准改为决定任免后备案;1986年《地方组织法》对此再次确认,并增加规定,上述人员的决定任免,先由本级人民政府正职领导人员提名。这些规定,进一步扩大了地方人大常委会的人事任免权。

4. 规定地方各级人民政府实行省长、自治区主席、市长、州长、县长、区长、乡长、镇长负责制,并实行全体会议和常务会议制度。这有利于提高工作效率,建立有力的政府工作系统,也有利于实现行政决策的民主化、科学化。

5. 改变农村人民公社政社合一体制,设立乡政府。1983年10月,中共中央、国务院就政社分开建立乡政府问题发出通知,要求以原有人民公社的管辖范围为基础,实行政社分开,建立乡人民政府,有条件的集镇可以成立镇人民政府,以适应农村经济、文化的发展。

6. 规范地方立法活动,完善立法监督制度。根据2000年《立法法》的规定,对除了第八条规定的国家主权等十个方面事项以外的其他事项,省级和较大的市根据本地方的具体情况和实际需要,可以制定地方性法规。同时规定,包括省级人大常委会在内的五类机构认为行政法规、地方性法规、自治条例和单行条例同宪法或者法律相抵触的,可以向全国人大常委会书面提出进行审查的要求。另外,对地方性法规、自治条例和单行条例的制定程序也进行了规范。

7. 为了扩大地方立法和行政管理权限,国务院先后批准唐山等13个市,宁波市,淄博、邯郸和本溪市,苏州和徐州市为"较大的市",使这些城市可以依照《地方组织法》的规定制定地方性法规和规章。

8. 为正确处理中央与地方的分配关系,调动中央与地方两个积极性,促进国家财政收入合理增长,合理确定地区之间财力分配,1994年开始实行分税制财政管理体制,其主要内容是:按照中央与地方政府的事权划分,合理确定各级财政的支出范围。根据事权与财权相结合的原则,将税种分为中央税、地方税和中央地方共享税,将维护国家权益和实施宏观调控所必需的税种列入中央税;将同经济发展直接相关的主要税种列为中央与地方共享税;将适合地方征管的税种划为地方税,充实地方税税种,增加地方税收收入;建立中央税收与地方税收体系,分设中央与地方两套机构分别征管;合理确定中央财政收入和地方财政收入的比例,实行中央财政对地方的返还和转移支付制度;建立健全分级预算制度,硬化各级预算约束。

9. 逐步推进地方机构和行政管理体制改革。改革开放后,对地方政府机构和行政体制进行过五次大的改革。

第一次是1982年至1985年,这次改革主要是结合省级领导班子的调整,在精干领导班子、优化干部队伍结构、提高人员素质方面迈开了步伐。

第二次是20世纪80年代中期开始的县级机构改革试点。

第三次是1993年开始的改革,基本内容包括转变政府职能、理顺各种关系、精简并规范政府机构设置核定编制和精简人员、妥善安置富余人员。目的是建立与社会主义市场经济体制相适应的地方政府机构和行政体制。

第四次是1999年至2002年进行的地方机构改革。主要内容是:转变地方各级政府职能、调整地方各级政府机构、调整行政区划、精简机构和人员编制。经过努力,省级地方政府机构和市县乡政府机构改革已完成。这次省级机构和市县乡机构改革,是改革开放以来涉及面最广、精简力度最大的一次,有以下五个方面的主要特点和成效:一是贯彻一切从实际出发的原则,因地制宜推进改革;二是转变职能有了新的进展,行政审批制度改革取得实效;三是机构精简力度大,机构设置有创新;四是适度撤并乡镇,推动乡镇机构改革深入发展;五是结合进行干部人事制度改革,进一步改善机关人员结构。

第五次是2003年至今进行的地方机构改革。中共中央办公厅和国务院办公厅下发关于行政机构改革的文件,正式启动中国地方政府机构改革。这一轮地方机构改革分两步走:首先完成省级行政机构改革,目标是配合中央政府这一次的改革作出相应的调整,如设立省一级的银监会、国资委,撤销省一级的经贸委等等。其次是乡镇机构改革,裁并乡镇等。

10. 逐步完善了垂直管理体制,先后对海关、人民银行、外汇管理、国家税务、证券监管、保险监管、气象、审计、海洋、行政监察等部门实行由中央部门垂直领导或与地方双重领导;对省以下垂直领导或双重管理的机构有地方税务、工商行政管理、技术监督、药品监督等部门。

11. 保障和扩大民族自治地方自治权。1984年5月31日六届全国人大二次会议通过了《民族区域自治法》。该法以基本法律的形式规定了国家的民族区域自治政策和基本政治制度,确立了处理民族自治地方和国家关系的基本准则。为了更好地贯彻实施民族区域自治制度,2001年2月28日九届全国人大常委会第二十次会议对《民族区域自治法》作了部分修改,增加了关于民族自治地方实行国家统一的财政体制和对民族自治地方的财政支持,对民族自治地方投资和金融、教育文化等方面的支持,经济发达地区和民族自治地方的对口支持以及关于少数民族干部的配备等内容。

12. 制定《特别行政区基本法》,并设立特别行政区。根据1982年《宪法》第三十一条的规定,1990年4月4日七届全国人大三次会议和1993年3月31日八届全国人大一次会议分别通过了《香港特别行政区基本法》和《澳门特别行政区基本法》,并先后设立香港和澳门特别行政区。依照《香港特别行政区基本法》和《澳门特别行政区基本法》的规定,香港、澳门特别行政区"是中华人民共和国的一个享有高度自治权的地方行政区域，直辖于中央人民政府”。同时规定全国人民代表大会授权特别行政区依照基本法的规定实行高度自治，享有行政管理权、立法权、独立的司法权和终审权。

十届全国人大二次会议审议通过的《宪法修正案》，适应设立特别行政区的需要，将1982年宪法第五十九条第一款“全国人民代表大会由省、自治区、直辖市和军队选出的代表组成”，改为“全国人民代表大会由省、自治区、直辖市、特别行政区和军队选出的代表组成”。

13．逐步实现地方政府机构设置和编制管理的法定化。2007年2月24日，国务院公布《地方各级人民政府机构设置和编制管理条例》，对地方政府机构和编制管理的原则、条例适用范围、行政机构设置和编制管理及监督检查、法律责任等作了明确规定。这是新中国成立以来第一部规范地方政府机构和编制管理的行政法规，也是我国地方政府机构设置和编制管理法定化的一次重要实践。

二、中国地方制度改革的展望

中国的地方制度改革是一项长期的战略任务。中国政府按照预定的渐进性改革原则，有序地推进改革进程。按照宪法、中共中央和国务院《关于地方政府机构改革的意见》，在转型时期，改革地方制度，科学界定、合理划分和依法规范中央与地方政府职能和权限，可以从以下几方面进行。

（一）切实转变中央与地方政府职能

长期以来，中央与地方权限不清，其中深层次原因在于政府职能模糊。一是政企不分；二是政府机构效率不高；三是地方政府组成和运行方式不尽合理。因此，要深化行政管理体制改革，建立“权责一致、分工分理、决策科学、执行顺畅、监督有力”的行政管理体制，就要完善政府的经济调节、市场监管、社会管理和公共服务的职能。实践证明，政府职能不转变，仍然像过去一样无所不管，就很难解决层次过多、职能交叉、机构臃肿、权责脱节和多重多头执法等问题，也难以跳出行政机构和人员“膨胀—精简—再膨胀”的循环。

在转型时期，无论是中央还是地方都应切实转变政府职能。同时，要理顺中央与地方关系，也必须弄清政府在转型时期应扮演的角色，正确定位政府职能。中央应主要借助经济杠杆和法律、法规以及健全的宏观调控体制，实现中央政府的职能，地方政府则主要履行社会管理和公共服务等职能。

由于各级地方政府的层次不同，不同层次地方政府的情况、特点和问题不同，因此，不同层级地方政府之间的管理职能的内容和范围，应当允许有一定的差异。省级政府应履行区域经济调节和社会管理等职能，省级以下政府应切实把职能转向服务与协调。

其次，要进行政府机构改革，按照精简、统一、效能的原则和决策、执行、监督互相制约又相互协调的要求，建立与社会主义市场经济要求相一致的、具有现代公共行政管理基本特征的新型权能政府。改革后，我国于1982年、1988年、1993年、1998年和2003年进行了五次机构改革，虽然许多措施难能可贵，但仍有着较大的局限。因此，要按照各级地方的职责重点，合理调整地方政府机构设置。在中央确定的限额内，需要统一设置的机构应当上下对口，其他机构因地制宜设置。调整和完善垂直管理机构，进一步理顺和明确权责关系；深化乡镇机构改革，加强基层政权建设。

再次，应改革地方政府组成和运行方式。地方政府首长的组成方式，一般分为上级任命、地方居民直选、议会任命或选举几种。随着经济、社会发展，客观上要求地方行政首长实行代议（表）机关任命、选举或居民直选，这既符合民主政治的基本要求，也有利于提高地方政府的工作效率和加强对地方的民主监督。为此，应积极改革现行干部人事和行政体制，适度下放人事权力给地方政府，让当地居民有序参与对本地区机关领导人员的选择。

（二）合理界定中央与地方的事权

改革地方制度，明确中央与地方权限，首先应看到，政府是有限政府，政府的权力是有限的，要受到监督和制约。权力制约从空间结构上进行静态的纵向划分，就是指中央权力与地方权力之间的分立与制衡。

中央与地方的职权划分，归根到底是由中央与地方的经济政治利益关系决定的。我国是社会主义国家，中央能较好地代表全国人民的根本利益和长远利益，但不可否认，中央与地方同样存在利益关系的矛盾。“解决这个矛盾”，对于我们这样一个大国，仍然“是一个十分重要的问题”。①

改革开放的经验已经证明，一个有权威的、能对社会发展进程实施有效领导的中央政府，是社会变革时期能以较小代价赢得快速平稳发展的重要保证。但是，中央所集之权只能是依法应属于中央的那部分权力，而不应是所有的国家权力；中央应当尊重依法应属于地方的那部分权力。这就意味着，中央与地方之权应该是合理分工的，在法律规定的范围内，地方政治共同体也有一种意志要表达和执行。

邓小平曾将“权力要下放，解决中央和地方的关系”视为中国政治体制改革包括的三项内容之一。党的十六大提出要“依法规范中央和地方的职能和权限”。国务院《全面推进依法行政实施纲要》要求“合理划分和依法规范各级行政机关的职能和权限”。党的十七大把中央与地方关系作为中国特色社会主义

---

① 参见《毛泽东著作选读》（下册），人民出版社1986年版，第729—730页。

事业中要正确认识和妥善处理的重大关系之一。

中央与地方关系主要是基于一定利益关系的权力关系。长期以来，我国中央与地方关系不顺，一个重要原因就在于中央与地方权限未能合理界定，结果致使一些事务弄不清该由中央还是由地方来承办，一些事务虽然已经明确归中央或地方，但在实际执行中由于相互侵犯对方权力范围而导致“错位”现象。因此，在社会转型时期，及时调整政府职能范围并科学划定各自的事权已日显重要。

《中共中央关于完善社会主义市场经济体制若干问题的决定》指出：“按照中央统一领导、充分发挥地方主动性积极性的原则，明确中央和地方对经济调节、市场监管、社会管理、公共服务方面的管理责权。属于全国性和跨省（自治区、直辖市）的事务，由中央管理，以保证国家法制统一、政令统一和市场统一。属于面向本行政区域的地方性事务，由地方管理，以提高工作效率、降低管理成本、增强行政活力。属于中央和地方共同管理的事务，要区别不同情况，明确各自的管理范围，分清主次责任。根据经济社会事务管理责权的划分，逐步理顺中央和地方在财税、金融、投资和社会保障等领域的分工和职责。”

2006 年 3 月 14 日第十届全国人民代表大会第四次会议审议批准的《中华人民共和国国民经济和社会发展第十一个五年规划纲要》也提出，要“合理划分中央与地方及地方各级政府间在经济调节、市场监管、社会管理和公共服务方面的权责”。

中央与地方事权划分的合理化、科学化，即中央与地方政府职能范围的合理化、科学化，应从两方面着手，一是明确中央与地方各自的职能范围；二是明确中央与地方共享的职能范围。

根据我国具体情况，目前可以考虑将下列事项规定为中央的职能范围：外交；国防和军事；修改宪法；制定基本法律和法律；统一度量衡；航空、铁路、邮电通讯的管理；财政和税收政策制定和税收划分；国家货币与国家银行；外贸政策；行政区划；犯罪与刑罚；司法制度；对公民政治权利的剥夺和限制人身自由的处罚和强制；其他依法应属于中央的事项。

地方的职能范围主要有：依据国家法律、法规而制定的本地区的实施细则；制定地方性法规和地方政府规章；管理辖区财政、工商、税收和贸易；开展地区间交流以及与外国地方政府间的交流；地方交通；地方教育；地方人事；其他依法应属于地方的事项。

中央与地方共同负责的职能主要有：保护人权与公民权；实施社会保障；维护社会治安；保护自然资源和环境；其他依法应由中央与地方共同负责的职能。

（三）加强中央权威性，扩大地方自主权

改革开放以来，中央向地方下放了许多权力，改变了长期以来权力过于集中的格局，调动了地方的主动性和积极性，有力地推动了改革和发展。但在理顺关系方面，中央集权过多的问题尚未完全解决，本应下放的权力有的下放不够；同时又出现了有些权力过于分散、应当由中央集中的权力集中不够的问题，有的地方和部门过多地考虑本地区、本部门的局部利益，贯彻执行中央的方针政策不力。集权过多与权力过于分散交织在一起，使中央与地方关系更加复杂。其具体表现是：中央与地方权限划分不清；中央的权威和宏观调控能力减弱；地方地区分割、资源争夺、项目重复或小型化、产业结构布局不合理；个别地方甚至存在有令不行、有禁不止的现象。因此中央与地方关系亟待理顺。

2004 年 9 月 19 日，中共十六届四中全会通过的《中共中央关于加强党的执政能力建设的若干决定》，明确将"正确处理中央与地方的关系"列为关系经济体制改革全局的重大问题之一，提出要正确处理中央与地方的关系，合理划分经济社会事务管理的权限和职责，做到权责一致，既维护中央的统一领导，又更好地发挥地方的积极性。

对于中国这样一个大国来说，在转型时期尤其需要发挥中央权威的作用。邓小平早就指出："中央要有权威。改革要成功，就必须有领导有秩序地进行"，"党中央、国务院没有权威，局势就控制不住"。[①]

中央对地方的权威，应主要体现在立法、财政、行政权威上。因此，首先要确保中央政府政令畅通，这是维护中央权威的集中表现；其次，要建立科学的决策机制，提高中央政府的政策能力及其导向能力；再次，应进一步完善分税制，通过科学的分税制不断增强中央自身财力，确保中央政府职能的实现；第四，规范地方政府行为，消除地方主义；第五，中央政府权力必须相对集中，任何地方不能逆中央政府而行，不得"蚕食"中央政府权力。地方政府要主动维护中央政府权力，接受中央政府的领导。

与此同时，扩大地方自主权力，调动地方的积极性，也是十分必要的。地方政府作为具有一定权利义务的行政主体，在国家生活中有着中央政府不可替代的地位和作用。因此，在转型时期，应在保证中央政府有效宏观调控的前提下，赋予地方必要的权力，使其能够依据法律、法规和宏观政策，自主决定本地区事务，从而形成既有强有力权威的中央政府、又有充满活力的高效的地方政府的格局。

① 《邓小平文选》第 3 卷，人民出版社 1993 年版，第 277 页。

（四）建立地方利益表达与平衡机制

从利益角度来说，处理中央与地方关系，实际是解决和调整国家利益与地方利益的关系。随着市场经济的发展，地方利益会越来越凸显出来，没有正常的地方利益表达渠道就会通过非正常渠道表达，并导致地方之间不公平竞争等一系列负效应。为了克服这些负效应，使地方利益能够得到及时有效的反映，同时也为了实现中央决策的科学化和民主化，应通过体制改革和制度创新，建立科学合理的地方利益表达与平衡机制，扩大地方对中央决策的参与。

随着改革开放的深入和市场经济的发展，地方独立性与自主权在不断扩大，地方业已成为具有相对独立的经济社会利益和发展目标的利益主体，中央与地方关系已由改革前的单纯的行政服从关系，转向了以相对经济实体为基础的对策博弈关系。这一变化，客观上也要求建立地方利益表达与平衡机制。

建立地方利益表达与平衡机制，不仅是实现中央与地方关系规范化、制度化的一项重要措施，而且有助于提高中央决策民主化和科学化水平，减少宏观决策失误，并有助于中央与地方相互之间的合作。

（五）逐步实现中央与地方关系的法治化

中央与地方关系的法治化，既是市场经济发展的必然要求，又是民主政治的应有之义。针对我国中央与地方关系的主要问题，应随着依法治国方针的实施，借鉴西方国家主要依靠法律进行地方管理的经验和做法，逐步使中央与地方职责权限由宪法或法律明确规定和具体划分，并受宪法和法律保障。

首先，要完善现行宪法和法律中的有关规定。所谓科学划分事权，首先是从宪法和法律上明确中央与地方事务的管理范围和相应拥有的权限。事权划分法治化是处理中央与地方关系的前提和保障，但迄今为止，我国中央与地方事权划分缺乏宪法和法律的明文规定，中央与地方职权的调整，缺乏宪法约束和严格的法律依据。因此，应适时修改宪法，明确各类地方政权组织，包括一般地方国家机关、民族自治地方的自治机关和特别行政区对地方事务的管理范围和相应的权限；并且，从长远发展看，应随地方制度的深入改革和权力进一步下放的进程，逐步在宪法中确立地方在中央监控下的地方自主管理原则。

其次，要制定《中央与地方权责纲要》。建国后我国对中央与地方关系也作过多次调整，加强了中央权威，也调动了地方积极性，但总体上看，中央与地方关系调整的方式带有浓厚的人治色彩。总结各国经验和教训，中央与地方职权能否正确划定，对任何体制国家来说都是一个重大问题。因此，制定《中央与地方权责纲要》，以法律的形式正确处理中央与地方关系，使中央与地方各自拥有法定权力且相互监督，也有利于贯彻国家机构实行的民主集中制原则。

再次，抓紧研究制定中央与地方在行政管理领域，包括国有资产、金融、投资和社会保障等领域的分工和职责的法律规定，并调整和规范中央与地方、地方各级政府间的收支关系，建立健全与事权相匹配的财税体制。为了协调中央与地方关系，可以借鉴有的西方国家的做法，在机构设置上，考虑在全国人大设置有关地方事务的专门委员会，由其研究、协调有关中央与地方关系事务，并提出建议和意见。

最后，要分别制定地方各级人大和地方各级政府的组织法。目前，我国地方各级人大和地方各级政府的组织法是合二为一的。随着政治体制改革的深入和政治文明建设的进程，地方各级人大之间的权限和地方各级政府之间的管理职能的范围和内容，将存在一定的差异，因此，应当制定单行的地方各级人大和地方各级政府组织法，对地方各级人大和地方各级政府的组成、职能、权限、隶属关系和设立、变更的程序等分别作出具体规定。

应当指出，合理划分与依法规范中央与地方关系，最终要以政治体制改革为远景目标。为了维护法制统一、保障宪法实施和健全民主制度，应通过完善宪法、法律，建立更为完善的违宪审查机制，依法建立科学合理的地方利益表达与平衡机制，扩大公民参政和地方对中央立法、重大决策的参与。

主要参考文献

一、中文图书

北京大学法律系宪法教研室资料室编:《宪法研究资料》(一、二、三、四、五),北京大学出版社1982年版。

薄贵利:《近现代地方政府比较》,光明日报出版社1987年版。

陈嘉陵主编、田穗生副主编:《各国地方政府比较研究》,武汉出版社1991年版。

刁田丁、陈嘉陵、张厚安主编:《中国地方国家机构概要》,法律出版社1989年版。

董礼胜:《欧盟成员国中央与地方关系比较研究》,中国政法大学出版社2000年版。

董翔飞:《地方自治与政府》,五南图书出版公司1982年版。

龚祥瑞:《比较宪法行政法》,法律出版社2003年版。

国务院办公厅秘书局,中共中央机构编制委员会办公室综合司编:《中央政府组织机构》,中国发展出版社1998年版。

刘向文:《俄国政府与政治》,五南图书出版股份有限公司2002年版。

刘向文、宋雅芳:《俄罗斯联邦宪政制度》,法律出版社1999年版。

吕育诚:《地方政府管理:结构与功能的分析》,元照出版有限公司2001年版。

罗孟浩编:《各国地方政府》,正中书局1965年版。

潘小娟:《发达国家地方政府管理》,时事出版社2001年版。

潘小娟:《法国行政体制》,中国政法大学出版社1997年版。

任进:《政府组织与非政府组织:法律实证与比较分析的视角》,山东人民出版社2003年版。

宋德福主编,张志坚副主编:《中国政府管理与改革》,中国法制出版社2001年版。

王名扬:《法国行政法》,中国政法大学出版社1988年版。

王名扬:《美国行政法》(上、下),中国政法大学出版社1995年版。

王名扬:《英国行政法》,中国政法大学出版社1987年版。

魏红英:《宪政架构下的地方政府模式研究》,中国社会科学出版社2004年版。

吴家麟、许崇德、肖蔚云主编:《宪法学》(高等学校法学试用教材),群众出版社1983年版。

许崇德主编:《各国地方制度》,中国检察出版社1993年版。

许崇德主编:《中华法学大辞典》(宪法学卷),中国检察出版社1995年版。

许正中等:《财政分权:理论基础与实践》,社会科学文献出版社2002年版。

《英国地方行政改革研究》,于军编译,任进校,国家行政学院出版社1999年版。

张千帆:《宪法学导论》,法律出版社2004年版。

《张友渔文选》,法律出版社 1997 年版。

中国地方政府机构改革编辑组编:《中国地方政府机构改革》,新华出版社 1995 年版。

《中华人民共和国行政区划简册》(2007 年),中国地图出版社 2008 年版。

〔美〕奥斯特罗姆等:《美国地方政府》,北京大学出版社 2004 年版。

〔日〕财团法人自治体国际化协会编:《日本的地方制度》2006 年版。

〔日〕村松岐夫:《地方自治》,孙新译,经济日报出版社 1989 年版。

〔英〕戴维·威尔逊、约翰·格林伍德:《英国行政管理》,汪淑钧译,商务印书馆 1991 年版。

〔德〕福兰克·荷夫编:《德国的国家结构与行政组织》,石炜译,联邦德国内政部联邦行政研究院发行 2000 年版。

〔法国〕古斯塔夫·佩泽尔:《法国行政法》,廖坤明、周洁译,张凝校,国家行政学院出版社 2002 年版。

〔法〕国家行政学院编:《法国与法国的行政制度》,法国国家行政学院出版社 2000 年版。

〔美〕理查德·宾厄姆等:《美国地方政府管理:实践中的公共行政》,九洲译,王谨校,北京大学出版社 1997 年版。

〔英〕J. S. 密尔:《代议制政府》,汪瑄译,商务印书馆 1982 年版。

〔德〕平特纳:《德国普通行政法》,朱林译,中国政法大学出版社 1997 年版。

〔法〕托克维尔:《论美国的民主》(上卷),董果良译,商务印书馆 1997 年版。

二、外文图书、论文

A. B. Gunlinks, *Local Government in the German Federal System* (Durham, NC: Duke University Press, 1986).

Andrew Knapp and Vincent Wright, *The Government and Politics of France* (New York and London: Routledge, 2001).

Andrew Stevens, *Politico's Guide to Local Government*(London: Politico's Pub., 2003).

Ann O'M. Bowman, Richard C. Kearneg, *State and Local Government: The Essentials* (New York: Houghton Mifflin, 2000).

Anthony Byrne, *Local Government in Britain* (London: Penguin, 2000).

Bas Denters and Lawrence E. Rose, ed., *Comparing Local Governance: Trends and Developments*(New York : Palgrave Macmillan, 2004).

Berman, David R, *Local Government and the States: Autonomy, Politics and Policy* (Armonk, N. Y.: M. E. Sharpe, 2003).

Beyle, Thad I, *State and Local Government 2003—2004*(USA: CQ Press, 2003).

Beyle, T. L., ed., *State and Local Government 2004—2005: Politics, Legislatures, Governors, Media, Courts, Bureaucracies*(CQ Press, 2004).

CEMR, ed., *The European Constitution: Stronger Role for Local and Regional Government* (Paris:15 Rue de Richelieu, 2005).

Charles R. Adrian, Michael R. fine, *State and Local Politics* (New York: Nelson-Hall, 1999).

Commonwealth Secretariat, ed., *The Commonwealth Local Government Handbook 2004* (London: STYLUS PUBLISHING, LLC, 2004).

Council of Europe, ed., *Local Election and Voting Procecess* (Strasbourg Cedex: Council of Europe Publishing, 1999).

Council of Europe, ed., *Structure and Operation of Local and Regional Democracy: France Situation in 1997* (Strasbourg Cedex: Council of Europe Publishing, 1998).

Council of Europe, ed., *Structure and Operation of Local and Regional Democracy: Germany Situation in 1998* (Strasbourg Cedex: Council of Europe Publishing, 1999).

Council of Europe, ed., *Structure and Operation of Local and Regional Democracy: Rusian Federation in 1999* (Strasbourg Cedex: Council of Europe Publishing, 2000).

Council of Europe, ed., *Structure and Operation of Local and Regional Democracy: United Kingdom in 1999* (Strasbourg Cedex: Council of Europe Publishing, 2000).

David P. Conradt, *German Polity* (New York: Addison-Wesley Longman, 2001).

David Wilson and Game Chris, *Local Government in the United Kingdom* (London: Macmillan, 2006).

Donaid F. Norris, "Local Government Reform in the US and Why it Differs so Greatly from Britain", *Local Government Studies*, Volume 23, Autumn, 1997.

Encyclopedia Americana, Volume 17 (New York: Grolier, 1997).

Gerry Stoker and David Wilson, ed., *British Local Government into the 21st Century* (Houndmills, Basingstoke, Hampshire; New York: Palgrave Macmillan, 2005).

Huge Atkison and Stuart Wilks-Heeg, *Local Government from Thatcher to Blair* (London: Polity Press and Blackwell Publishers, 2000).

International Encyclopedia of the Social Science, Volumn 9—10 (London: Macmillan, 1968).

James MacGregor Burns, *State and Local Politics: Government by the People* (NJ: Pearson Prentice Hall, 2004).

Mary Martin, *Local and Regional Government Information* (Westport, CT: Greenwood Press, 2004).

Max Barlow and Doris Wastl-Walter, *New Challenges in Local and Regional Administration* (Burlington, VT: Ashgate, 2004).

M. H. Timm, *State and Local Government in the United States* (Huntington, N. Y.: Nova Science Publishers, 2001).

Michael Engel, *State & Local Government: Fundamentals & Perspectives* (New York: Peter Lang, 1999).

Mike Goldsmith, "Central Control over Local Government: A Western European Comparison", *Local Government Studies*, Volume 28, Autumn, 2002.

Robert Leach and Janie Percy-Smith, *Local Government in Britain* (London: Palgrave, 2001).

Samuel Humes, *Local Governance and National Power: A Worldwide Comparison of Tradition and Change in Local Government* (Harvester Wheatsheaf, 1991).

Sharma, Manoj, *Local Government: Rural and Urban*(Anmol Pubs., 2004).

The World Book Encyclopedia, Volume 12 (London: World Book, 1992).

Thomas R. Cusack, *A National Challenge at the Local Level: Citizens, Elites and Institutions in Reunified Germany*(Burlington, VT: Ashgate, 2003).

三、法规、文献类

《中华人民共和国宪法》(1954 年)

《中华人民共和国宪法》(1975 年)

《中华人民共和国宪法》(1978 年)

《中华人民共和国宪法》(1982 年)

《中华人民共和国宪法修正案》(1993 年)

《中华人民共和国宪法修正案》(1999 年)

《中华人民共和国宪法修正案》(2004 年)

《中华人民共和国立法法》(2000 年)

《中华人民共和国全国人民代表大会和地方各级人民代表大会代表法》(1992 年)

《中华人民共和国全国人民代表大会和地方各级人民代表大会选举法》(2004 年)

《中华人民共和国地方各级人民代表大会和地方各级人民委员会组织法》(1954 年)

《中华人民共和国地方各级人民代表大会和地方各级人民政府组织法》(1979 年)

《关于修改〈中华人民共和国地方各级人民代表大会和地方各级人民政府组织法〉的若干规定的决议》(1982 年)

《关于修改〈中华人民共和国地方各级人民代表大会和地方各级人民政府组织法〉的决定》(1986 年)

《关于修改〈中华人民共和国地方各级人民代表大会和地方各级人民政府组织法〉的决定》(1995 年)

《关于修改〈中华人民共和国地方各级人民代表大会和地方各级人民政府组织法〉的决定》(2004 年)

《地方各级人民政府机构设置和编制管理条例》(2007 年)

《中华人民共和国香港特别行政区基本法》(1990 年)

《中华人民共和国澳门特别行政区基本法》(1993 年)

《中华人民共和国民族区域自治法》(2001 年)

《中华人民共和国村民委员会组织法》(1998 年)

《中华人民共和国城市居民委员会组织法》(1989 年)

《中共中央关于完善社会主义市场经济体制若干问题的决定》(2003 年)

《中共中央、国务院关于地方政府机构改革的意见》(2008 年)
《中华人民共和国国务院组织法》(1982 年)
《国务院行政机构设置和编制管理条例》(1997 年)
《中华人民共和国各级人民代表大会常务委员会监督法》(2006 年)
《国务院关于实行分税制财政管理体制的决定》(1993 年)
《公安机关组织管理条例》(2006 年)
《中华人民共和国国民经济和社会发展第十一个五年计划纲要》(2006 年)
〔美〕《美利坚合众国宪法》(1787 年)
〔法〕《法国宪法》(1958 年)
〔德〕《德意志联邦共和国基本法》(1949 年)
〔日〕《日本国宪法》(1947 年)
〔日〕《地方自治法》(1947 年)
〔日〕《地方分权一览法》(1999 年)
〔俄〕《俄罗斯联邦宪法》(1993 年)
〔俄〕《联邦地方自治一般组织原则法》(1995 年)
〔英〕《地方政府法》(1972 年)
〔英〕《地方政府法》(2000 年)
〔意〕《意大利共和国宪法》(1947 年)
《西班牙王国宪法》(1978 年)
《欧洲地方自治宪章》(1985 年)
《世界地方自治宣言》(1993 年)
《里斯本条约》(2007 年)